Johann Friedrich Geyfart

Handbuch der neuesten Genealogie

Johann Friedrich Geyfart

Handbuch der neuesten Genealogie

ISBN/EAN: 9783743475304

Hergestellt in Europa, USA, Kanada, Australien, Japan

Cover: Foto ©ninafisch / pixelio.de

Weitere Bücher finden Sie auf **www.hansebooks.com**

HISTORIA GENEALOGIA HERALDICA

TESTES TEMPORVM ET VERITATIS

Handbuch

der neuesten

Genealogie

welches

aller jetzigen Europäischen Potentaten und
der geistlichen und weltlichen Fürsten

Stammtafeln

nebst einem Verzeichniße

der

regierenden Grafen des Heil. Röm. Reichs
und des. Cardinals-Collegii

enthält.

Aufs neue

durchgesehen, verbeßert und vermehrt,

von

Johann Friedrich Seyfart.

Nürnberg,

bey Gabriel Nicolaus Raspe. 1768.

I. Stammtafel des Röm. Kaisers aus dem Lothringischen Hause.

Leopold Joseph Carl, Hrz. von Lothr. g. 11 Sept. 679. ſtrb. 27 März. 729. Gem. Eliſab. Charlotte, Phil. I. Herz. v. Orleans T. b. 13 Septh. 676. v. 22 Oct. 691, † 24 Dec. 744.

Franz Stephan, Hz. v. Lothr. g. 7 Dec. 708. ward nach Abſt. ſ. ält. Brud. Leop. Clem. 6. Jun. 723. Erbpr. lebte von 723. am Kaiſ. Hoſe, R. d. gold. Wl. 723 trat die Reg. an 729, Vicek. in Ung. 732, u. vermöge der 3 Oct. 735 zu Wien unterz. Frb. Präl. zwiſchen dem Kaiſ. u. Frkr. geg. Abtret. des Hzgth. Lothr. nach Abſtrb. des leyt. Groshzg. v Toſc. Joh. Gaſtons, aus dem Hauſe Medicis, 9 Jul. 737. Groshzg. v. Toſc. 21 Nov. 740. Mitreg. der Gemal zum Röm. Kſ. erw. 13 Spt u. gekr. 7 Oct. 745. † 18 Aug. 765. Gem. Mar. Thereſia, Kaiſ. Carls VI. T. g. 13 May 717. v. 12 Febr. 736. gekr. als Kön in Ung. zu Presb 25 Jun. 741. u. als Kön in Böhm. zu Prag 12 May 743. Siehe X. Stammtafel. Carl Alex. g. 12 Dec. 712. R. d gold. Wl. 729. Groser. des Milit. Maria Ther. Ord. 7 März 758. Reichs G. F. M. Gen. Statth. der Deſt. Niederl. auch G. F. M. der Kaiſ. Armeen, und Hochmeiſter des Ttſch. Ord. 4 May 761. Gem. Maria Anna, Erzherzogin v. Oeſterr. Kaiſ. Carls VI. T. g. 14 Spt. 718. v. 7 Jan. 744. † 16 Spt. e. a. Anna Charlotta, g. 17 May 714. Aebtiſin zu Remiremont 7 May 731. quittirte dieſes Stift 745. St. Cr. Ord. D. 14 Sept. e. a. Aebt. des Fürſtl. Stifts zu Mons 18 Nov 754. Coadjud. zu Thoren 14 Jun. 756. und zu Eſſen 18 Jan. 757.

Maria Anna Joſepha Antonia Johanna, geb. 6 Oct. 738, Aebtiſin zu Prag. Joſeph II. Benedict Auguſt, g. 13 März 741. Erb- u. Kronpr. u. Ritt. d. gold Wl zum Röm. Kön. erw 27 März 764. gekr. 3 Ap. e. a. ſucc als Kaiſer 18 Aug. 765. 1. Gem. Mar. Iſabella, Phil. Infant. v. Spanien, u Herz. v. Parma älteſte T. g. 31 Dec. 741. v. 6 Oct. 760. † 27 Nov. 763. 2. Gem Maria Joſepha, Kaiſers Carl VII. jüngſte Prinzeß g. 30 März 739. v. 22 Jan. 765. † 28 May 767. Maria Chriſtina Joſepha Johanna Antonia, g. 13 May 742. St Cr. Ord. D. 3 May 753 Gem. Albert Auguſt, Prz. v. Pohl. u Herz v. Sachſ. Teſchen. Siehe v. ihm die XVIII. Stammtafel. Verm. 8 Apr. 765 Maria Eliſabetha Joſepha, g. 13 Aug. 743. Maria Amalia Joſepha Joh. Antonia, g. 26 Febr. 746. Peter Leopold Joſeph, geb. 5 May 707. Gouvern. der Oeſterr. Lombarden 753. bis 764 Rit. des gold. Wl 3 Oct. 755. Chef eines Cüraſſ Regim. Grosbrz. von Toſc. 18 Aug 765. Gem. Maria Louiſe, Carls III. von Spanien T. g. 24 Nov: 745. v. durch Proc. 16 Febr. 764. vollz. 5 Aug 765. Maria Joſepha Gabriela, g. 19 März 751 † 15 Oct 767 als Braut des Kön beeder Sicilien. Maria Carolina Ludovica, g. 13 Aug. 752 Kön. Sicil Braut. Ferdinand Carl Anton, g. 1 Jun. 754 Gen Gouv. d. Oeſterr. Lombarden 764. Chef ein. Cür. Reg. Rit. des gold Wl. 4 Apr. 763. Groser- des St. Stephansord. 5. Nov. 765. Zuk. Gem Maria Beatrix, T. Hercules Reinald, Erbpr. von Modena, g 7 Apr. 750. verl. 766. Maria Antonia Anna, geb. 2 Nov 755. Maximil Franz Xaverius Joſeph, geb 8 Dec. 756. Ritt. des gold. Wl. 4 Apr. 763.

Thereſia Eliſabeth. Philippina Ludovica Joſepha Johanna, geb 20 März 762. Eine Prinzeſſin, † am Tag der Geburt. 16 May 767.

Alexius Michaelowitsch, geb. 17 März 630 succeb. 645 †10 Fb. 676.

Gem. 1. Maria Iliwna, Eliä Danielowiz Miloslawskn, Tcht. v. 647. † 669.

2. Natalia Kyrilowna, Kurila Poliochtowiz Naritzkin, Czaarischen Ministers, T. vrm. 671. † 4 Febr. 694.

1. Födor, oder Fridr. g. 657. Czaar, 767 † 682. lebte mit 2. Gemalin in unfruchtb. Ehe.

1. Jvan, oder Johannes, g. 27 August 666. Czaar 682. resignirte 688. † 29 Jan. 696. Gem. Proscovia Föderowna, des Bojars FödorPetrowitsch Soltikows, T. g. 663, v. 9 Jan. 684. starb 24 Oct. 723.

2. Peter I. geb. 10 Jun. 672. führte die Regier mit dem Bruder Jvan v. 682-688. nahm d. Kai. Titel v. ganz Rußl. an 22 Oct. 721. † 8 Febr. 725. Gem. 1. Eudoria Föderowna, des Bojars Föder Abramowitsch Lapuchins T. g. 30 Jul 671, v. 27 Jun. 689. dinutt. 698 † 8 Sept. 731. 2. Cathar. Alexiewna, g. 5 Apr. 689. v. 707. declariet z. Czaarin 6 May 711. gekr. 18 May 724. übern. n. ih. Gem. Tod d. Reg. d. Rußl. N. 8 Fb 725. †17 May 727.

Catharina, g. 29 Oct. 691. starb 25 Jun. 733. Gem. Carl Leopold, Hz v. Mecklenb Schwerin, v. 19 Apr. 716. † 28 Nov. 747.

1. Anna Jwanowna, g. 5 Feb. 693. ward nach Absterben Peters II. zur Czarin erkl. 19 Jan. 730. hielt ihren Einzug in Moscau 15 Febr. gekr. 28 Apr. b. J. † 28 Oct. 740. Gem. Friedrich Wilhelm, Herz. in Curland, verm. 13 Nov. 710. † 21 Jan. 711.

1. Alexius Petrowiz, genannt Czaarowitsch, g. 18 Febr. 690. † 7 Jul. 718. Gem. Charlota Christi. Soph. Ludw. Rudolphe, Hrz. zu Brschwg Blankenb. T. g. 29 Aug. 694. verm. 25 Oct. 711. starb 21 Oct. 715.

2. AnnaPetrowna, g. 27 Febr. 708. † 15 May 728. Gem. Carl Friedrich, Hz. zu Holsteingottorp, v. 1 Jun. 725. starb 18 Jun. 739.

2. Elisabeth Petrowna, geb. 29 Dec. 709. ward mit Carln, Herz. zu Holsteingot u. Bischof zu Lübeck verl. 20 May 727. dies. † 31 May d. J. vor der Verm sie bestieg. den Rußl. Thron 6 Dec. 741. gekr. zu Moscau 6 May 742. starb 5 Jan. 762.

Elisab. Christina, g. 18 Dec. lebte am Ruß. Hofe, nahm 732. von der Czaarin den Namen Anna an, u. bekannte sich den 23 May 733. zur Griechis. Kirche, ward Großst. in Rußl 20 Nov 740. † 18 März 746. Gem. Ant. Ulrich, Prinz v. Braunschw. Lüneb Wolfenbütt. v. 14 Jul. 739.

Peter II. g. 12 Oct. 715 ward Czaar von Rußl 17 May 727. gekr. in Mosc. 17 März 728. † 18 Jan. 730. verlobt 1) mit Maria Alexandrowna, Alexander Fürst Menzikofs, Rußl. Generalis. T. 5 Jun 727. fiel mit ihrem Vater in Ungnade im Sept. desselben Jahrs, u. † 7;6. 2) mit Catharina Alexiewna, Alexius Gregorowitsch, Fst. Dolgorucki, geb. Staatsmin. u. Großhofmeist. T. v. 12 Dec. 729 Es wurde ab. die Dolgoruck. Famil. nach Abst. Peter II. v. der Kf Anna ins Elend verwiesen, jedoch v. der Kf. Elisab. 741. wieder zurückberufen, u. diese Prinzes. 15 Dec. 745 an Alexander, Gr v. Bruce verm. † im Febr. 747.

Carl Peter Ulrich, Hz zu Holsteingot. g. 21 Febr. 728. succ. 18 Jun. 739. ward zum Großf. u. Thrnt. in Rußl 18 Nv 742. erklärt, da er vorher die griech. Relig. u. den Nam Peter Fedrowitsch angenomen, R. d. w. Abl. St. Andr u. St. Alexand. Newskn Ord. succ. als Kaiser unter dem Namen Peter III. 5 Jan. 762. bekam den Preuß. schw. Adler. Ord. und schloß mit Preuß. Friede, wurde aber 9 Jul eben d. J. vom Thrne gestoßen, worauf er 17 Jul. an e ner Hämorrhoidalcolick starb. Gem. Cath. Alexiewna, Christian Aug. Fst. v. Anh. Zerbst, T. g. 2 May 729, verl. 11 Jul. 744, v. 1 Sept. 745, ward 9 Jul. 762. als Rußl. K. unt. d. Nam Cath. II. ausgeruffen, erhielt d. J. den Preuß. schw. Abl. u 764. den Schwed. Seraphin. Ord.

Jvan oder Johann III. geb. 23 Aug. 740. Kaiser in Rußl 28 Octob. 740. unt. der Regentschaft f. Fr. Mutter ward des Reichs entsetzt 6 Dec. 741. war seit 744. zu Schlüsselb. † das. 5 Aug. 764.

Catharina, geb. 26 Jul. 741.

Elisab. g. 16 Nov. 743. †

Ein Prinz, geb. 9 März 746.

Paul Petrowisch, Großst. in Rußl. geb. 1 Oct 754. R. d. St. Andr. u. schw. Abl. O. Großab. mr. v. Rußl 30 Dec. 762.

Peter II. König in Portugall, g. 26 Apr. 648, ward Regent 22 Nov. 668. König 12 Sept. 685. starb 9 Dec. 706.
Gem. 1. Maria Francisca Isabella, Carl Amadeus, Hz. v. Nemours, T. g. 21 Jun. 646. v. 2 Apr. 668. starb 27 Dec. 683.
2. Maria Sophia Elisabetha, Philipp Wilhelms, Chf. zu Pfalz, T. g. 6 Aug. 666. v. 2 Jul. 687. starb 4 Aug. 699.

2.		2.
Johann V. König, g. 22 Oct. 689. succedirte vom 706. erhielte vom Pabst Benedict XIV. den Titel Allerglaubigster oder Allergetreuester, † 31 Jul. 750. Gem. Maria Anna, Kais Leopolds, T. g. 7 Spt. 683, v. 9 Jul. durch Procuration und 27 Oct. zu Lissabon, † 14 Aug. 754.		Emanuel, geb. 3 August. 697. lebte seit 738. wieder in Portugall, trat im Dec. 743. in den 3 Orden St. Dominici, starb 3 Aug. 766.

| Maria Barbara, g. 4 Dec. 711, † 27 Aug. 758. Gemal. Ferdinand VI. König v. Span. verm. 19 Jan. 729. † 10 Aug. 759. | Joseph I. jetzig. König, g. 6 Jun. 714. succ. 31 Jul. 750. Gem. Maria Anna Victoria, Philipps V K. in Span. T. g. 31 März 1718, v. 31 März 738. | Peter Clemens, g. 5 Jul. 717. ward im Dec. 736 in den Franciscanerord. aufgenommen, Malthes. Grosspr. v. Crato, im May 743. heist insgemein der Inf. Don Pedro, quittirte 760. den geistl. Stand. Gem. Maria Francisca Isabella, König Joseph I seines Bruders älteste T. g. 17 Dec. 734, v. 6 Jun 760. |

| Maria Franc. Isab. Prinzes. v. Brasilien, g. 17 Dec. 714. Gem Peter Clem. ihr Vetter, v. 6 Jun. 760. | Maria Anna g. 7 Oct. 736. | Maria Francisca Dorothea, g. 21 Spt. 739. | Maria Francisca Benedictina, g. 24 Jul. 746. | Joseph Franz Xaver, Hz. v. Beira, g. 21 Aug. 761. | Johann Franz Joseph Dominicus, 15 May 757. | Maria Ludwig Paul geb. |

Kön. Petri II. in Portugall natürlicher und 1713. legitimirter Sohn von der schönen d'Armanda.

Michael, g. 15 Oct. 699. ertrank im Tajo 13 Jan. 724.
Gem. Louise Antoinetta Casimira, Carl Josephs, Pr. von Ligne, T. geb. 693, v. 20 Jan. 715, † 16 März 729.

| Johanna Francisca Antoinetta Perpetua de Braganza, g. 11 Nov. 716. Gem. Ludw Josias Thomas, Marquis v. Cascaes, v. 24 Jul 738. | Peter, Hz. v. Lafoens und Marggr v. Arronches, g. 19 Jan. 718, Chef v. der Justitz im ganz. Königr. Portug. wurde nebst s. Schwester im Jun. 758. vom Hofe exilirt, † 27 Jun. 761. | Johann Carl Hz. v. Braganza, g. 6 März 719. reisete 23 May 757. über Engl u. Holland nach Wien, und hat seit dem den Feldzug. bey der Kais Armee als Volont. bis 762. beygewohnt. |

König Johannis V. in Portugall natürliche und den 18 Jan. 755. legitimirte Söhne.

| Anton, geb. 1 Oct. 714. exil. 21 Jul. 760. | Caspar, g. 13 Oct. 716. Erzbisch. zu Braga, 756, u. Prim. Regni, consecrirt 26 Jul. 758. | Joseph, g. 8 Sept. 720. Grosinquisit. v. Portug 756. Instal. 25 Sept. 758. exil. 21 Jul. 760. |

Dessen Bruders Franz Xavers natürlicher und 6 May 750. legitimirter Sohn.

Don Juan, Portugiesis. Staatsrath, Admiral und Oberhofmeist. der Königin. Gem. Maria Margaretha, Roderichs de Mello, aus dem Herzogl. Hause Cadaval, T. u. Joachim Franzens de Saa, Marquis von Abrantes, Wittwe und Erbin, g. 2 Feb. 713, v. 20 Feb. 757. † 22 Jul. 764.

Ludw. XIV. K. v. Frankr. g. 5 Sept. 738. succ. 14 May 643. starb 1 Sept. 715.
Gem. Maria Theresia, Philipp IV. Kön. von Spanien T. g. 20 Sept. 638.
v. 9 Jun. 660. starb 20 Jul. 683.

Ludwig, Dauphin v. Frankreich, geb. 1 Nov. 661. starb 14 April 711.
Gem. Maria Anna, Ferdin. Maria, Chf. v. Bayern, T. geb. 7 Nov. 660. v.
7 März 680. starb 20 Apr. 690.

Philipp V. Herz. v. Anjou, geb. 18 Dec. 683. kam nach Absterben Carls II. ohne
Kinder, durch dessen Testament auf den Spanischen Thron 16 Nov. 700. trat den-
selb. seinem Sohne ab 15 Jun. 724. setzte sich nach dessen Tode wieder auf denselben
6 Sept. e. a. machte mit Kais. Carl VI. Friede zu Wien 30 Apr. 725. † 9 Jul. 746.
Gem. 1. Maria Louisa Gabriela, Vict. Amadeus II. Hz. v. Savoyen, nach-
mal K. v. Sardin. T. g. 17 Sept. 688. v 11 Sept. vollz. 4 Nov. 701. † 15 Febr. 714.
2. Elisabeth Farnese, Oddoards II. Hz. v. Parma, T. g. 25 Oct. 692. v.
17 Sept. vollz. 25 Dec. 714. starb 11 Jul. 766.

1.	**1.**	**2.**	**2.**	**2.**	**2.**
Ludwig Ferdi-	Carl III. jetziger König, g.	Maria	Philipp,	Lud-	Maria
Philipp nand	20 Jan. 716. ward Großhz.	Anna Vi-	g. 15 März	wig	Antoi-
g. 25 Aug IV. geb.	v Toscana u. Hz. v. Par-	ctor, g. 31	720. ward Ant.	netta
707 über- 23 Sept.	ma 17 Dec 731. nach dem	März 718	im Aach. Jac.	Ferdi-
nahm die 713. I	Tode des letzten Herz. zu	ward 1)	Frieden,	g. 25	nanda,
Reg. 15 succ. 9	Parma, aus dem Hause	verlo. mit	748 Hz. v. Jul.	geb. 17
Jan. 724. Jul.	Farnese; gelangte in dem	K. Ludw.	Parma. 727.	Nov.
† 31 Aug. 745.	darauf ausgebroch. franz.	XV. von	Piacen. u. Erzb.	729.
e. a. 10 Aug	u. span. Kriege mit dem	Frnkr. 27	Guastalla zu To-	Gem.
Gemal. 759.	Kaiser zum Königr. beyder	Nov 721.	nahm bv. lebo u.	Victor
Louisa Gem.	Sicilien, u. ward zu Pa-	abe. v sel-	Besitz 3 Sevi-	Ama-
Maria Maria	lermo 3 Jul. 735. gekrönt,	bis. wied	Feb 749. lien	deus,
Elisab. Barb.	muste aber dageg. Toscana	nach Hau-	Gemal. auch	Hz. v.
Philipps König.	u. Parma dem Hz. v. Loth.	se gesch. 5	Louisa Card.	Savon.
Hz. von Joh V.	überlassen. Endlich wurde	Apr. 725.	Elisab. Diac.	u. Krn.
Orle. T. in Por-	er an statt sein. Halbbrud.	2) mit Jo-	Ludw XV. resig.	Prinzb.
g. 11 Dc. tug. dl.	Ferdin. VI. König von	seph, K. v. Frkr. 18 De-	Sardi-
739. v 28 test. T.	Span. 16 Aug. 759.	in Portu-	T. geb. 14 cemb.	nien, v.
Aug. 722 g. 4 Dc.	Gem. Maria Amalia,	gall, ver-	Aug. 727. 754. b.	30 May
† 16 Jun. 711. v.	Friedr. Augusts, Kön. v.	mält 31	v. durch Card.	750.
748. 19 Jan.	Pohl. u. Churf zu Sachs.	März	Proc. 26 Hut
729. † T. g. 24 Nov. 724. v. durch	732.	Aug. voll. in die
27 Aug. Procur. 9 May 738. vollz.		zu Alcala Hän-
758. zu Gaeta 19 Jun. b. J. †		25 Octob. de des
27 Sept. 760.		729. † 6 Dab.
		Dec. 759. ftes.

Ma-	Maria	Phi-	Carl	Ferdin. IV.	Gab-	An-	Franz	Maria	Fer-	Louisa
ria	Louisa	lipp	Ant. Pr.	Anton Pa-	riel	ton	Isabell.	din.	Maria
Jo-	geb. 24	Ant.	v. Astur.	chalis, g.	An-	Xa-	geb. 31 Ma-	There-
se-	Nov.	g. 13	geb. 12	12 Jun. 751	ton,	Pa-	ver,	Dc. 741. ria	sia, g.
pha. 745.	Jun Nov. 748. ward, nach-	g. 11	scha-	gb. 17	† 27 Nv. Lud-	9 Dec.
g. 16 Gem.	747. Rit. des den sein May	lio,	Febr.	763. wig, 751.
Jul. Peter	glb. Vl. Hr. Vater 752.	Dec.	757.	1 Gem. g. 20 St.
744. Leop.	Gem. auf die Kr. Groß 755.			Joseph Jan. Cr. O.
Erzb.	Louis. Maria bend. Sic. Prio.			II. Röm. 751. D. 14
von Oestr.	Theresia, T. renunciirt, des			Kais. v. Sept.
vrm. d. Proc.	Philipp, Inf. zum Kön Mal-			6 Oct. 763.
16 Febr. 764.	Hz. v. Parma, beyder Rei- thes.			760.
vollz. 5 Aug. v. 4 Sept. 765. che erkl. 6 Ord.			
765.	Oct. 759.		

V. Stammtafel des Königs in Frankreich.

Ludwig XIV. Kön. in Frankr. g. 5 Sept. 638. succ. 14 May 643. † 1 Sept. 715.
Gem. Maria Theresia, Philipps IV. K. in Span. T. g. 20 Sept. 638. v. 9 Jun. 660. starb 30 Jul. 683.

Ludwig Dauphin, g. 1 Nov. 661. starb 14 Apr. 711.
Gem. Maria Anna, Ferdinands Maria, Chf. in Bayern, T. g. 7 Nov. 660. v. 7 März 680. starb 20 April 690,

Ludwig, Herzog von Burgund, g. 6 Aug. 682. ward Dauphin 14 Apr. 711. starb 18 Febr. 712.
Gem. Maria Adelheit, Victor Amadeus II. Hz. von Savoyen uud nachmaligen Kön. in Sardinien, T. g. 6 Dec. 685, v. 7 Dec. 697. † 12 Febr. 712.

Ludwig, Hz. v Bretagne, g. 8 Jan. 707. Dauphin 18 Febr 712. † 8 März e. a.	Ludwig XV. jeziger Kön. g. 15 Febr. 710. ward Dauphin 18. März 712. König v. Frankr. nach dem Tode seines Urgroßvaters, K. Ludwigs XIV. 1 Sept. 715. gekrönt 25 Oct. 722. majorenn 22 Febr. 723. Gem. Maria Catharina, Stanislai Leczinski, K. in Polen, T. g. 23 Jun. 703. v. 16 Aug. zu Straßb. durch Procurat. u. vollzogen zu Fontainebleau 4 Sept. 725.

Louise Elisabeth	Ludwig, Dauphin	Maria Adelaide	Victoria Louisa Maria Theresia	Sophia Philippina Elisabetha Justina	Louisa Maria
Louise Elisabeth, g. 14 Aug. 727. Zwilling. † 6 Dec. 759. Gem. Don Philipp, Inf. v. Spanien, Hz. v. Parma, v. durch Procurat. 26 Aug. 739. in Person 25 Oct. e. a. zu Alcala † 18 Jul. 765.	Ludwig, Dauphin, g. 4 Sept. 729. gek. 27 Apr. 737. † 20 Dec. 765. .Gem 1 Maria Theresia Antonia Raphaela, Philippi V. Königs in Span. T. g. 11 Jun. 726 v. 18 Dec. 744. durch Procurat. zu Madrid, voll 23 Feb. 745. zu Versailles, † 22 Jul. 746. 2. Maria Josepha, Friedr. Aug. K. in Pol. u. Chf. zu Sachs. T. g. 4 Nov. 731, v. 10 Jan. in Dresd. u. 9 Feb. 747. zu Versailles, † 13 März 767.	Maria Adelaide, geb. 23 März 732. führt den Titel Madaine.	Victoria Louisa Maria Theresia, g. 11 May 733.	Sophia Philippina Elisabetha Justina, g. 27 Jul. 734.	Louisa Maria, g. 15 Jul. 737.

2.	3.	4.	5.	6.
Ludwig August, g. 23 Aug. 754. get. 18 Oct. 761. Großmeist der Königl. u. Militarord. U. L. F. vom Berge Carmel u. St. Lazari von Jerusalem. Ward Dauph. 765. den 20 Oct.	Ludwig Stanislaus Xaver, Graf von Provence, g. 17 Nov. 755. getauft 18. Oct. 761.	Carl Philipp, Graf v. Artois, geb. 9 Oct. 757. get. 18 Oct. 761.	Maria Adelheit Clotildis Xaviere, g. 23 Sept. 759. get. 18 Oct. 761.	Elisabetha Philippina Maria Helena, geb. 3 May 764. getauft e. d.

VI. Königl. Grosbritannische und Churfürstl. Braunschweig-Lüneburgische Stammtafel.

Georg August, g. 28 May 660. suc. als Churf. 698. erhielte die Introduction ins Churfürstl. Collegium 7 Sept. 708. ward nach der Königin Anna Tode, unter dem Namen Georg I. König in Grosbritannien, 13 Aug. und gekr. 31 Oct. 714. starb 22 Jun. 727.
Gem. Soph. Dorothea, Georg Wilhelms, Hz. zu Zelle, T. g. 15 Spt. 666. v. 21 Nov. 682. geschieden 28 Dec. 694. lebte zu Aalen, † 13 Nov. 726.

Georg August, g. 10 Nov 683. ward Pr. von Wallis 3 Oct 714. u zum Kön. in Grosbrit. proclamirt 16 Jun. 727. unter dem Namen Georg II. u. gekr. 22 Oct. d. J. † 25 Oct. 760.
Gem. Carolina, Joh. Friedrichs, Marggraf zu Brandenb. Onolzb. T. g. 1 März 683. v. 2 Sept. 705. starb 1 Dec. 737.

Sophia Dorothea, g. 27 März 687. † 28 Jun. 757.
Gem. Friedr. Wilhelm, König in Preussen und Churf. zu Brandenburg, g. 28 Nov. 706. † 31 May 740.

Friedrich Ludw. g. 31 Jan. 707. zum Herzen v. Glocef ward Pr. v. Wallis, 26 Jun. 727. starb 31 März 751. Gem. Augusta, Frib. II. Herz zu Sachs. Goth. K. g. 30 Nov. 719. v. 8 May 736.

Anna, geb. 2 Nov. 709. † 12 Jan. 759. Gem. Wilhelm I. Carl Heinr. Friso, Fürst v. Nassau, Diez, Pr. v. Oran. u. Erbstatth. der vereinigt. Niederlande, v. 25 März. 734. starb 22 Oct. 751.

Amalia Sophia, g. 10 Jun. 711.

Wilhelm Aug. g. 26 Apr. 721. Hz. v. Cumberl. Rit. v. Bath. und v. Hosenb. Gen. Capit. v. Grosbrit. Obr. des 1. Reg Garde zu Fuß, resignirte im Octob. 757. Oberjägerm. des Parc zu Windsor, und Canzler der Universität Dublin, starb 31 Oct. 765.

Maria, g. 5 März 723. † 17 Sept. 767. Gem. Friedr. II. Landgraf von Heß. Cassel, v. 19 May 740. zu London, vollzogen zu Cassel, 28 Jun. d. J.

Louise, g. 18 Dec. 724. † 19 Dec. 751. Gm. Friedrich V. K. in Dännemark, v. durch Procur. z. Hanov. 10 Nov. 743. z Copenhagen 11 Dec. d. J. † 13 Jan. 766.

Augusta, geb. 11 Aug. 737. Gem. Carl Wilh. Ferdin. Erbp. v. Braunschweig Wolfb. verm. 16 Jan. 764.

Georg Wilhelm Friedr. g. 4 Jun. 738. ward Prinz v. Wallis 4 May 751. K. v. Grosbrit. 25 Oct. 760. unter dem Namen Georg III. Gem. Sophia Charl. wig Friedr. Mecklb. Strelitz. T. geb. 19 Jan. 744. verm. 8 Sept. 761.

Eduard August, g. 25 März 739. Herz. von Dork, des bl. Hosenb. u. des blau. Hosenb. Vice-Admiral 1762. 27 May † 7 Sept. 762. zu Monaco.

Wilhelm Heinrich g. 25 Nov. 743. ward rich Herz. von Cumber. Nov. 766. R. 745.

Louisa Anna, g. 19 März 749.

Friedrich Wilh. g. 24 May 750. † 29 Dec. 765.

Carolina Matilda, g. 22 Jul. 751. Gem. Christian VII. König v. Dännemark, v. 2 Nov. 766.

Georg Friedr. Aug. Prinz v. Wallis, g. 12 Aug. 762.

Friedrich, g. 16 Aug. 763. Hz. v. Glocester, Bisch zu Osnabr. vom Jul. 27 Febr. 764.

Wilhelm Heinr. g. 21 Aug. 764.

Charl. Aug. Mathildis, geb. 29 Sept. 766.

Eduard, g. 2 Nov. 767.

VII. Stammtafel des Königs in Dännemark.

Christian V. König in Dännemark und Norwegen, g. 15 Apr. 646. succ. 9 Febr. 670. starb 25 Aug. 699.
    Gem. Charlotta Amal. Wilhelms VI. Landgr. zu Hessen-Cassel, T. geb. 27 April 650, v. 25 Jun. 667, † 27 Märr 714.

Friedrich IV. König, g. 11 Oct. 671, succ. 699, gekr. 15 Apr. 700. † 12 Oct. 730.
    Gem. 1. Louise, Gustav Adolph, H. zu Mecklenb. Güstrow, T. g. 22 Aug. 667, v. 5 Dec. 695, † 15 Märr 721.
    2. Anna Sophia, Conrads, Gr. v. Reventlau, T. g. 16 April 693, v. 4 Apr. 721, zur Königin declarirt 30 May b. J. † 7 Jan. 743.

1.	1.
Christian VI. König, g. 30 Nov. 699. succ. 12 Oct. 730, gekrönt 6 Jun. 731, † 6 Aug. 746.	Charlotta Amalia, g. 6 Oct. 706.
Gem. Sophia Magdalena, Christian Heinrichs, Marggr. zu Brandenb. Culmb. T. g. 28 Nov. 700, v. 7 Aug. 721.	

Friedrich V. König, g. 31 März 723, succ. 6 Aug. 746, gekr. 4 Sept. 747. Ritter des Seraphinenordens, † 13 Jan. 766.
    Gem. 1. Louise, Georgs II. Kön. von Großbrit. T. g. 18 Dec. 724, v. durch Procur. zu Hannover 10 Nov. 743, zu Coppenh. 11 Dec. b. J. † 19 Dec. 751.
    2. Juliana Maria, Ferdinand Albrechts, H. zu Braunschweig-Lüneburg-Wolfenb. jüngste T. g. 4 Sept. 739, v. zu Wolfenb. 26 Jun. 752. vollzogen zu Friedrichsburg 8 Jul. b J. Wittwe 13 Jan. 766.

1.	1.	1.	1.	2.
Sophia Magdalena, g. 3 Jul. 746. Gem. Gustav Krnpr. v. Schwed. v. 4 Nov. 766.	Wilhelmina Carolina, g. 10 Jul 747. Gem. Georg Wilhelm, Erbprinz von Hessen-Cassel, verm. 1 Sept. 764.	Christian VII. jezig. Kön. g. 29 Jan. 749. succ. 13 Jan. 766. Gem. Caroline Mathildis, Friedr. Ludw. Prinzen v. Wallis, Tochter, gb. 22 Jul. 751. vermält 8 November 766.	Louise, geb. 30 Januar. 750. Gem. Carl Prinz von Hessen-Cassel, vermält 30 August. 766.	Friedrich, gebor. 11 Oct. 753. zum Coadjutor zu Lübeck erwält 4 October 756.

A 4

VIII. Stammtafel des Königs von Schweden.

Christian Albrecht, Hz. zu Holstein-Gottorp, g. 3 Febr. 641. Bisch. zu Lübeck von 655. — 766. starb 27 Dec. 694.
    Gem. Friderica Amalia, Friedrichs III. K. in Dännemark, T. g. 11 April 649. v 24 Oct. 667. starb 30 Oct. 704.

Friedrich IV. g. 18 Oct. 671. starb 19 Jul 702. Gem. Hedwig Sophia, Carls IX. K. in Schwed. T. g. 26 Jun. 681. v. 12 Jun. 698. † 12 Dec. 708.	Christian August, g. 11 Jan. 673. Bischof zu Lübeck 26 Apr. 706. starb 25 April 726. Gem. Albertina Friderica, Friedr. Magni, Marggr. zu Badendurlach, T. geboren 3 Jul. 682. verm. 2 Septemb. 704. starb 22 December 755.

Carl Friedr. g. 30 Ap. 700. trat die Regier. an 717. † 18 Jun 739. Gem. zu Herr. AnaPetrowna 745. Peter I. adj. dass. Czaars v. Rußl. et a. T. g. 2731 Jb. 708. v. 21 May (1 Jun. 725 † 15 May 728.	Hedwig Sophia in Schweden, g. 9 Oct. 14 May 710. Bisch. zu Lübeck 16 Sept. 727. Ap. 728. Canonis. nannt 3 Jul. trat das Bist. Lübeck seinem Bruder ab, ward König 5 751. c. m. Apr. 751. Aeb. Gem. Louisa Ulrica, Friedr. Wilh. K. in Pr. thronis. 8 ste Prinzeß. starb 13 Jul. 744 zu Berlin, vollzogen zu Drottningholm 29 Aug. c. a.	Adolph Friedrich, jez. Kön. Augusta in Schweden, g. 14 May 710. ErbBisch. zu Lübeck 16 Sept. 727. zum Thronf. in Schweden ernannt 3 Jul. trat das Bist. Lübeck seinem Bruder ab, ward König 5 Tab. 24.	Friedrich August, 24 Oct. g. 20 711. Spt. 30 May 760. Gemal. Christian August, Fst. zu Anh. Zerbst, v. 8 Nov. 727. starb 16 März 747.	Johanna Elisabeth, geb. Sept. 30 760. Bischof Christian August zu Anh. Zerbst, v. 8 Nov. 727. starb 16 März 747.	Georg Ludwig, gebor. 1 März 719. Kön. Preuß. Gen. Lieut. und Obrist. eines Dragon. Reg. Ritt. des St. Andr. und schw. Adler-Ordens, wurde 762. Gener. Feldmarschall aller Rußisch. Troupp. u. Obr. des Regim. Leibgarde zu Pferde auch Gener. Gouverneur u. Statthalt. der Holstein. Gottorp Lande mit dem Prädicate: Hoheit, † 7 Sept. 763. Gem. Louisa Charlotta, Friedr. Wilhelms, Hz. zu Holst. Sunderburg Beckisch. Linie, T. u Alexandri Aemilii, Burggr. v. Dohna, Wittw. geb 31 Dec. 722. v. 1 Jan. 750. erhielte 762. den Catharinen Orden, † 7 Aug. 763.

Carl Peter Ulrich, Hz. zu Holst. Gott g. 21 Febr. 728. Kaiser von Rußl. 5 Fbr. 762. starb 17 Jul. d. J.	Gustav, Krpr. g. 24 Jan 746. Ritt. des schw. Abl. u. St. Andreasorden. Gem. Sophia Magdalena, Kypr. von Dännem. verm. 7 Nov. 766.	Carl gb 7 Oct. 748. Groß Adm. von Schwed.	Friedrich Adolph, g. 18 Jul 750. Königlich Schwed. Obrister.	Sophia AlbErtina, g. 8 Oct. 753. führt den Titel Madame Rojale. Coadjut. zu Quedlinb. 767.	Wilhelm August, g. 18 Jan. 753. Ritt. des St. Anenord. Chef und Obr. ein. Großfst. Infanter. Reg. 762.	Peter friedrich Ludwig, g. 17 Jan. 755. Chef u. Obri Großfst. Reg Drag Rit. d. St. Annenord.

IX. Stammtafel des Königs in Polen.

Stanislaus Ciolck, Graf Poniatowski, geb. 668. Castellan von Cracau, Ritter des weissen Adlerordens, starb im Sept. 762.
  Gem. Constantia, Casimir Fürsten von Czartorinski, Castellans von Wilda, T. geb. 700. verm. 15 Sept. 720. starb 27 Oct. 759.

Stanislaus Augustus	Casimir, Fürst	Louisa	Isabella	Andreas, F.	Michael
Stanislaus Augustus, g. 17 Jan. 732. war Gros-Truchs. von Lithauen, ward zum König v Polen und Grosbz. von Lithauen erw. 7 Sept. 764. gekr. 25 Nov. 764. R. des St. Andreas und schwarz. Adlerordens.	Casimir, Fürst v. Poniatowski, KronGros-Kammerherr, Ritt. des weissen Adlerord. Starost von Zips. Gem. Eine T. des verstor. Castellans von Przemisl, Basilius Ustrycki, vermält im Jan. 751 davon ein Sohn geb. im Dec. 753.	Louisa, ward 14 Sept. 748. Stern-Kreuz-Or D. Gem. Johañ, Graf Zamoyski, Starost von Lublin.	Isabella, ward 3 May 750. Stern-KreuzOrd. Dame Gem. Johann Clemens, Gr. Branicki, Castellan v. Cracau, u. Kron Gros Feldherr, vermält 19 Nov. 748.	Andreas, F. Poniatowski, kais. Gen. Feldm. Lieu. Comthur des Marien Theres. Or. Gem. Theresia, Toch. Leopold, Gr. Kinski, ward Stern. Kreuzord. Dame. 5 May 761.	Michael, Fürst Poniatowski, Abt v. Czor-wicek, Domherr zu Cracau, Secretair des St. Stanisl. Ordens.

X. Stammtafel der Königin in Ungarn und Böhmen, Erzherzogin in Oesterreich.

Leopold, Erzherz. in Oesterr. g. 9 Jun. 640, ward Kön. in Ung. 16 Jun. 655, gekr. 27 dieses, Kön. in Böhmen 14 Sept. 656. zum Röm. Kais. erwält 18 Jul. gekr. 1 Aug. 658. starb 5 May 705.

   Gem. 1. Margaretha Theresia, Philipps IV. K. in Span. T. geb. 18 Jul. 651, v. 12 Dec. 666. starb 22 März 673.

     2. Claudia Felicitas, Ferdinand Carls, Erzh. in Tyrol, T. g. 30 May 653, v. 15 Oct. 673. starb 8 Apr. 676.

     3. Eleonora Magdalena Theresia, Phil. Wilhelms, Pfalzgraf. zu Neuburg, T. g. 6 Jan. 655, v. 14 Dec. 676. starb 19 Jan. 720.

2.	**3.**
Joseph, g. 26 Jul. 678. Kön. in Ung. 9 Dec. 687. Römischer Kön 24 Jan. 690. Kaiser 5 May 705, starb 17 Apr. 711.	Carl VI. geb. 1 Oct. 685. König in Spanien 12 Sept. 703, zum Kaiser erwält 12 Oct. 711. gekrönt 22 Dec. d. J. Kön. in Ung. 22 May 712. in Böhm. 5 Sept. 723. † 20 Oct. 740.
Gem. Wilhelmina Amalia, Joh. Friedrichs, Hz. v. Braunschw Lüneb. Hannover, T. g. 21 April 673 v. 24 Febr. 699. lebte gänzlich entzogen von allen weltl. Geschäften in dem von ihr gestifteten Closter auf dem Rennwege bey Wien, starb 10 Apr. 742.	Gem. Elisabetha Christina, Ludw. Rudolphs, Hz. zu Braunschw. Lüneb. Wolfenb. T. g 28 Aug. 691. v. d. Proc. 23 Apr. zu Maria-Hizing bey Wien, und 1 Aug. 708 zu Barcellona, gekr. in Ung. 10 Oct. 714. in Böhm. 8 Sept. 723. † 21 Dec. 750.

| Maria Josepha, g. 8 Dec. 699. † 17 Nov. 757. Gemal Friedrich August, K. in Polen u. Churfst. zu Sachsen, v. 20 Aug. 719, † 5 Oct. 763. | Maria Amalia, geb. 22 Oct. 701, † 11 Dec. 756. Gem. Carl VII. Römisch Kais. u. Chf. in Bayern, verm. 5 Oct. 722, starb 20 Jan. 745. | Maria Theresia, Erzherzogin in Oesterr. g. 13 May 717. trat nach der Oesterr. Erbfolgeordnung 19 Apr. 713, als Königin in Ung u. Böhmen, u. Erzherzogin i. Oest. in dem Besitz aller Oesterr. Erbkönigreiche und Lande am 20 Oct. 740. gekrönt zu Presburg 25 Jun. 741. zu Prag 12 May 743. Gem. Franz Stephan, Herzog v. Lothringen und Grosshrz. v. Toscana, v. 12 Febr. 736. z. Kaiser erw. 13 Sept. 745. † 18 Aug. 765. | Maria Anna, Erzherzogin in Oesterr. g. 14 Spt. 718. kam als Gouvernant. der Oest. Niederl. 26 März 744. zu Brüssel an, † 16 Dec. d. J. Gemal, Carl Alexander, Pr. v. Lothringen, v. 7 Jan. 744. Ist seit 4 May 761. Hochmeister des Teutschen Ord. |

Die zahlreiche Posterität des Allerhöchst Kaiserl. Königl. Hauses stehet auf der 4. Stammtafel.

1.	2.		

Frider. Wilh. der Große, Chf. v. Brbb. g. 6 Febr. 620. succeed. 640. souver. Hz. von Preuß. 658. † 29 Apr. 688. 1 Gem. Louisa Henri. Heinr. Friedr. Pr. v. Oran. T. geb. 27 Nov. 627 v. 17 Dec. 646, † 6 Jun. 667. 2 Gem. Dorot. Philips Hz. zu Holst. Glücksburg T. u. Chrl. stian Ludwig Lüneb. W. gb. 3 März 636, v. 13 Jun. 668, † 6 Aug. 689.

1. Friedr. I. g. 1 Jul. 657, erstr. Kön. in Preuß. 18 Jan 701 † 25 Febr. 713. Gem. 1. Elisab. Henriet. Wilh. VI. Ldgr. v. Hess. Cass. T. geb. 8 Nov 661, v. 13 Aug. 697, † 27 Jun. 683. 2 Soph. Charlot. Ernst August, Chf. zu Braunschw. Lü. neb. T. g. 20 Octb. 668, v. 28 Spt. 684. † 1 Febr. 705. 3. Soph. Luis. Hz. Friedr. zu Metlb. T. g. 6 May 658, v. 28 Nv. 708, † 29 Jul. 735.

2. Ph. Wilh. g. 19 May 669 Sthl. zu Magdebg. † 19 Dec. 711. Gem Johaña Charl. Joh. Ge. Fürst zu Anh Dess. T. geb 682, v. 15 Jan. 699. Aebt. zu Hrvd. 4 Fb. 29 † 31 März 739.

2. Frider. Wilh. Kön. u. Chf. g. 15 Aug. 688, suc. 25 Febr. 713, † 31 May 740. Gem. Soph. Doro. thea, Georg Ludw. Kön. u. Grsbr. u. Chrf. zu Brnschweig Lüneb. T. g. 27 März 687, v. 28 Nov 706, † 28 Jun. 757.

Friedr. Wilh. Marg graf zu Schwb. geb 27 Dec. 700 Pr. Gen. L. u. Chef ei. Cür. Rgt. b. Wrt. d. großen Jagd. ordens.

Frider. Soph. Wilh. g. 3 Jul. 709, † 14 Oct. 758. Gm. Frdr. Regg. z. Br. Bayr. v. 20 Nov 731, † 26 Fb. 763. Friedr. II. jez Kön u. Chf. g. 24 Jan. 712, succ. 31 May 740. Gem. Elis. Crist Ferd. Alb. Hz. zu Br. Wolfenb T. g. 8 Nov. 715, v. 12 Jun. 733. Frider. Louis. g. 28 Spt. 714. Gem. Carl Wilh. friedrich, Margr. z. Br. Onolz. v. 30 May 729, † 4 Aug. 757. Philip Charl. g. 3 März 716. Gem. Carl, Hz. z. Brschw. Wolf. v. 2 Jul. 733 Soph. Dorot. Maria, g. 25 Jan. 719, † 13 Nov 765. Gem Frdr Wilh. Margg. zu Br. Schwedt, v. 10 Nov 734 Louis Ulric. g. 24 Jul. 720. Gem. Adolph friedr. K. in Schw. v. durch Proc. 17 Jul. 744. vollz 29 Aug. e. a. Aug. Wilh. g. 9 Aug. 722, Pr. v. Preuß. † 12 Jun. 758. Gem. Luis Amal. Ferd. Alb Hz. v. Br. Wolf. T. g. 29 Jan 722, v. 6 Jan. 742. Anna Amal. g. 9 Nov. 723, Aebtiß. zu Quedlbg. 16 Jul. 755. Friedr. Heinr. Ludw. g. 18 Jan. 726, Dompr. zu Magdeb. Gen Lieut. u. Obr. ei. Inf. Reg. Gem. Wilh. Maximil. Pr. von Hess. Cass. T. g. 23 Febr 726, v 25 Jun. 752. Aug. Ferd g. 23 May 730, Gn Liet. u. Chef ei. Inf. Reg. Heermeister zu Sonneburg 13 Spt. 762. Gem. Anna Elis. Louise, Friedrich Wilh. Margr. v. Brandb Schwedt. T. g. 22 Apr. 738, v. 27 Spt. 755. Friderica Doroth. Soph g. 18 Dec. 736. Gem. Frid. Aug. Pr. v. Würt. St. v. 29 Nv. 753. Anna Elis. Louise, g. 22 Apr. 738. Gem. Aug. Ferd. Krpr. v. Preuß. v. 27 Spt. 755. Philippina Augusta Amalia, g. 10 Oct. 745. Gem. Soph. Doroth. Maria, Friedr. Wilh. K. in Pr. T. g. 25 Jan 719, v. 10 Nov. 734. Henriette Maria, g. 2 März 702. Gem. Friedr. Ludw. Erbpr. zu Würtemb Stuttg. v. 8 Dec 716, † 23 Nov. 731. Heinr. frid g. 21 Aug. 709, Margr. Pr. Gen. M. und Obr. eines Inf. Reg. Dompr. zu Halberst 734, u. residirender Johanni- ter-Comthur zu Liezen. Gem. Leop. Max Lep. Ft. zu Anh. Dess. T. g. 18 Sept. 716, v. 13 Febr.

Friedr. Wilh. g. 25 Spt. 744. Pr. v. Preuß. Gem. Elisab. Christ. Ulrica, Carls, Hz. zu Braunschwg. T. v. 14 Jul. 765. Friedrich Heinrich Carl, g. 30 Dec 747, † 26 May 767. Fridrica Sophia Wilhelmi- na, geb. 7 Aug. 751. Gem. Wilhelm V. Prinz v Ora- nien, v. 4 Oct. 767.

Frideri ca Charl. Ulrica Catharina, g. 7 Christ. May 767.

Friderica Elis. Dorothea Henric. Amalia, g. 1 Nov. 761.

Frdrc. Char. Leop. Louisa, g. 18 Aug. 745, Can. zu Herworden, invest. 22 Nov. 745, Coadj. das. 7 März 755. Louisa Henriet. Wilhelmina, g. 24 Oct. 710. Gem. Leopold Fridr. Franz, Fürst von Anhalt-Dessau, v. 15 Jul. 765.

XII. Stammtafel des Königs von Sardinien und Herzogs von Savoyen.

Carl Emanuel II. Hz. v. Savoyen, geb. 20 Jun. 634. starb 12 Jun. 675.
Gem. 1. Francisa Magdalena, Gaston, Joh. Baptistä, Herzogs v. Orleans,
T. g. 13 Oct. 648. v. 3 Apr. 663 starb 14 Jan. 664.
2 Maria Johanna Baptista, Carl Amadeus, Hz. v. Nemours, T.
g. 11 Apr. 644. v. 20 May 665. starb 15 März 724.

2.

Victor Amadeus II. Herz. v. Savoyen, g. 14 May 666. Kön. in Sicilien 713.
in Sardinien 718. legte die Regierung nieder 3 Sept. 730. und lebte zu Chambern
als ein Graf v. Tende, suchte im Sept. 731. wieder zur Regier. zu kommen, ward
aber gefangen in das Schloß Rivoli geführet d. J. und starb daselbst 31 Oct. 732.
Gem. 1. Anna Maria, Philipps I. Herz. v. Orleans T. g. 27 Aug. 669. v. 9
Apr. 684. starb 26 Aug. 728.
2. Charlotta Canalis, eine T. des ehemaligen savoischen Premier-
Ministers, Marquis v. St. Thomas, u. W. des Marquis von St. Sebastian, g.
678. v. 20 Aug. 730. wurde Gräfin von Spigno und Marquisin von Saumiere genannt, lebt jetzo im Kloster Figuarolo.

1.

Carl Emanuel III. Victor, jetzig. Kön. u. Hz. g. 27 Apr. 701. ward als König v.
Sardin. und Hz. von Savoyen proclamirt 3 Sept. 730.
Gem. 1. Anna Christina Louisa, Theodors, Pfalzgr. v. Sulzb. T. g. 5 Febr.
704. v 16 Febr. 722. starb 12 März 723.
2. Polixena Christina Johanna, Ernst Leopolds, Landgr. zu Hessen-
Rheinf. T. g. 21 Sept. 706. v. 23 Jul. 724. starb 13 Jan. 735.
3. Elisabeth Theresia, Leopold Joseph Carls, Hz. v. Lothr. T. g. 15
Oct. 711. v durch Proc. zu Lüneville 1 März 737. vollzogen zu Chambern 1 Apr.
d. J. starb 3 Jul. 741.

2.	**3.**	**3.**	**2.**	**3.**
Victor Amadeus Maria, Herzog v. Savoyen u. Kronpr. g. 26 Jun. 726. Gem. Maria Antoinetta, Philipps V. Königs in Span. T. geb. 17 Nov. 729. v. 12 Apr. 750. durch Procurat. zu Buenretiro, voll. 30 May zu Oulx.	Eleonora Maria Theresia, g. 28 Febr. 728.	Maria Louisa Gabriela, g. 25 Mrz. 729. † 22 Ag. 767.	Maria Felicitas, gebor. 20 März 730.	Benedict Moriz Maria, Herzog v. Chablais g. 21 Jun. 741.
Carl Emanuel Ferd. Maria, g. 24 May 751. Prinz v. Piemont.	Maria Louisa Josepha, g. 2 Sept. 753. gieng 765. ins Kloster S. Andreä zu Quiers	Anna Maria Carolina, g. 31 Dec. 757.	Victor Maria Emanuel Joseph. Johan Ferdinand Maria, g. 24 Jul. 759.	Moriz Joseph Maria, Hz. von Montferrat, geb. 13 Sept. 762.	Maria Charl Antonetta Adelheid, g. 17 Jan. 764.	Carl Felix Joseph, Hz. von Genevois, g. 6 Apr. 765.	Joseph Benedict Maria Placidus, Graf von Maurienne, geb. 5 Oct. 766.

XIII. Stammtafel des Churfürstens von Maynz.

Ferdinand Damian, Freyherr v. Breidbach zu Burrisheim, g. 668. Churtrieri-
scher Geh. Rath und Obrist-Cämmerer, auch Churcöllnisch. Geh. Rath, †747.
Gem. Anna Helena Sophia, Lotharii Friedrichs, Freyh. von Warsberg, T.
geb. 681. v. 699.

Carl Ernst, Freyherr. von Breidbach z. Burrisheim geb. 20 März 701, Kayserl. wirkl. Geh. Rath, Dompropst zu Trier, Domherr und Großcanzler zu Lüttich.	Friedrich Franz, Frh. v. Breidb. zu Burrisch. g. 5 May 703, Churmaynz. auch Churcöl. Geh. Rath, Obr. Cämm und Ober- amtmann zu Linz.	Emerich Joseph, Frh. v. Breidbach zu Burrish. g. 12 Nov. 707. Dombech. des Maynz-Erzst. auch der na- Erz-Hohen- terstifter Trier, ben Maynz, resp. Schol. u. herr, ward z. v. Maynz an statt d. 4 Jun. 763. gestorb. Churf. Joh. Friedrich Carl, Graf von Ostein, 5 Jul. d. J. erwälet.	Freyh. Wil- hel- mi- na Cla- ra, g. 8 Apr. 716.	Phi- lip- pi- na Lu- cia, g. 18 May 717.	Franz Lud- wig, Fgenh. von Breidb. zu Burrish. g. 4 Oct. 718. Churtrier. Geh. Rath. und Obrist- Cämmerer, auch Ober- amtm. zu Coblenz u. Ehrenbreit- stein, des St. Michael- Ord. Ritt.

Gem. Ma- ria Anna, Freyin von Walter- dorf, g. 1 Dec. 737, v. 8 Dec 760.

Johann Philipp, g. 15 März 762. starb 1 Apr. 765. |

Dom. u. Rit-
St. Victoris
Capitular-
Erzb.u.Churf.

XIV. Stammtafel des Churfürstens zu Trier und Bischofens zu Worms.

Carl Lothar, Freyherr von Walderdorf, Herr zu Isenburg und Molzberg, starb 722.

Gem. Anna Catharina Elisabeth, Joh. Eberhards, Freyherrn von Kessel-stadt, T. v. 688, starb 1 Aug. 733.

| Maria Mag. dalena Philippina. | Catharina Elisabeth. Gemal. Damianna Hartard, von Hattstein, Churmannz. u. Fürstlich. Fuldaisch. Geh. Rath, Oberstallmeister u. Gen Maj. v. 719. | Antoinette. Gemal. Elisabeth. | Adalbertus, Bischof und Abt z Fulda, des H. R. R. Fst. g. 29 Aug. 697, wurde an statt des 4 Dec. 756, verst. Bischofs Amandi, Freyhrn v. Buseck 17 Jan. 757, erwält, u. 19 Jun. d. J. confecrirt, starb 17 Sept. 759. | Johanna Elisabeth. | Johann Philipp, g. 24 May 701 Dombech. z. Trier. Coadjur. de an statt des 11 Jul. 754, wurde 18 Jan. 756. gestorb. Churist. Rath u. Obr. Franz Georg, der Leibgarde Gr. v. Schönb. Buchh. Wolff z. thal, Erzbisch. u. Churfurst zu Trier, inthron. 26 Feb. d. J. des H. R. R. durch Gallien u. Arelat Erzcanzl. u. Administrat. zu Prüm, ward a. Bis. v. Worms, 20 Jul. 763. | Lotharius Wilhelm, v. Walderdorf, Hr. zu Isenburg u. Molzberg, Churmannz. Geh. Rath u. Obr. zu Pferde, g. 25 März 705, †752. Gem. Maria Anna Philippina, Johann Philipp, Graf von Stadion, T. gebor. 14 Januar 718. verm. 18 Nov. 736. | Maria Ulrica. Friderica. |

| Maria Anna Catharina Philippina Walburg, geb. 1 Decemb. 737. war Stiftsdame zu Münsterbilsen. Gem Franz Ludwig, Freyh v. Breidbach zu Burrisheim, v. 8 Dec. 760. | Philipp Franz Wildrich Nepomuc, g. 2 May 739. Domicell. z. Trier u. Speyer. | Franz Philipp Friedr. Maximilian Wilderich Nepomuc, g. 22 März 740 Domherr zu Mannz u. Trier und St. Victor zu Mannz. | Sophia Stiftsdame z. Münsterbilsen. | Friedrich Conrad Wilderich Nepomuc, Domherr zu Bamberg. | Carl Anton, g. 14 Feb. 752. |

XV. Stammtafel des Churfürstens zu Cöln und Bischofs zu Münster.

Leopold Wilhelm, Gr. v. Königseck-Rotenfels, Kaiserl. Geh. Rath u. Reichs-Vice-Canzler, starb 15 Febr. 694.

Gem. 1. Maria Polyxena, Joh. Wilhelms, Hrn. von Scharfenberg, T. † 19 Sept. 683.

2. Eleonora Francisca, Alexii U. Gr. v. St. Martin, T. v. 684. †

I.

Albertus Eusebius, geb. 4 Jan. 669. †

Gem. Clara Philippina Felicitas, Valentin Ernsts, Gr. zu Manderscheid-Blankenheim, T. u. Erbin der Grafschaft Roussy, und der Herrsch. Cronenburg, g. 17 Sept. 667, v. 31 Oct. 694, † 17 Aug. 751.

Carl Ferdinand, genannt Boischot, Graf von Erps, laut Kais. Erlaubnis 2 Oct. 720 geb. 1 Nov. 696. K. K. wirkl. Geh. Rath, Hof-Cammerpräsident, R. des gold. Vl. starb 20 Dec. 759.
Gem. Helena Hyacinth Valentina von Boischot, Eugenii letzten Grafens von Erps, Erbin, ver. 3 April 720.

Hugo Franciscus, Graf zu Rotenfels und Immenstatt, g. 2 Oct. 698. Kais. K. wirkl. Geheimer Rath.
Gem. Maria Francisca, Franz Antons, Gr. v. Hohenzoll. Sigmaringen, T. geb. 17 Jan. 697, verm. 29 Jun. 720,

Christian, Moriz Eugen Franz, g. 24 Nov. 705. des Teutschen Ord Comthur zu Beuggen, Kaiserlich. Kämmerer General-Feldmarschall und Obrist. eines Infanterie Reg.

Maximilian Friedrich, geb. 13 May 708. Dombechant zu Cöln, und Domkämmerer zu Straßb. wurde an statt des 6 Febr. 76'. verst. Churf. ClemensAugusts, aus dem Banrisch. Hause, zum Erzbischof u. Churf. zu Cöln 6 April 761. erwählet, des H. R. R. durch Italien Erzcanzler, wurde Bischof zu Münster 16 Sept. 762.

Maria Eleonora, g. 4 Jul. 711. Gem. Franz Ernst, Graf v. Truchseß-Zeil-Wurzach, v. 26 Feb. 729.

Maria Josepha Theresia, geb. 27 Dec. 724. St. Cr Ordens-Dame 14 Sept. 744.
Gem. Johann Carl, Graf von Zierotin, v. 26 August 744.

Joseph Lotharius, geb. 19 März 722. Kais. Kämmr. † 7 März 761.
Gem. Mar Amalia, Carl Genf. Gr. v. Königseck-Aulendorf, T. g. 13 Ap. 729, v. 2 Oct. 747.

Maria Eleonora, geb. 20 Dec. 728.
Gem. Hermann Friedrich, Gr. von Königseckaulendorf, verm. 22 Nov. 750.

Maria Josepha, geb. 732. Stiftsdame z. Thoren, Elten, u. St Ursul. in Cöln, † 762.

Christian Franz Sideius, g. 734, Domicell. zu Cöln u. Straßbg.

Franz Fidelis Anton, g. 19 Feb. 750.

Joseph Julius Franz Xaver, geb. 22 April 751. Domicellarius zu Cöln.

Ernst Adrian Judas Thaddäus, g. 10 März 754. Domicell. zu Cöln.

Maria Josepha Antonia, g. 21 Sept. 755.

Maximilian Joseph Julius Maria, geb. 1 Jan. 757.

Aloysius Hermann Blasius, g. 3 Febr. 758.

Maria Carolina Crescentia, geb. 15 August, 759.

XVI. Stammtafel der Königin von Böhmen, s. Ungarn. Tab. X.

XVII. Stammtafel des Churf. von Bayern.

Maximilian Emanuel Maria, Churf. und. Hz. von Bayern, geb. 11 Jul. 662. succ 26 May 679. trat die Regier an 680. starb 26 Febr. 726.
Gem. 1. Maria Antonia, Kaiſ. Leopolds T. g 18 Jan. 669, v. 15 Jul. 685. ſtarb 23 Dec. 652.
2. Thereſia Kunigunda, Johannis III. K. in Pol. T. g. 4 März 676, v. durch Procurat. zu Warſchau 15 Aug. 694, vollzogen zu Weſel 2 Jan. 695. ſtarb zu Venedig, 19 März 730.

1.	2.	3.
Carl Albrecht, Churfürſt. g. zu Brüſſel 6 Aug. 697. R. d. gold. Wl. 17 Febr. 715. ſucc. 26 Fbr. 726. Grosmeiſt. des von ihm 24 Apr. 729. errichteten Rit Ord. S. Georgii Defenſio un imm. culatae conceptionis B. V. M. König in Böhmen 7 Dec. 741. Röm. Kaiſ. als Carl VII. erw. 24 Jan. gekr. 12 Febr. 742. † 20 Jan. 745. Gem Maria Amalia, Kaiſer Joſephs 2te T. g. 22 Oct. 701. v. 5 Oct 722. zur Röm. Kaiſerin gekr. 8 März 742, † 11 Dec. 756.	Ferdin. Maria, g. 5 Aug. 699. R. d. gol Wl. 23 Nov. 721, Grospr. b. Bayr Rit Ord. 24 Apr. 719 Kaiſ. G. F. Marſch. u. Obr. ein. R. Drag. R. G. F. Im. † 9 Dec. 738. Gem. Maria Anna Carolina, Phil. Wilh. Pfzgr. v. Neuburg. T. g. 30 Jan 693. v. 5 Feb. 719. ſtarb 12 Sept. 751.	Clemens Auguſt. geb. 17 Aug. 700. Probſt zu Alt. Oettingen, 714. Biſch z. Münſt. u. Paderb. 27 März 719 Coadj z. Cöln 9 May 722. Erzb. u. Churf. zu Cöln, 723. des H. R. R. durch Ital Erzcanz. Legat Nat d. Röm. Stuls, 11 Nov. 723 Biſch. zu Hildesh. 8 Febr. 724 und zu Osnab. 4 Nv 728 H. Mch u. Teutſchm. 17 Jul. 732 vom H. Bened. XIII zu Viterbo z. Erzb. gewibet 18 Nov. 727. † 6 Febr 761.	Johann Theo- dor, gebor. 8 September 703. Biſchof zu Re- gensburg 29 Jul. 719. Coad- jutor zu Frey- ſingen 14 Nov. 723. Biſchof da- ſelbſt 23 Febr. 727. und zu Lüt- tich 23 Jannar. 744. Cardinal. Prieſter 16 Ja- nuar. 746. ward in Rom der Cardinal von Bayern genãnt. ſtarb 27 Januar. 763.

Maria Anto- nia Walb. Sym- phoro- ſa, geb. 742. 18 Jul. 724. Gem. Fried- rich Chri- ſtian Churf. z. Sachſ. g. 29 Aug. 722 v. 13 v. 13 Jun. 747. Jun. 747 ÷ 17 Dec. 763.	Maximilian Joſeph, jezi- ger Chf. g 28 März 727 R. d. ſpan. gold. Wl. 4 April ſa, ſucc. 20 Jan. 754. Gem. Ma- ria Anna Sophia, Friedr. Aug. Kon.in pett, Pol u. chſt. Marg z. zu Sachſ. T. g. 10 Jul. den 755. Ruſſ. St. Ca- tharin. Ord.	Maria Joſe pha Anna Augn. Wl. g. 742. 7 Aug. 734. Gem. Ludw. Georg Sim. Marg v. Baden. Bab. v. empfieng 19 März 749. † 22 Oct. 761.	Maria Joſe pha Anto- nia Wal- burg, geb. 30 März 739. † 28 May 767. Gem. Joſeph II. Röm. Kaiſer, verm. 25 Jan. 765.	Clemens Franz de Paula , gebor. 19 April 722. Herzog von Bayern, Ritter des Span. gold. Wl. Obriſt eines Inf. Reg und Grosprior des Ritter-Ord. St. Georg, auch Grosmeiſt. des St. Mi- chael-Ordens. Gem. Maria Anna, Joſeph Carls, Pfalzgr. von Sulzb. T. g. 22 Jun. 722, v. 17 Jan. 742.

Johann Georg III. Chrf. u. Hz. in Sachsen g. 20 Jul 647 succ. 680 † 12 Sept. 691 Gem. Anna Sophia Friedr. III. Kön. in Dänemark, T. geb. 1 Sept. 647 v. 9 Oct. 666. † 1 Jul. 717.

Johann Georg IV. Chf. geb. 18 Oct. 668. succ. 691 † 27 Ap. 694. Gem. Eleonora Erdmuth Louisa, Joh. Geo. Hz. zu Sachs. Eisen. T. u. Joh. Fridr. Marggr. zu Brandenb. Onolzbach, W. geb. 13 Ap 662. v. 17 Apr. 692. † 9 Septb. 696.

Friedrich August II. g. 12 May 670 Churf. 694. zum K. in Pol. erw. 27 Jun. und gekrönt 15 Sept. 697. † 1 Jbr. 733. Gem. Christina Eberhardina, Christian Ernsts Margar. zu Brandenb. Culmb. T. g. 19 Dec. 671 v. 20 Jan. 691. † 5. Septemb. 726.

Friedr. Aug III. g 17 Oct. 696. bekante sich zur Catholischen Religion 27 Nov. 712. u. public. es 11 Oct. 717. R. d. gold. Vl. d Eleph. St. Andreas u. schwarz. Abl. Ord. ward Churfrst 1 Febr. 733. zum König in Pol. e: w. 5 Oct. e. a getr. zu Cracau 17 Jan. 734. † 5 Oct. 763. Gem. Maria Josepha, Kaiser Josephs, T. geb. 8 Dec. 699. v. 20 Aug. 719. † 17 Nov. 757.

Friedr. Christian Leop. Churf. a. 5. Spt. 722. succ. 5 Oct. 763. Ritt. d. Eleph. St. Andr. u. St. Januarordens, † 17 Dec 763 Gem. Maria Ant. Kais. Carls VII. T. g. 18 Jul. 724. v 20 Jun. 747. erb. 749 den Russ Cath. Ord.

Maria Amalia Christina, g. 24 Nov. 724. † 7 Sept. 760. Gem. Carl III. K. in Span. v. durch Procur. 9 May 738. vollz. zu Gaeta 19 Jul. e. a.

Maria Anna Sophia, geb. 29 Aug. 728. Gem. Max. Jos. Chf. v. Bayr. v. 13 Jun. 747. vollz. 2 Jul. e. a.

Franz Xaver August, g. 25 Aug. 730. Franz. Gen. Lieut. comand. Gen. über ein Corps Sächs. und Franz. Völker im letzten Kriege, Vormund seines Hrn. Vetters Chf. Friedr. Aug. u. Administr. der Chursachsen.

Maria Josepha, g. 4 Nov. 731. St. Cr Ord. D. 3 Sept. 739. † 13 Mär. 767. Gem. Ludw. Dauph. v. Frnkr. v. 10 Jan. 747. in Dresd. u 9 Fbr. zu Versailles, † 20 Dec. 765.

Carl Christian Joseph, geb. 13 Jul. 733. zum Herzog von Curland erwält 758. Gem. Francisca, von Corvin-Krosinsky, g. 9 März 742. v. 25 März 760.

Maria Christina, g. 12 Febr. 735 St. Cr. Ord. D. 3 May 745.

Maria Elisabeth, g. 9 Fbr. 736. St. Cr Ord. D. 3 May 745.

Albertus August, a 11 Jul. 738. K. K. Gen. der Cavall. u Obr. eines Regim Cüraff. Gouv. zu Ofen und Comorra, bekom das Fürstenth Teschen 1 Octob. 766. ward R. G. Feldm. 761. Gem. Mar. Christina, Ezhz. v. Oestr. T. K. Franz I. v. 8. Ap. 766.

Clem. Wenz. Hubert, g. 28 Sept. 739 nahm 24 May 761. den geistl. Stand an, ward 18 Ap 763 B. v. Freys. u. zu Regisp. 27 Apr e. a.

Maria Kunig. g. 10 Nov. 740. St. Cr. Ord. Dame 3 May 750.

Friedr. August. g. 23 Dec. 750 jetzt gerührt succ. 7 Dec. 763 unter d. Vor n undich. f Herrn Vetters Hr. Taters.

Carl Maxim. Maria, geb. 24 Sept. 762. R. d St. Januar-Ord.

Anton Clemens Theod. g. 27 Dec. 755. Demhr. zu Cölln 767.

Maria Amalia Anna, g. 26 Sept. 757.

Maximilian Maria Joseph, g. 13 Ap. 759.

XIX. Stammtafel des Churfürsten von Brandenburg, s. Preussen. Tab. XI.

B

XX. Stammtafel des Churf. von der Pfalz, aus der Sulzbachischen Linie.

Christian August, Pfalzgr. beym Rhein zu Sulzbach, g. 26 Jul. 622. succ. 632. ward Catholisch 30 Dec. 655. † 23 Apr. 708.

Gem. Amalia Magdalena, Johannis, Gr. v. Nassau-Siegen, T. und Hermanns, Gr. v. Wrangel, Schwedischen Generals, W. g. 2 Sept. 613, v. 13 Apr. 649 † 14 Aug. 669.

Theodor, g. 14. Febr. 659. succ. 708. starb 11 Jul. 732.

Gem. Maria Eleonora Amalia, Wilhelms, Landgr. zu Hessen-Rheinf. in Rothenburg, T. g. 25 Sept. 675, v. 9 Jan. 692. starb 29 Jan. 720.

Joseph Carl, g. 2 Nov. 694. Erbprinz, R. d. gold. Vl. 21 Nov. 721. u. Kaiserl. Gen. F. Marsch. Lieut. † 18 Jul. 729. Gem. Elisabeth Augusta Sophia, Carl Philipp Churf. zu Pfalz, T. geb. 17 März 693, verm. 2 May 717. starb 30 Jan. 728.	Francisca Christina, g. 16 May 696. Aebtiß. u. Fürstin zu Thoren, 30 März 717. zu Essen 15 Oct. 726. u. Priorin des Carmeliter-Klost. zu Düsseldorf 733.	Ernestina Elisabeth Johannetta, geb. 15 May 697. ward als Wittwe Priorin des Carmeliter-Klosters zu Neuburg 752. Gemal. Wilhelm, Landgr. in Heß. Rheinf. zu Wanfried, v. 19 Sept. 719. † 1 Apr. 731.	Johann Christian, geb. 23 Jan. 700. succ. s. V. 11. Jul. 732. † 20 Jul. 733. Gem. 1. Maria Anna, Franz Egons Hz. de la Tour d'Auvergne, u. letzten Marq. von Bergen op Zoom, Erbtoch. g. 24 Oct. 708, v. 15 Feb. 722. † 28 Jul. 728. 2. Eleonora Philippina, Ernst Leopol. Landgraf zu Hessen-Rheinfels in Rothenburg, T. g. 18 Oct. 712. v. 25. Jan. 731. † 23
Maria Elisabeth Augusta, g. 17 Januar. 721. St. Cr. Ord. D. 22 Febr. 756. Gem. Carl Theodor, jetzig Churf. zu Pfalz, verm. 17 Jan. 742.	Maria Anna, geb. 22 Jun. 722. Gem. Clemens Franz de Paula, Herzog in Bayern, v. 17 Januar. 742.	Maria Francisca Dorothea Christina, geb. 15 Jun. 724. Stern-Creutz Ord. D. 22 Febr. 756. Gem. Friedrich Michael, Prinz von Zweybrücken, und Kaiserl. auch Reichs-General-Feldmrsch v. 6 Jbr. 746. † 15 Aug. 767.	I. Carl Theodor, jetz. Churf. zu Pfalz, g. 11 Dec. 724. succ. s. Vat. in Pfalz-Sulzb. 733. in Jülich und Bergen 742. gehuld. zu Düsseld. 26 Oct. d. J. u. zu Jülich 21. dieses, ward Chrf. zu Pfalz 31 Dec. 742. Gem. Maria Elisabetha Augusta, Joseph Carls, Erbpr. zu Pfalz-Sulzbach, T. v. 17 Jan. 742. St. Cr. Ord. Dame 22 Febr. 756.

XXI. Stammtafel des Churfürstens von Braunschw. Lüneburg, s. Grosbritannien. Tab. VI.

XXII. Stammtafel des Erzbisch. zu Salzburg.

Otto Heinr. Gr. v. Schrattenbach, von d. mähr. Lin. Kaif. Kämm. † 29 Dec. 733.
Gem. Maria Theresia, Franz Christophs, Gr. von Wildenstein zu Kablstorf,
T. u. Franz Gall, freyhn. v. Gallenstein, W. g. 25 Ap. 669. † 9 Oct. 737.

| Joseph Friedr. Kaif. würklicher Kämm. u. Inner. Oester. Rath, † 756. Gem. Josepha Siegfried Gr. v. Gallenberg T. v. 726. St. Cr. Or. D. † im fbr. 762. | Siegm. Christoph. Graf v. Schrattenb. g. 18 Febr. 698. Domscholast zu Eichst. auch Demh. zu Salzb. u. Augsp. wurde an statt des 6 Jan. 753. gestorb. Erzbisch. von Salzb. Andr. Jac. Gr. v. Dietrichstein, 5 Ap. e a. zum Erzbischof erm. u. 21 Dec. consecr. Legatus des Apostol. Stuls, u. Primas von Teutschland. | Franz Ant. a. 5 May 712. Kaif. Kön. sämmerer, u. würkl. Geh. Rath, u. Londshaupt-mann in Mähren. Gem. Maria Josepha, Wenz. Adelbert Gr. v. Würden, T. g. 6 Nov. 717, v. 24 Jun. 736 St. Creuz-Ord. Dame | Char-lotta. |

| Mar. Theres. g. 2 Oct. 737. St. Cr. Ord. D. 14 Sept. 759. Gem. Otto Carl, Gr. v. Haugwiz, v. 25 Jul. 756. † 30 May 761. | Otto Wolfg. g. 29 Jan. 739. K. K. würkl. Kämmerer. | Maria Augusta, ig. 3 März 740. | Vinc. Joseph, g. 18 Jun. 744. Domherr zu Salzburg. | Maria Josepha, g. 5 Jun. 750. | Maria Carolina, g. 3 Jun. 751. | Maria Francisca, geb. 19 März 753. |

XXIII. Stammtafel des Hochmeisters des Teut-schen Ordens.

Carl Leopold, Hz. v. Lothringen, g. 23 Apr. 643. † 18 Apr. 690.
Gem. Maria Eleonora, Kaiser Ferdinands III. T. u. Michaelis, Königs in Polen W. g. 21 May 653, v. 6 Febr. 678. † 17 Dec. 697.

Leopold Joseph Carl, Hz. v. Lothr. a. 11 Sept. 679. † 27 März 729.
Gem. Elisabetha Charlotta, Philipps I. Hz. v. Orleans T. g. 13 Sept. 676.
v. 22 Oct. 698. † 24 Dec. 744.

| Franciscus Stephan. g. 8 Dec. 708. ward 745. regierender Römisch. Kaiser, † 18 Aug. 765. Gem. Mar. Theres. Kaif. Carls VI. T. geb. 13 May 717, v. 12 Fbr. 736. Röm. Kaiserin, auch Königin in Ung. und Böhmen, und Erzherzogin von Oesterreich. S. die I. Stammtafel. | Carl Alex. a. 12 Dec. 712. Ritt. b. goldn. Vl. 729. Grosserz. des Milit. Mar. Ther. O. d. 7 März 758. Reichs-Gen. Feldm. Gen. Statth. d Oester. Niederl. Gen Feldm der Kaif. Arm. Hochm. b. Teutsch. Ord. 4 Nov. 761. Gem. Maria Anna, Erzhrz. v. Oester. Kaiser Carls VI. T. geb. 14 Sept. 718. verm. 7 Jan. 744. † 16 Dec. d. J. | Anna Charlotta, g. 17 May 714. Aebtißin zu Remiremont 7 May 731. quittirte 745. St. Cr. Ord. D. 14 Sept. e. a. Aebtiß. des Fürstl. Stifts zu Mons 18 Nov. 754. Coadjut. zu Thoren 14 Jun. 756. und zu Essen 18 Jan. 757. |

XXIV. Stammtafel des Bischofs zu Würzburg und Bamberg.

Ferdinand Maria, Freyherr v. Seinsheim, g. 21 Jul. 651. Churbayrisch. Kammerherr u. Regier. Rath zu Straubingen, starb 684.
   Gem. Catharina Margaretha, Johann Sigmund, Freyherrn Schenk von Staufenberg, T. † 5 Febr. 701.

Maximil. Franz Maria, erster Gr. v. Seinsh. g. 11 Nov. 681 Churbayr. wirkl. Geh' Rath, Hofrathe-Präs Oberhofmeist. bey dem Churprinz. u. Gros-Kreuz des St. Georgii-Ordens, starb 14. May 737. Gem. 1. Anna Philippina, Melchior Friedrichs, Gr. v. Schönborn, T. g. 7. März 685, v. 9 Febr 706. starb 14 Sept. 721. 2. Maria Josepha Elisabeth, Christoph Wilhelms, Gr. v Thürheim, T. u. Joh. Carls, Gr v. Egg, W. g. 20. Sept. 691, v. 9 Jan. 723. starb 12 Febr. 726.	Maximilian, Churbayrisch. Kämmerer und Hauptmann, † 1 März 737. Gem. Maria Francisca Theresia, Johann Maximilians, Freyherrns v. Mugenthal T. g. 31 Jul. 700. v. 9 Febr. 718.

1.	1.	Maria	Maria Phi-	Clemens
Joseph Franz Maria, heutiger Graf, g. 27 Jan. 707, Kais. u. Churbayr wirkl. Ge. Rath Kämm. Conferenz u. Kriegsminister, Oberhofm. Pfleger zu Schongau, Groskreuz des St. Georgii Ordens. Gem. 1. Johanna Maria Constantia, Edmund Florentins, Gr. v. Hazfeld-Wildenburg, T. g. 13 Dec. 716. v. 24 Jun. 739 St. Er. Ord. Dame 3 May 740. † 31 März 757. 2. Maria Anna, Damian Ant. Freyh. v. Hobeneck, T. g. 731. v. 10 May 758. St. Er. Ord. D. 14 Sept. 760.	Adam Friedrich Joseph Maria, geb. 16 Febr. 708. beyder Kais. Majestät. wirkl. Geh Rath', Hof-Kammer- u. Hofkriegsrathspräsid. Domcustos zu Bamb u. Würsb. Dimicell. v. Cölln, zum Bisch. v. Würzb. u. H; zu Frank. erw. 7 Jan. 755 consecrirt 15 Jun. d. J. Bischof zu Bamberg, erw. 21 April 757.	na Francisca, g. 8 Febr. 719. Stifts-dame im Niedermünst zu Regensp. St. Cr. Ordens-Dame 14 Sept. 740.	lippina, Joseph, Kammer-frau Churbayris. Hofe, St. Cr. Ord. D. 746. 14 Sept 740 † im Oct. 763. Gem. Carl Wilhelm, Freyherr v. Ingenheim.	Churbayrisch. Kämmerer seit Nieder.

1.	1.	1.	1.	1.
Augusta Isabella Theresia Charlotta, Walburg, g. 15 Apr. 740. Gem. Maximilian Emanuel, Graf von Törring-Jettenbach, Churbayr. Geh. Rath u. Hofkammerpräsid. v. 12 May 755.	Maria Theresia Francisca Felicitas, g. 18 Jun. 743. Gem. Johann Maximilian Xaver, Graf von Preysing, Churbayr. Cämmerer u. Hofrath, verm. 31 May 762.	Maria Anna Francisca Xaveria Gertrud Eva, g. 3 Dec 747.	Maximilian Clemens Joseph Maria, g. 10 Oct. 751.	Maria Friberica Josepha Nepomucena Eva, geb. 16 Novem. 756.

XXV. Stammtafel des Bischofs zu Worms, siehe Chur-Trier. Tab. XIV.

XXVI. Stammtafel des Bischofs zu Eichstädt.

Johann Joseph, Graf von Strasoldo, Kaiserl. Königl. Kämmerer, u. Inner-Desterreichischer Regierungsrath zu Gräz im Herzogthum Steyermark, †
Gem. Anna Cäcilia, Ernsts von Gera, T. †

Raymund Anton, Graf von Strasoldo, geb. 29 Apr. 718. vormaliger Dom-Dechant, ist an statt des, 20 April 757. gestorbenen Bischofs, Johann Anton Joseph, Freyherrns von Freyberg auf Hopferau, 5 Jul. desselben Jahrs, zum Bischof von Eichstädt erwälet, und 30 April 758. eingeweyhet worden, empfieng zu Wien vom Kaiserl. Thron die Belehnung 6 März 762.

XXVII. Stammtafel des Bischofs zu Speyer.

Franz Ludwig, Freyherr von Hutten zu Stolzenberg, Kaiserlicher und Fürstl. Würzburgischer Geh. Rath und Oberamtmann zu Geroldshofen, starb 728.
Gem. Johanna Juliana, Philipp Caspars, Freyherrns von Bicken, Tochter, verm. 700. †

Franz Christoph, Freyherr von Hutten zu Stolzenberg, g. 6 März 706. wurde an statt des, 20 Aug. 743. gestorbenen Bischofs, Damian Hugonis, Cardinals und Grafens von Schönborn, zum Bischof zu Speyer 14 Nov 743. erwälet, und 14 May 744. geweihet, gefürsteter Probst zu Weissenburg, Cardinalpriester a3 Reg. 761. residirt zu Bruchsal.

a.

Hercules Meriadecius de Rohan, Hrz. v. Montbazon und Prinz von Guimene, g. 13 Nov. 688.

Gem. Maria Louisa Gabriela, Herculis Meriadecii, Fst. von Rohan-Soubise, T. g. 11 Aug. 704 verm. 3 Aug. 718.

e.

Carl de Rohan, Pr. v. Montauban, g. 7 August. 693. franz. General-Lieut 20 Febr. 743. † 25 Febr. 766.

Gem. Catharina Eleonora, v. Bethisy, Eugenii Maria, Marq. v. Mezieres, T. g. 706, v. 23 Sept. 722, † 29 Aug. 757.

a.

Ludwig Constantin, geb. 24 März 697. Domprobst zuStraßb. u. Abt zu Lyre u. St. Epure, erster Aumonier des K. v. Frankreich u. Command. d. H. Geist-Ord. ward nach Absterb. Armands v. Rohan, Pr. v. Soubise, 28 Jun. 756, zum Bisch. zu Straßburg 23 Sept. d. J. erwält, Card. Priest. 23 Nov. 761.

Carl II. de Rohan, Hz. v. Montbazon, g. im Oct. 655. † 10 Oct 727.

Gem. 1. Maria Anna, Carl Ludwigs d' Albret, Herz. v. Chevreuse, T. g. 7 März 663, v. im Febr. 678. † 21 Aug. 679.

a.

Charlotte Elisabeth, de Cocheflet, Carls Graf von Bauvineur, T. g. 657, v. 2 Dec. 679, starb 24 Dec. 719.

Charlotte Louise, geb. 22 May 722. Gem. Victor Amadeus Philipp, Hz. v. Maserano, v. 30 Oct. 737.

Genevieva Armanda Elisabeth, g. 18 Nov. 724. Elster. Nonne zu Panthemon in Paris, u. Aebtißin zu la Marquette in der Dioces von Dornick seit 753.

Julius Hercules Meriadecius, Pr. v. Montbazon, g. 25 März 726. franzöf. Gen. Lieut und Ritt. des St. Ludwig-Ordens. Gem. Maria Louisa Henrietta, Carl Gottfr. Hz. v Bouillon, T. g. 12 August 725. v 18 Febr. 743.

Ludw Armand Constantin, Pr. v. Rohan, geb. 18 Apr. 731. war anfangs Malt. Ritt. und Schiffscapit. auch Dombr. zu Straßb. resign.

Ludwig Renatus Eduard, g. 25 Sept. 734. Domherr zu Straßb u. Abt zu laChaise-Dieu 756. Coadjutor zu Straßb. 22 Nov 759. eingem. 18 May 760. Bischof zu Canope in Partib. infidel. um 760.

Ferdinand Maximil. Meriadecius, g. 7 Nov. 738. Dompropst zu Straßb. und Abt zu Mouson 759.

Eleonora Louisa Constantia, geb. 15. Januar. 728.

Gem. Johann Wilhelm Augustin, Graf von Merode, und Marquis v. Westerloo, v. 3. Jul. 742.

Carl Armand Julius, g. 22 Aug 729. Prinz v. Rochefort, franz. Brigadier der Infanterie, 13 Jul. 756. Gem. Maria Henrietta, Aler. Marquis v. Rothelin, T. v. 24 May 762.

Louisa Juliana Constantia, g. 5 März 734. Gem. Ludwig Carl, Graf v. Brionne, aus dem Hause Harcourt-Armagnac, verm. 3 Oct. 748. † 28 Jun. 761.

Eugenius Hercules Camillus, geb. 6 April 737. Domicellar. zu Straßb. Abt zu Humblieres 757.

Heinrich Ludwig Maria, g. 11 Aug. 745. Pr. von Guimene.

Gem. Victoria Armanda Josepha, Carls v. Rohan Fürst von Soubise, T. geb. 28 Dec. 743. v. 15 Jan. 761.

Herzog v. Montbazon, gebo. 18 Jan. 762. starb 22 Octob. 764.

N. Prinzeßin, g. 16 Nov. 761.

N Prinzeßin, g. 13 April 765.

N. Prinz, g. 763.

N. Prinz, g. 764. † 765.

XXIX. Stammtafel des Bischofs zu Costanz.

Franz Christoph Joseph, Freyherr von Rodt, geb 21 März 670. Kaiserl. und des Schwäbisch Kreises Gen. F. Zeugmeister, Obrist eines Kreis-Infant. Reg. und Commendant der Grens-Vestung Alt-Breysach, des Würtemb. Jagd- und Baden-Durlach. Ord. Ritter, † 20 März 743.

Gem. Maria Theresia Benedicta, Franz Ferdinands, Freyherrn v. Sickingen zu Hohenburg, T. g. 683. v. 699. starb. 756.

Noch lebende Kinder.

Franz Conrad Casimir Ignatius, Freyherr v. Rodt, geb. 10 März 706. Domcapitular zu Costanz und Augspurg, Domcustos zu Costanz 739. Domdechant zu Augspurg 741. Domprobst zu Cost. 744. zum Bischof zu Cost. erw. 9 Nov. 750, an statt des, 30 Aug. d. J. gestorb. Bisch. Casimir Anton Heinrichs, Freyhr. v. Sickingen, consecrirt 23 May 751. Herr zu Reichenau u. Dehningen, auch infulirter Probst zu Eißgarn in Oesterr. mitausschreibender Fst. im Schwäbischen Kreiß, Cardinalpriest. 5 Apr. 756. Groscreuz des St. Stephan. Ord. 5. Nov. 765.	Anton Franz de Paula Egbert, Freyherr von Rodt, Herr auf Bußmanns-Orsenhausen u. Walpertshofen, g. 27 Jul 710. Kaiserl. Königl. Kämmerer und Gener. Feld-Marsch. Lieut. Fürstl. Kemptischer Geh. Rath u. Pfleger zum Falken, des Bad. Durlach. Ordens de la Fidelite Ritter. Gem. Johanna, Freyin Speth v. Zweyfalten, Fünfstättischer Linie, v. im Jul. 739.	Maximilian Augustin Christo. Maria, Frenh. v. Rodt, g. 7 Dec. 717 Domcap. zu Cost. u. Augsp. a. Fstl. Cost. geheim u. geistlich. Rath.

XXX. Stammtafel des Bischofs zu Augspurg, siehe unter Hessen-Darmstadt Tab. CI.

XXXI. Stammtafel des Bischofs zu Hildesheim.

Friedrich Wilhelm Theodor, Freyherr von Westphalen zum Fürstenstein und Laer.
Gem. Anna Helena, Ernst Constantin, Freyherrn von der Asseburg zu Hindenburg, Tochter. Schwester des jetzigen Fürsten Bischofs v. Paderborn.

Friedrich Wilhelm Ludwig, Freyherr von Westphalen, g. 5 Apr. 727. Canonicus zu Hildesheim, Paderborn, Münster und Osnabrück, ward nach der seit dem Tode des Churfürstens von Cölln Clemens August aus dem Hause Bayern 6 Febr. 761. gewesenen Sedis-Vacanz, 7 Febr. 763. zum Bischof von Hildesheim erwählet, eingeweihet 23 Oct. dieses Jahrs.

XXXII. Stammtafel des Bischofs zu Paderborn.

Ernst Constantin, Freyherr von Asseburg zu Hindenburg und Spolhausen, fürstl. paderborn- und münsterscher geheimer Rath, auch Drost zu Wevels-borg und Wannenberg. †
Gem. Lucia Ferdinanda, Freyin von Metternich zur Gracht.† †

Hermann Werner, kaiſ. geh. Rath und ehemal. Churcöln. erſter Miniſt. u. Oberhofm. des St. Michaelordens Großers. Gem. Soph. Thereſ. von der Lippe zu Winſebeck, verm. 15 Dec. 735.	Wilhelm Anton Ignatius, Freyherr v. der Aſſeburg, g. 16 Febr. 707. nach der ſeit dem Tod des Chf. v. Cöln, Clem. Aug. aus d. Hauſe Bayern 6 Febr. 761. gem. Sedis-Vacanz, zum Biſch. z. Paderborn erw. 25 Jan. 763,	Franz Arnold Joſeph, Archidiac. u. Domcant zu Hildesheim, Domherr zu Münſt. Domſchol z. Paderb. hildesheimiſch. geh. Rath.	Anna Helena, erſt Stiftsfräulen zu Schildeſche, dann Gem. Friedrich Wilhelm Theodor, v. Weſtph. z. Fürſtenberg und Laer.	Thereſia Lucia, erſt Stiftsfräulen zu Geſecke, d. Gem. Engelhard Ignaz Anton v. Bocholtz zu Störmede, paderb. Land Droſt.	Maria Magdalen. Aebtſin zu Nienhetſe.

XXXIII. Stammtafel des Bischofs zu Oßnabrück.

Georg III. g. 4 Jun. 738. König von Grosbritannien und Churfürst zu Braunschweig-Luneburg.
Gem. Sophia Charlotta, Carl Ludwig Friedrichs, Herz. von Mecklenburg-Strelitz-Mirow, T. g. 19 Jan. 744. verm. 9 Sept 761.

Friedrich, g. 16 Aug. 763. ward, nach der ſeit dem Abſterben des Churfürſtens von Cöln Clemens Auguſt, aus dem Hauſe Bayern 6 Febr. 761. geweſenen Sevis-Vacanz, zum Bischof zu Oßnabrück poſtulirt 27 Febr. 764.

XXXIV. Stammtafel des Bischofs zu Münster, ſ. unter Cöln. Tab. XV.

XXXV. Stammtafel des Bischofs zu Freysingen und Regenspurg.

Friedrich August II. g. 12 May 670. Churf. von Sachsen 694. zum König in Polen erwält 27 Jun. d. J. gekr. 15 Sept. 697. † 1 Febr. 733.
Gem. Christina Eberhardina, Christian Ernsts, Marggr. zu Brandenburg-Culmbach, T. g. 19 Dec. 671, v. 20 Jan. 693, † 5 Sept 726.

Friedrich Aug. III. g. 17 Oct. 696. Chf. zu Sachsen 1 Febr. 733. zum König in Polen erwält 5 Oct. d. J. † 5 Oct. 763.
Gem Maria Josepha, Kaiser Josephs T. g. 8. Dec. 699, v. 20 Aug. 719. † 17 Nov. 757.

Friedrich Christian Leopold, Churfürst v. Sachsen, g. 5 Sept. 722. succ. 5 Oct. 763. † 17 Dec. 763.

Siehe Tab. XVIII.

Clemens Wenzel Hubert, g. 28 Sept 739, nahm 24 May 761. den geistlichen Stand an, ward an statt des, 26 Jan 752 verstorbenen Cardinals von Bayern Johann Theodors, zu rst Bisch. zu Freysingen 1⅛ Apr 763. und hernach auch zu Regenspurg 27 Apr. d. J. erwält. Seine Wahl zum Bisch. v. Lüttich ward ihm streitig gemacht. Zum Coadjutor in Augspurg erwält 5 Nov. 764.

XXXVI. Stammtafel des Bischofs zu Lüttich.
N. N.

Carl Nicolaus Alexander, des H. R. R. Graf von Oultremont, g. 26 Jun. 716. ward 20 Apr. 763. von einigen Mitgliedern des Dom-Cap. zum Bischof von Lüttich, von einigen aber der Prinz Clemens von Sachsen dazu erwählet. Weil nun beyde Theile die Rechtmäßigkeit der Wahl behaupteten, so kam die Sache an den päbstlichen Hof zur Entscheidung. Es konnte also keiner von beyden erwälten Herren die bischöfliche Regierung antreten, bis der Pabst des erstern Wahl 20 Dec. d. J. bestätigte. Beliehen zu Wien 1 Apr. 765.

Johann, des H. R. R. Gr. v. Oultremont auf Warfusée, bischöfl. Lüttich. Premie. Minister, und des lüttichisch. Ritterstandes Oberhaupt.

XXXVII. Stammtafel des Bischofs von Passau.

Franz Wilhelm, Freyherr von Firmian, † †
Gem. Magdalena Victoria, Gräfin von Thun, †

Franz Alphonsus, des H. R. R. Graf und Herr v. Firmian, Kaiserl. Königl. geheimer Rath, †
Gem. Barbara Elisabetha, Johann Vigilius, Grafens von Thun, T. starb 27 Nov. 760.

Leopold Ernst, des H. R. R. Fürst von Firmian, g. 22 Sept. 708 Domherr zu Salzb. 7 Feb. 728. zu Passau 24 Dec. d. J. Bischof und Fürst zu Seckau 13 Febr. 739. exemter Bisch u. Fürst zu Passau 1 Spt 763 an statt des 16 Jun 763. verstorbenen Bischofs Joseph Maria,

Vigilius Maria, d. H. R. R Fürst von Firmian, resignirter Bischof von Lavant, geb. 16 Febr. 714. Domprobst u. Erzpriester zu Salzburg 26 Nov. 753. in R. Fürstenstand erhob

Carl Franz, Gr. v. Firm. Kais. K geb. R. u. Vice Gov s. May.

Franciscus Lactantius, Gr. v. Firm. Herr zu Kron-Metz Megel- u. Leopoldkron, Kais. u. K. wirkl geh. Rath und Obr. Hofm. des Erzbisch. zu

---

XXXVIII. Stammtafel des Bischofs zu Trient.

N. N.

Christoph Sizzo, von Noris, Marquis von Castellaro, g. 19 Aug. 706. ward nach Versaumung des Wahltermins vom Pabst 4 Jul. 763. zum Fürst. Bischof von Trient an statt des, 1 Jan. 763. gestorbenen Bischofs, Franz Felix, Grafen von Alberti de Enno, ernannt, und 12 Jul. 763. förmlich zu Trient proclamirt, inthronisirt 19. Dec. 763. beliehen zu Wien 30. Jun. 764.

XXXIX. Stammtafel des Bischofs zu Brixen.

Johann Anton, Graf von Spaur in Tyrol, von der jüngsten Linie, geh. N. †
Gem. Maria Magdalena, Johannis, Grafens von Spaur, T. †

| Johann Franz Wilhelm, Gr. v. Spaur, Kaiserl. Kämmerer 717. Gem. Maximiliana, Gräfin v. Trapp. | Leopold Maria Joseph, Graf von Spaur, Pflaum u. Valoer, g. 10 May 696. Dombechant in Brixen 8 Oct. 710. wurde an statt des, 24 Jul. 747. gestorb. Bisch. Caesar Ignanzen, Gr. v. Künigl, zum Bisch zu Brixen 18 Oct. d. J. erwälet, 28 April 748. consecrirt, u. 6 Februar. 749. vom Kaiser belehnet. | Marianus, Domherr zu Wiltau. |

| Joseph Philipp, Domhr. zu Salzburg u. Brixen, 763. zum Bischof zu Seckau erwälet. | Maria Maximiliana. | Johann Nepomuc. |

XL. Stammtafel des Bischofs zu Basel.

Franz Joseph, Freyherr v. Froberg, † als Königl. Franz. Brigadier.
Gem. N. N.

| Philipp Joseph Anton, Gr. v. Froberg Montjoye, g. 688. † als Churbayr. Gen. geh. Rath u. Gesandt. zu Paris im May 757. | Simon Nicolaus Eusebius Ignatius, Graf v Froberg, g. 22 Sept. 693. zum Bisch erw. 26 Oct. 762. an statt des, 12 Sept. d. J. verstorb. Bischofs Joseph Wilhelm. freyh. Rink von Baldenstein, consecrirt 12 Jun. 763. beliehen zu Wien 23 März 765. | Franz Joseph Probst zu Iltstein. |

XLI. Stammtafel des Bischofs zu Chur.

N. N.

Johann Anton, Freyherr von Federspiel, g. 23 Oct. 708. Domherr 724. Domcantor 739. Dombechant 743. und Bischof zu Chur 6 Febr. 755. an statt des 12 Nov. 754. verstorbenen Bisch. Johann Benedict, Freyherrn von Rost, belehnt zu Wien 23 März 757.

XLII. Stammtafel des Bischofs zu Lübeck.

Christian August, g. 11 Jan. 673. Bischof zu Lübeck 26 Apr. 706. †25 Apr. 726. Gem. Albertina Friderica, Friedrich Magnus, Maragr. zu Badendurlach, T, g. 3 Jul. 682. v. 2 Sept 704. erhielte 18 Apr. 743. den Rußischen St. Catharinenorden, starb 22 Dec. 755.

Hedwig Sophia Augusta, geb. 9 Oct. 705. Pröbstin zu Quedlinb. 31 April 723. Canonißin zu Hervor. 28 May 745. Coadjutorin das. 29 eben dies. Monats u. Jahrs, Aebtißin 31 Mär. 750. inthronisirt 3 Sept. 752. †13 Oct. 764.	Adolph Friedrich, jetziger König von Schweden, g. 14 May 710 Bisch. zu Lübeck 727. zum Thronfolger in Schweden ernañt 3 Jul. 743. trat das Bistum Lübeck seinem Herrn Bruder ab, und succedirte als Kön. v. Schweden 5 April 751. Gem Louisa Ulrica, Friedrich Wilhelms Kön. in Preußen, T g. 24 Jul. 720. verm. 17 Jul. 744. zu Berlin, vollzogen 29 Aug. d. J. zu Drottningsholm,	Friedrich August, jeßig Bischof, g. 20 Sept 711. Coadju. zu Lübeck 30 Aug. 743. Ritt. des Rußisch St. Andr. Or. 3 Oct. 743. Statthalter der Herzogl. Holsteinisch. Lande im Dec. 745. ward dis. Würde entlassen 751. u. Bisch. zu Lübeck 15 Dec. 750. seit 763. wieder Statthalt. u. Administ. des Großf. Holstein. Hztóms. Gem. Ulrica Friederica Wilhelmina, Maximilians, Prz v Heff Caff. T. g. 31 Oct. 722. v. 21 Nov. 752. bekam im Jan. 762. den Cathar. Ord.	Georg Ludwig, geb. 16 März 719. Preuß. Gen. Lieut. u. Obr eines Dragonerregim. Ritt. des St. Andr. und schwarzen Adl. Ordens, wurde 762 Russ. Kaif. Gen. Feldmarsch. aller Truppen und Obrist des Leibregim. Garde zu Pferde, auch Generalgouverneur u Statthalt. der Holstein-Gottorp. Lande mit dem Prädicate Hoheit, †7 Sept. 763. G. m. Louisa Charlotta, Friedrich Wilhelms, Herz von Holstein-Sunderburg, Beckischer Linie, T u Alexandri Aemilii, Burggr v. Dehna-Wartenberg, W. g. 31 Dec. 723, v 1 Jan. 750. erhielte 30 März 76. den Catharin. Orden, †7 Aug. 763.
Siehe Schweden Tab. VIII.		Peter Friedrich Wilhelm, geb. 3 Jan. 754. Ritt. des Schwed. Seebach u. Holstein. St. Annenord. Hedwig Elisabet Charlotta, geb. 22 März 752.	Siehe Schweden Tab. VIII.

XLIII. Stammtafel des Bischofs und Abts zu Fulda.

Heinrich Carl, von Bibra zu Schnabelwaidt ꝛc. geb. 20 Febr. 666. Erbtruchseß des Hochstifts Bamberg und Erbmarschall des Stifts Würzburg, des fränkischen Kreises General en Chef, Commendant zu Forchheim, und Obrist eines Regiments Dragoner, starb 11 Jan. 734.

Gem. Maria Johanna Theresia, Marquard Franzens von Eyb, T. verm. 28 Aug. 701. †

| Johañ Rudolf Carl, g. 14 Dec. 704. Churcöllnisch Kãmerh u. teutsch. Ord. R. | CarlSigmund Heinrich, Frh. v Bibra, geb. 22 Aug 711 ward unt. d. Namen Heinrich 729. Domh. a. Ob. Forstam.Präs zu Fulda, wurde das z. B. u. Abt 22 Oct. 759 an statt des, 17 Spt.d. J. verst. Bisch. Adalberti, Frh v. Walderdorf, erw. belieb. zu Wien 15 Dec. 764. | Maria Eleon Cathar. Sibylla geb. 20 Aug 706. Gem. Christo. Carl Max. v. Eglofstein, bamber. geheim. Rath. Witwe seit 23 Novem. 746. | Catharina Elisabeth. Josepha, g. 28 Oct. 708. Gemal Christoph Carl Max. v. Wiesenthau, bamberg. Rittmeist. ver. 4 Jan. 729. Witm. seit 15 May 743. | Maria Magdalena Catharina g. 11 Nv. 709. Gem. Johann Joseph Anton Erl. Gr. v. Taufkirchen, churcölgeb. R. u.Leibg. Hptm. v. 30 Jul 738. | Maria Soph. Cath: geb. 23 Octob. 712. Gem. Carl Ludw. Voit v. Reineck, kaiserl. Hauptm. geb. 12 Nov 698. v. 20 Nov 729. | Philipp Wilh. g. 12 May 714. bambergisch. Kammerherr. Gem. Carolina Freyin v. Breidbach zu Bürresheim, v. 26 März 745. |

XLIV. Stammtafel des Abts und Fürstens zu Kempten.

Johann Anton Eusebius, Freyherr Roth auf Schreckenstein, geb. 5 Novem, ber 679. †

Gem. Maria Carolina Susanna, Otto Rudolphs, Freyherrn v. Schönau zu Ergen, T. g. 17 Apr. 697. v. 27 Jan. 710.

Honorius. Freyherr Roth auf Schreckenstein, g. 19 Sept. 726. war Vice-Dechant zu Kempten, und wurde an statt des, 29 May 760. verstorb. Abts Engelberts von und zu Sirgenstein, 16 Jun. d. J. zum Abt erwählet, der Röm. Kaiserin Erzmarschall. Empfieng 20 März 762. die Kaiserl. Belehnung.

XLV. Stammtafel des Probsts und Fürstens zu Elwangen.

Anton Ernst, Graf Fugger zu Glöt, Oberösterreichischer geheimer Rath und Kämmerer, geb. 15 May 681. †
  Gem. Maria Elisabeth Theresia, Franz Eusebii, Gr. v. Trautson und Falkenstein, T. g. 14. Jun. 687, v. 4 Oct. 707. † 766.

Anton Ignaz Joseph, Graf Fugger zu Glöt, geb. 3 Nov. 711. Domherr zu Cöln u. Domscholaster zu Elwangen, ward an statt des, 18 Jan. 756. verstorbenen Probsts, Franz Georgens, Gr. v. Schönborn-Buchheim-Wolfsthal, ehemaligen Churfürstens zu Trier, 29 März d. J. zum Probst zu Elwangen erwälet, consecrirt 3 Sept. d. J belehnt 2 Apr. 757.

XLIV. Stammtafel des Abts zu Murbach u. Lüders

N. N.

Casimir Friedrich, Freyherr von Rattsamhausen, g. 17 Jan. 698. Coadjutor 737. u. Abt 30 Jun. 756. an statt des 28 Jun. 756. verstorbenen Abts und Cardinals Armandi, Fürstens von Rohann-Soubise. An. 762 bewilligte der Pabst, auf Frankreichs Ansuchen, durch ein Breve, die Secularisation dieser beyden Benedictiner-Klöster.

XLVII. Stammtafel des Johanniter-Ordens-Meisters.

Franz Joseph, Freyherr von Schauenburg zu Herlesheim, †.
  Gem. Maria Regina, Beati Alberti Ignatii, Freyherrn von Froberg, T. †

Johann Baptista, Freyherr v. Schauenburg zu Herlesheim, g. 29 Aug. 701. trat 704. in den Johanniter Orden, Gros-Baillif und Commandeur zu Villingen, Kronweissenburg u. Bruchsal, wurde zu des hohen St Johannisordens v. Malta Obristen-Meister in deutschen Landen, u. des H. R. R. Fürsten zu Heidersheim erwält 17 Febr. 755. an statt des, 10 Dec. 754. gestorbenen Philipp Joachims, Freyherrn v. Pragberg, und belehnet 17 März 756.

XLVIII. Stammtafel des Probsts und Fürstens zu Berchtoldsgaden.

Georg Balthasar, Graf von Christallnig, †
  Gem. Maria Beatrix, Freyin von Schoberg, †

Michael Balthasar, Graf von Christallnig, geb. 10 Sept. 710. Coadjutor zu Berchtoldsgaden 7 Oct. 748. folgte als Probst dem, 4 Jul. 752. verstorb. Probste, Cajetan Anton, Freyherrn von Notthaft.

XLIX. Stammtafel des gefürsteten Abts zu Stablo und Malmedy.

N. N.

Jacob Hubin, zum Abt erwält 27. Nov. 766. an statt des 2 Oct. d. J. verstorbenen Alexander Delmotte von Logne.

L. Stammtafel des Abts und Fürsten von Corvey.

Johann Eckebert, Freyherr von Spiegel zum Diesenberge, in Ober-Klingenburg, g. 1 Aug. 680. Erbschenk des Stifts Paderborn, †
Gem. Dorothea Elisabeth, Georg Hermanns von Gaugreben, T. g. 3 März 682. †

Philipp Leopold, Freyherr von Spiegel zum Diesenberge, g. 21 Aug. 715. Probst zu Stadtberg, Kammerpräsident und Oberkellner, wurde an statt des, 22 Jan 758. verstorbenen Cäspars, Freyherrn von Böselager, 6 März d. J. zum gefürsteten Abt von Corvey erwälet.

LI. Stammtafel des Abts zu Marchthal an der Donau.

N. N.

Edmund, geb. 30 Nov. 696. ward 24 May 746. zum Abt erwälet.

LII. Stammtafel des Abts zu Elchingen bey Ulm.

N. N.

Gregorius, g. 7 Jul. 702. ward 21 Apr. 763. zum Abt erwälet.

LIII. Stammtafel des Abts zu Salmannsweyler bey Ueberlingen.

N. N.

Anselm II. Schwab, g. 10 Jan. 712. ward an statt des, 745. verstorbenen Abts Stephan Enroth, zum Abt 6 Jun. 746. erwälet, Kaif. Königl. wirkl. Geh. Rath 30 April 748. des Reichs-Prälaten Collegii Condirector.

LIV. Stammtafel des Abts zu Weingarten bey Ravensburg.

N. N.

Dominicus Schnitzer, g. 10 Sept. 704. ward nach geschehener Resignation des Abts Placidi Renz, 9 Dec 746. zum Abt erwälet, der Josepho-Benedictinischen Congregation in Schwaben Präses.

LV. Stammtafel des Abts zu Ochsenhausen bey Memmingen.

N. N.

Benedict Denzel, von Wetterstetten, geb. 26 Sept. 692. ward an statt des 736. verstorbenen Abts Beda Werner, aus Hechingen, zum Abt 737, erwälet, und im December 746. für sich und seine Nachfolger in Reichs-Fürstenstand erhoben, des Schwäbischen Reichs-Prälaten-Collegii Director.

LVI. Stammtafel der Abts zu Yrsee oder Yrsingen bey Kaufbeuern.

N. N.

Bernhard, geb. 23 Febr. 703. zum Abt erwälet 10 Oct. 731.

LVII. Stammtafel des Abts zu Petershausen in Costanz.

N.. N.

Georg Strobel, g. 29 Apr. 724. ward an statt des, 761. verstorbenen Abts Michael Gauters, zum Abt 2 Febr. 762 erwälet.

LVIII. Stammtafel des Abts zu Ursperg bey Thanhausen.

N. N.

Joseph, des Prämonstratenser-Ordens durch Schwaben, Elsaß und Graubündten, Vicarius Generalis und Visitator. geb. 713.

LIX. Stammtafel des Abts zu Roth, oder Münchenroth bey Memmingen.

N. N.

Mauritius Morig, g. 20 Nov. 717. ward an statt des, 760 verstorbenen Abts Benedict Stadelhofers zum Abt 14 Sept. d. J. erwälet.

LX. Stammtafel des Abts zu Roggenburg bey Weissenhorn.

N. N.

Georg, g. 29 Jan. 717. der Gotteshäuser St. Lucii und Churwalden in Grawbünden erblicher Abt und Superior Ordinat. erwält 17 Jul. 753.

LXI. Stammtafel der Abts zu Weissenau oder Minderau in Schwaben.

Conrad Unold, von Karbach, †
Gem. Elisabeth, von Nirents, †

Anton Unold, geb. 8 Aug. 697. in Wolfegg, that Profess 13 Nov. 713. ward Presbyter ordinarius 20 Sept. 721. zum Abt erwält 15 Oct. 741. und eingeweihet 29 dieses Monats.

LXII. Stammtafel des Abts zu Schussenried am Feder-See.

N.. N.

Magnus, Abt.

LXIII. Stammtafel des Abts zu Wettenhausen bey Burgau.

N. N.

Augustin, Abbas Lateranensis, kaiserl. wirklicher geh. Rath und Erb-Erz-Hof-Capellan.

LXIV. Stammtafel des Abts zu Gengenbach in der Ortenau.

N. N.

Benedict Rischer, des H. R. R. Prälat und Herr v. Ryß, ward 743. zum Abt erwält.

LXV. Stammtafel des Abts zu Ottenbeuern.

N. N.

Anselm, g. 29 Jan. 688. K. K. Rath u. Erb-Capellan der Nieder-Schwäbischen Benedictiner-Congregation, sub. Tit. S. Spirit. Präses, der Salzburgischen Universität Asistens, ward zum Abt erwält 23 Nov. 740.

LXVI. Stammtafel des Abts zu Zweyfalten ohnweit Ulm.

N. N.

Benedict, g. 7 Apr. 690. ward 21 Apr. 744. zum Abt erwälet.

LXVII. Stammtafel der gefürsteten Aebtißin zu Lindau am Bodensee.

Wolf Dietrich von Gemmingen auf Mühlhausen, aichstettischer Rath. Gem. Elisabeth, Freyin v. Freyberg und Eisenberg.

Maria Anna Margaretha, Freyin v. Gemmingen, g. 15 Apr. 717. ward an statt der, 757. verstorbenen Aebtißin Theresiä Wilhelminä, verwittweten Gräfin von Winkelhausen, zur Aebtißin 20 Jul. 757. erwälet.

LXVIII. Stammtafel der Aebtißin zu Rothenmünster in Schwaben.

N. N.

Maria Thessalia Eberlin, von Sulgau, g. 14 Jan. 710. ward 17 Oct. 748. zur Aebtißin erwälet.

LXIX. Stammtafel der Aebtißin zu Heggbach.

N. N.

Maria Aleydis, g. 21 Febr. 713. ward 26 Jun. 743. zur Aebtißin erwälet.

LXX. Stammtafel der Aebtißin zu Guttenzell in Schwaben.

N. N.

Maria Alexandra, g. 25 Oct. 716. ward 17 Aug. 759. an statt der gestorbenen Maria Francisca von Gall, zur Aebtißin erwälet, benedicirt 7 Oct. 759.

LXXI. Stammtafel der Aebtißin zu Baind in Schwaben.

N. N.

Maria Cäcilia, geb. 25 Jul. 685. that Proseß 28. Apr. 715. ward 18 Aug. 751. zur Aebtißin erwählet, benedictirt 21 Oct. 751.

LXXII. Stammtafel des Abts zu Kaisersheim.

N. N.

Cölestin Meermols, Kaiserl. Consiliarius natus et Sacellanus häreditarius, auch des Cistercienser-Ordens durch Schwaben, Vicarius u. Visitator General z. zu Donawerth den 20 Sept. 701. that Proseß 11 Jun. 722. Priester 22 Dec 725. zum Abt erwälet 6 Jul. 739. benedictirt 23 Aug. d. J. ward als ein Status origi-narius des Schwäbischen Kreises 14. Jan. 757. feyerlichst reintroducirt, und dem Schwäbischen Kreis-Prälaten-Collegio zugesellet, da er vorher zum Bayrischen Kreise gezogen worden war.

LXXIII. Stammtafel des Reichs-Abts zu Werden und Helmstädt.

N. N.

Anselm von Sonius, aus Aachen, des Rheinischen Reichs-Prälaten-Collegii Director perpetuus, g. 18 Dec. 708. ward an statt des, 29 May 757 verstor-benen Abts, Benedict von Geismar, den 3. Oct. 757. zum Abt erwälet, bened. 20 Nov. d. J. Invest 30. May 758.

LXXIV. Stammtafel des Abts zu St. Ulrich und Afra in Augspurg.

N. N.

Joseph Maria Langenmantel, von Westheim, ward an statt des, 19 März 753. gestorbenen Abts Cölestin Meyer, den 2. April d. J. zum Abt erwälet, Kais. Majest. perpetuirlicher Rath und Erb-Caplan.

LXXV. Stammtafel des Abts zu St. Georgii in Ißny.

N. N.

Basilius Sinner, ward nach geschehener Resignation des Abts Wunibald Rotacher 757. d. J. zum Abt erwälet.

LXXVI. Stammtafel des Abts zu Cornelii Münster, im Herzogthum Jülich.

N. N.

Matthias Ludwig, Freyherr von Plettenberg, geb. 2 Febr. 729. ward statt des 5 Oct. 764. verstorbenen Carl Ludwig, Freyherrn von Sickingen, 23 Oct. 764. zum Abt erwält.

Nota. Nach Pabst Clement XIII. Ausspruche, soll diese Abtey mit ihren Pfarrern, Geistlichen und Einwohnern, jetzt und künftig der geistlichen Jurisdiction des Erzbischofs und Churfürstens von Cölln unterworfen seyn, welches 24 Jan. 759. in sämmtl. Abteylichen Orten bekannt gemacht wurde.

LXXVII. Stammtafel des Abts zu St. Emmerau, in Regenspurg.

N. N.

Frobenius Forster, des H. R. R Fürst, g. 30 Aug. 709. vormal. Probst zu Hohengebreiching, that Profeß 15 Dec. 728. ward Priester 18 Oct. 733. und nach dem Tode Johannis Baptiste Kraus, zum Abt erwält 15 Jul. 762. vom Kaiser belehnt d. J.

LXXVIII. Stammtafel der gefürsteten Aebtißin zu Essen und zu Thoren.

Theodor, Churfürst von der Pfalz, g. 14 Febr. 659. † 11 Jul. 732.
  Gem. Maria Eleonora Amalia, Wilhelms, Landgr. zu Hessen-Rheinfels in Rothenburg, T. g. 25 Sept. 675. † 29 Jan. 720.

Francisca Christina, geborne Pfalzgräfin beym Rhein, des H. R. R. Fürstin 2c. Aebtißin zu Essen und zu Thoren, g. 16 May 696. Aebtißin zu Thoren 30 May 717. und zu Essen 15 Oct. 726. Priorin des Carmeliter-Klosters zu Düsseldorf 733. Coadjutorin: Anna Charlotta, Prinzeßin von Lothringen und Bar, des Kaisers Francisci einzige Schwester, g. 17 May 714. Aebtißin zu Mons 18 Nov. 754. erwälet als Coadjutorin zu Thorn 14 Jun. 756. und zu Essen 18 Jan. 757.

LXXIX. Stammtafel der gefürsteten Aebtißin zu Buchau, am Feder-See.

Carl Fidelis, Gr. v. Königseck-Rotenfels, g. 22 May 675. Kaiserl. General-Feldmarschal und Gouvern. zu Luxenburg, † im Jahr 731.
  Gem. Maria Maximiliana Eleonora, Christoph Johannis, Grafens K Urban, T. und Christoph Julii, Gr. v. Traun, W. verm. 706. †

Maria Carolina, geb. 15 Jun. 708. wurde zur Fürstin und Aebtißin v. Buchau im Feder-See, erwälet 13 Febr. 742. St. Cr. Ord. Dame 14 Sept. 742.

LXXX. Stammtafel der gefürsteten Aebtißin zu Quedlinburg.

Friedrich Wilhelm, König in Preussen u. Churf. zu Brandenb. g. 15 Aug. 688. succ. 25 Febr. 713. † 31 May 740.

Gem: Sophia Dorothea, Georg Ludwigs, Kön. v. Großbrit. u. Churf. zu Braunschw. Lüneb. T. g. 27 März 687. v. 28 Nov. 706. † 28 Jun. 757.

Anna Amalia, die 6te Prinzeßin Kön. Friedr. Wilhems, g. 9 Nov. 733. Coadjutorin zu Quedlinburg 16 Dec. 744. u. nach Absterben Mariä Elisabetha, Herzogin v. Holstein-Gottorp 16 Jul. 755. Aebtißin daselbst, inthronisirt 11 Apr. 456. Siehe Preussen Tab. XI.

LXXXI. Stammtafel der gefürsteten Aebtißin zu Hervorden.

Heinrich Friedr. Markgraf v. Brandenb. Prinz. von Preussen, Domprobst zu Halberstadt ꝛc. g. 21. Aug. 709.

Gem. Leopoldina Maria, Fürst Leopold v. Anhalt Deßau, T. g. 18 Dec. 716, verm. 13 Febr. 739.

Friderica Charlotta Leopoldina Louisa, g. 18 Aug. 745. als Canonißin zu Hervorden investirt 22 Nov. 745. zur Coadjutorin erwält 7 März 755. ist der, 13 Oct. 764. verstorbenen Herzogin Hedwig Sophia Augusta von Holstein-Gottorp, 13 Oct. 764. als Aebtißin gefolget. Von ihren übrigen Geschlechtsumständen, siehe Tab. XI.

LXXXII. Stammtafel der gefürsteten Aebtißin des Niedermünsters, zu Regenspurg.

Alphonsus Dickherr, Frenherr von Haßlau ꝛc. Salzburgischer geh. Rath, und Vice-Hof-Kammer-Präsident, g. 6 Dec. 644. † 1 Aug. 710.

Gem. Maria Mordburga, Wolfg. Caspars, Frenherrns von Ueberracker auf Sighardstein, T. † 700.

Maria Anna Catharina Dickherrin, Frenin v. Haßlau zu Urstein u. Winkl, g. 26 Jul. 689. ward an statt der 757. verstorbenen Aebtißin, Mariä Catharina Helena, Gräfin v. Aham auf Neuhaus, zur Aebtißin und Fürstin 12 Nov. desselben Jahrs erwälet.

LXXXIII. Stammtafel der gefürsteten Aebtißin des Obermünsters, zu Regenspurg.

N. N.

Maria Francisca, Frenin von Freudenberg, g. 9 Märt 714. ward statt der, 11 Jul. 765. verstorbenen Anna Magdalena Francisca v. Dondorf, 26 Aug. 765. zur Aebtißin ermälet.

LXXXIV. Stammtafel der Aebtißin zu Burscheid.

N. N.

Johanna Theodora Theresia, Frenin von Hamm, ward an statt der, 19 May 759. gestorbenen Aebtißin Maria Antoinetta, Baronesse von Wöstenrad, 30 May d. J. zur Aebtißin ermälet.

LXXXV. Stammtafel der gefürsteten Aebtißin zu Gandersheim.

Ferdinand Albrecht, Herz. zu Braunschw. Wolfenb. geb. 19 May 780. † 3 Sept. 735.

Gem. Antoniette Amalia, Ludwig Rudolphs, Herzogs zu Braunschweig-Wolfenb. Tochter, g. 22 Apr. 696. † 6 März 762.

Theresia Natalia, g 4 Jun. 728. ward Canonißin zu Hervorden 7 Aug. 743. und zu Gandersheim 5 Nov. 750. Aebtißin daselbst 4 Jun. 767. an statt der 24 Dec. 766. verstorbenen Prinzeßin Elisabetha Ernestina Antonia, Herzogin zu Sachsen-Meynungen.

LXXXVI. Stammtafeln einiger Erzbischöffe, Bischöffe und Aebte, welche die Reichsfürstliche Würde, obgleich nicht Sitz und Stimme haben.

1) Stammtafel des Erzbischofs von Prag.

N. N. Freyherr von Przichowski.

| Carl Leop. Julius, † | Johann Wenzel, † | Anton Peter, des H. R. R. Fst. u. Graf v. Przichowski, Freyh. v.Przichowitz, g. 28 Aug. 707. K. K. wirkl. geh. Rath, des Königreichs Böheim Primas, der Hauptkirche St. Veit ob dem Prager Schloß Dompobst, des Königr. Ungarn Prälat, der Prager Universität beständiger Kanzler u. Protector, war anfänglich L.L. Theol. Doct. infulirter Abt zu Gothalb zu S. George in Hungarn, u. Dechant der Collegial-Kirche auf dem Prager Schloß, ward 752. im May zum Coadjut. des Erzbischofs v. Prag ernennt, folgte als Erzbisch. v. Prag, u. gebohrner des apostolischen Stuhls 26 Oct. 763. | Felix Ladislaus, ward 740. K. Pol. u. Churfächsischer Kammerherr, † 766. Gem. Josepha Maria, Freyin v. Meyerhofen, Churfächf. Hof-Dame, v. 748. | Albert Eugenius blieb 737. als Kaiserl. Kämmer. u. Obr. in einem Schar-müsel bey Bagnaluck gegen die Türken. |

---

2) Stammtafel des Erzbischofs von Wien.

Vinzenz, Graf von Migazzi, Kaif. Regimentsrath zu Infpruck, † Gem. Freyin von Prato zu Segonzan, †

| Caspar. Gem. 1 Francisca, Gräfin Trapp. † 2. Antoine, Gräfin Arzt. | Vincenz, K. K. G. feldmar. Lieuten. Kämmer. Chef ein. Inf.Reg. | N. Tochter, † Gem. Bartholomäus, Gr. Albert diEnno, Bruder des verst. Bischofs von Trient. | Christoph Bartholomäus Ant. g. 23 Nov. 714 der Röm. Kirche Card. Erzbisch. zu Wien, des H. R. R. fürst, beständ. Administrat. des Bistums Weizen, Domb. zu Trient und Brixen, K. K wirkl. geh. Rath, des St. Steph. Ord. Großkr. ward 745. Auditor Rota zu Rom, 746. Kaiserl. Minist. daf. 751. Erzbisch. v. Carthago u Coadjut. zu Mecheln, |
| 1. Vincenz, Kaif. Kämmerer. | 2. Maximiliana, Canon. des Kön. Stifts z. Prag. | | |

752. geb. Rath u. Gesandter an den Span. Hofe. 756. Bischof zu Waizen, 13 März 757. Erzbisch. v Wien, 23 Nov. 761. Cardinal, 762 Administrator des Bistums Waizen.

---

3) Stammtafel des Erzbischofs v. Görtz in Friaul.

N. N.

Carl Michael, des H. R. R. Grafvon Attimis, g. 711, ward Demküster zu Basel, hernach Erzbisch. v. Verasmo, u. apostol. Vicarius des Patriarchats v. Aquileja, und als dieses Patriarchat aufgehoben ward, Erzbischof zu Görz 24 April 752.

4) Stammtafel des Bischofs von Olmütz.

N. N.

Maximilian, Bischof von Olmütz, Herz. des H. R. R. Fürst, der Kön. Böhmischen Capelle Graf, gebohrner Graf von Hamilton, geb. 27 März 714, zum Bischof v. Olmütz erwält 4 März 761, eingeweihet 27 Sept. d.J. von der Kaiserin Königin Majestät zu Wien beliehen 17 May 762.

5) Stammtafel des Bischofs von Breßlau.

Johann Anton, Graf von Schafgotsch.
  Gem. Anna Theresia, Gräfin Kolowrat.

Philipp Gothard, g. 3 Jul. 716. Fürst von Schafgotsch, Bischof von Breßlau, Fürst zu Neiße, Herz. von Grotkau, des schw. Adl. Ord. Ritt. des fürstl. Stifts U. L. Frauen auf dem Sande Ordin. S. August. Canonicor. regular. Lateranen-Abt und Herr, ward von dem König in Preußen zum Coadjutor des Bistums Breßlau ernennet, und in den Fürstenstand erhoben 16 März 744. folgte als Bischof 28 Sept. 747. ward eingeführet 22 März 748. empfieng zu Berlin die Belehnung 13 Jan. 749, und ward Ritt. des schw. Adl. Ord. 18 Jan. d.J.

6) Stammtafel des Bischofs von Seckau in Steyermark.

Johann Franz Wilhelm, Reichsgraf von Spaur, Kais. Kämmer. und Oberösterreich. Regimentsrath.
  Gem. Maximiliana, Gräfin von Trapp zu Matsch.

Joseph Philipp Beretius Franz de Paula, Domh. zu Salzburg und Brixen, Probst zu Ehrenburg, ward Fürstbischof zu Seckau 763.	Maria Maximiliana.	Johann Nepomucen Joseph Franz, K. K. geh. auch Oberösterreich. Regierungsrath zu Inspruck, Erbschenk v. Tyrol.

7) Stammtafel des Bischofs von Gurk.

Rudolph Joseph, des H. R. R. Fürst von Colloredo, Kaiserl. Conferenzminister und Reichs-Vicekanzler.
  Gem. Maria Francisca Gabriela, Gundaccar Thomas, Reichsgrafen von Stahremberg, T.

Hieronymus, geb. 31 May 732. Domherr zu Salzburg, Passau, und Olmütz, Probst zu Sanct Moriz in Augspurg und zu Cremster, war Kais. Auditor Rota zu Rom, ward Bischof zu Gurk 8 Dec. 761.

8) Stammtafel des Bischofs von Lavant oder St. Andreas in Kärnthen.

Heinrich Joseph Johann, des H. R. R. Fürst v. Auersperg, Ritt. des goldnen Fl. und Kaiserl. wirkl. geh. Rath.
Gem. 2. Maria Francisca, Johann Leopold, Fürsten v. Trautson, T. g. 21 Aug. 708, † 2 April 761.

Joseph Franz Anton, g. 31 Jan. 734. Domh. zu Passau und Salzburg, Probst zu Ardagger, ward Fst. Bischof zu Lavant 763.

---

9) Stammt. des Bisch. zu Laibach im Herzth. Crain.

Ferdinand, Graf von Petazzi.
Gem. N.. N.

Leopold Joseph Hannibal, Graf v. Petazzi, g. 703. ward Bischof zu Trieste 740. Kaiserl. Königl. geh. Rath, 750, Fst. Bischof zu Laybach im Aug. 760.

---

10) Stammtafel des Bischfs zu Chiemsee.

Christoph Franz, des H. R. R. Graf v. Truchses Trauchburg, † 6 März 717.
Gem. Maria Sophia, gebor. Gräfin v. Oettingen-Wallerstein, † 6 Jan. 743.

Franz Carl Eusebius, geb. 24 Aug. 708. regier. Graf zu Truchses-Waldburg-Trauchburg, Dom-Senior zu Salzburg 30 Jun. 719. Fst. Bischof zu Chiemsee 1 May 746. ist Erzbischöfl. Salzburg. wirkl. geh. Rath.

---

11) Stammtafel des Bischofs zu Sitten im Walliser Land.

N. N.

Franz Joseph Friedrich Ambüel, ward zu Sitten geb. 28 Febr. 704. und zum Fst. Bischof erwält im Dec. 760.

---

12) Stammtafel des Bischofs von Lausanne.

Beatus Nicolaus von Montenach, ward. 699. des großen Raths zu Frenburg, 708. Landvoigt zu Jouu, 726 Landvoigt zu Corberé, u. 732. Rathsherr, †

Nicolaus Peter, Stadthauptmann zu Frenburg.	Joseph Nicolaus, g. zu Frenburg 25 Feb. 709. war erst Prior zu Broc, auch Chorh. der Colleg. Kirche U L. F. zu Frenburg 729, zum Fst. Bischof erwält 12 Feb. 759. residirt zu Frenburg.	Carl Nicolaus, ward 745. d. grof. Raths, 747. Archivar. des Cant. Frenburg, 752. Stadtschreiber.

13) Stammtafel des Abts von St. Gallen.

Beda Angehrn, von Hagenwyl, geb. war Capitular und Statthalter zu St. Johann in Toggenburg, zum Abt erwält 12 Märj 767.

---

14) Stammtafel des Abt von Einsiedel.

Sebastian im Feld, gebürtig aus dem Canton Unterwalden ob dem Wald.
Gem. N. N.

Johann Just Ignaz, ward 727. Land-
schreiber, 734. Kaiserl. Hauptm. 737.
Landhauptm. ob dem Wald, 742 Landes Seckelmeister, 746. Landvoigt in
dem Rheinthal, 751. Landamtmann
ob dem Wald, jetzo Oberzeugherr.

Nicolaus de Ruve, g. 25 Apr. 694. nahm
den Ord. 714. zu Einsiedel an, ward 720.
Priester, bekl. zweymal Prof. Theol denn
Sub-Prior, 7 Sept. 734. zum Abt erwält, empfieng zu Wien 12 Aug. 735. u.
24 Jul. 747. die Beleihung.

---

15) Stammtafel des Abts zu Pfäfers.

Bonifacius III. Pfister, gebürtig von Tuggen, geb. 14 Oct. 700. nahm 720.
den Orden an, ward 725 Priester, hernach Prof. der Gottesgelahrtheit und Welt-
weisheit, dann Statthalter, und 16 Sept. 738. zum Abt erwält, empfieng 739.
die Reichslehen.

---

16) Stammtafel des Abts von Disentis.

Columbanus Sozzi von Olivone, geb. 722, that Profess 747, ward zum Abt
erwält 764.

---

17) Stammtafel des Abts von Muri.

Bonaventura II. Bucher, geb. 10 Jan. 719. that Profess 6 Jan. 739, ward
Priester 6 April 744, zum Fürsten und Abt erwält 5 Sept. 757.

---

18) Stammtafel des Abts zu St Blasius auf dem Schwarzwalde.

Martin II. Gerbert, geb. 12 Aug. 720. zu Horb, des H. R. R. Fst. und Abt zu
St. Blasius, Herr der Reichsherrschaft Bondorf in Schwaben, auch zu Staa-
fen, Kirchhofen, Gurtweil und Ober-Rieb, K. K. Erzhofcaplan in den Nieder-
Oesterreich. Ländern, und des dasigen Prälaten-Standes Präsident, that Profess
28 Oct. 737, ward Priester 30 May 744, zum Abt erwält 15 Oct. 764, eingeseg-
net 11 Nov. 764.

19 Stammtafel der Aebtißin von Elten.

Maria Francisca, Gr. v. Manderscheid-Blankenheim, g. 1 Jan. 699, ward zur Fürstin Aebtißin von Elten erwält 16 May 740, zur Aebtißin des Gräfl. Stifts Vreden 29 Oct. 753, erhielt den St. Cr. Ord. 14 Sept. 754.

20) Stammtafel der Aebtißin von Andlau.

Joseph Eusebius von Breidenlandenberg.
   Gem. Maria Ursula Jacobina von Roggenbach.

Maria Beatrix Eusebia, geb. 10 May 697. ward zur Coadjutorin erwält 1 Dec. 749. ward des H. R. R. Fürstin und Aebtißin der Benedictiner Abtei Andlau im Elsaß 760.

21) Stammtafel der Aebtißin von Schönnis.

Conrad Anton von Eytingen zu Neuweiler.
   Gem. Johanna Catharina Jacobina von Ramschwag.

Carl Joseph Ludwig, g. 21 Jul. 713. des teutsch. Ord. Commenthur zu Cloppenheim, der Hochf. Eichstädtis. Huf. Garde Commendant, des fränkis. Kr Gen. Maj.	Johann Baptista Ferdinand Sebastian, a. 10 Dec. 714, des teutsch. Ord. Rathsgebietiger, u. Comth zu Beuggen, Kön. Franz. Brigadier u. Chef eines Schweiz. Reg. Hoch. u. Teutschmeisterischer wirkl. geb. Rath, und Statthalter zu Mergentheim.	Maria Anna Johanna, g. 7 Jun 716. ward Stiftsdame z. Schönnis 741, ward zur Reichsfürstin u. Aebtiß des Stifts Schönnis, in der Schweiz erwält 27 Sept. 763.

22) Stammtafel der Aebtißin von Münsterbilsen.

Antoinetta Maria, Gr. v. Elß, g. 16 Aug. 700, des H. R. R. Fürstin und Aebtißin zu Münsterbilsen, regier. Frau zu Münsterbilsen, Berg 2c. ward zur Aebtißin erwält 1½ Sept. 756.

23) Stammtafel der Aebtißin von Säckingen.

Franz Marquard, Freyherr von Hornstein, Herr zu Göstingen, Büssen, Bingen, Bittelschies, Zolreithes und Vogelsang, g. 12 Nov. 683. Kais. wirkl. Rath, u. des Cantons Donau Ritterrath u Ausschuß.
   Gem. Maria Anna Sophia Carolina, Freyin v. Sickingen, geb. 24 Oct. 698, v. 22 Febr. 716.

Maria Anna Francisca Josepha Johanna, g. 2 Jul. 723. ward zur Reichsfürstin u. Aebtißin zu Säckingen erwält 5 Dec. 745, eingeführt 12 Nov. 748.

Stammtafeln einiger andern vornehmen Bischöffe, welche die teutsche Reichsfürstl. Würde nicht haben.

24) Stammtafel des Bischofs von Leutmeritz.

Johann Anton, des H. R. R. Graf v. Waldstein, K. K. Kämmer. †
Gem. Johanna Catharina, Johann Carl, Reichsgrafens von Waldstein,
T. starb.

Emanuel Ernst, g. 21 Jul. 716, ward Domherr zu Prag 746, Suffraganeus des
Erzbischofs von Prag 757, zum Bischof v. Leutmeritz ernennt 12 Jul. 759. ist
auch Kais. Kön. wirkl. geh. Rath.

25) Stammtafel des Bischofs v. Königingrätz.

Hermann Jodocus, Freyherr v. Blümegen, Kaiserl. geh. Rath; †
Gem. N. N.

Hermann Hannibal, des H. R. R. Graf v. Blümegen, Herr auf Lettowitz und
Wisowitz, g. 1 Jun. 716, war Domdechant v. Olmütz, ward zum Bischof v. Kö-
nigingrätz erwählt im Oct. 763. vom Pabste bestätiget 9 April 764. ist auch K. K.
wirkl. geh. Rath.

26) Stammtafel des Bischofs v. Wiener Neustadt.

Johann Franz, des H. R. R. Graf v. Hallweil, Kaiserl. Kammerrath in Hungarn, † 720.
Gem. Maria Francisca, Freyin v. Ariagaga, †

Ferdinand, geb. 706, ward zum Bischof der Wiener Neustadt ernennet 741.

27) Stammtafel des Bisch. von Triest in Istrien.

Ferdinand Leopold, des H R. R. Graf v. Herberstein, g. 4 Dec. 695. Kais. geh.
Rath, und Landmarschall in Niederösterreich, † im Jul 744.
Gem. Maria Anna, Freyin von Ulm, verm. 15 Jan. 721.

Anton Johann Nepomucen, geb. 30 Dec. 725, ward Vice-Probst zu Eisgarn,
und Pfarrer zu Burgschleinitz, 756, und Bischof zu Triest 6 April 761.

LXXXVII. Stammtafel des Pfalzgräfl. Birkenfeldi-schen, nunmehro Zweybrückischen Hauses.

Christian I. Pfalzgr. zu Birkenfeld, g. 24 Aug. 598 † 27 Aug. 654.
Gem. 1. Magdalena Catharina, Johanns II. Pfalzgr. zu Zweybrücken, T. g. 607, v. 14 Nov. 630, † 9 Jan. 648.
a. Maria Johanna, Rudolphs, lezt. Graf. zu Helfenst. T. u. Maximil. Adams, lezt. Landgr. zu Leuchtenberg, W. v. 28 Oct. 648, † 10 Aug. 665. ohne Kind.

Christian II. Pfalzgr. zu Birkenfeld, g. 22 Jun. 637 † 26 Apr. 717.
Gem. Catharina Agatha, Johann Jacobs, lezt Grafens v. Rappoltstein, T. g. 648, v. 5 Sept. 667, † 6 Jul. 683.

Johann Carl, Pfalzgr. zu Gelnhausen, g. 17 Oct. 638, † 21 Febr. 704.
Gem. 1. Sophia Amalia, Friedr. Pfalzgr. zu Zweybr. T. u. Senfriebs, Gr. v. Hohenl. W. g. 15 Dec. 646, v. im Jul. 685, † 20 Nov. 695.
2. Maria Esther, Georg Friedr. v. Wizleben aus Thüringen, T. verwittibte v. Bromsee, g 665, v. 26 Jul. 696, erhielte nebst ihren Kindern, vom Kaiser die Reichsfürstl. Würde 12 Apr. 715, † 20 Febr. 725.

Christian III. g. 7 Nov. 674. Französ. Gen. Lieut. succ. in dem Herzogth. Zweybr. 1 Apr. 734, † 3 Febr. 735.
Gem. Carolina, Ludwig Krafts, Gr. zu Nassau-Saarbr. T. g. 12 Aug. 704, v. 21 Sept. 719, war von 735-740. Vormünderin, u. erhielte 4 Jul. 742. die Reichsfürstl. Würde.

	2.	2.	2.
Friedr. Bernhard, g. 8 May 1697, französ. Brigad. † 5 Aug. 739. Gem. Ernestina Louisa Friedr. Anten Ulrichs Fürst. zu Walbeck, g. 6 Nov 1705, v. 30 May 1737.	Johann, geb. 24 May 698. Churpfälz. Gen. F. Zeugm. Gou. vern. in Jülich, auch Obr. eines Reg. Infant u. Ritter des St. Hub. Orb. resid. nach s. Bruders Tode, in Geln. hausen seit 23 Apr. 740. Gem. Sophia Carls, Wild. und Rheingraf. von Dhaun, T. gebor. 29 Aug. 1719 vermält 19 Aug. 743.	Caroli-na Ca-thari-na, geb. 19 Dec. 699. Gem. Friedr. Wil-helm, Carls und Rheingraf. von Dhaun, T. gebor. 29 Aug. 761.	Sophia Maria g. 5 Apr. 1702. † im Oct. 761. Gem. Heinr. XXV. Graf. u. Fürst v. jüngerer Linie verm. 30. Reuß zu Gera, v. Decem-ber 745. starb 24 Aug. Febr. 722. † 761. 13 März 748.

| Hen-rietta Caro-lina Chri-stiana, geb. 9 März 721. Gem. Zwey-brücken, succed. Erbpr. v. Heff. Darmstadt, v. 12 August 741. | Chri-stian IV. g. 6 Sept. 746. 722. 10. ziger und Pfalz-graf zu Rhei. Kreis. G. F. Marsch. u. command. Gen. im Körnig. Böh-men, französ. G. Lieut. K. d gol. Vl. u. Großkr. des Milit Marie Theres Ord. † 29 Jul. 1763. | Friedrich. g. 27 Febr. 724. wurde 8 Dec. catbol. 16 K. K. u. des Reichs. auch 725. Churpfälz. u. des Ober-Rhei. A u. A u. gut ist Fric drich Fü. zu Wal-beck, v. 19 Aug. 705, v. 30 Man 737. | |

Carl August Christian, g. 29 Oct. 746. Ritt. des St. Hub. Ord. u. Obr. ei. Churpfälzif. Inf. Reg.
Zuk. Gem. Madem. d'Orleans, Ludwig Philipp, Herz. v. Orleans, T. geb. 9 Jul. 750, verlobt 765.

Maria Amalia Augusta, g. 11 Man 752. Canonißin zu Essen.

Maria Anna, geb. 18 Jul. 753.

Maxim. Jos. g. 27 May 756. Ritt. des St. Hub. Orden. Chefe. Chrpf. Cavall. Reg.

LXXXVIII. Stammtafel des Sachsen-Weimar-Eisenachischen Hauses.

Johann Ernst, Herzog zu Sachsen-Weimar, g. 11 Sept. 627. succ. 662. starb 15 May 683.
  Gem. Christiana Elisabeth, Joh. Christians, Hz. zu Holst. Sunderb. T. g. 23 Jan. 638, v. 14 Aug. 656, † 7 Jun 679.

Johann Ernst, geb. 22 Jan. 660, starb 10 Jun. 707.
  Gem. 1. Sophia Augusta, Johanns, Fürstens zu Anhalt-Zerbst, T. geb. 9 März 663, v. 11 Oct. 685, † 14 Sept. 694.
    2. Charlotta Dorothea Sophia, Friedrichs, Landgrafens zu Hessen-Homburg, T. g. 17 Jun. 672. v. 4 Nov. 694, † 29 Aug. 738.

1.

Ernst August, g. 19 Apr. 688. bekam nach seines Vett. Hzgs. Wilh. Ernsts Tode, die Regierung 26 Aug. 728 und Eisenach nach dem Tode Wilh. Heinrichs, des letzten Herzogs der Eisenachischen Linie, 26 Jul. 741. † 19 Jan. 748.
  Gem. 1. Eleonora Wilhelmina, Emanuel Lebrechts, Fst. zu Anhalt-Köthen, T. u. Friedr. Erdmanns, Herz. zu Sachsen-Merseburg, W. g. 7 May 6.6. v. 24 Jan. 716, † 20 Aug. 726.
    2. Sophia Charlotta Albertina, Georg Friedrich Carls, Marggr. zu Brandenb. Bayreuth, T. g. 27 Jul. 713. v. 7 Apr 734, † 2 März 7.7.

1.	**1.**	**2.**	**2.**
Ernestina Albertina, gebor. 28 Dec. 728. Gem. Philipp Ernst, Graf von Lippe-Schaumburg-Alverdissen, v. 6 May 756.	Bernhardina Christiana Sophia, g. 5 May 724. starb 5 Jul. 757. Gem. Johann Friedr. Fürst von Schwarzburg-Rudolstadt, v. 29 November 744.	Ernst August Constantin, geb. 2 Jun. 737. Ritt. des weiss u. roth. Adl. Ord. stunde unter der Vormundsch. der Herz. zu Sachs. Gotha u. Saalfeld, nach dem Wienerisch. Vergleiche 17 Sept 749, ward 755 vom Kaiser für majoren erkläret, † 28 May 758. Gem. Anna Amalia, Carls, Herzogens zu Braunschw. Wolfenb. T. g. 24 Oct. 739 v. 16 März 756. erhielt vom Kaiser 1 May 758. veniam Aetat. welches durch ein andermeites Decret 20 Jul. 759. dahin extendirt wurde, dass die Frau Herzogin die alleinige Vormundsch. ihrer Hn. Söhne, u. Administr. sämmtl. Lande, ohne Ausnahme u. Einschränkung in Conformit. des Codicills ihres verstorb. Gem. führen solle, worauf sie auch, nachdem ihr Hr. Vat der Hz. v Braunsch. Wolfenb. die im Testam. ihm Anfangs übertrag. Mitvormundsch. aufgegeben 30 Aug 759 die alleinige Vormundsch. und Landes-Administrat. angetreten hat.	Ernestina Augusta Sophia g. 5 Jan. 740. Gem. Ernst Friedr. Carl, regierend. Herz. zu Sachs. Hildburghausen, v. 1. Jul. 758.

Carl August, jetziger Herzog, unter der mütterlichen Vormundschaft, g. 3 Sept. 757.   Friedrich Ferdinand Constantin, g. 8 Sept. 758.

LXXXIX. Stammtafel des Sachsen-Gothaischen und Altenburgischen Hauses.

Friedrich II. Herzog zu Sachsen-Gotha, und Altenburg, geb. 28 Jul. 676. suc. redirte 3 Dec. 693. Ritter des Eleph. Ordens 5 Jul. 694. starb 23 März 732. Gem. Magdalena Augusta, Carl Wilhelms, Fürstens zu Anhalt-Zerbst, T. geb. 13 Oct. 679. v. 7 Jun. 696. starb 11 Octob. 740.

Friedrich III. jetziger Herzog, g. 25 Apr. 699. succ. 23 März 732. Ritt. des weiss. Adl. und des blauen Hosenbandord. 24 Jul. 741. ward 763. Senior der Herzoge von Sachsen, Ernestinischer Linie. Gem. Louisa Dorothea, Ernst Ludwig, Herz. zu Sachsen-Meinungen, T. g. 10 Aug 710. v. 17 Sept. 729. † 22 Oct 767.

Friderica Louisa, geb. 30 Jan. 741.

Ernst Ludwig Erbprinz g. 30 Jan 745.

August, g. 14 Aug. 747. R v. Johannit. Ordens.

Wilhelm, g. 12 März 701. Reichsgeneralfeldzeugmeister 750-760. Kais. Königl. Generalfeldzeugmeister u. Obr. eines Wallonen-Infant. Regiments, Ritt. des weissen Adler-Ord. residirt zu Tonna. Gem. Anna, Christian Augusts, Herz. v. Holsteingottorp u. Bisch. zu Lübeck, T. geb. 3 Febr. 709. v. 7 Nov. 742. † 2 Febr. 758.

Johann August, g. 17 Febr. 704. Kaiserl. Königl. Generalfeldmarschall und Obrist eines Dragonerregim. Ritt. des weiss. Adl Ord. residirte zu Roda. † 8 May 767. Gem. Louisa, Heinrichs I. Gr. Reuß zu Schleiz, T. und seines Bruders Christian Wilhelms, Vr. v. Sachs. Gotha, W. geb. 3 Jul. 726. v. 6 Jan. 752.

Augusta Louisa Friderica, g. 30 Nov. 752.

Louisa, geb. 9 März 756.

Moritz, geb. 11 May 711. Hessencasselischer Generallient. und Obr. eines Dragonerreg. Ritt. des Johanniter Ord.

Friderica, geb. 17 Jun. 715. Gem. Johann Adolph, Herz. zu Sachsenweissenfels, v. 17 Nov. 734. † 16 May 746.

Augusta, geb. 30 Nov. 719. Gem. Friedrich Ludwig, Vr. v. Wallis v. 8 May 736 † 31 März 751.

Johann Adolph, g. 18 May 721. Chursächsischer Generallieut. u. Obr. eines Inf. Regim. Ritt. des weiss. Adl. Ord.

XC. Stammtafel des Sachsen-Meinungischen Hauses.

Bernhard, Hz. zu Sachsen-Meinungen, Hz. Ernst des Frommen zu Gotha, britt. Sohn, g. 10 Sept. 649. kam zur Regier. 680. † 27 April 706.

Gem. 1. **Maria Hedwig,** Georg II. Landgraf zu Heß. Darmstadt, T. g. 26 Nov. 647. v. 20 Nov. 671. † 19 Apr. 680.

2. **Elisabetha Eleonora,** Anton Ulrichs, Herz. zu Braunschw. Wolfenbütt. T. und Johann Georgs, Herzog. zu Mecklenb. Schwerin, W. geb. 30 Sept. 658. v. 25 Jan. 681. † 15 Märj 729.

1.

Ernst Ludwig, geb. 7 Oct. 672. succ. 706. starb 24 Nov. 724.

Gem. 1. **Dorothea Maria,** Friedrich I. Hz. zu Sachsen-Gotha, T. geb. 22 Jan. 647. v. 19 Sept. 704. starb 13 April 712.

2. **Elisabeth Sophia,** Friedrich Wilhelms, Churfürst zu Brandenburg, T. und Friedrich Casimirs, Herz. in Curland, auch Christian Ernsts, Marggr. zu Bayreuth, W. g. 26 März 674. v. 3 Jun. 714. † 22 Nov. 748. zu Römhild.

2.

Elisabetha Ernestina Antonia, g. 14 December 681. Aebtißin zu Gandersheim 2 Sept. 713. † 24 Dec. 766.

3.

Anton Ulrich, geb. 22 Oct. 687. Herzog u. Senior der Ernestinischen Linie, Ritter des St. Hubert. Ord. † 27 Jan. 763.

Gem. 1. **Philippina Elisabeth Cäsarin,** eines Heßischen Hauptmanns in Cassel, T. g. 11. März 686. v. 711. ward vom Kaiser 21 Febr. 727. samt ihren Kindern, wiewol mit Protestation der Sächsischen Häuser, in Reichsfürstenstand erhoben, starb 14 Aug. 744.

2. **Charlotta Amalia,** Carls, Landgr. zu Hessen-Philippsth. T. geb. 10 Aug. 730. v. 26. Sept. 750. Vormünderin der minderjährigen Herzoge.

1.

Louisa Dorothea, g. 10 Aug. 710. † 22 Oct. 767.

Gem. **Friedrich III.** Hz. zu Sachsen-Gotha, v. 17 Sept. 729.

1.

Philippina Elisabeth, geb. 10 Sept. 713.

1.

Louisa Philippina Ludovica, g. 10 Oct. 714.

1.

Bernhard Ernst, geb. 24 Dec. 716.

1.

Anton August, geb. 29 Dec. 717.

2.

Maria Charlotta Amalia, geb. 11 Sept. 751.

2.

Wilhelmina Louisa Christiana, g. 6. Aug. 752.

2.

August Friedrich Carl Wilhelm, jeziger Herzog, g. 19 Nov. 754. succ. 27 Jan 763. unter Vormundschaft der Frau Mutter. Ritt. des Churpfälz. St. Huberts. Ord.

2.

Georg Friedrich Carl, g. 4 Febr. 761. mitregierender Herzog.

2.

Amalia Augusta Carolina Louisa, g. 4 März 762.

Sind durch ein Reichshofraths Concluf. v. 24 Jul. 747. v. der Succeff. ausgeschleffen worden.

XCI. Stammtafel des Herzogs von Sachsen-Hildburghausen.

Ernst, Hz. zu Sachf. Hildburghausen, Ernst des Frommen, Hz. zu Gotha 6ter Sohn, g. 12. Jul. 655. † 17 Oct 715.
Gem. Sophia Henrietta, Georg Friedrichs, Graf. zu Waldeck, T. g. 3. Aug. 662, b 30 Nov. 680, starb 15 Oct. 702.

Ernst Friedrich I. g. 21. Aug. 681. † 9 März 724. Gem. Sophia Albertina, Geor. Ludwigs, Gr. z. Erbach, T. geb. 10 Aug. 683. v. 4. Febr. 704. † 4 Sept. 742.	Joseph Friedrich Wilhelm Hollandin, geb. 5 Oct. 702. ward Catholisch 727. Kaif. Königl. Gen. F. Marsch. und Obr. eines Inf. Reg. Reichsgen. F. Zeugmeister 20 Apr. 739. Gouv. zu Comorra 735 Ritt. des gold. Vl. commandirte 757. die Reichs-Executions-Armee. Gem. Anna Victoria, Ludw. Thomä, Gr v. Soisfons, T. u. Erbin des Pr. Eugenii, g. 13 Sept. 683. v. 15 Apr. 738. lebten von einander abgesondert, u. sie nahm ihren Aufenthalt 752. zu Turin, † 10 Oct. 763.
Ernst Friedrich II. g. 17 Dec. 707. succeed. 16 Dec. 728 † 13 Aug. 745. Gem. Carolina, Philip Carls Gr. zu Erpach zu Fürstenau, T. g. 29 Sept. 700, v. 19. Jun. 726, † 7 May 758.	Friedrich, geb. 11. Sept. 710. Kaiserl. Bayrischer Gen. F. Zeugmeister, Holländischer Gen. der Inf. Obr. eines Inf. Reg. Gouvern zu Nimwegen, Ritt. des weiß. Adl. u. Johannit. Ord † 10 Jun. 759. Gem. Christiana Louisa, Joachim Friedrichs, Herz. zu Holst. Plön, T. u. Albr. Ludw. Friedr. Gr. v. Hohenlohe-Weickersheim, W. g. 27 Nov. 713, v. 4 May 749.

Ernst Friedrich Carl, jeziger Hz g. 10 Jun. 727. succ. 745. trat die Regier. an 8 Jul. 748. Ritt. des weiß. Adl. Steph. u. S. Hub. Ord. Dänischer Gen. der Inf. Obr. des Holstein. geworbenen Inf. Regim. Gem. 1. Louise, Christians VI. Königs in Dännem. T. g. 19 Oct. 726, v. 1 Oct. 749. † 8 Aug. 756. 2. Christiana Sophia Charlotta, Friedr. Christians, Marggr. v. Bayreuth, T. g. 15 Oct. 733, v. 20 Jan. 757, † 8 Oct. d. J. 3. Ernestina Augusta Sophia, Ernst Augusts, Hz. v. Sachsen-Weimar, T. g. 5 Jan. 740, v. 1. Jul. 758.	Friedrich : Wilhelm Eugenius, g. 8 Octob. 430. Ritter des weißen Adler-Ord. Dänischer Gen. Lieut. der Inf. und Obrist. des in Oldenburg stehenden Infanterie-Regiments.	Sophia Amalia Carolina, g. 21 Jul. 732. Gem. Ludw. Friedr. Carl, Graf von Hohenloh. Neuenstein. verm. 28 Jan. 749.

3.	3.	3.
Ernestina Friderica Sophia, g. 22 Febr. 760.	Christiana Sophia Carolina, g. 4 Dec. 761.	Friedrich, g. 29 April 763.

XCII. Stammtafel des Sachsen-Coburg-Saalfeldischen Hauses.

Johann Ernst, Hz. zu Sachs. Saalfeld, Ernst des Frommen, Herz. zu Gotha, 7ter Sohn, g. 22 Aug. 658. wurde der älteste Fürst des ganzen Herzogl Hauses, † 17 Dec. 729.
Gem. 1. Sophia Hedwig, Christians Hz. zu Sachs. Merseb. T. g. 4 Aug. 660, v. 18 Febr. 680. † 2 Aug. 686.
2. Charlotta Johanna, Josiä, Gr. zu Waldeck, T. geb. 8 Jun. 664. v. 2 Dec. 690, † 1 Febr. 699.

1.	2.
Charlotta Wilhelmina, g. 24 Jun. 685. † 5 Apr. 767. Gem. Philipp Reinhard, Fürst zu Hanau, v. 26 Dec. 705, † 4 Oct. 712.	Franz Josias, Herz. g. 25 Sept. 697 Ritt. des weissen Adl. u. Sachs. Weimar. weiss. Falken-Ord. kam zur völlig. Regier 4 Sept 745. nach Absterb. d. ältern Brud. Christian Ernsts, residirte zu Coburg, † 16 Sept. 764. Gem Anna Sophia, Ludw. Friedrichs, Fürstens zu Schwarzburg-Rudolstadt, T. g. 9 Sept. 700. v. 2 Jan. 723.

Ernst Friedr. jez Herz. g. 8 März 724. Ritt. des weissen Adl. Ord. 749. succ 16 Sept. 764. Gem. Sophia Antoinetta, Ferdinand Albrechts, Herzog. zu Braunschweig-Wolfenbüt T. g. 23 Jan. 724, v. 23 Apr. 749.	Christian Franz, g. 25 Janua. 730. K.K. Gen. Feld wacht- meister.	Charlotta Sophia, g. 24 Septbr. 731. Gemal. Ludw. Pr. v. Mecklenb. Schwerin, v. 14 May 755.	Friderica Carolina, geb. 24 Jun. 735. Gemal. Christian Friedrich Carl Alexander, Marggraf zu Brandenb. Onolzbach, v. 22 Nov. 754.	Friedrich Josias, g. 26 Dec. 737. Kaiserl. Kön. Gen. feld wacht. meister.

Franz Friedrich Anton, g. 15 Jul. 750. · Carolina Ulrica Amalia, g. 19 Oct. 753. · Ludwig Carl Friedrich, g. 2 Jan. 755.

XCIII. Stammtafel der Marggrafen zu Brandenburg Culmbach oder Bayreuth.

Christian Heinrich, Marggraf zu Brandenb. Bayreuth aus der Culmbachischen appanagirten Linie, g. 19 Jul. 661. überließ 23 Nov. 703. durch den Schönbergischen Vertrag, dem K. Friedrich I. in Preußen u. Churf. v. Brandenb. das Nachfolgerecht in den Fürstenthümern Bayreuth u. Onolzbach gegen eine jährliche Summe von 20,000 Thlr. residirte zu Weverlingen im Halberstädtischen, † 26 März 708.

   Gem. Sophia Christina, Albr. Friedrichs, Gr. v. Wolffstein, T. g. 24. Oct. 667, v. 14 Aug. 689, † 23 Aug. 737.

Georg Friedr. Carl, g. 19 Jun. 688. endigte durch Mag. den Berlin. Vergleich Dec. 722. den schweren Proceß mit Chur-Brandenb. wegen des Schönberg. Vertrags, und gelangte nach dem unbeerbten Tode Georg Wilhelms, Marggr. v. Bayreuth aus der erstgebornen Linie, 18 Dec. 726. zum Besitz der Bayreuthisch. Lande, Ritt. des Eleph. Ordens, 12 Jul. 728. † 17 May 735. Gemalin. Dorothea, Friedr. Ludwigs, Hz. zu Holstein-Beck, T. gb. 24 Nov. 685, v. 17 Apr. 709, geschieden 3 Dec. 716. † 734.	**Sophia Magdalena,** geb. 28 November 700. Gem. Christian VI. König in Dänemark v. 7 Aug. 6 Aug. 746.	**Friedrich Ernst,** geb. 15 Aug. 703. Ritt. des Eleph. roth. Abl. und de l'Union parfaite O. Dän. Statthalt in Schlesw. u. Holst. G. Feldmar. im Jul. 745. u. Obr. des Jütländ. Inf. Reg. † 23 Jun. 762. Gem. Christina Sophia, Ernst Ferdinands, Hz. v. Braunsch. Bevern, T. geb. 22 Jan. 717, v. 26 Dec. 731, bekam 7 Aug. 732. den Ord. de l'Union parfaite.	**Sophia Caroli na,** geb. 3 l Mär; 707. †708.	**Friedrich Christi an, Posthumus,** geb. jetzig. Marggr. von Bayr. geb. 17 Jul. 763. fucc. 27. Febr. 764. Ritt. d. Eleph. schw. Abl. u. de l'Union parfaite Ord. Dän. u. Preuß. G. Lieut. u. Obr. eines Dragonerregiments. Gem. Victoria Charlotta, Victor Amadei Adolphs, Fürst zu Anhalt-Schaumburg, T. g. 25 Sept. 715, v. 26 April 732. geschieden 739.

Friedrich, Marggr. v. Bayreuth, g. 10 May 711. succ. 17 May 735. Gen. Feld-M. des fränkisch. Kreises im Oct. 743. Obrist über 3 Reg. zu Fuß, Preuß. Gen. der Cav. 745, Ritter des Eleph. weiß. und schw. Abl. u. de l'Union parfaite Ordens, † 27 Febr. 763.

   Gem. 1. Friderica Sophia Wilhelmina, Friedrich Wilhelms, Königs in Preußen, T. g. 3 Jul. 709. v. 20 Nov. 731, † 14 Oct. 758.

      2. Sophia Carolina Maria, Carls, Herz. v. Braunschw. Wolfenb. T. g. 8 Oct. 737. v. 20 Sept. 759.

Elisabetha Friderica Sophia, geb. 30 August 732. residirt zu Donderf bey Bayreuth.

   Gem. Carl Eugenius, regier. Hz. zu Würtemb. Stuttg. v. 26 Sept. 748.

XCIV. Stammtafel der Marggrafen zu Brandenburg-Onolzbach.

Johann Friedrich, Albrechts, Marggr. zu Brandenb. Onolzb. Sohn, ater Ehe,
g. 8 Oct. 654. succ. 667. † 13 März 686.
    Gem. 1. Johanna Elisabeth, Friedrichs VI, Marggr. zu Baden-Durlach,
T. g. 6 Nov. 651, v. 26 Jan. 673, † 20 Sept. 680.
    2. Eleonora Erdmuth Louisa, Joh. Georgs, Hrz. zu Sachs. Eisenach,
T. g. 13 Apr. 662, v. 4 Nov. 681. † 9 Sept. 696. als Churfürst Johann Georg
IV. zu Sachsen Witwe, mit dem sie sich 17 Apr. 692. vermälet.

1.	1.	2.
Christian Albrecht, geb. 8 Sept. 675. † auf der Rückreise aus Holland zu Frnkf. 6 Oct. 692.	Georg Friedrich, geb. 25 April 678. erhielt vom Kaiser veniam Aetatis, u. trat 29 Jul. 694 die Regierung an, Kais. Gen. F. Marsch Lieut. † 30 März 703. an einer Blessur.	Wilhelm Friedrich, g. 29 Dec. 685. succed. nach erhaltener venia Aetatis, † 7 Jan. 723. Gem. Christiana Charlotta, Friedrich Carls, Hz. zu Würtemb. Stuttgard, T. g. 20 Aug. 694, v. 28 Aug. 709, † 25 Dec. 729.

Carl Wilhelm Friedrich, g. 12 May 712. succ. 8 Jan. 723. trat die Regierung
an 11 May 729. Ritt. des schwarzen Adl. u. des blauen Hosenb. Ord. 3 Jul. 749.
gelangte zum Besitz der Grafschaft Sayer 729. u. zu der Grafsch. Sayn-Altkirchen 26 Jul. 741. † 4 Aug. 757.
    Gem. Friderica Louisa, Friedr. Wilhelms, Königs in Preussen u. Churfürst.
zu Brandenburg zwote Tochter, g. 28 Sept. 714, v. 30 May 729.

Christian Friedrich Carl Alexander, jeziger Marggr. g. 24 Febr. 736. Ritt. des
schwarzen Adl. Ord. 740. Kaiserl. Generalfeldwachtmeister und Obrist eines
Cürassierregiments, des Fränkischen Kreises Gen. Feldmarsch. u. Obrist zweier
Kreisregimenter zu Pferde, succ. 4 Aug. 757.
    Gem. Friderica Carolina, Franz Josiä, Hz. v. Sachsen-Coburg-Saalfeld,
T. g. 24 Jun. 735. v. 22 Nov. 754.

Ferdinand Albrecht, geb. 19 May 680. Kais. u. des Reichs-G. F. Marschall, Obr. ei. Inf. Reg. auch Gouv. zu Comorra, succ. in den Wolfenbüt. Landen sein. In Schwiegervater u. Nett. Ludw. Rudolphen, Herzogen zu Braunich. Wolfenbüt. 1 März 735. †3 Sept. d. J. Gem. Antoinetta Amalia, Ludw. Rudolphs Hz. z. Braunich. Wolfenbüt. T. g. 22 Apr. 696. v. 15 Oct. 712. † 6 März 762.

Ernst Ferdinand, Herzog zu Braunsch. Bevern, g. 4 März, 682. † 14 Apr. 746. Gemal. Eleonora Charlotta, Friedr. Casimirs, Hz. z. Curland T. geb. 11 Jun. 686. v. 5 Aug. 714. starb 28

Carl, jetziger Hz. zu Wolfenb. g. 1 Aug. 713. succ. 735. Gem. Philippina Charlotta, Fridr. Wilh. K. in Pr. u. Chf zu Brandenb. T. g. 13 März 716. v. 2 Jul. 733.

Anton Ulrich, g. 28 Aug. 714. Gem. Anna, Carl Leopold, Hz. z. Meckl. Schwer T. g. 18 De. 718. v. 14 Jul. 739. † 18 März 746.

1) Ivan oder Johann III. g. 23 Aug. 740. Siehe Rußland.
2) Catharina g. 26 Jul. 741.

Elisabetha Christina, g. 8 Nov. 715. Gem. Friedr. II. Kön. in Preuß u. Churf. v. Brandenb. v. 12 Jun. 733.

Ludwig Ernst, g. 25 Sept. 718. Johannit. Commenth zu Supplinburg 740. Kais. u. Reichs-Gen. F. Marsch. Holländ. f. Marsch. Ob. d. Reg. Garde zu Fuß, Gov. zu Herzogenbusch, Obrist eines Kais. u. ein. Wolfenb. Inf. Reg.

Ferdinand, g. 12 Jan. 721. Ritt. des schw. Adl. bf Hosenb. u. Johann. Ord. war bis 766. da er resignirte, preuß. Gen. Feldm. Domdech zu Magdb. 767.

Louise Amalia, g. 29. Jan. 722. Gem August Wilhelm, Prinz von Preuß. v. 6 Jan. 742. † 12 Jun. 758.

Sophia Antoinetta, g. 23 Jan. 724. Gem. Ernst Friedrich, Hz. v. Sachs. Cob. Saalf. v. 23 Apr. 749.

Christina Charlotta Louisa, g. 30 Nov. 726. Canon. zu Quetlb. 30 May 761. † im May 766.

Theresia Natalia, g. 4 Jun. 728. Canoniss. zu Hervorden 7 Aug. 743. u. zu Gandersheim 5 Nov. 750. u. Aebtiß. 4 Jun. 767.

Juliana Maria, g. 4 Sept. 729. Gem. Friedr. V. König in Dännem. v. zu Wolfenb. 26 Jun. 752, vollzogen zu Friedrichsburg 8 Jul. d. J. † 13 Jan. 766.

Carl Wilh. Ferd. Erbpr. g. 9 Oct. 735. Rit. d. schw. Ad. u. Sachs. Weim. weiß. Falk. Ord. Gem. Augusta, Friedr. Ludw. Pr. v. Wal. T. g. 11 Aug. 737. v. 16 Jan. 764.

Augusta Carolina Friderica Louisa, g. 3 Dec. 764.
Carl Georg Aug. g. 8 Febr. 766.

Sophia Carolina Maria, g. 8 Oct. 737. Gem. Friedrich, Marggraf v. Brandenb. Bayreuth, v. 20 Sept. 759. † 27 Febr 763.

Anna Amalia, g. 24 Oct. 739. Gem. Ernst Aug. Constantin, Herz. zu Sachs. Weimr. v. 16 März 756. † 28 May 758.

Friedrich August, g. 19 Oct. 740. Domh. zu Lübeck, Gen. Lieut. u. Chef über des Hn. Vat. Truppen 762. u Preuß. Gen. Lieut. u. Chef eines Inf. Reg. 763. Rit. des Schw. Seraph u. Sach. Weim. Falk wie auch des schw. Adl. Ord. Zuk. Gem. Frid. Soph. Charl. Aug. Carl Christian Erdm Hz. v. Würtemb. Oels T. g. 1 Aug. 751 verl. 10 Sept. 764.

Wilhelm Adolph, g. 18 May 745. Obr. Lieut des Braunschwg. Leibregim. auch 763 Preuß. Oberst. von der Infant. u. Chef ein suf. Reg. Ritt. des Sachs. Weimar Falk. u des schwarz Adl Ord.

Elisabetha Christina Ulrica, g 8 Nov. 746. Gem Friedrich Wilhelm, Prinz v. Preußen, geb 25 Sept. 744. v. 14. Jul. 765.

Augusta Dorothea, g. 2 Oct. 749.

Maximilian Julius Leopold, g. 10 Oct. 752.

August Wilhelm, g. 10 Oct. 715. jez. Hz. v. Bevern. Preuß Gen. der Inf Gouv zu Stettin, u. Chef ein-s Reg. zu Fuß, Ritt. d. schw. Adl. Ord.

Christina Sophia, g. 22 Jan. 717. Gem. Friedrich Ernst, Marggr. v. Brandenb. Culmb. v 26 Dec. 731. † 23 Jun 762.

Friderica Albertina, g. 21 Aug. 719.

Friedrich Georg, g. 24 März 723. Domherr zu Lübeck, † 16 Jul. 766.

Friedrich Carl Ferdinand, g. 5 April 729. Dän. Gen. und commandirender Chef der sämmt. Inf. in Seeland.

XCVI. Stammtafel der Herzoge zu Würtemberg-Stuttgardischer Linie.

Eberhard III, Hz. zu Würtemberg, g. 16 Dec. 614. † 2 Jul. 674.
  Gem. 1. Anna Catharina, Johann Casimirs, Wild- u. Rheingr. T. g. 614.
v. 26 Febr. 637. † 27 Jun. 655.
    2. Maria Dorothea Sophia, Joach. Ernsts, Gr. zu Oettingen, T.
g. 29 Dec. 639. v. 20 Jul. 657. † 29 Jun. 698.

1.
Wilhelm Ludwig, g. 7 Jan. 647. † 23 Jun. 677.
Gem. Magdalena Sibylla, Ludwigs VI Landgraf. zu Hess Darmst. T. g. 28 Ap. 652, v. 6 Nov. 673, † 11 Aug. 712.

Eberhard Ludwig, g. 18 Sept. 676. trat die Regier. an 23 Jan. 693. Kaiserl. u. Reichs. Gen. Feldmarsch. Ritt d. Eleph. u. schwarz. Adl. Ord † 31 Oct. 733.
Gem. Johanna Elisabetha, Friedrichs VII. Magni, Maggr. zu Baden-Durl. T. g. 3 Oct 680, v. 16 May 697, † 2 Jul. 757.

2.
Friedrich Carl, geb. 12 Sept. 652. Administrator des Herzogthums 677—693. starb 20 Dec. 698.
Gem. Eleonora Juliana, Albrechts, Marggraf. zu Brandenb. Onolzbach, T. geb. 13 Oct. 663, v. 28 Oct 682, † 4 März 724.

Carl Alexander, g. 24 Jan. 684. Kais. und Reichs-Gen. F. Marsch. u. Gouv. zu Belgrad in Servien, ward catholisch 28 Oct. 712. Ritt. des gold. Vl. 23 Nov. 721. succ seinem Hn. Vetter Hz. Eberhard Ludwig, 31 Oct 733. † 12 März 737.
Gem. Maria Augusta, Anshelm Franzens, Fst. v. Thurn u. Taxis. T. g. 11 Aug. 706, v. 1 May 727. Gros-Kreuz des Malthes. Ord. 10 Apr. 735, empfieng den schwarz. Abl. Ord. im Oct. 741, u. den St. Catharin. Ord. 5 Nov. 745 trug auch den Culmbach. rothen Abl. Ord. residirte zu Göppingen, † 1 Feb. 756.

Friedrich Ludwig, Erbprinz, g. 14 Decemb. 698. starb 23 Nov. 731.
Gem. Henrietta Maria, Philipp Wilhelm, Marggr. zu Brandenburg-Schwedt, T. geb. 2 März 702, v. 8 Dec. 716, residirt zu Rövenick.

Louisa Friderica, g. 3 Febr. 722. Gem. Friedrich, Hrz. von Mecklenb. Schwerin, verm. 2 März 746.

Carl Eugenius, Ludw. Eugen. jezig Hz. zu Stuttg. g. 11 Febr. 728. Ritt. des goldn. Vl. im Jan. 741. erhielt veniam Aetatis, u. trat die Reg. an 3 Febr. d. J. Schwäbisch Kreis. Gen. F. Marschall auch Chef ein. Kaiserl. Drag. Reg.
Gem. Elisabetha Friedr. Sophia, Friedr. Marggr. zu Bayreuth, T. g. 30 August 732, verlobt 21 Febr. 744. verm. 26 Sept. 748.

Ludw. Eugenius Johann, geb. 6 Januar 731. Maltheser. Grosskreuz, Ritt. des H. Geist-Culm-bach. Schwäbisch Kreis Gen. F. Marschall General-Lieut. Obr. eines Franz. Cav. Regiments.

Friedrich Eugenius, g. 21 Jan. 732. Preuss. Gen. Lieut der Cavall. des Schwäbisch. Kreis. Gen. Maj. Ritt. des schwarz. Abl. u. Würtem. grosen Jagd-Ords. Gem. Friederic. Dorot. Sophia, Friedrich Wilh. Marggr. z. Brandenb. Schwedt. T. g. 18 Dec. 736, v. 29 Nov. 753.

Friedrich Euge. Augusta Elisabeth, g. 21 Jan. ista Elisabeth. Maria Louisa, geb. 30 Octob. Ritt. des schwarz. Adl. u. Würtem. grosen Jagd-Ord. Gem. Carl helm, Erbp. v. Thurn und Taxis, v. 3 Sept. 753.

Fried. Wilhelm Carl g. 7 Nov. 754. Ritt. d. Würtemb. gros. Jagdord. u. Obrist eines Infant. Regiments.

Friedr. Ludw. Alex. g. 30 Aug. 756 Ritt. d. Würt. grosen Jagdordens.

Friedr. Eugen Heinr. g. 21 Nv. 758 Ritt. d. Würt. grosen Jagdordens.

Soph. August. Louisa, g. 25 Oct 759.

Friedr. Wilh. Philip. g. 27 De 761. Ritt. d. Würt. Jagder. dens.

Friedr. August Ferdin. g. 21 Oct 763 Ritt. d. Würt. Jagdor. dens.

Frider. Elisab. Amalia sta, geb. 27 Jul. 765.

Elisabetha Wilhelmina Louise, geb. 21 Apr. 767.

XCVII. Stammtafel der Herzoge zu Würtemberg, Julianischer Linie zu Oels.

Silvius Nimrod, Stifter der Schlesischen Linie zu Oels, g. 2 May 622. † 16 Apr. 664.
    Gem. Elisabetha Maria, Carl Friedrichs, lezten Hrz. zu Münsterberg und Oels, Podiebradischen Stamms, T. g. 11 May 625. v. 28 Apr. 647. † 17 März 686.

Christian Ulrich, zu Bernstadt, hernach zu Oels, g. 9 April 652, † 5 Apr. 704.
    Gem. 1. Anna Elisabeth, Christians, Fürstens zu Anhalt-Bernburg, T. g. 19 März 647. v. 13 März 672. † 3 Sept. 680.
    2. Sibylla Maria, Christians I. Herz. zu Sachs. Merseb. T. geb. 28 Oct. 667. v. 27 Oct. 683. starb 9 Oct. 693.
    3. Sophia Wilhelmina, Ennonis Ludwigs, Fst. zu Ostfriesland, T. g. 17 Sept. 659, v. 27 Nov. 695, starb 25 Jan. 698.
    4. Sophia, Gustav Adolphs, Herz. zu Mecklenb. Güstrow, T. geb. 21 Jun. 662, v. 6 Dec. 700. † 7 Jun. 738.

2.

Carl Friedrich, g. 7 Febr. 690. Hz. zu Oels, kam zur Regier 709. Administrat. des Herzgth. Würtemb. Stuttg. bis 744. legte die Regier. v Oels nieder d. J. Ritt. b. weiss. Adl. Ord. lebte z. Medzibor an der poln. Gränze, † 14 Dec. 761.

3.

Christian Ulrich, g. 27 Jan. 691. residirte zu Wilhelminen Ort, ward Cathol. 26 Jan. 722. in Rom † 11 Feb. 734.
    Gem. Charlotta Philippina, Erdmanns, Gr. v. Reder, T. g. 18 Feb. 691. v. 13 Jul. 711. starb 17 Jun. 758.

Carl Christian Erdmann, jeziger Hz. zu Oels, g. 25 Oct. 716. Gen. Major von der Dänisch. Cav. im Dec. 736 und Commendant der Leibgarde 739. Ritt. des Eleph. St. Hub. und de l'Union parfaite Ord. erhielt die Regier von seines Vaters Brud. Hz. Carl Friedrich 744 liess sich huldigen 15 Oct. d. J. bekam auch 8 Febr. 745. Bernstadt, nach dem unbeerbten Tode des lezten Herzogs zu Bernstadt, Carls, ward im Oct. 747 Preuß. Gen. Lieut.
    Gem. Maria Sophia Wilhelmina, Friedr. Ernsts, Gr. v. Solms-Laubach, T. g. 3 Apr. 721, v. 28 Apr. 741.

Friderica Sophia Charlotta Augusta, g. 1 Aug. 751.
    Zuk. Gem. Friedrich August, Pr. v. Braunschw-Wolfenbüttel, Preußischer Gen. Lieut. verlobt 10 Sept. 764.

Friedrich Christian Carl, Erbpr. geb. 19 Nov. 757. starb 11 März 759.

XCVIII. Stammtafel des Landgrafen v. Hessen-Cassel.

Carl, Landgraf, g. 3 Aug. 654. succ. seinem Bruder Wilhelm VII. 670. trat die Regierung an 3 Aug. 677. † 23 März 730.
Gem. Maria Amalia, Jacobs, Herz. in Curland, T. geb. 12 Jun. 653, v. 21 May 673, starb 16 Jun. 711. Eine Mutter von 14 Kindern.

Friedrich, Landgr. g. 28 Apr. 676. succ 730. ward Kön. in Schwed. 4 Ap. 720. gekr 14 May d. J. † 5 April 751. Gem. 1. Louisa Dorothea Soph. Frie- drich, Chrf. v. Bran- denb. T. geb. 19 Spt. 680, v. 31 May 700. † 23 Dec. 705. 2. Ulrica Eleon. Carls XI. K. in Schwed. T. geb. 24 Jan. 688, v. 4 Apr. 715. ward Kön in Schwed. 1 März 719, nach ihres Brud. Carls XII. To- de, † 5 Dec. 741.	Wilhelm VIII. Lbgr. g. 21. März 682. ward Statthalter s. Bru- ders, K. Friedrichs I. v. Schwe- den, in der Landgrafsch. Hessen. Cassel 737. nahm Besiz v. den sämtl. Gräfl. Hanau-Münzen- bergischen Landen, nach Ab- sterben des lezt. Gr. v. Hanau, 28 März 736. vermöge s. Brud. K. v. Schwed. Cession vom 13 Apr. 735, succ. demselben in der Landgrafschaft Hessen-Cas- sel 5 Apr. 751. starb 31 Jan. 760. Gem. Dorothea Wilhel- mina, Moriz Wilhelms, Herz. zu Sachs. Zeiz, T. g. 20 März 691, v. 27 Sept. 717; starb 19 März 743.	Maria Louisa, g. 7. Febr. 688. lebt als Witwe in Friesl. † 9 Apr. 765. Gem. Jo- hann Wil- helm Friso, Fürst zu Naß. Diez, u. Erbstatt- halter von Friesland, v. 26 Apr. 709. † 14 Jul. 711.	Maximilian g. 28 May 689. Kais. Kön. u. des Reichs- Gener. Feld- marsch. † 8 May 753. Gem. Fri- derica Char- lotta, Ernst Ludwigs Landgraf. zu Heß. Darm- stadt, T. g. 8 Sept. 698, v. 28 Nov. 720.
Friedrich, jeziger Landgr. g. 14 Aug. 720. Ritt. d. bl. Hosenb. 24 Jul. 721. Preuß. G. F. Marsch. u. Gouv. zu Wer- sel, auch Interims. Gouv. zu Magdeb. ward 749. zu Neuhaus Cathol. u. stellte 28 Oct. 754. zu Cassel seinem Hochfürstl. Hause u. der Heß. Casselisch. Landschaft wegen des unverändert zu lassenden Stat. eccles. et polit eine eidl Versi- cherung aus, welche Preußen, Groß- britan. Schweden, Dänemark, Holland u. das Corpus Evangelicor. garantirte. Gem. Maria, Georgs II. K. v. Groß- brit. u. Chf. zu Braunsch. Lüneb. T. g. 5 März 723; v. 19 May 740. zu Lond. durch Proc. vollz. zu Cassel 28 Jun. v. J. † 17 Sept. 767.	Ulrica Chri- stina Char- lotta, geb. 11 Febr. 725. Gem. Friedr. August Herz. zu Holstein. Gott. u. Bisch. z. Lübeck, verm. 21 Nov. 752	Wilhelmi- na, g. 23 Febr. 726. Gemal. Friedrich Heinrich, Königlich. Prinz von Preußen, v. 25 Jun. 752.	Carolina Wilhelma Sophia, g. 10 May 732. † 22 May 759. Gemal. Friedrich August, Fürst zu Anhalt- Zerbst, v. 17 Novmb. 753.

Georg Wilhelm, Erbpr. g. 3 Jun. 743. Ritt. d. Elleph. Ord. u. de l'Union parfaite, erhielte v. s. Hrn. Grosvat. die abgetret. Grafsch. Hanau im Dec. 754, u. ward ihm selbst. 31 Dec. d. J. gehuld. succ. nach dessen Tode 31 Jan. 760. völlig darin- nen, unt. der mütterl. Vormundsch. Gem. Wilhelmina Carolina, Kön. Fried. V. z. Dännem. T. g. 10 Jul. 747. v. 1 Sept. 764.	Carl, g. 19 Dec 744. Dän. Gen. Statt- halt. in Norw. Ritt. des Elleph. u. Union parfaite Ord. Gem. Louise, K. Friedrichs V. in Dän. T. g. 30 Jan. 750. v. 30 Aug 766.	Friedr. g 11 Spt. 747 Dän. G. Maj. u. Ritt. d. Ord. de l'Union parfaite

Eine Prinzeßin, geb. 28 Oct. 767.

Philipp, Wilhelm VI. Landgrafens zu Hessen-Cassel jüngster Sohn, geb. 14 Dec. 655, residirte auf dem Schloß Philippsthal, † 18 Jun. 721. Gem. Catharina Amalia, Carl Ottens, Grafens zu Solms-Laubach, T. geb. 26 Septemb. 654, v. 16 Ap. 680, starb zu Schöningen 26 April 736.

Carl, jetziger Landgr. zu Philippsthal, geb 23 Sept. 682. weiland Kais. Gen. Feldmarsch. Lieut. Ritt. des Elephant. Ordens.

Gem. Carolina Christina, Johann Wilhelms, Hrz. zu Sachsen-Eisenach, T. g. 15 April 699, v. 24 Novemb. 725. † 25 Jul. 743.

Friderica Henrietta, g 16 Jul. 688. kam 21 Dec. 761. zu Maßtricht durch ein gesprungenes Pulver-Magazin ums Leben.

Wilhelm, g. 2 Apr. 692 Holländischer General der Cav. u. Gouverneur von Breda 756. † 13 May 761.

Gem. Charlotta Wilhelmina, Lebrechts, Fürst zu Anhalt-Bernb. Tonm, T. geb. 24 Nov 704, vermält 11 Oct. 724.

Wilhelm, g. 29 Aug. 726. Holl. Obr. Wachtmeist. der Cav.

Gem. Ulrica Eleonora, Wilhelms, Pr. von Hessen-Philippsthal, T. g. 27 April 732. v. 26 Jun 755.

Charlotta Amalia, geb. 16 Aug. 730.

Gem. Anton Ulrich, Herz. zu Sachs. Meinungen, v. 26 Sept. 750. † 27 Jan. 763.

Ulrica Magdalena Philippina, g. 24 Sept. 731. † 11 Jan. 762.

Charlotta Friderica Catharina, g. 26 Apr. 725.

Gem. Albert August, Graf v. Isenburg-Büdingen, Holl. Gen. Lieut. v. 18 Jun. 765.

Friedrich, g. 13 Febr. 727. Holl. Obr. Lieut. u. Rittm. d. Garde zu Pferde, quit. 762.

Johannetta Charlotta, g. 22 Jan. 730.

Antoinetta Carolina, g. 18 Jan. 731.

Ulrica Eleon. g. 27 Apr. 732. Gem. Wilhelm, Prinz v. Hessen-Philippsthal, v. 26 Jun 755.

Carl Wilhelm, geb. 7 Febr. 734. Holl. Maj. † im Feb. 764.

Anna Friderica Wilhelmina, g 14 Dec. 735.

Dorothea Maria, g. 30 Decemb. 738.

Gem. Johann Carl Ludw. Graf v. Löwenst. Wertheim, v. 6 Jul. 764.

Adolph, geb. 29 Jun. 743.

Carolina Wilhelmina Anna, g. 16 März 756. † 17 Sept. 756.

Carl, geb. 6 Nov. 757.

Juliana Wilhelmina Louisa Amalia Sophia, g. 8 Jun. 761.

Friedrich, g. 4 Sept. 764.

Wilhelm, g. 10 Oct. 765.

Ludwig, g. 8 Oct. 766.

Charlotta Wilhelmina, geb. 25 Aug 767. † 13 Sept. d. Jahrs.

C. Stammtafel des Landgr. zu Hessen-Cassel-Hanau. S. Tab. XCVIII.

CI. Stammtafel des Landgrafen von Hessen-Darmstadt.

1.

Ludwig VII. Landgr. geb. 22 Jun. 658. succ. 24 Apr. 678. † 30 Aug. d. J.

2.

Ernst Ludwig, Landgraf, g. 15 Dec. 667. succ. 30 Aug. 678. trat die Regier. an 6 Feb. 688. feyerte 738. sein Regier. Jubelfest, † 12 Sept. 739.

Gem. Dorothea Charlotta, Albrechts, Margraf. zu Brandenburg-Onolsbach, T. geb. 19 Nov. 661, v. 10 Dec. 687, † 15 Nov. 705.

2.

Philipp, geb. 20 Jul. 671. ward Catholisch 693. Kais. Gen. Feldmarsch. u. Gouv. in Mantua, † 12 Aug. 736.

Gem. Maria Ernestina Josepha, Ferdinand Franzens, Hz. v. Cron und Havre, T. g. 29 März 671, v. 25 März 693, † 30 März 714.

Ludwig VI. Landgraf zu Heſſ. Darmſtadt, geb. 25 Jan. 630, † 24 Apr. 678.

Gem. 1. Maria Elisabeth, Friedrichs, Hz. zu Holsteingottorp T. g. 7 Jul. 634, v. 24 Nov. 650, † 17 Jun. 665.

2. Elisabeth Dorothea, Ernsts, Hz. zu Sachsen-Gotha, T. g. 8 Jan. 640, v. 5 Decem. 666, starb 24 Aug. 709.

Ludwig VIII. jezig. Landgr. zu Darmſt. g. 5 Apr. 691. succeed. 12 Sept. 739. Ritt. d. Eleph. weiſſen Adl. u. St. Hub. Ord. Kaiſ Kon Gen F. Marſch. u Chef ei. Drag. Reg. Oberrheiniſ. Kreiſ-Obr.

Gem. Charl. Christiana Magdal. Johanna, Johann Reinhards, Gr. zu Hanau, T. g. 2 May 700, v. 5 Apr. 717, ſtarb 1 Jul. 726.

Frider. Charl. g. 8 Sept. 698. Gem. Maximil. Pr. v. Heſſ. Caſſ. v. 28 Nov. 720, ſtarb 8 May 753.

Joseph, jeziger Biſch. zu Augſp. u. Ritt des St. Hub. Ord. g. 22 Jan. 699.

Theodora, geb. 6 Febr. 706. St. Cr. Ord. D. 14 Sept. 735.

Gem. Anton Ferd. Gonzaga, Hz. v. Guaſtalla, v. 23 Feb. 727, ſtarb 19 Apr. 729.

Leopold, g. 11 Apr. 708. K. K. G. F. M. Lieut. 740. Ritt. d. St. Hub. Ord. † 26 Oct. 764.

Gem. Henrietta Maria, Reinolds, Herz. von Modena, T. und Anton Franz. Herz. v. Parma, KB. geb. 27 May 702, v. 2 Sept. 740.

Ludwig, Erbpr. g. 15 Dec. 719. Preußiſ. Gener. Lieut. Chef ein. Inf. Reg. wie auch Ritt. d. ſchw. Adl. Or. quittirte 717.

Gem. Henr. Carol. Chriſtiana, Chriſtian III. Pfalz, gr. zu Zwenbr. Birkenſ. T. g. 9 März 721, v. 12 Aug. 741.

Georg Wilh. g. 11 Jul. 722. Reichs-Gen. der Cav. Gen. Maj. d. Ober-Rhein. Kreiſ. Ritt. d. weiſſ. Adl. Ord.

Gem. Maria Louisa Albertina Christian Carl Reinhards, Graf. v. Leiningen-Heidesheim, T. g. 16 März 729, v. 16 März 748.

Carol. Louisa, geb. 11 Jul. 723.

Gem. Carl Friedrich, Marggraf zu Baaden-Durlach, v. 28 Jan. 751.

Carolina, geb. 2 März 746.

Friderica Louisa, g. 16 Oct. 751.

Ludwig, g. 14 Jun. 753.

Amal. Friderica, geb. 20 Jul. 754.

Wilhelmina, geb. 25 Jun. 755.

Louisa, g. 30 Jan. 757.

Friedrich Ludwig, g. 10 Jun. 759.

Christian Ludw. g. 25 Nov. 763.

Ludwig Georg, geb. 27 März 749.

Friderica Carolina Louisa, g. 20 Aug. 752.

Geo. Carl, geb. 14 Jun. 754.

Charlotta Wilhelmina Christiana Louisa, geb. 5 Nov. 755.

Carl Wilh. Georg, geb. 16 May 757.

Friedrich Georg August, g. 21 Jul. 759.

Louisa Carolina Henrietta, g. 15 Febr. 761.

Maria Wilhelm. Augusta, g. 14 Apr. 765.

CII. Stammtafel der Landgrafen zu Hessen-Rheinfels-Rothenburg.

Ernst, Morizen, Landgr. z. Hessen-Cassel, Sohn, g. 3 Dec. 623. ward Cathol. 652. † 12 May 693. Gem. 1. Maria Eleonora, Phil. Reinhards, Gr. v. Solms T. g. 632, v. 1 Jul. 647. starb 12 Aug. 689. 2. Ernestina, sonst Alexandrina Durnizelin, eines Unterofficiers zu St. Goar, T. g. 673, v. 690, † 23 Dec. 754.

1. Wilhelm, zu Rothenb. an der Fulda refidirend, ward Catholisch, geb. 5 May 648. † 20 Novemb. 725. Gem. Maria Anna, Ferdinand Carls, Graf v. Löwenst. Wertheim, T. g. 18 Jun. 652, v. 669, starb 16 Oct. 688.

1. Carl, zu Wanfried, resdirend, g. 19 Jul. 649, starb 3 März 711. Gemal. 1. Sophia Magdalena, Erich Adolphs, Gr. zu Salm-Reifersch. T. v. 669, † 14 May 675. 2. Alexandrina Juliana, Emicons XII Gr. zu Leiningen-Dachsburg, T. u. Georgs III. Landgr. zu Hessen-Darmstadt in Lauterbach in Heff. an dem Jtter, Witwe, v. 43 Jun. 678, starb 19 Apr. 703.

Anna Johannetta, g 13 Sept. 680. Decanifs zu Thorn 16 Febr. 740. und Pröbftin zu Effen 754. und zu Recklingshausen. Ernst Leopold, g. 25 Jun. 684 refidirte zu Rothenburg an der Fulda, † 29 Nov. 749. Gem. Eleon. Maria Anna, Maxim. Carls, Fürst v. Löwenst. Werth. T. g. 1 Apr. 688, v. 12 Nov. 704, † 22 Feb. 753.

1. Wilhelm, g. 25 Aug. 671 Domhr. z Cöln u. Strasb. refign. 717 refid. zu Wanfried, † 1 Apr. 731. Gem. Ernestina Elisabeth Johannetta, Theodors, Pfzgr. zu Sulzb. T. g. 15 May 697, v. 19 Sept. 719. Priorin des Carmelit. Klofters zu Neuburg 752.

2. Maria Anna Johanna, geb. 8 Jan. 685, lebt in Erfurt, † daselbft 763. Gem. Daniel, Freyh. zu Ingenheim, Heff. Wanfriedischer Stallmeift v. 15 Jul. 703 † 22 Jan. 723.

3. Eleonora Bernhardina, geb. 21 Febr. 695, lebt zu Frankfurt. Gem. Hermann Friedrich, Gr. von Benth. v. im Jun. 717, † im Dec. 731.

Joseph, geb. 22 Sept. 705. † 24 Jun. 744. Gem. Chriftina Anna Louisa Oswaldina, Ludwig Ottens, Fft von Salm, T. g. 29 Ap. 707. v. 9 März 726, hat sich 12 Jun. 753. mit Nicol. Leopold, Fft. v. Salm-Salm wied. vermält.

Constantinus, geb. 24 May 716. gieng 739. in Ruf. Kriegsdienste, quitt. folche 744. Ritt. d. gold. Mi. K Kön. G. F. Marf. Lieut. v. der Inf. 757. refidirt zu Rothenburg. Gem. Maria Eva Soph. Conr. Ignat. Antons, Gr. v. Stahremberg, T. und Wilh. Hyacinths, Fft. v. Naffaufiegen, W. g. 28 Oct. 722, v. 25 Aug. 745.

Chriftina Henrietta, g. 24 Nov. 717. Gem. Ludwig Victor Joseph, Pr. v. Carignan, v. 4 May 740.

Anna Maria Vict. Chriftina, geb. 25 Febr. 728. Gem Carl, v. Rohan, Fft. v. Soubise v. 11. Dec. 745. Maria Louisa Eleonora, g. 18 April 729. war Canoniff. zu Effen u. Thorn, St. Cr. Ord. D. 14 Sept. 758. Gem. Maximilian Franz Ernst, Pr. zu Salm-salm, v. 16 März 756.

Carl Emanuel, Erbprinz g. 5 Jun. 746. K. K. Rittm. unter Bretlach, K. des Hub Ord. Clementina Francifca Erneftina, g. 5 Jun. 747. war Canonißin z. Effen u. Thorn, vermalte sich mit Jacob Leopold Carl Gotfr. Prinz. v. Bouillon 17 Jul. 766. Maria Hedwig Eleonora, geb. 26 Jun. 748. Canonißin zu Effen und Thorn. Christian, geb 30 Nov. 750. Domicellar zu Cöln. Carl Constantin, geb. 10 Jan. 752. Maria Antonia Friderica, geb. 31 März 753. Wilhelmina, g. 16 Febr. 755. Maria Leopold. Louisa, g. 13 Jun. 756. † im Nov. 765. Ernst, g. 25 Sept. 758. Friderica Christiana Maria, g. 3 Apr. 60. † 13 13 Sept. 760.

CIII. Stammtafel der Landgr. zu Hessen-Homburg.

Friedrich, der jüngste Sohn Landgr. Georgs des Frommen, zu Darmstadt, Stifter der Homburgischen Linie, g. 5 März 585, bekam Homburg von seinem Bruder 62., starb 9 May 638.
Gem. Margaretha Elisabeth, Christophs, Gr. von Leiningen, T. v. 10 Aug. 622, † 13 Aug. 667.

Friedrich, residirte zu Homburg, g. 30 May 633, † 24 Jan. 708.
Gem. 1. Margaretha, Abrahams, Gr. Brahe T. und Benedict Johanns, Gr. v. Oxenstierna, W. g 28 Jun. 630, v. 12 May 661, † 15 Märj 649.
2. Louisa Elisabeth, Jacobs, Hz. in Curland, T. g. 12 August 646, v. 23 Oct. 671, † 16 Dec. 690.
3. Sophia Sibylla, Johann Ludwigs, Gr. zu Leiningen, in Oberbrunn, T. u. Joh. Ludwigs, Gr. zu Leiningen-Heidesheim, W. g. 14 Jul. 656, v. 15 Nov. 691, † 13 April 724.

2.	2.	2.	2.	2.	3.
Friedr. Jacob, geb. 19 May 673 Holländ. General der Cav. u. Gouv. zu Herzogenbusch † 8 Jun. 746. Gem. 1. Elisabetha Dorothea, Ludw. VI. Landgr. zu Hess. Darmst. T. geb. 24 Apr. 676, v. 24 Febr. 700, † 9 Sept. 721. 2. Christiana, Friedr. Ludwigs, Gr zu Nassau-Ottweiler, T. u. Carl Ludwigs Graf. zu Nassau-Sarbr. W. g. 2 719, † Sept. 685, v 17 Oct. in Aug. 728. † 6 Nov. 761.	Hedwig Louise, geb. 2 Märj 675 † 14 Märj 760. Gem. Friedrich, Gr. v. Schlieben, v. 738. 752.	Wilhelmina Amalia, g. 7 Januar 678. Gem. Anton Graf v. Altennißin, v. 19 May 711, † 6 Jun. 738.	Eleonora Margaretha, g. 23 Sept. 679. Gem. Adam Friedrich, Gr. v. Schlieben, v. 26 Apr. 721.	Casimir Wilhelm, g. 23 Märj 690. starb 9 Oct. 726. Gemal. Christiana Charlotta, Wilh. Moritzens, Gr. zu Solms-Braunfels, T. geb. 11 Nov. 690, v. 2 Oct. 722, starb 16 Oct. 751.	Ludw. Georg, g. 10 Jan. 693. residir. zu Ober-Sontheim im Limpurgischen † 1 Märj 728. Gemal. Christiana Magdalena Juliana, Vollraths, legt. Graf. von Limburg-Sontheim, T. geb. 25 Jan. 683, v. 28 May 710, † 2 Febr. 746.
Ludw. Joh. Wilh. Gruno, g. 15 Jan. 705. gieng in Russ. Kriegsdienste 723, und ward Generaliss. der Russ. Landmacht 742. Ritter des weiß. Adl. u. St. Andr. Ord. † 23 Oct. 745. zu Berlin. Gem. Anastasia, Georgens, Fst. v. Trubezkon, T. u. Demetrii Frst. Cantemirs, Hospodars aus der Moldau, W. g. 15 Oct. 701, v. 3 Febr. 738. empfieng 6 Dec. 738. den Russ. St. Cath. Orden, † 7 Dec. 755.		Friedr. Carl Ludw. Wilhelm, g. 15 April 724. war Preuß. Capitain, succ. seines Vaters Bruder 8 Jun. 746. Ritt. des weiß. Adl. Ord. 3 Aug. 749. starb 7 Febr. 751. Gemal. Ulrica Louisa, Friedr. Wilhelms, Fürst von Canstein-Solms-Braunfels, T. g. 20. Apr. 731, v. 10 October 746. ward Ober-Vormünderin ihres verb. Sohnes, und Administratorin der Homburgischen Lande bis 766.		Wilh. Ulrica, g. Sophia, g. 31 May 726.	Maria Friderica Sophia Charlotta, geb. 18 Febr. 714, ist catholisch. Gem. Carl Philipp Franz, Fürst v. Hohenloh-Bartenstein, v. 26 Sept. 727, † 1 Märj 763.

Friedr. Ludw. Wilh. Christian, jetziger Landgr. g. 30 Jan. 748. succ. 4 Febr. 751. unter der Vormundschaft seiner Frau Mutter, trat die Regierung an 766. Ritt. des weiß. Adl. u. St. Andr. Ord.

CIV. Stammtafel der Marggr. zu Baden-Baaden.

Ludwig Wilhelm, Marggr. g. 8 Apr. 655. suc. 669. war Kaiserl. Gen. Lieut. u. Reichs-Gen. Feldmarschall, ein berühmter Kriegsheld, starb 4 Jan. 707.

Gem. Francisca Sibylla Augusta, Julii Franzens, Herz zu Sachs.Lauenburg, jüngste T. g. 21 Jan. 675, v. 27 März 690, starb 11 Jul. 733.

Ludwig Georg Simpert, Marggr. geb. 7 Jun. 702. succed. 707. unter der mütterl Vormundschaft, trat die Regier. an 7 Jun. 727. K. K. Gen. F. Zeugm. u. Obr. eines Inf. Reg. auch Gen.F.Zeugmeist. des Schwäbischen Kreises, † 22 Oct. 761.	August Georg Simpert, jetziger Marggr. g. 14 Jan. 706. succedirte 761. war Domdechant zu Augsp. quittirte den geistl. Stand 755. Reichs- u. des Schwäb. Kreif. Gen. der Cav. K.Kön. auch Holländ. Gen. F. Marsch. Lieut. Obrist über 2 Inf. Reg. des gold. Vl. Ritter, des Churcöln. St. Michaels-Ordens Gros-Kreuz, auch Ritt. des Ordens de la Fidelite.
Gem. 1. Maria Anna, Adam Franz Carls, Fst. zu Schwarzenberg, T. g. 25 Dec. 706, v. 17 März 721, † 12 Jan. 755.	Gem. Maria Victoria, Leopold Phil. CarlJosephs, Herz.zuAremberg, T. g. 26 Oct. 714, v. 7 Dec. 735. St.Cr. Ord. Dame 3 May 736.
2. Maria Anna Josepha Augusta, Kaiser Carls VII. T. geb. 7 Aug. 734, v. durch Proc. 10 Jul. 755, vollzogen 20. eben desselben Monats.	

1.

Elisabeth Augusta Francisca Eleonora, gebor. 16 März 725.

CV. Stammtafel der Marggr. zu Baden-Durlach.

Friedrich Magnus, Marggr. g. 24 Sept. 647. succ. 677. † 25 Jun. 709.

Gem. Augusta Maria, Friedrichs, Hz. zu Holst. Gottorp, T. geb. 6 Feb. 649. v. 15 May 670, starb 25 Apr. 728.

| Carl Wilhelm, Marggr. geb. 17 Jun. 679. succ. 709. Kaiserl. Gen. F. Marsch. u. des Schwäb. Kr. Gen. F. Zeugmeist. starb 12 May 738. | Christoph, Kaiserl. Gen. Feld. Zeugmeist. und des Schwäb. Kreises G. F. Wachtm. g. 28 Sept. 684, starb 2 May 723. |
| Gem. Magdalena Wilhelmina, Wilh Ludwigs, Hz. zu Würtemb. Stuttgard, T. geb 7 Nov. 677, v. 27 Jun. 697, starb 30 Oct. 742. | Gem. Maria Christina Felicitas, Joh. Carl Augusts, Gr. von Leiningen Heidesheim, T. geb. 29 Dec. 692. v. 4. Dec. 711. † 3 Jun. 754. |

| Friedrich, Erbpr. g. 7 Oct. 703. † 26 März 732. | Carl August Johann Reinhard, g. 14 Nov. 712. Reichs-Gen. F. Marsch.u.desSchwäb. Kreis.Gen. F.Zeugm. Kaif.Gen. F. Marsch. Lieut. und Obr. eines Schwäbif. Kreis Inf. Reg. Ritt. des St. Hubert. Ord. | Carl Wilhelm Eugenius, geb. 13 November 713. Sardinisch. General-Lieutenant. | Christoph, g. 5 Jun. 717. Kaif. u. Reichs-Gen. F.Zeugmeist. u. Obr. eines Inf. Regim. Ritter des Würtemb. graf. Jagd-Ordens. |
| Gem. Anna Charlotta Amal.Louisa, Joh. Wilhelm Frisons, Pr. von Dranten, T. g. 13 Oct. 710, v. 3 Jul. 707. | | | |

| Carl Friedrich, jeziger Marggr. g. 22 Nov. 728. succ. dem Grosvater, unter der Vormundschaft seiner Grosmutter u. beeden Vettern, 12 May 738. erlangte 746. vom Kaiser veniam Aetatis, des St. Hubert Ord. Ritt. Gem Carolina Louisa, Ludwigs VIII. Landgr. v. Hessen-Darmst. T. g. 11 Jul. 723, v. 28 Jan. 751. | Wilh. Ludwig, geb. 14 Jan. 732. Holländ. G. L. u. Gouver. zu Arnheim, auch Obr. eines Inf. Reg. |

| Carl Ludwig, Erbpr. geb. 14 Febr. 755. | Friedrich, g. 29 Aug. 756. | Ludwig Wilhelm August, g. 9. Febr. 763. |

CVI. Stammtafel des Herzogl. Mecklenburgischen Hauses.

Adolph Friedr. I. Herz. zu Mecklenburg in Schwerin, geb. 4 Dec. 589. †24 Febr. 658.
Gem. 1. Anna Maria, Ennonis, Gr. von Ostfriesland, T. g. 601, v. 621 † 5 Febr. 634.
2. Maria Catharina, Julii Ernsts, Herz. zu Braunschweig, T. g. 616, verm. 15 Sept. 635 † 1 Jul. 665.

a.
Friedrich, zu Grabow, g. 13 Febr. 638. † 23 April 688.
Gem. Christina Wilhelmina, Wilh. Christophs, Landgraf. zu Heff. Darmst. Bingenheim, T. g. 30 Jun. 653, v. 28 May 671, † 16 May 722.

2.
Adolph Friedrich II. Posthumus, zu Strelitz, g. 19 Oct. 658. † 12 May 708.
Gem. 1. Maria, Gustav Adolphs, Hz. zu Mecklenb. Güstrow, T. g. 9 Jul. 759, v. 24 Sept. 684, † 16 Jan. 701.
3. Johanna, Friedrichs Hz. zu Sachf. Gotha T. geb. 1 Oct. 680, v. 20 Jun. 702, † 29 Jul. 704.
3. Christiana Aemilia Antonia, Christian Wilhelms, Fürstens zu Schwarzburg Sondershausen, T. geb. 13 März 681, v. 8 Jul. 705, † 1 Nov. 751.

Christian Ludwig zu Grabow, g. 26 May 683. ward zum Kaiserl. Administrat. d. Schwerinis. Herzogth. ernannt, 11 May 728. suce f. Bruder, Carl Leopol. 28 Nov. 746, in den Schwerinis. Landen, starb 30 May 756.
Gem. Gustava Carolina, Adolph Fried. II. Hz. zu Mecklenb. Strelitz, T. g. 12 Jul. 694, v. 13 Nov. 714, starb 13 Apr. 748.

I.
Adolph Friedrich III. g. 7 Jun. 686. succeed. 708. † 11 Dec. 752.
Gem. Doroth. Sophia, Joh. Adolphs, Hz. zu Holstein-Plön, T. g. 4 Dec 692. v. 14 Apr. 709. † 29 Apr. 765.

3.
Carl Ludwig Friedrich, g. 23 Febr. 708. zu Mirow, † 4 Jun. 752.
Gem. Elisab. Albertina, Ernst Friedrich, Herz. z. Sachsen-Hildburghausen, T. geb. 3 Aug. 713, v. 5 Febr. 735, † 24 Jun. 761.

Friedrich, jetzig. Hz. zu Schwerin-Güstrow, g. 9 Nov. 717. succeed. 30 May 756, Ritt. des Eleph. Ordens.
Gem. Louisa Friderica, Friedrich Ludwigs, Erbpr. von Würtemb. Stuttgard, T. g. 3 Febr. 722, v. 2 März 746.

Ulrica Sophia, geb. 4 Jul. 723. Regentin des Klosters Rhüne seit 728.
Ludwig, geb. 6 August 725. Ritter des weissen Adl. Ord.
Gem. Charlotta Sophia, Franz Josiä, Herz. zu Sachsen-Coburg, T. geb. 24 Sept. 731, v. 14 May 755.
Amalia, geb. 8 März 732. Canonißin zu Herrvorten, investirt 25 Jul. 746.

Friedrich Franz, geb. 10 Dec. 756.
Sophia Friderica, geb. 24 August 758.

Christiana Sophia Albertina, g. 6. Dec. 735. Canonißin zu Herrvorten, investirt 7 März 760.
Adolph Friedrich IV. jetzig. Herz. zu Strelitz, g. 5 May 738, vom Kaiser für volljährig erklärt 17 Jun. 753. trat die Regierung an 4 April d. J. Ritt. des Seraph. u. weissen Adl blauen Hosenb. u. St. Andr. Ordens.
Carl Ludwig Friedrich, geb. 10 Oct. 741. Grossbritannischer und Churbraunschw. Gen. Lieut. 763, und Portugiesisch. Gen. der Cav. 762, Ritt. des Russ. Alex. Newsky. Ord.
Ernst Gottlob Albrecht, geb. 27 Aug. 742. König. Grossbritann. Gen. Maj. 763. Ritt. des weissen Adl. Ord.
Sophia Charlotta, geb. 19 May 744.
Gem. Georg III. König von Grosbrit. u. Churf. v Braunschw. Lüneb. v. 8 Sept. 761.
Georg August, geb. 26 Aug. 748. Kaif. Obr. Lieut. des Anhalt-Zerbstischen Küraß. Reg.

CVII. Stammtafel der Herzoge zu Holstein-Sunderburg, Augustenburgischer Linie.

Friedr. Wilhelm, g. 18 Nov. 668. war Domprobst zu Hamburg, † 3 Jun. 714.
Gem. Sophia Amalia, Friedrichs, Gr. v. Ahlefeld, T. g. 674, v. 27 Nov. 694, † im Jan. 742.

Christian August, g. 4 Aug. 696. Dänisch. Gen der Infant. und Obrist v. dem Königl. Leibregim. zu Fuß, Gouv. der Insel Alsen, † 20 Jan. 754. Gem. Friderica Louisa, Christian Gul-denlövs, Gr. v. Daneschiold-Samsoe, T. g. 2 Oct. 699, v. 21 Jul. 720, † 2 Dec. 744.	Charlot. Maria, g. 5 Sept. 697. † 30 Apr. 760. G. m. Philipp Ernst, Herz. zu Holst. Glücksb. v. 11 Octob. 726. † 12 Nov. 729.	Sophia Louisa, g. 21 März 699. erhielt 31 März 754. den Orden de l'Union par-saite, † 16 Oct. 765.
Friedrich Christian, jeziger Herz. zu Holst. Sunderburg, g. 6 Apr. 731. succ. 20 Jan. 754. Dän. Gen. der Inf. u. Obr. des Schleßwig-Infant Reg. auch Ritt. des Eleph. Ord. Gem. Charlotta Amalia, Fried-rich Carls, Hz. zu Holst. Plön, T. g. 23 Apr. 744. v. im Febr. 762.	Aemilius August, g. 3 Aug. 712. Dän. G. Lieut. u. Chef d. Seeländ. Inf. Reg.	Chri-stiana Ulrica, geb. 15 März 727.	Sophia Mag-dalena Maria, geb. 23 May 731.	Charlot-ta Ama-lia, geb. 4 Januar. 736.

Louisa Christina Carolina, geb. 16 Feb. 763. † 27 Jan. 764.   Friedrich Christian, geb. 28 Sept. 765.

CVIII. Stammtafel der Herzoge zu Holstein-Glücksburg.

Philipp Ernst, geb. 5 May 673, starb 12 Nov. 729.
Gem. 1. Christiana, Christians, lezten Herzogs zu Sachsen-Eisenberg, T. g. 4 März 679, v. 15 Febr. 699, † 4 May 722.
2. Catharina Christina, v. Ahlefeld, vermittbte Gräfin v. Johnston, g. 18 Nov. 687, ward zur Fürstin von Holstein-Glücksburg declarirt 30 Jun. 722, v. 2 Sept. d. J. † 8 May 726.
3. Charlotta Maria, Friedrich Wilhelms, Herz. zu Holst. Sunder-burg-Augustenb. T. g. 5 Sept. 697. † 30 Apr. 760.

1. Friedrich, Herz. zu Holstein-Glücksburg, g. 1 Apr. 701. Dän. Gen. u. Obr. des Olden-burgii. Inf. Regim. bis 760. Ritt des Eleph. Ord. succ. 12 Nov. 729. † 11 Nov. 766. Gem. Henrietta Augusta, Simon Heinr. Adolphs, Gr. von der Lippe-Detmold, geb. 26 März 725, v. 19 Jun. 745. erhielte den Orden de l'Union parf. 31 März 757.	1. Carl Ernst, g. 14 Jul. 706. Dä-nisch. Gen. Maj. b. Inf. 753. starb im Sept. 761. Gemal. Anna Charlotta, Christoph Ludw. Gr. v. der Lippe-Detmold, T. g. 7 Apr. 724, v. 13 Jun. 749.	1. Louisa Sophia Friderica, gebor. 18 Februar 709. Aebtißin zu Wal-loe in Dänemark 8 August 748. er-hielte den Orden de l'Union par-saite 29 Januar. 749.	1. Charlot-ta Ama-lia, g. 11 Decemb. 710 bekam den Ord. de l'Uni-on parsai-te 31 März 750.
Sophia Magdale-na, gebor. 22 März 746.	Friedrich Heinrich Wilhelm, g. 15 März 747. jeziger Herz. succ. 11 Nov. 766.	Louisa Charlotta Fride-rica, g. 5 März 749. Gem. Carl Georg Leb-recht, jezig. Fürst zu Anh. Cöth. v. 26 Jul. 763.	Juliana Wilhel-mina, g. 30 April 754.	Simon Ludwig, g. 10 Jun. 756. † im Sept. 760.

CIX. Stammtafel der Herzoge zu Holstein-Sunderburg, Beckischer Linie.

August Philipp, der 4te Sohn Alexanders zu Sunderburg, besaß das Gut Beck, unweit Hervorden, in Westphalen, g. 11 Nov. 612, starb 675.
   Gem. 1. Clara, Antons, Gr. v. Oldenb. T. g. 606, v. 15 Jan. 645, † 19 Jan. 647.
    2. Sidonia, die leibliche Schwester der 1sten Gemalin, g. 611. vertm. im Jun. 649, † 650.
    3. Maria Sibylla, Wilh. Ludwigs, Gr. zu Nassau-Saarbrück, T. geb. 623, v 650, † 9 Apr. 699.

3.
August, g. 652. Charbrand. Gen. May †26 Sept. 689. vor Bonn.
   Gem. Hedwig Louise, Philipps, Gr. v der Lippe-Bückeburg, T. g. 6 May 650, v. 676, †731.

3.
Friedr. Ludw. Statthalt. in Preuß. u. Gen. F. Marsch. g. 6 Apr. 653. † 7 Mürz 728.
   Gem. Louisa Charlotta, Ernst Günthers, Herz. zu Holst. Sunderb. Augustenburg, T. g. 13 Apr. 658, v. 1 Januar. 685, † 2 May 740.

Friedrich Wilhelm, g. 2 May 682, Kaiserl. Gen. F. Marsch. Lieuten. war catholl. starb 26 Jun. 719. an ei. Blessur in Sicilien. Gem. Maria Antonia Josepha, Anton Eman. Jgnatii, Gr. v Saufre aus Savoyen, Churbayrisch. Gener. Toch. g. 8 Dec. 682, v. 8 Februar 708. starb 15 Febr. 762.	Friedr. Wilh. Preuß. Gen. J. Marschall ward cathol. in Vol. gieng z. Gouv. zu Wien 723, v. Berlin, g. 18 Jun. 687, †11 Nov. 749. Gem. 1. Eleonora Uladislai von Loež, Won. enberg, z. Marienberg, Preuß. Schatzmeist. T. verm. rinckv, † 2. Urs. Anna, Christoph, Burggr. von Dohna-Siod. T. g. 31 Dec. 700, v. 5 Nov. des 721, †17 Mürz 761.	Carl Ludwig, Gen. g. 18 Sept. 690. cathol. in Pol. 696. G. Lieut. R. d. Adl. St. Hub. und St. 1. Heinr. Ord. Gem. Anna Carolina, Gräf. Orzelska nat. T. Aug. II. K. in Pol. g 6 Oct. 707, v. 10 Aug. 730 gesch. 737. lebt zu Avignon. Carl Friedr. g. 5 Jan. 732 franzöf. Marsch. de Camp, Ritter des St. Hub. Ord.	Louis. Alb. g. 27 Apr Dec. 687. Ruß. Gen. en Chef und Gouv. z. Reval. Rit. des St. Andr. Ord. 1 Jan. 750. u. Gen. Gouvern. v. Esthland. Gem. 1. Sophia Phil. Ladgr. v. Heff. Philippsthal, T. g. 6. Apr. 695 736. † v. 723. u. Gen. Postm. May 728. in Pol Preuß. vermö May 737.	Pet. August Friedr. g. 7 687. Gem. val. Rit. des Gem. See gutb Sta. nis ky, Pol u. Chr sächsl. w. geb.	So. phia Henr. geb. 18 Mürz 700. Canoniff. zu Qued linb. † 4 May gr von 745. Gem. 1. Sophia Leiste. nau, v. 5 Nov. 11 Aug 764. † 9 2 May 752. 2. Nata lia, Nicolai, Graf. von Gallowin, Ruß. Admirals, T. g. 4 Sept 724, v. 15 Mürz 742.	Char lotta, geb. 15 Mürz Sept. 700. Cano niff. zu Queed linb. 1 4 May gr von 745. Do h. Prob na zu sin dafelb nau,

---

Maria Johanna Annaleopoldina, g. 2 Aug. 717. Gemal. Emanuel de Souzay Cathariß, Portug. Cap. der Leibgarde, v. 735. † im Jan. 759.	2. Annaleo Amalia, g 4 Jan. 719. St. Er. Ord. D. 3 d. Cath. Ord† Gemal. May 741. Emanuel Tellez de Sylva, Hz. v. 5 Jan. 732. Burggr. v. Doh na-Leistenau Rath v. 27 Spt. 740.	Louisa Charl. g. 31 Dec. 712. erhielte 762. 7 Aug. 763. Gem 1. Alex. Emanuel Aemilius, Burgr. v. Doh Wartenb. na-Wartenb. 1 Jan. 732 † rouca und 30 Sept. 745. 2. Georg Tout. hout, R. d. Ludw. Prr gol. Ulk. K. n. geb. v. † 7 Sept 763.	Friedr. g 4 Nov. 723. Preuß. Obrist. beym Alt-Würt. Jusel. Reg. u. Ritt. d. rot. Adl. Holst.Gottorp blieb 6 May 757. bey Prag.	Carl Anton August, g. 10 Aug. 727. Preußisch. Major u. Command des Bredowisch. Jnf. Reg. † 12 Sept. 759. Gem. Frider. Anto nia Amal. Albr. Christophs, Burggr. v. Doh na-Leistenau, T. g. 3 Jul. 738, v. 30 May 754. bekam den ruß. Catharin. Ord. 30 Mürz 762. Carl August Friedrich, geb. 30 Aug. 757. ruß. Obristwachtm. v. dem Jußvolk.	Catha rina, g. 3 Jun. 730. erhielte 762. den Ca tharin. Ord.

CX. Stammtafel der abgestorbenen Herzoge zu Holstein-Plön.

Joachim Ernst, g. 29 Aug. 595, Hz. Johanns des jüngern Sohn, bekam laut des Theilungs-Recesses von 564 u. 582. die Sunderburg-und Norburgische Lande, wie auch Stadt und Schloß Plön, nebst dem Kloster Arensbeck u. Rheinfeld, mit aller Hoheit von seinem Bruder Friedrich II. K. in Dännem. zur Erbs-Portion, † 5 Oct. 671.

Gem. Dorothea Augusta, Joh. Adolphs, Herz. zu Holst. Gottorp, T. g. 12 Apr. 602, v. 12 May 633, starb 31. März 687.

Johann Adolph, Stifter der ausgestorb. Plönisch. Linie, g. 8 Apr. 634, bekam Plön samt allen dazu gehörigen Aemtern u. Gütern, wie auch aller geist- und welt. Hoheit und Gerechtigkeit, verglich sich mit der Krone Dänemark, wegen der Oldenburgischen Erbschaft, † 2 Jul. 704. Gem. Dorothea Sophia, Rudolph Augusts, Hz. z. Braunschweig, T. g. 18 Jan. 653, v. 2 Apr. 673, † 21 März 722.	August, Stifter der Norburgischen, nachmals Plönischen Linie, g. 9 März 635. S. die nächstfolgende Stammtafel.	Joach. Ernst, g. 5 Oct. 637. erhielt d. Amt Rethwisch bey Oldesloe nach der väterl. Verordnung, Ritt. des gold. Vl. Grand v. Span. u. Spanis. Gener. der Cav. in Flandern, ward 673. Catholisch, † 4 Jul. 700. Gem. Isabella Francisca Margaretha, Ferdinand Philipps, Marquis v. Westerlo, T. u. Maximilians v. Merode, Barons v. Petersham, W. v. 21 Jan. 677, starb 12 Jan. 701.
Adolph August, g. 29 März 680. starb 29 Jun. 704. vier Tage vor dem Vater. Gem. Elisabeth a Sophia Maria, Rudolph Friedrichs, Hz. zu Holst. Sunderburg-Norburg, T. g. 12 Sept. 683. v. 8 Nov. 701. vermälte sich wieder 12 Sept. 710 mit August Wilheim, Hz. zu Braunschw. Wolfenb. abermals Witw. 23 März 731.	Dorothea Sophia, g. 4 Dec. 692. Gemal. Adolph Friedr. III. Hz. z Mecklenb. Strelitz, v. 14 Apr. 709, † 11 Decem. 752.	Johann Adolph Ernst Ferdinand, g. 4 Dec. 674. gieng in Span. Kriegsdienste, Grand von Span. suchte seinem Vetter, Friedr. Carln, sonst v. Carlstein genannt, die Plönischen Lande nach dem Tode Joachim Friedrichs 722. zu entziehen, (Siehe die folg. Stammtaf.) worinn ihm auch ein Kaiserl. Ausspruch vom 15 Jun. 723. günstig war, dagegen der König v. Dänemark sich für den gedachten Herrn von Carlstein erklärte. Den Ausgang dieses Streits erlebte er nicht. † 20 May 729. Gem. Maria Cölestina, Claudii Franzens von Merode, Marquis v. Trelon, T. v. 703, starb 24 Nov. 725.

Leopold August, geb. 11 August 702. starb 4 Nov. 706. als der letzte dieser Plönischen Linie.

CXI. Stammtafel der Herzoge von Holstein-Norburg, nachher von Holstein-Plön.

August, Stifter der Norburgischen nachher Plönischen Linie (S. die vorherg. Stammtaf.) g. 9 May 635 bekam die außerhalb des Röm. Reichs, im Herzogth. Schleswig unter Dän. Hoheit, auf den Inseln Alsen und Arröe gelegene Güter, u. das Haus Norburg, mit aller Hoheit und Gerechtigkeit, † 17 Sept. 699. Gem. Elisabeth Charlotte, Friedrichs, Fürstens zu Anhalt in Harzgerode, T. und Wilh. Ludwigs, Fürstens zu Anhalt-Cöthen, W. g. 11 Febr. 647, v. 6 Oct. 666, starb 20 Jan. 723.

Joach. Friedrich, g. 9 May 668. succ. 706. im Plönischen Antheil, nach Leopold Augusts Tode (S die vorherg. Stammtaf.) starb 25 Jan. 722. Gem. 1. Magdal. Juliana, Johann Carls, Pfalzgr. zu Birkenfeld in Gelnhausen, T. g. 28 Febr. 666, v. 26 Nov. 704, † 5 Nov. 720. 2. Juliana Louisa, Christian Eberhards, Fst v. Ostfriesland, T. g. 13 Jun. 698, v. 17 Febr. 721. † 6 Febr. 740.	**Christian Carl,** g. 20 Aug. 674. begab sich durch ein, 24 Nov. 702. errichtetes Pactum mit seinem Bruder der Fürstl. Succession für seine Kinder, bis zu seines Bruders, und dessen männl. Abgang, † 23 May 706. Gem. Dorothea Christina, Johann Franzens von Aichelberg, Fürstl. Plön-Norburgischen Hofmeist. T. g. 23 Jan. 674, v. 20 Febr. 702. zu Umstadt in der Pfalz, lebte zu Rheinfeld, † 22 Jun. 762.

1.	1.	1.			
Charlotta Amalia, g. Augu. 1 März 709. Canonriss. zu Gandersheim 24 August 718.	**Dorothea,** g. thea 27 Novemb. 713. Gem. 1. Albr. Lud. wig Fried-rich, Gr. v. Hohenlohe-Weickersh. v. 18 August 735. starb 9 Jul. 744. 2 Ludw. Friedr. Pr. v. Sachsen-Hildburgh. v. 4 May 749. † im Jun. 759.	**Christiana Louisa,** g. 27 Novemb. 713. Gem. 1. Albr. Lud. wig Fried-rich, Gr. v. Hohenlohe-Weickersh. v. 18 August 735.			

Friedr. Carl Posthumus, sonst Herr v. Carlstein, genannt, u. unter diesem Namen erzogen, Ritt. des Eleph. Ord. g. 4 Aug. 706. prätendirte die Plönis. u. Norburgische Lande, u. ist vom K. in Dännem. 18 Dec. 722. nebst s. Schwester, zu einem Prinzen vom Geblüt, u. Hz. v. Holst. Norburg erkläret worden, nahm vom Herzogth. Plön 14 Oct. 729. Besiz, nach-dem sein Vetter, Joh. Adolph Ernst Ferdinand, in dies Jah. noch vor dem Ende des Processes gestorben (S. die vorherg. Stammtaf.) worauf er Norburg an Dännemark restituirte. Den 29 Nov. 756 traf er mit dem Kön. ein Vergleich, vermöge dessen, u. auf den von den anverwandten Prinzen gescheh. Cessionen, die event. Succession im Fürstenth. Plön dem Kön. abgetreten wurde, jedoch mit Vorbehalt Kais. Bestätig. u. wann der Herz. ohne männl. Erb. stirbt; dagegen nimmt der Kön. alle Schulden des Hz. auf sich, † 18 Oct. 761. als der lezte Herzog von Plön. Gem. Christiana Irmengard, Christian Det-levs, Gr. v. Reventlau, T. g. 2 May 711. vermält 18 Jul. 730.

Friderica Sophia Char-lotta, g. 17 Nov. 736. Gem. Georg Ludw. des H. R. R. Grafvon Erbach Schönberg, v. 11 Sept. 764.	**Charlotta Amalia Wilhel-mina,** g. 23 Apr. 741. Gem. Friedrich Christian, reg. Herz. v. Holst. Augustenb. v. im Febr. 762.	**Louisa Albertina,** g. 24 Jul. 748. Gem. Fried. Alb-recht, Fürst v. Anh. Bernb. v. 4 Jun. 763.

CXII. Stammtafel der Herzoge von Holstein-Gottorp.

Christian Albrecht, Hz. zu Holstein-Gottorp, g. 3 Febr. 641. Bischof zu Lübeck von 655—666. starb 27 Dec. 694.

Gem. Friderica Amalia, Friedrichs III. Kön. in Dännemark, T. g. 11 April 649, v. 24 Oct. 667, starb 30 Oct. 704.

Friedrich IV. g. 18 Oct. 671. † 19 Jul. 702.

Gem. Hedwig Sophia, Carls XI. K. in Schweden, T g. 26 Jun. 681. v. 12 Jun 698, † 12 Dec. 708.

Christian August, g. 11 Jun. 673. Bischof zu Lübeck 26 April 706. starb 25 Apr. 726.

S. oben Lübeck, Tab. XLI. und Schweden Tab. VIII.

Carl Friedrich, g. 30 April 700. trat die Regier. an 717, † 18 Jun. 739.

Gem. Anna Petrowna, Peters I. Czaars v. Rußl. T. g. 5 Febr. 708. v. 21 May (1 Jun.) 725, starb 15 May 728.

Carl Peter Ulrich, g. 21 Febr 728 trat die Regierung an 18 Jun. 739. unter der Vormundschaft seines Vett Herzog Adolph Friedrichs, Bisch. zu Lübeck, gieng nach Petersburg 742, ward 5 Nov. desselben Jahrs, zum Nachfolger auf dem Schwedischen Throne ernannt, welchen Antrag er aber nicht annahm, u. 18 Nov. d. J. zum Erben des Rußischen Reichs erkläret, nachdem er vorher die Griechische Religion, unt. den Namen Peter Foederowiz angenommen, ward 745. vom Churf. v. Sachsen, als Reichs-Vicario, wegen des Herzogthums Holstein für volljährig erklärt, Ritt. des St. Andr. u. weiß. Adl. Ord. succed. als Rußischer Kaiser unter dem Namen Peter III. 5 Febr. 762, wurde aber 9 Jul. dieses Jahrs vom Throne gestoßen, und starb 17 Jul. d. J.

Gem. Sophia Augusta Friderica, Christian Augusts, Fürstens von Anhalt-Zerbst, T geb. 2 May 729, bekannte sich zur Griechischen Kirche 9 Jul. 744, und nahm den Namen Catharina Alexiewna an, verlobt 11 Jul. d. J. verm. 1 Sept. 745. wurde 9 Jul. 762. als Rußische Kaiserin unter dem Namen Catharina II. ausgerufen, und 3 Oct. zu Moscau gekrönt.

Paul Petrowiz, Großfürst in Rußland, u. jetzig. Hz. v. Holstein-Gottorp, geb. 1 Oct. 754. Ritt. des St. Andr. Ord.

Anna Petrowna, g. 20 Dec. 757. bekam gleich nach der Taufe den Cathar. Orden, starb 19 Märt 759.

CXIII. Stammtafel der Fürsten zu Anhalt-Dessau.

Johann Georg II. Fürst zu Anhalt-Dessau u. Churbrandenburg. Statthalter zu Berlin, g. 7 Nov. 6i7. succ. 660. † 17 Aug. 693.
　Gem. Henrietta Catharina, Heinr. Friedrichs, Pr. v. Oranien, T. geb. 3i Jan. 637, v. 9 Jul. 659, †3 Nov. 708.

Leopold, Fürst, g. 3 Jul. 676. trat die Regier. an 13 May 698. Preuß. Gen. Feldmarschall 12 Jun. 713. u. Gouv. des Herzogth. Magdeb. ward ältester regierender Fürst des Anhaltischen Hauses 721. führte das Recht der Erstgeburt in seinem Hause ein, im Nov. 727. Reichs-Gen.F.Marsch. 2 May 734. † 9 Apr. 747.
　Gem. Anna Louisa Föhn, g. 22 März 677, v. im Sept. 698, in Fürstenstand erhoben 29 Dec. 701, †5 Febr. 745.

| Leopold Maximil. Fürst, geb. 25 Sept. 700. Preuß. Gen. F. Marschall 742. Dom-dechant und Gouvern. zu Magdeburg succ. 747. † 16 Dec. 751. Gem. Giesela Agnes Leopolds, Fst. zu Anh. Cöth. T. g. 21 Sept. 722. verm. 25 May 737. † 20 Apr. 751. | Dietrich, g. 2 August 702 Preuß-ischen Gen. F. Marsch. 747. Und Ritt. des schwarzen Adl. Ord. quittirte die Kriegs-dienste, ward Vor-mund sei-nes Herrn Vett. 751 —758. | Friedrich Heinrich Eu-genius, geb. 27 Dec. 705. Preuß. Gen. Maj. d. Cav. quittirte 744. Polnischer u. Chursächsis. General der Cav. Obrist eines Regim. Cüraß. Ritt. des weissen Adl. Ordens und Gouver-neur za Wit-tenberg. | Moriz, g. 3i Octob. 712 Preuß-isch. G. F. Marsch. u. Obr. eines Reg Inf. Gouvern. i. Cüstrin, u Dom-probst zu Branden-burg, ✶ 12 April 760 | Anna Wilhel-mina, g. 12 Jun. 7i5. lebt zu Des-sau. | Leopoldina Maria, g. 18 Dec. 716. Gemal. Heinrich Friedrich, Marggr. v. Brandenb. Schwett, v. 13 Febr. 739. | Henriet-ta Ama-lia, g. 7 Dec. 720. Gemal. Cano-nißin zu Hervor-den 30 April 742. |

| Leopold Friedrich Franz, jetzig. Fürst, g. 10 Aug. 740. succeed. unt. d. Vormundsch. s. Hrn. Vetters, Dietrichs, 751. trat 20 Oct. 757. nach erhalt. venia Aetat. die Regierung an, Preuß. Obrist eines Infant. Regim. von 752—757. Zuk. Gem. Louise Henr. Wilh. Heinrich Friedrich, Marggr. v. Brandenb. T. g. 24 Sept. 750. verl. 15 Jul. 765. siehe von ihr Tab. XI. | Hen-rietta Catha-rina Agne-sa, g. 5 Jun. 744. Cano-nißin, zu Her-vorden 7 Jan. 745. | Maria Leo-poldina, g. 18 Nov. 746. Gemal. Si-mon August, Reichsgraf v. Lippe-Det-mold, v. 28 Sept. 765. | Johann Georg, geb. 28 Januar 748. Dom-herr zu Magde-burg. | Casi-mira, g. 19 Jan. 749. | Alb-recht, geb. 22 April 750. |

CXIV. Stammtafel der Fürsten zu Anhalt-Bernburg.

Victor Amadeus, Fürst zu Anh. Bernburg, g. 6 Oct. 634. succ. 656. † 14 Febr. 718. als ältester Fürst des H. Röm. Reichs.
Gem. Elisabeth, Friedrichs, Pfalzgr. zu Zwerbrücken, T. g. 1 Apr. 642, v. 16 Oct. 667, starb 17 Apr. 677.

Carl Friedrich, Fürst zu Anh-Bernb. g. 13 Jul. 688. succ. 718. † 22 April 721.
Gem. 1. Sophia Albertina, Georg Friedrichs, Gr. zu Solms-Sonnewalde, T. g. 4 Oct. 672, v. 25 Jun. 692, † 12 Jun. 708.
2. Wilhelmina Charlotta, Gottfr. Christian Nußlers, Anhalt-Harzgerodisch. Canzlen-Raths, T. g. 10 May 683, verm. 1 März 712, vom Kaiser zur Reichsgräfin von Ballenstädt erhoben 19 Dec. 719, † 30 May 740.

Liebrecht, residirte zu Hoym, geb. 28 Jun. 669. starb 17 May 727.
S. die folg. Stammtaf.

1.	1.	1.	1.	2.	2.
Elisabeth. Alberti-na, g. 31 März 693. Gemal. Günther, Fürst von Schwarz-burg-Son-dershau-sen, v. 2. Oct. 712. † 28 Nov. 740.	Charlott. Sophia, g. 21 May 696. † im Aug. 762. Gemal. August, Prinz von Schwarzb. Sondersh. v. 19 Jul. 721, starb 2 Novemb. 750.	Augu-stia Wil-helmi-na, g. 3 Nov. 697. lebt zu Harz-gerode.	Victor Friedrich, Fst. g. 20 Sept. 700. Ritt. des schw. Adl. Ord. trat die Reg. an 26 Oct. 723. Sen. des Hauf. Anhalt 755. † 18 May 765. Gem. 1. Louise, Leopolds, Fürst v. Anhalt-Dessau, T. g. 21 Aug. 709, v. 15 Nov. 724, † 29 Jul. 732. 2. Soph. Friderica Albertina, Albrecht Friedrich, Marggraf zu Brandenb. u Heerm. zu Sonneburg, T. g. 21 Apr. 712, v. 23 May 733, † 7 Sept. 750.	Friedrich, g. 13 März 713. wurde nebst f. Brud. vom Kaiser erstl. zum Grafen von Bären-feld declarirt 723, und her-nach 16 Nov. 742. nebst selbigem in Reichsfür-stenst. erhob. davon aber d. F. v. Schaum-burg prote-stirte, † 758.	Carl Leopol-d. g. 1 Jul. 717. Heffen-Caffel. Gener. Lieut. u. Obr. ei. Infant. Regim. Ritter des St. Hubert. Ord.

1.	2.	2.	2.	2.
Sophia Louisa, g. 29 Jun. 732. Gemal. Friedrich Gottlob Heinrich, Graf. von Solms-Baruth, v. 20 May 753.	Friedrich Albrecht, jez. Fst. g. 15 Aug. 735. Kön. Dän. Gen. Major der Infan. Ritter des Ruß. Andr. Ord. Gem. Louisa Alber-tina, Friedrich Carls des lezten Herz. v. Holst. Plön, T. g. 24 Jul. 748, v. 4 Jun. 763. bekam 765. den Ruß. Cathar. Ord.	Charlotta Wilhelm. g. 25 Aug. 737. Gem. Chri-stian Gün-ther, Fst. v. Schwarzb. Sondersh. v. 4 Febr. 760.	Friderica Au-gusta Soph. g. 28 Aug. 744. Canon. z Her-vorden 7 März 760. Gem Fried. August, Fst. v. Anh. Zerbst v. 27 May 764.	Christina Elisabeth Albertina, g. 14 Nov. 746. Gem. Au-gust, Pr. v. Schwarzb. Sondersh. v. 27 April 762.

CXV. Stammtafel des Fürsten zu Anhalt-Bernburg in Schaumburg.

Victor Amadeus, Fürst zu Anhalt-Bernburg, g. 6 Oct. 634. succ. 656. starb 14 Febr. 718, als ältester Fürst des Reichs.

Gem. Elisabeth, Friedrichs, Pfalzgr. zu Zwenbrücken, T. g. 1 April 642, v. 16 Oct. 667, starb 17 Apr. 677.

Carl Friedrich, Fst. z Anh. Bernburg, geb. 13 Jul. 668. succed. 718. † 22 Apr. 721. S. die vorherg. Stammtäf.	Lebrecht, residirte zu Hoym, g. 28 Jun 669 † 13 Mär. 727. Gem. 1. Charlotta, Adolphs, Fst zu Nassau-Schaumburg, T. g. 25 Sept 672, v. 2 Apr 692, † 31 Jan. 700. 2. Eberhardina Jacoba Wilhelmina, Georg Johanns, Frenherrn v. Wrede, Holländ. Gen. Major u. Gouv. zu Grave, T. g. 9 Aug. 685, v. 27 Jun 702, in Reichsfürstl. Stand erhoben 1 Aug. 705. † 13 Febr. 724. 3. Sophia, Justi Adam v. Ingersleben, T. verm. 14 Sept. 725, starb 31 Mär. 726.

1.	2.	3.
Victor Amadeus Adolph, jeziger Fürst, geb. 7 Sept. 693. residirt zu Schaumb. in der Wetterau, da er die Grafsch. Holzapfel v seiner Mutter geerbt hat, celebrirte 3 Apr. 758. sein Regierungsjubelfest. Gem 1. Charlotte Louise, Wilhelm Moritzens, Gr. von Isenburg-Birstein, T. g. 31 Jul. 620, v. 22 Nov. 714. starb 2 Jan. 739. 2. Hedwig Sophia, Wenzel Ludwigs, Grafens v. Henkel-Donnersmark in Oderberg, T. g. 4 May 717, v. 14 Febr. 740.	Charlotta Wilhelmina, geb. 24 Nov. 704. Gem. Wilhelm, Pr. v. Hessen-Philippsth. v. 31 Oct 724, † 13 May 761.	Sophia Christiana Antoin. Eberhardina Wilhelmina, g. 6 Feb. 709. Gem. Christian, Prinz v. Schwarzburg-Sonderöh. v. 10 Nov. 728, † 28 Sept. 749.

1.	1.	1.	2.	2.	2.
Victoria Charlotta, g. 25 Sept 715. Gemal. Friedr. Christian, Margraf von Brandnb. Culmb. v. 26 April 732, gesch. 739.	Carl Ludwig, g. 16 May 723. Holl. G. Maj. Gem. Amalia Eleonora, Fst. Friedrich Wilhelm, von Solms-Braunfels, T. geb. 22 Nov 734. verm. 16 Dec. 765.	Franz Adolph, geb. 7 Jun. 724. Preuß. G. Maj. u. Obr. et. Reg. zu Fuß, Rit. des Johann. Orb. Gem. Maria Josepha, Joh. Wolfg. R Gr. vonHaßlingen, T. g. 13 Sept. 741. v. 19 Oct. 762.	Friedr. Ludwig Adolph, g. 29 Nov 741. Holl. Hauptmann, des St. Annen. Ordens Ritter.	Sophia Charlotta Ernesta g. 3 Ap. 743. Canon. zu Hervord. 28 Jul. 751. Gemal. Wolfgang Ernst II Fst z. Isenburg-Birstein, v. 20 Sept. 760.	Victor Amadeus, g. 31 May 744. Kaif. Rittmeister von dem Anhalt-Zerbstschen Küraßierschen Regiment, Ritter des Holsteinischen St. Annen-Ordens.

Victor Friedrich, g. 23 Febr. 764.   Charlotte Louise, g. 20 Apr. 766.

CXVI. Stammtafel der Fürsten zu Anhalt-Cöthen.

Emanuel Lebrecht, Fürst zu Anh. Cöthen, g. 20 May 671. trat die Regier. an 22 May 692 führt das Primogeniturrecht in seinem Hause ein 2 Dec. 702. welches vom Kaiser confirmirt worden 30 Aug 716. †30 May 704.

Gem. Gisela Agnes, Balthasar Wilhelms v. Rathen, T. g. 9 Oct. 670, v. 30 Sept. 692, ward vom Kaiser zur Reichsgräfin von Nienburg 23 Jul. 694. erkläret, residirte zu Nienburg an der Sale, starb 12 März 740.

Leopold, Fst. g. 29 Nov. 694. succ. 704. starb 19 Nov. 728.

Gem. 1. Friderica Henrietta, Carl Friedrichs, Fst. zu Anh. Bernburg, T. g. 24 Jan. 702, v. 10 Dec. 721. starb 4 Apr. 723.

2. Charl. Frider. Amalia, Friedr. Wilh. Adolphs, Fst. zu Nassau-Siegen, Reform. Religion, T. g. 30 Nov. 702, v. 21 Jun. 725. Vermälte sich zum andernmal mit Albrecht Wolfgang, Gr. v. der Lippe-Schaumburg in Bückeburg, 16 Apr. 730. ward wieder Wittwe 24 Sept. 748.

August Ludwig, Fst. geb. 9 Jun. 697. succ. 728. Preuss. Gen. Lieut. 753. starb 6 Aug. 755.

Gem. 1. Wilhelmina Agnes, Ludwig Christians v. Wuthgenau auf Glesne, T. g. 4 Dec. 700, v. 23 Jan. 722, in Grafenstand vom Kaiser erhoben v. J. † 15 Jan. 725.

2. Christiana Johanna Aemilia, Erdmanns, Graf. v. Promnitz, T. geb. 15 Sept. 708, v. 14 Jan. 726, † 20 Febr. 732.

3. Anna Friderica, der vorigen Gemal. Schwester, g. 30 May 711, v. 20 Nov. 731, starb 31 März 750.

| 1. Agnes Leopoldina Augusta, g. 31 May 724. † 28 Jul. 766. | 2. Christiana Anna Agnesa, g. 5 Dec. 726. Gemal. Heinrich Ernst, Graf. zu Stollbrg. Wernigerode, g. 8 Dec. 716, v. 18 Jul. 742. | 2. Johanna Wilhelmina, geb. 4 Novembr. 728. Gemal. Friedrich Johann Carl, Erbprinz von Carolath-Schön-aich, v. 17 Dec. 749. | 2. Carl Georg Lebrecht, jetzig. Fst. g. 15 Aug. 730. ward Senior des Anhaltisch. Hauses 18 May 765. Gem. Louisa Inf. Charlotta, Friedrichs, Herzog. zu Holsteinglücksburg, T. g. 5 März 749, v. 765. 26 Jul. 763. bekam 764. den Dänischen Orden de l'Union parfaite. | 1. Friedrich Erdmann, geb. 26 Oct. nes Franz. Reg. 759 Marsch. zu de Camp 761. ward Obr. ei Gener. Lieut. Ritt. des weissen Abl. Ord. Gem. Louisa Ferdin. Heinrich Ernst, Reichsgraf. von Stollerg Wernigerode, T. v. 13 Jun. 766. | 3. Charl. Sophia Gisela Friderica, g. 25 Aug 733. | 2. Maria Magdalena Benedicta, gebor. 12 März 739. Canonißin zu Gandersheim investirt 12 Jul. 759. |

CXVII. Stammtafel der Fürsten zu Anhalt-Zerbst.

Johannes, Fürst zu Anhalt-Zerbst, g. 24 März 621. † 4 Jun. 667.
Gem. Sophia Augusta, Friedrichs, Hz. zu Holst. Gottorp, T. g. 15 Sept.
630, v. 16 Sept. 649, starb 12 Dec. 680.

Carl Wilhelm, Fürst, g. 26 Octob. 652, succ. 667. † 8 Nov. 718.
Gem. Sophia, Auguste, Herzogs zu Sachs.Halle, Administrators zu Magdeb. T. g. 13 Jun. 654, v. 18 Jun. 676. † 31 März 724.

Joh. Ludwig, residirte zu Dornburg, g. 4 May 656, starb 1 Nov. 704.
Gem. Christiana Eleonora, aus dem adel.Geschlechte von Zeutsch, aus Thüringen, g. 5 Jul. 666, v. 23 Jul. 687, † 17 May 699.

Johann August, Fürst, g. 29 Jul. 677, succ. 718. † 7 Nov. 742.
Gem.1 Friderica, Friedrichs, Hz. zu Sachs. Gotha, T. g. 24 März 675, v. 26 Febr. 702, † 28 May 709.
2 Hedwig Friederica, Friedrich Ferdinands, Herz. zu Würtemb. Weiltingen, T. g. 19 Oct. 691, v. 3 Oct. 715, † 14 Aug 752.

Johann Ludwig, Fst. g. 12 Jun. 688, succ. mit seinem Bruder Christian August gemeinschaftl. nach Johann Augusts Tode 742. † 5 Nov. 746.

Christian August, Fürst, g. 29 Nov. 690, succ. 742. nebst s. Brud. Johann Ludw. nach s. Vettern, Joh. Augusts, Tode, im Fürstenth. Zerbst. Preuss. Gen. F. Marsch.u.Gouv. zu Stettin, † 16 März 747.
Gem. Johanna Elisabeth, Christian Augusts, Hz. z Holst. Gottorp, u. Bisch. zu Lübeck, T. g. 24 Oct. 712, v. 8 Nov. 727, erhielt 19 Febr. 744. den Russ.St.Catharin.Ord. war Landes-Regentin von 747—752, lebte zu Paris, † daselbst 30 May 760.

Sophia Augusta Friderica, g. 2 May 729, trat zu der Griechischen Kirche 9 Jul. 744. u. erhielt den Nam n Catharina Alexiewna, ward statt ihres Gemals 9 Jul. 762. als Russ. Kaiserin, unter dem Namen Catharina II. ausgerufen.
Gem. Peter Foederowiz, Kaiser von Rußland unt. dem Namen Peter III. u. regier. Hz. v. Holst. Gottorp, verl. 1 Jul. 744, v. 1 Sept. 745. † 17 Jul. 762.

Friedrich August, jeziger Fürst zu Zerbst, g. 8 Aug. 734, erhielt 21 Febr. 742. den St. Annen- u. 744. den St. Andr. Ord. succ. 747, ward vom Kaiser für volljährig erklärt 12 Jul. 751, trat darauf 31 Jul. d. J. die Regierung an, Kaiserl. Kön. Gen. F. Marsch. Lieut. und Obrist eines Küraß. Reg.
Gem. 1. Carolina Wilhelmina Sophia, Maximilians, Landgr. zu Hess. Cassel. T. g. 10 May 732, v. 17 Nov. 753, † 22 May 759.
2. Friderica Sophia Augusta, Victor Friedrich, Fürsten von Anh. Bernburg, T. g. 28 Aug. 744. v. 27 May 764. bekam den Russisch. Cathar. Ord. im Jul. 764.

CXVIII. Stammtafel der Herzoge von Aremberg und Arschott.

Carl Eugenius, Hz v. Aremberg u. Arschott, g. 8 May 633. † 26 Jun. 681. Gem Maria Leonora, Francisci du Cusance, Barons v. Belvois u. Champlite, T. starb 21 Jun. 70.

Philipp Carl Franz, g. 10 May 663 Gen. Cap. der Kaiserl. Garden, starb 25 Aug 691. an denen, in der Schlacht bey Salankemen in Ungarn 19 desselben Monats empfangenen Wunden. Gem. Maria Henrietta, Otto Heinrichs, Marquis de Caretto und Grana, Gr. v. Millesimo, T. g. 671, v. 12 Febr. 684, starb 23 Febr. 744

Leopold Philipp Carl Joseph, g. 14 Oct. 690. Ritt. des gold. Vl. 700 Kaif. Königl. wirkl. geh Rath, Gen. Feldmarsch. u. command. General in den Niederlanden, † 4 Märtz 714. Gem. Maria Louisa Francisca, Nicolai Pignatelli, Hz. v. Bisaccia u. Gr. v. Egmond, T. g. 7 Jul. 692, v. 29 Märtz 71. † 3 May 766.

Maria Victoria, g. 26 Oct. 714. St. Cr. Ord. D. 3 May 736. Gem. August Georg, Marggr. von Baaden-Baaden, v. 7 Dec. 735.	Carl Leopold, jetzig. Hz. g. 4 Aug. 721. succ. 754. Ritt. d. gold. Vl. Grand d'Espagne v. der 1 Classe, Grosktr. d. Milit. Maria-Theres Ord. des Erzstifts Cöln Erbschenk, des H. R. R. Gen. F. Marsch. Lieut. Kaif. Königl. wirkl. Kämmerer, Gen.-F. Zeugm. u Obr eines Infant.Reg. Gouv zu Mons u. Gros-Baillif der Graffsch. Hennegau. Gem Louisa Margaretha, Ludw Engelberts, Gr. v. d. Mark, T. g. 10 Jul. 730, v. 18 Jun. 748. St. Cr. Ord. D. 14 Sept. 749.	Victoria Louisa, g. 7 Jun. 722. St. Cr. Ord. D. 3 May 744. Gem. Johann Carl Joseph, Marquis d'Ainse, aus dem Hause Merode, v. 4 Jan. 746.

Ludwig Peter, Erbpr. g. 3 Aug. 750.	Prinzeßin, geb. 30 Jul. 751.	Prinzeßin, g. 24 Jun. 752.	Prinz, g. 30 Aug. 753.	Prinz, g. 12 April 755.	Ludwig Maria, g. 20 Feb. 757.

CXIX. Stammt. des Fst. zu Hohenzollern-Hechingen.

Philipp Christoph Friedr. Fürst zu Hohenzollern, succ. 661. † 13 Jan. 671.

Gem. Maria Sidonia, Hermann Fortunats, Marggr. v. Baden, T. g. 635. v. 662, † 15 Aug. 686.

Friedrich Wilh. Fst zu Hohenzollern, g. 31 Dec. 663. Kaif. Gen. Feldmarschall u. Reichsgen.d.Cavall. resign. diese Würde Alters halben 22 Dec. 734. † 12 Nov. 735.

Gem. 1. Maria Leopoldina Louisa, Georg Ludwigs, Graf.v. Sinzendorf. Fribau, T. g. 11 Apr. 666, v 22 Jun. 687, starb 26 May 709.

2. Maximiliana Magdal. v. Lützau, vorm. Madame v. Homburg genannt, anjezo Gr. v. Hohenzoll.g.17 Jun. 693, v. 8 Dec.710.

Hermann Friedrich, Gr. residirt zu Arzberg, Kaif. G. F. Marschall, u. Commendant zu Freuburg, g. 11 Jan 665. starb 23 Jan. 733.

Gem. 1. Eleonora Magdalena, Christian Ernsts, Marggr. zu Brandenburg Culmbach, T. g. 11 Jan. 673, v. 704, starb 23 Dec. 711.

2. Maria Josepha Theresia, Franz Albr. Fst. v. Oettingen Spielberg, T. g. 19 Sept. 694, v. 28 May 714, † 738.

1.
Friedrich Ludwig, Fst. geb. 30 Aug. 688 succ. 735. Kaif. Gen. F. Marsch. u. Reichsgen. der Cav. † 4 Jun. 750.

Sophia Friderica, g. 16 Febr. 698. Canonißin zu Münsterbilsen.

1.
Eleonora Elisab. Augusta, geb. 20 Jan. 705. Canonißin im Stift Hall in Tyrol.

2.
Joseph Wilh. Eugen Franz, jeziger Fst. g. 12 Nov. 717. d. H. R. R. Erb-Kämmerer, Kaif. Hof. wirkl. Kämmerer u.Gen.d.Cav Reichs.Gen. F. Marschall.Lieut. Ritt des Würt.umb. groß.Jagd.Ord.succ.seinem Vetter, Friedr. Ludwigen 750.

Gem. 1. Maria Theresia, Franz Felch, Fst. v. Cordona, T. g. 730, v. 25 Jun. 750 starb as Sept. b. J.

2. Maria Theresia, Franz Ernsts, Gr. v. Truchseß-Zeil in Wurzach, T. g. 26 Jan. 730, v. 7 Jan. 751.

2.
Franz Xaver, Graf.g.719. K. R. Gen. F. Marsch Lieut. d.Cav. †im März 765.
Gem. Maria Philippina, Gr. von Hoensbroich u. Geuelle, v. 749. St. Er. Ord. D. 14 Sept. b. J.

Maria Anna Elisabeth, g. 7 Aug. 722. Seniorin u. Küsterin zu Buchau.

2.
Friedrich Anton, g. 726. K. R. Obr. des Würtemb.Drag.Reg. auch würkl. Kämmerer.

a.
Maria Josepha, geb. 727. St. Er. Ord. D. 3 May 7.7.
Gemal Franz Wenzel, Graf von Clari, v. 14 Febr. 747.

a.
Maria Sidonia, g. 24 Febr. 728. St. Er Ord. D. 3 May 7.8.
Gem. Franz Ulrich, Fst. v. Kinsko, g. 14 Apr. 749.

a.
Mainrad, geb. 730. Domicellar zu Cöln.

a.
Johann Carl, g. 732. Edn. franz. Obritter, auch würtemb. Kammerherr, Obrister u. Ritt des Milit. Karl Ord.

2.
Joseph Mainrad, Erb pr. g. 12 Novem. 751.

2.
Maria Theresia g. 7 Dec. 756.

a.
Maria Antoine Anna, g. 10 Nov. 760.

Herman.

Franz Xaver.

CXX. Stammtafel der Fürſten von Hohenzollern-Sigmaringen.

Mainrad I. Fürſt von Hohenzollern-Sigmaringen, † 681.
Gem. Anna Maria, Ferdinands. Gr. v Törring, T. v. 6 May 635, † 684.

Maximil. I. Fſt zu Hohenzoll.reſibirte in Sig-
maringen, g. 20 Jan. 636. † 19 Aug 689.
Gem. Maria Clara, Albrechts, Gr. von
Berg in Bormat, T. g. 635. v. 668. ſtarb 18
Jul. 715.

Franz Anton, Gr. zu Hohenzoll.
r. ſibirte zu Haigerloch, † 14 Oct.
702.
Gem. Maria Anna, Anton
Euſebii, Gr v. Königseck-Aulendorf, T. v. 5 Febr 687, †707.

Mainrad II. Fſt. g. 1
No: 673, †20 Oct. 716.
G m. Johanna Ca-
tha . Victoria , An-
tons II. Gr. von Monte-
fort, T. g. 9 Oct. 678,
v. 22 Nov. 700, ſtarb
719.

Maria Fran-
ciſca, g. 17 Jan.
697.
Gem. Franz
Hugo, Gr. von
Königseck-Ro-
thenfels, v. 29
Jun. 78.

Franz Chriſtoph Anton, g. 16 Jan.
699. Vice-Dechant u. Theſaurar. zu
Cöln, Churcölniſcher Ober Hof-und
Landhofmeiſt.Geh u Extra-Conferen-
tial-Regier. Rath, auch Statthalter
des Fürſtenth.übern Rhein, Domherr
zu Straßburg, und Gros Kreuz des
St. Michaels-Ordens.

Joſeph Friedrich Ernſt, jetziger Fürſt zu
Hohenzoll. Sigmaringen, g. 24 May 702.
Gros-Kreuz des St. Georg-Ord weiland
Kaiſ wirkl. Geh, Rath, u b-danr. wirkl.
Geh. Rath, Gen. J. Marſch. Lieut. u. Obr.
eines Reg:m Dragon. auch Feld-Marſchallo
Lieut der Cav. des Schwäb. Kreiſes.
Gem. 1. Maria Franciſca Ludovica,
Franz Alb....ts, Fürſt. v Dettingen-
Spielberg, T. g. 27 May 703, vermält 20
April 722, † 29 Nov. 737.
    2 Maria Judith, Georg Franz
Antons, Gr. von Cloſen, T. v. 5 Jul. 738,
ſtarb 743.
    3 MariaThereſia, Chriſtoph.Fran-
tzens, Gr. Truchſeß von Waldburg, T. g. 30
Märtz 696, v. 22 Oct. 743, †im May 761.

Franz Wilhelm Nicolaus, Gr. v.
Hohenzollern u. Berg, g. 28 Febr.
707. ward von Oswald IV. Gr. v.
Berg, ſeiner Grosmutter Brud.
zum Erben 712 unter der Bedin-
gung eingeſetzt, daß er ſich einen
Grafen von Berg nennen ſolte,
wohnt zu Herrenberg in der Grafſchaft Zütphen.
Gem. 1. Maria Catharina,
Joh. Chriſtophs, Gr. v. Truchſeß
zeill, T. g. 27 Sept. 702, v. 14 May
724, † 4 Mätz 739.
    2. Maria, Benno Carls,
Gr v. Lodron, T. v. 740, ſtarb im
May 758.

Carl Friedrich, Erbpr.
g. 9 Jan 724. Gen. Feld-
Marſch. Lieut. u. Obriſt.
benm Schwäbiſch. Kreis
über ein Reg. Cav.
Gem. Maria Johan-
na Sophia, Franz Wilh.
Nicolai, Gr. v. Hohenzoll.
u Berg, T. geb 14 April
727, v. 23 Febr. 749.

Maria
Johan-
na, geb.
23 Dec.
7 2 6.
Stifts-
dame zu
Buchau.

Maria Jo-
hanna So-
phia, geb. 14
Apr. 727.
Gem. Carl
Friedr. Erb-
pr. v Hohen-
zoll. Sigma-
ringer, v. 23
Febr. 749.

Joh. Baptiſt,
Joſeph, Gr. v.
Hohenzollern
u. Berg, g. 24
Jun. 728.
Gem. Maria
Benno Carls,
Gr. v. Lodron, T
v. 22 Jul. 747, †
11 Jul. 758.

Maria
Thereſ.
Henriet
ta, geb. 6
Mörtz
730. Ca-
noniſſ. z.
Remire-
mont.

Fidelis Joſeph
Anton, geb. 11
Jul. 753. †

Maria Fran-
ciſca Anna
Antonia, g. 8
Aug. 754. †

Joach Adam
Maria, g. 15
Aug. 755. †

Joſeph Friedr.
Fidelis, geb. 27
Aug. 758. †

Anton Aloyſ.
Mainrad
Franz, g. 20
Jun. 62.

CXXI. Stammtafel der Fürsten von Lobkowiz.

Ferdin. August Leopold, Fst v. Lobkowiz, Kaiserl. wirkl. Geh. Rath u. Principal-Commissarius zu Regensp g. 7 Sept 655, starb 3 Oct. 715.
Gem. 1. Claudia Francisca Moriz Heinrichs, Fst. zu Nassau-Hadamar, T. g. 6 Jan. 660, v. 17 Jul 677 †6 März 680.
2. Maria Anna Wilhelmina, Wilhelms, Margr. zu Baden-Baden, T. g. 8 Oct. 655, v. 17 Jul 630. † 2 Aug 701.
3. Maria Philippina, Mich. Wenz. Franzens, Gr. v. Althan, T. g. 67—, v. 3 Dec. 702, † 2 Jun 706.
4. Maria Johanna Louisa, Ferdi. Wilh. Eusebii, Fürstens von Schwarzenberg, T. g. 16 Dec. 689, v. 16 Nov 706, † im Dec. 739.

1.	2.	4.
Philipp Hyacinth, Fst. v. Lobkowiz u. Herz. zu Sagan, g 25 Febr. 680. ward der damals regierenden Kaiserin Obrist-Hofmeister 26 Feb. 730 u. Ritt. des gold. Vl. † 21 Dec. 734. Gem. 1. Eleonora Charlotta, Wenz. Ferd. Popels, Gr. v. Lobkowiz, T. g. 684, v. 17 Oct. 701, † 3 März 720. 2. Maria Wilhelmina, Michael Ferdinands, Gr. v. Althan, T. g. 26 März 706, v. 25 August 721. Ihr zweyter Gemal Gundacker Ludwig, Graf von Althan, v. 14 Aug. 735 abermals Wittwe 28 Dec. 747, † 7 Dec. 754.	Georg Christian, Fst. g 10 Aug 686. K. K. wirkl. Geh. Rath, Kämmerer, Gen J. Marsch Ob. eines Curass. Reg. Ritt des gold. Vl. u. command Gen. in Ungarn, † 9 Oct. 753. Gem. Carolina Henrietta, Carl Ernsts, Gr. von Waldstein, T. geb. 24 Jan. 695, v 11 März 717. Stern-Creuz-Ord. Raths-Frau.	Maria Ernestina, g. 13 Sept. 714. † 718.

| 1. Ferdinand Maria Philipp Joseph, jeziger Fst. v. Lobkowiz u. Hz. v. Anton Sagan, g 27 April 714. succ. seinem ersten Oberält. Hn. Bruder, Wenzl. geb. 15 Jun. Ferdinand 699, v. 15 Carln, 22 Apr. 743. Januar 739. erhielte zu Berlin 7 Januar. 749. die Belehnung. | 2. Maria Elisabeth, g. 23 Nov. 726. Gem. Cor. Cr. v. Ulfeld, Kais. succ. seinem ält. Hn. Bruder, | Carl Adam felix, geb. 8 Nov. 719. Kais. wirkl. Kämmerer, Gen. Feld Marschall- Lieuten. der Cavallerie u. Ritt des St. Hubert. Ord. † im Aug. 760. | Joseph Maria, geb. 8 Jan. 725. Kaif. wirkl. Käm. Gen. F. Marsch. Lieut. Ritt. des Milit. Ord. v. Mar Theres. Gem. Maria Josepha, Fried. August Gervasii, Gr. v. Harrach, T. u. Joh. Nepomuc. Carls, Fürst. Lichtenstein, W. g. 20 Nov. 737, v. 28 Nov. 752. St. Cr. Ord. D. 3 May 744. | Ferdinand Maria, g. Kaif. wirk. Käm. Gen. F. Marsch. Ritt. des gold. Vl. u. comm. Gen. 726. Domherr z. Salzburg u. Augspurg. | Aug. Joseph, g. 21 Sept. 729. Kaif. Königl. Kämmerer u. G. F. Wacht-meister. Gem. Maria Ludomilla, Franz Antons, Graf v. Czernin u. Chudenitz, T. g. 738, v. 16 Septem. 753. Stern-Creuz-Ord. Dame, 3 May 755. |

Maria Eleonora, g. 16 Sept. 753.   Joseph, g. 21 Aug. 754.   Johann Nepom. Wenzel, geb. 756.

Carl Floren-
tin Wild
und
Rhein-
graf zu
Neu-
ville, †
4 Sept.
676.
Gem.
Maria
Gab-
rielie,
von La-
lain,
Albr.
Fran-
zens,
Gr. v.
Hoog-
stra-
ten,
Erb-
tochter,
† 709.

Wilhelm
Floren-
tin, Wild
u Rhein-
graf zu
Neufville
g. 1 März
670, † 6
Jun 7 7.
Gemal.
Maria
Anna,
Heinrich
Franz Sn
v. Mans-
feld und
Sondt, T.
g. 680, d.
18 Sept.
699 verm
sich wied.
14 May
711. mit
Carln,
Gr v Co-
lonna zu
Sels,
abermals
Witwe
20 Sept.
714, † 16
Jun.724.

Heinrich
Gabriel
Joseph,
Wild - u.
Rheingr.
zu Neu-
ville Leu-
ze, geb. 21
Jun 672,
† 15 Oct.
715.

S die fol-
gende
Stamm
tafel.

Nicol. Leo-
pold, Fst. zu
Salm-Salm,
Hz zu Hoog-
straaten, g. 25
Januar. 701.
succed. nach
dem Tode Lud-
wig Ottens,
lezten Fst. zu
Salm von der
ält. Linie 23
Novemb. 738.
nebst s. Vaters
Brud. Söh-
nen, Johann
Dominicus
Albert, und
Philipp Jo-
seph, (S. die
folg. Stamm-
tafel.) in den
Fstl. Salmi-
schen Landen,
Reichsfürst
14 Jan. 739,
Ritt. d. gold.
Vl zo Nov.
d 9. Kais. K.
w. geb. Rath,
Gen. F. Mar-
schall, Obr. ei-
nes Infant.
Reg u. Gouv.
z. Antwerpen.
Gem. 1. Do-
roth. Franc.
Agnes, Lud-
wig Ottens,
lezten Fst. zu
Salm, v. der
ält. Linie, T.
g. 21 Januar.
702, verm. 15
März 719, †
25 Jan. 751.
2. Chri-
stina Anna
Louisa Os-
waldina,
der 1 Gemalin
vollbürtige
Schwester, u.
Josephs, Erb-
prinz. v. Heff.
Rheinfels,
W. g. 29 April
707. verm. 12
Jun. 753.

I.
Gabriela Maria Christina, g. 8 Jun.720.
Dechantin zu Vreden u. Stiftsdame zu
Thorn, St. Cr. Ord. D. 14 Sept. 758.

I.
Ludw. Carl Otto, g. 21 Aug. 721. Abt zu
Boheries u. St. Quentin en l'Isle in
Frankr. u. Ritt. des St. Hub. Ord.

I.
Ludovica Francisca, g. 2 März 725. St.
Cr. Ord. D. 14 Sept. 754. † 19 Febr. 764.
Gem. Joh. Wilhelm, Gr. v. Mander-
scheid-Blankenheim, v. 15 Nov. 748.

I.
Maria Christina, g. 14 Aug. 727. Stiftsdame zu Thorn u. Vreden, St. Cr. Ord. D.
14 Sept. 758.

I.
Maria Elis. Josepha, g. 4 Apr. 729. St.
Cr. Ord. D. 3 May 752.
Gem Eugen Franz Erwin, Graf von
Schönborn, v. 1 Aug. 751.

I.
Maria Francisca, geb. 28 Oct. 731. war
Stiftsdame zu Maubeuge
Gem. Georg Adam, Fst. v. Stahrem-
berg, v. 1 Jun. 761.

I.
Maximil. Franz Ernst, geb. 28
Nov. 732. Ritt. des St. Hub. u.
Milit. Mar. Ther. Ord. Kais. w.
Kämm. u. G. F. Wachtm. auch
G. F. Wachtm. des Oberrhein
Kreis. u. Obr. unter des Hrn.
Vaters Regim.
Gem. Maria Louisa Eleon.
Josephs, Erbpr. v Heff. Rheinf
L. g. 18 Apr. 729, v. 16 März 756.
St. Cr. Ord. D. 14 Sept. 758.

I.
Augusta Sophia, Stiftsdame zu Mons, u.
Carl Alexander, Domicellar zu Cöln und
Straßb. Zwillinge, g. 15 Oct. 735.

I.
Maria Josepha, g. 26 Dec. 736. Stiftsdame zu Maubeuge.

I.
Joseph Maria Heinrich, g. 20 Dec. 737.
ward Kön. Span. wirkl. Kammerherr 16
Febr. 764.

Maria Anna, g. 17 Febr. 740.
Gem. Don Pedro d'Alcantara, Hz. v.
Lerma, Grand d'Espagne der 1 Classe u.
Span. wirkl. Kammerh v. 30 Dec. 758.

I.
Emanuel Heinrich Nicolaus Leopold, g.
22 May 742. Maltheser-Ritter.

I.
Franz Joseph Johann Andreas, g. 30
Nov. 743. Domicellar zu Cöln u. Lüttich.

I.
Wilh. Felix Joh. g. 10 May 745 Domicell.
zu Cöln, Straßb. u. Lüttich.

Nicol.
Leopold
Ludw.
g. 1 Jun.
760.
Const.
Alexan.
Joseph
Joh. Ne-
pomuc.
geb. 22
Nov 762.

CXXIII. Stammtaf.der Fürsten zu Salm-Kyrburg.

Carl Florentin, Wild- und Rheingraf. zu Neufville, starb 4 Sept. 676.

Gem. Maria Gabriela, v. Lalain, Albr. Franzens, Graf. von Hoogstraten, Erbtochter, † 709.

Wilh. Florentin, Wild- und Rheingr. zu Neufville, geb. 12 März 670. † 6 Jun. 707 S die vorhergehende Stammtaf.

Heinrich Gabriel Joseph Wild- und Rheingr. zu Neufville-Leuze, g. 21 Jun. 672, † 15 Oct. 715. Gem. Maria Theresia, Phil. Franzens, Marg. v. Marneca u. Pr. v. Cron, T. † 18 Jan. 712.

Johann Dominicus Albert Philipp Joseph, Fürst zu Salm-Kyrburg, g. 29 Jul. 708, ward 21 Febr. 743. nebst s. Bruder vom Kaiser Carl VII. in Reichsfürstenstand erhoben, lebt zu Wien unvermält.

Philipp Joseph, Fst. zu Salm-Kyrburg, g. 21 Jul. 709. Ritt des weiß. Adl. Ord. Kais. wirkl. Kämmerer succe. nebst seinem ältern Bruder u des Vaters Brud. Sohne Nicol. Leopolden (S die vorhergeb. Stammtafel) 23 Nov 738 nach Absterben Luew Ottens, des lezten Fürstens zu Salm der ältern Linie, in den Salmischen Landen, wie dann auch beede Fürstlich-Salm-Salm- u. Salm-Kyrburg. Häuser mit dem Fürstl. Salmisch Comitial-Voto zu Regensburg jährl. alterniren. Ererbte 763. nach s. Schwiegervat. des lezten Fürsten von Hornes Absterb deßen sämtl. Herrschaften. Gem. Maria Theresia Josepha. Maxim. Emanuels, Fst. v.Hornes, T. g. 19 Oct. 726, v. 12 Aug. 742.

Maria Maximiliana Ludovica Emanuela Francisca Sophia, g. 19 März 744. Gem. Joh. Britannicus v. la Trimouille, Hz. v. Thouars, v. 20 Jun. 763.

Friedr Joh. Franz Christian Philipp Heinrich, Erbpr. geb. 13 May 745.

Augusta Frideric Wilhelmina, g. 13 Sept 747. Gem. Andr. Emanuel Ferdin. v Cron, Prinz v. Solre, g. 10 Dec. 743. v. 29 Oct. 764.

Carl August, g. 4 Jun. 750. † in eben dies. Jahre.

Ludwig Victor, g. 10 Nov. 752. † 21 Nov. 753.

Maria Ludov. Josepha Ferdinanda Margareth. g. 18 Nov. 753.

Elisabeth Claudia, g. 9 Jan. 756. † 29 Apr 757.

Carl Albrecht Heinrich, g. 7 März 757. † 9 Jun. 761.

Amalia Zephirina, geb. 6 März 760.

Moriz Gustav Adolph, g. 28 Sept. 761. ..

CXXIV. Stammtafel der Fürsten von Dietrichstein,
aus der Niclasburgischen Linie.

Ferdinand Joseph, Fst. v. Dietrichst. in Niclasburg, Hr. in Traß. g. 15 Sept. 636. starb 28 Nov. 698.
Gem. Maria Elisabeth, Joh. Antons, Fst. zu Eggenberg, T. g. 26 Sept. 640, v. 26 Sept. 656, starb 19 May 715. Eine Mutter von 16 Kindern.

Walther Xaverius Anton, Fürst von Dietrichst. g. 18 Sept. 668. succ. seinem Brud. Leopold Ignaz, 13 Jul. 708. † 3 Nov. 738.
Gem. 1. Susanna Liboria, Stenislai, Barons von Zastrzizl, T. und Carl Franzens, Baron v. Zastrzizl, W. v. 12 Jul 687, † 2 April 691. ohne Kinder.
2. Carolina Maximiliana, Georg Christophs, Graf v. Proßkau, T. g. 2 Sept. 674, v. 30 Aug. 693. starb 9 Sept. 734.

1. Maria Rosalia Theresia, g. 29 Jul. 695. Gem. Michael Wenzel, Graf v. Althan, v. 729, † 25 Jul. 738.

2. Carl Maximilian Philipp, jeziger Fürst v. Dietrichst. Niclasburgisch. Linie, geb. 27 April 702. succ. 738. Ritt. d. gold. Vl. 749. Ober- Erb- Land- Mundschenk, u. Ober- Erb- Land- Jägermeister in Steyermark, Kais. Kön. wirkl. Geheimer Rath, Kämmerer und Ober-Hofmarschall, resignirte 754.
Gem. Maria Anna Josepha, Sigm. Friedrichs, Grafens v. Khevenhüller, T. geb. 25 März 705, v. 2 Sept. 725.

3. Joh. Leopold, g. 21 Jun. 703.

Jacob Anton, Gr. v. Dietrichst. g. 678. † 15 May 721.
Gem. 1. Maria Charlotta, Phil. Gastons, Gr. v Wolfsthal, T. v. 708, † 16 Jan. 711.
2. Maria Francisca Sophia, Gundaccars, Gr. v. Stabremberg, T. g. 1 Sept. 688, v. 13 Octob. 715, St. Cr. Ord. D. 3 May 716, † 2 Dec. 757.

1. Guidobald Joseph, Gr. g. 9 Dec. 717. Erbherr der freyen Minderherrsch. Loßlau in Ober-Schlesien, und Ausdorfer-Güter in Oester. K. K. wirkl. Kämmerer.
Gem. 1. Maria Gabriela, Carl Joseph Erdmanns, Grafens von Henkel, T. g. 1 Nov. 719, v. 4 Nov. 743, † 748.
2. Maria Anna, Franz Antons, Gr. v. Rothal T. g. 19 Nov. 727, v. 749.

2. Carolina, Posthuma, g. 20 Febr. 722. St. Cr. Or. Da. 14 Spt 744. Gem. Leop. Anton, Gr. von Salm- Reiferscheid, v. 2 Febr. 744.

2. N. Graf, geboren 754.

Joh. Baptist Carl Walther, g. 27 Jun. 728. K. K. wirkl Kämmer. u. Oberstallm. auch Gesandter in Dänemark seit 756.
Gem. Christine, Joh. Joseph Antons, Reichsgr. v. Thun, T. g. 25 Apr 738. v. 30 Jan. 760.

Franz de Paula Carl, g. 13 Dec. 731 K. K. wirkl. Kämmerer u. Reichs- hofrath, Ober- Silberkämmerer 761.

Maria Josepha, g. 2 Nov. 736. St. Cr. Ord. D. 14 Sept. 756.
Gem. Ernst Guido, Graf von Harrach, v. 20 May 754.

Joseph Carl, geboren 17 October 764.

CXXV. Stammtafel der Fürsten von Nassau-Diez oder Oranien.

Heinrich Casimir, Fst. v. Nassau-Diez, g. 17 Jan. 657. zum Erb-Statthalter in Friesland ernannt im Jun. 662. † 25 März 696.
Gem. Amalia, Joh. Georgens II. Fst. zu Anhalt-Dessau, T. g. 16 Aug. 666, v. 26 Nov. 684, † 18 Apr. 726.

	Maria Ama-lia, geb. 29 Januar. 689. Domküst. zu Hervord. in vestirt 23 Jul. 729.	Johan-nette A-gnes, g. 15 Dec. 693. † 19 März 765.
Joh. Wilhelm Friso, geb. 4 Aug. 687, Pr. v. Oranien, Fst. zu Nassaudiez u. Erbstatth. in Friesland, ist 14 Jul. 711. in Holland ertrunken. Gem. Maria Louisa, Carls, Landgr. zu Heff. Caffel, T. g. 7 Febr. 688, v. 26 Apr. 709. lebte als Wittwe zu Leuwarden, ward 759. Ehrenvormünderin ihrer beeden Enkel, † 9 April 765.		

Anna Char-lotta Ama-lia Louisa, g. 13 Octob. 710. Gemal. Friedrich, Erbprinz zu Baden-Dur-lach, v. 3 Jul. 727, starb 26 März 732.	Wilhelm IV. Carl Heinrich Friso, Pr. von Oranien u. Fürst zu Nassau-Diez, g. 1 Sept. 711. Erbstatthalter in Friesland, ward Statthalter u. Generalcapit. der Provinz Gröningen u. Omeland 13 Oct. 728, der Landschaft Twente u. Drente 19 März 732, und der Provinz Geldern u. Zütphen 2 Oct. d. J. erbte seinen Vetter, Fürsten Christian zu Nassau-Dillenburg u. Hadamar 729, wie auch Fst. Wilh. Hyacinth zu Siegen im Febr. 743, ward 25 Apr. 747. von der Provinz Seeland zum Statthalter u. Gen. Capitain erklä-ret, u. von den Gen. Staaten der 7 vereinigten Provinzen 3 May, solenniter im Haag eingeführet 15. desselben und 749. erblich in diesen Würden bestättigt, Generaldirecteur u. Gouv. der Ost- und Westindischen Compagnie, † 22 Oct. 751. Gem. Anna, Georgens II. Kön. in Großbrit. und Churfürstens zu Braunschw. Lüneburg, T. g. 2 Nov. 709, v. 25 März 734, † 12 Jan. 759.

Carolina, g. 28 Febr. 743. Gem. Carl Christian, Fst. v. Nass. Weilburg, v. 5 März 760.	Wilhelm V. jeziger Prinz v. Oran. u. Fst. von Nassau-Diez, vor-mals Graf von Büren, g. 8 März 748. succ. dem Vater in seinen Würden 22 Oct. 751. Ritt. des blauen Hosenband. 5 Jun. 752. stund Anfangs unter der Vormundschaft seiner Frau Mutter, kam aber nach deren Absterben 759. unter des Pr. Ludwigs v. Braun-schweig-Wolfenb. Tutel, u. in Ansehung der Teutschen Lande ist der regierende Herz. v. Braunschw. Wolfenbütt. Coadministrator, nahm nach erlangter Mündigkeit 8 Merz 766 von allen obigen Würden Besiz.

CXXVI. Stammtafel der Fürsten von Nassau-Usingen und Saarbrück.

Walrad, Fst. zu Nassau-Usingen, g. 7 May 635, in Fürstenstand erhoben 4 Aug. 688, † 17 Oct. 702.
 Gem. 1. Catharina Francisca Isabella Maria, Eustachii, Graf. v. Roeur, T. v. im Febr. 678, † im May 686.
   2. Magdalena Elisabeth, Ferdin. Carls, Gr. v. Löwenst. Wertheim, T. g. 12 Aug. 662, v. 3 Aug. 688, † 5 Jan. 733.

I.

Wilhelm Heinrich, Fürst, geb. 2 May 684. starb 14 Febr. 718.
 Gem. Charlotta Amalia, Heinrichs, Fürst von Nassau-Dillenburg, T. g. 13 Jun. 680, v. 16 Apr. 706. war Vormünderin, † 10 Oct. 738.

Carl, jeziger Fst. zu Usingen, g. 1 Jan. 712. succ. 14 Febr. 718. unter der mütterl. Vormundschaft, bekam 733. v. Kais. veniam Aetat. Nach dem Tode Friedr. Ludwigs, Gr. zu Ottweiler 25 May 728. erbte er nebst s. jüng. Brud. Wilh. Heinr. die Ottweilerischen, Idsteinisch. u. Saarbrückischen Lande, und besizt laut des mit s. Bruder 736. gemachten Theilungs-Recesses, Usingen, Idstein, Wiesbaden u. Lahr, ist auch Senior des Fürstl. gesamten Hauses, Ritt des weiss. Adl. Ord. residirt zu Biberich am Mayn.
 Gem. Christiana Wilhelmina, Johann Wilhelms, Hz. zu Sachs. Eisenach, T. g. 3 Sept. 711, v. 26 Dec. 734, † 27 Nov. 740.

Carl Wilh. Erbpr. g. 9 Nov. 735. Ritt des weiss. Adl. Ord Holl. Gen. Maj. u. Vice-Command. zu Venlo.
 Gemal. Carolina Felicitas, Christian Carl Reinhards, Gr. v. Leiningen-Heides-heim, T. geb 22 May 731, v. 16 Apr 760.

Friedr. Adolph, g. 9 Jul. 740. war franz. Briga. u. Obr eines teutsch Reg. m. 764. preuss. Gen. Maj. u. Chefei. Fus. Reg. Ritt. d. pfäl. Hub. O.

Johann A. dolph, g. 23 Apr. 738.

Hedwig Henriette, geb. 27 April 714. Canonissin z. Hervord. 2 Sept. 760.

I.

Maria Albertina, geb. 8 May 686.
 Gem. Johann Georg, Gr v. Ortenburg, v. 30 Apr 710, † 4 Dec. 725.

Wilhelm Heinrich, jezig Fst. zu Saarbrück, g. 6 März 718. franz. G. Lieut u. Obr. d. teutsch Hus. Reg. v. Nassau, bekam nach dem Theil. Receß 736. Saarbrück, Ottweiler, Saarwerben, Herbizheim u. Homburg, doch mit Ausnahm der Weilburg. Portion an tief. Landen, Rit. d. w. Adl. u. St. Hub. Ord. Grosskr. des franz. Or. du merite militaire.
 Gem. Sophia Christina Charlotta, Georg Wilhelms, Graf. v. Erpach, T. g. 12 Jul. 725, v. 28 Febr 742.

Ludw Erbpr. g. 3 Jan 745. Obr. bei des franz. teutsch Inf. Regim. v. na. Nassau, Ritt d. pfälz. Hub Or. Dec 751.
 Gem. Wilhelmine Sophie Eleonore, Joh. Friedrich, Fst. v. Schwarzb. Rudolstadt, T. g. 21 Jan. 751, v. 30 Oct. 766.

Anna Wilhelmina Henrietta, g. 27 Oct. 752. Canonissin zu Hervorden 21 März 761.

Carl Wilhelm, g. 26 März 761, † 10 März 763.

Carolina Polyxena, g. 4 Apr. 762.

Louise Caroline Henriette, g. 14 Jun. 763.

CXXVII. Stammtaf. der Fürst. v. Nassau-Weilburg.

Johann Ernst, Graf von Nassau-Weilburg, geb. 13 Jun. 654. Churpfälzischer Oberhofmeister, ward nebst seinen Agnaten von Usingen u. Idstein in Fürstlichen Stand erhoben 688, starb 1 März 719.

Gem. Maria Polyxena, Friedr Emicons, Gr. zu Leiningen-Hartenburg, T. g. 7 Febr. 663, v. 3 April 681, † 22 Apr. 725.

Carl August, Fürst. zu Nassau-Weilburg, g. 17 Sept. 685. nahm 9 Sept. 737. vermöge des, schon vom Kaiser Carl IV. 365 mit den W.Uebriesen aller Churfürsten, Grafen Johann von Nassau, als dem Stammvater der Nassau-Saarbrückischen Linie, verliehenen, u vom Kaiser Leopold 658. erneuerten Fürstl. Briefs, den Fürstl. Titel an, (Gen. der Ober-Rheinischen Kreisvölker 726, u Kais. General der Cavall. 735, † 9 Nov. 753.

Gem. Augusta Frider Wilhelmina, Georg August Samuels, Fst zu Nassau-Idstein, T. g. 17 Aug. 699, v 18 Aug. 723, † 7 Jun. 750.

Polyxena Louisa, g 27 Jan 733. † 27 Sept. 764. Gem. Simon August, regier. Gr. v. der Lippe-Detmold, v. 24 Aug. 750.	Carl Christian, jeziger Fürst, g. 16 Jan. 735 folgte dem Vater 9 Nov unter der Vormundsch. des Fst. v. Nassau-Usingen, bekam 9 Aug. 754. verlam Aetat. u. trat 4 Sept. d. J. die Regierung an, Holländischer General der Inf. Obrist. eines Inf. Regim. u. Gouverneur zu Bergen op Zoom, des Oberrheinisch. Kreises Gen. Maj. u Obr eines Inf. Reg. Gem Carolina, Wilhelms IV. Prinzens von Oranien, T. g. 28 Febr. 743, v. 5 März 760.

Georg Wilhelm Belgicus, Erbpr. g. 18 Dec. 760. † 27 Mai 762.	Wilhelm Carl Ludwig, g. 12 Dec. 761.	Augusta Maria, g. 6 Febr. 764.	Wilhelmina Louisa, g. 28 Sept. 765.

Franz Carl, Fst zu Auersperg, gefürsteter Graf v. Thengen, Ha= in Schlesien, zu Münsterberg, geb. 28 Nov. 660. † 6 Nov. 713. Gem. Maria Theresia, Carl Ferdinands, Grafen von Rappach, T. g. 660. v. 25 Febr. 685, ward 714. der regier. Kaiserin Oberhofmeisterin, † 31 Jan. 741.

Heinrich Joseph Johann, jetziger Fürst. geb. 24 Jun. 696. folgte dem Vater 713. und wurde 71x. auf dem Schwäbisch Kreistage zu Ulm wieder zu Sitz u. Stimme gelassen, Ritt. des gold. Vl. 30 Nov. 739. Kaiserl wirkl. geheim Rath, und Ober = Stallmeist. bis 765, da er resignirte Obrist. Erb= Landmarschall und Erb = Landkämmerer im Herzogth. Crain u der Windischen Mark
Gem. 1. Maria Dominica Magdalena, Johann Adam Andreä, Fsts zu Lichtenstein, T. g. 698. v. 21 May 719, † 2 Jun. 724
2. Maria Francisca, Johann Leopold Donats, Fst. v. Trautson, T. g. 11 Aug. 708, v. 7 May 726, † 2 Apr. 761.

1.
Carl Joseph Anton, g. 17 Febr. 720. Kaif. wirkl. Kämmerer.
Gem. Maria Josepha Rosalia, Joh. Wilhelms, Fürstens v. Trautson, T. g. 26 Aug. 724, v. 26 May 744.

1.
Joh. Adam Joseph, g. 27 Aug. 721. Kaif. wirkl Kämmer. ward 14 Aug. 746. vom Kaiser für sich und seine Nachkommen in Fürstenstand erhoben.
Gem. 1. Maria Catharina, Joseph Franzens, Gr. v. Schönfeld, T g. 724, v. 14 Nov. 746, † 4 Jun. 753.
2. Maria Wilhelmina Josepha, Wilh Reinhards, Gr. v. Neipperg, T. g. 30 Apr. 738. v. 10 Apr. 755, St. Cr. Ord. D. 3 May v. J.

2.
Joseph Franz Anton, g. 31 Jan. 734. Domhr. zu Passau u Salzb. ward 763. Fst. Bisch. v. Lavant.

3.
Theresia, g. 22 März 735. St. Cr. Ord. D. 756.
Gem. Johann Joseph, Gr. v. Kinsky, v. 25 Apr. 758.

3.
Maria Antonia, geb. 30 Sept. 739. St. Cr. Ord. D. 3 May 755.
Gem. Gundaccar Thomas, Gr. v. Wurmbrand, v. 12 May 755.

3.
Franz de Paula, g. 5 Sept. 741. Malthes. Ritt. 754. K. K. Kämm. Obrister, u. Unter=Lieut. der teutschen adel. Hatschier=Garde.

3.
Maria Anna, g. 26 Apr. 743.
Gem. Joseph Wenzel, Graf v. Würben, v. 25 Oct. 760.

3.
Joh. Baptista, g. 28 Febr. 745. Domhr. zu Passau u. Olmuz.

3.
Aloysius, g. 20 März 747. K. K. Regiments=Rath in Crain.

3.
Franz Xaver, g. 18 Jun. 749.

1.
Joseph Heinrich Johann Nepom. geber. 19 März 743.

CXXIX. Stammtafel der Fürsten zu Fürstenberg in Stülingen und Mößkirchen.

Maria Augusta, geb. 7 May 695.

Gem. Wenzel Albert, Gr. v. Würben, v. 14 Sept. 714, † 11 Sept. 732.

Joseph Wilh. Ernst, geb. 11 Apr. 699, ward nach Abgang der Heiligenbergischen Linie, 2 Dec. 716. in Reichsfürstenstand erhoben, Ritt. des gold. Bl. 30 Nov. 729. Principal-Commiss. auf dem Reichstag zu Regensburg 735—743, ingleichen 745—748. da er resignirte, Kaiserl. wirkl. Geh. Rath, erbte den Mößkirchischen Antheil nach des lezten Fürst. Carl Friedrich Nicolai Tode, 7 Septemb. 744. starb 29 April 762.

Gem. 1. Maria Anna, Joh. Josephs, Gr. von Waldstein, T. g. 21 Febr. 707, v. 6 Jun. 723. St. Cr. Ord. D. 14 Sept. 733, † 13 Nov. 755.

2. Maria Anna, Gr. v. Wahl, v. im Jan. 761.

Maria Elisabeth, g. 28 Febr. 703, ward als Wittwe Carmeliterin bey St. Joseph zu Prag, eingekleidet 12 November 751.

Gem. Franz Ernst, Gr. von Waldstein, v. 10 Febr. 727, † 14 Sept. 748.

Ludwig August Egon, geb. 4 Febr 705 Landgraf, Kais. wirkl. geh Rath, Reichs- und des Schwäbisch. Kreises Gen F. Zeugmeister u. Obrist. eines Inf. Regim. residirte zu Donau-Eschingen, starb 10 Nov. 759.

Gem. Maria Anna Josepha, Maximilian Josephs, Gr. Fugger in Zinneberg, T. und Johann Carl Friedrichs, Gr. v. Dettingen-Wallerstein, W. g. 21 May 729, v. 8 Nov. 748.

Pro. spec Ferdinand, Gr. von Fürstenbergstülingen, gebor. 1 Sept. 662. Kaiserl. Gen. F. Zeugm. starb 21 Novem. 704 vor Landau Gem Anna Soph. Leopold Wilh. Grafens von Königseck-Rothenfels, T. geb. 25 Jul. 674 verm 30 Novem. 690, † 25 May 727.

1.

Joseph Wenzel, jez Fst. g. 21 März 728. Kaiserl. wirkl. Kämmerer.

Gem Maria Josepha, Joseph Wilhelms, Gr. v. Truchsee-Trauchburg u. Friedberg, T. g. 30 März 731, v. 21 Jul 742 St. Cr. Ord. D. 3 May 750.

1.

Carl Egon, Landgr. g. 7 May, K. K. wirkl. geh. Rath, Kämmerer, auch Repräsent. und Kammer-Rath in Böhm. Herr auf Pürglitz in Böhmen

Gem. Maria Josepha, Franz Leop. Gr. v. Sternberg, T. g. 24 Jun. 735, v. 25 Jun. 753. St Cr. Ord. D. 14 Sept. 754.

1.

Maria Augusta, geb. 16 März 731 Benedictinerin auf dem Hradschin in Prag 28 Jul. 750

1.

Maria Henrica, geb. 31 März 732. St Cr. Ord. D 3 May 751.

Gem. Alexander Ferdinand, Fst. v. Thurn und Taxis, v. 21 Sept. 750.

1.

Maria Emanuela, g. 25 Dec. 733. Carmeliterin zu Prag 2 Oct. 753.

1.

Maria Theresia, geb. 4 Sept. 736. Ursulinerin zu Prag 24 Febr. 758.

Joachim, g. 22 Dec. 749.

Carl Friedrich, g. 24 Apr. 751. Würtemb. Hauptm. unter des Pr. Friedr. Wilhelms Inf. Reg.

Josepha Maria Johanna Benedict. g. 14 Nov. 756.

Joseph Maria Bened. Carl, Erbpr. g. 9 Jan. 758.

Carl Alexander, Landgr. g. 11 Sept. 760.

Philipp Maria Joseph, g. 21 Oct. 755.

Carl Joseph Aloysius geb. 26 Jun. 760.

CXXX. Stammtafel des Fürsten v. Schwarzenberg.

Ferdinand Wilhelm Eusebius, Fürst von Schwarzenberg, g. 23 May 652. † 23 Oct. 703.
Gem. Maria Anna, Johann Ludwigs, lezten Gr. in Sulz, T. g. 23 Octob. 653, v. 21 May 674, † 27 Jun. 698.

Adam Franz Carl, g. 25 Sept. 680. Ritt. d. gold. Vl. 9 Jan. 712. Kaif. wirkl. geh. Rath u. Obrist. Stallmeist. 722. zum Herzog von Crummau in Böhmen ernannt 25 Sept. 723. † 9 Jun. 732. auf der Jagd.
Ge.n. Eleonora Amalia Magdalena, Ferdinand August Leopolds, Fürstens von Lobkowiz, T. g. 20 Jun. 682, v. 6 Dec. 701, starb 5 May 751.

Joseph Adam Joh. Nepomuc, jeziger Fürst, g. 15 Dec. 722. Ritt. d. gold. Vl. 732. u. Kaif. Kön. Oberhofmarschall, wirkl. geb. Rath, u. Kämmerer, Reichs-Erb. Hofrichter zu Rothweil, succed. 732. ward wegen der Böhmischen Güter 741. für volljährig erklärt, und erhielt vom Kaiser 15 Jan. 747. die Extension der Reichsfürstl. Würde auf die sämtl. Nachkommen beyderley Geschlechts.
Gem. Maria Theresia, Joseph Johann Adams, Fürstens v. Lichtenstein, T. g. 28 Dec. 721, v. 22 Aug. 741, † 19 Jan. 753.

| Johann Maria Nepom. Anton Joseph, g. 3 Jul. 742. Kaiserlicher Hauptmann unter des Erzherz. Josephs Dragon. Reg. | Anna Jo. sepha, g. 6 Jan. 744 ward St. Cr. Ord. D. 2 May 765. Gemal. Ludwig Friedr. Joseph, Reichsgraf von Zinzendorf und Pottendorf, Kaiferl. geb. Rath, verm. 17 October 764. | Joseph Wenzel, geb. 26 März 745. Domicellar zu Cöln. | Anton de Padua, geb. 11 Apr. 746. Kaif. Hauptm. bey den Franz. Lothringischen Infanterie-Regiment, 6 März 764. † | Maria Theresia g. 30 April 747. | Maria Eleonora, geb. 13 May 748. | Maria Josepha Theresia Agatha, geb. 24 Oct. 751. |

CXXXI. Stammtafel des Fürsten zu Lichtenstein,
Gundackerischer Linie.

Johañ Anton Florian. g. 4 May 656. Ft. Kaiserl. Ober-Hofm. ſtarb 11 Octob. 721. Gem. Eleon. Barbara, Mich. Oßwal. Gr. von Thun, T. geb. 661, v. 679, † 10 Feb. 723.

Phil. Erasm. Ft. g. 11 Sept. 664, † 13 Jan. 704. Gem. Christina Thereſia, Ferdin. Carls, Gr. von Löwenſtein-Werth. T. u. Albrechts, Herz. zu Sach. Weiſſenf. W. geb. 12 Octob. 666, v. 695. † 30 Apr. 730.

Joseph Johann Adam, Ft. von Lichtenſtein-Nicolsburg, Herz. zu Troppau u. Jägerndorf, Kaiſ. wirkl. geb. Rath u. Kämmerer, Grand v. Spanien der 1 Claſſe. Ritt des gold. Vl. g. 27 May 690. † 17 Dec. 732.
Gem. 1. Gabriela, Joh. Adam Andreä, Fürſt zu Lichtenſtein, Caroliniſcher Linie, T. geb. 692, v. 12 Nov. 712, † 8 Oct. 713.
2. Maria Anna, Maximilians, Graf. v. Thun, T. geb. 27 Sept. 698, v. 3 Febr. 716, † 20 Feb. d. J.
3 Maria Anna Catharina, Franz Albrechts, Fürſt von Oettingen-Spielberg, T. g. 21 Sept. 693, v. 3 Auguſt 716, ſtarb 15 April 729.
4. Mariana, Franz Carls, Gr. von Kottulinsky, T. geb. 27 Sept. 698, v. 22 Aug 729, vermälte ſich wieder im Octob. 740 mit Ludwig Ferdinand, Gr. v. Schulenburg-Oynhauſen, abermahls Witwe 16 Febr. 754.

Joseph Wenzel Lorenz, Ft. v. Lichtenſtein, Herz. in Troppau u. Jägerndorf, g. 10 Aug. 696, K R wirkl. geh. Rath, Kämmer. Gen. F. Marſch. u. Ritt. des gol. Vl. ſucc. f Vett. Joh. Nep Carl Borom. 22 Dec 748 Groſtr. des St Steph. an-Ord 5 Nov. 765.
Gem. Maria Anna Joſepha, Anton Flor. Ft. v. Lichtenſt. T und Joh Ernſts, Gr. v. Thun, W. g. 21 Oct 699, v. 19 Apr 718, † 20 Januar. 753.

Emanuel, g. 3 Feb 698. Kaiſ. wirkl geb. Rath, Rit. d. gol. Vl. 29 Nov. 749.
Gem. Maria Antonia, Carl Ludwigs, Gr. v. Dietrichſtein Weichſelſtädt, T. geb. 10 Sept. 707, v. 14 Jan. 726, St. Cr. Ord. Rathsfrau.

r.

Johann Nepomuc Carl Boromäus, geb. 6 Jul. 724, Ft. v. Lichtenſtein u. Herz. zu Troppau u. Jägerndorf, † 22 Dec. 748. ohne männl. Erben.
Gem. Maria Joſepha, Friedrich Auguſts Gervaſii, Gr. v. Harrach, T. g. 20 Nov. 727, v. 19 März 744. verm. ſich wieder mit Joſeph Maria, Pr. v. Lobkowiz, 22 Nov 752.

Franz Joseph, geb. 7 Dec. 726. K. K. wirkl. Kämmer.
Gem Maria Leopoldina, Franz Philipps, Graf v. Sternberg, T. geb. 11 Dec 733, v. 6 Jul 750 St. Cr. Ord. D. 14 Sept. d. J.

Carl Joseph, g. 29 Nov. 730. Kaiſ. Kön. Kämmerer und Gen. F. Marſch. Lieut. der Cavall.

Gem. Maria Eleonora Gabriel. Joh. Aloyſii Sebaſtians, Fürſt zu Oettingen, T. geb. 7 Jul. 745, v. 30 März 761.

Johann Joseph, geb. 2 März 734. K. K. Obr des Pr. Löwenſtein. Regim. Chevaur. leg.

Maria Amalia, g. 11 Aug. 737. St. Cr. Ord. D. 3 May 754.
Gem. Joh. Sigmund Friedr. Gr. v. Khevenhüller-Metſch, v. 25 Feb. 754.

Maria Anna, g. 15 Oct. 738. St. Cr. Ord. D. 3 May 755.
Gem. Eman. Philibert, Gr. v. Waldſtein-Dur, v. 23 May 754.

Francisca Xaveria, g. 27 Nov. 739.
Gem. Carl Joseph, Ft. v. Ligne, v. 7 Aug. 755.

Maria Christina, g. 1 Sept. 741.
Gem. Franz Ferd. Gr. v. Kinsky, v. 18 May 761.
Maria Thereſ. Zwilling, g. 1 Sept. 741. † 30 Jul. 766.
Gem Carl Hieron. Gr. v. Palsy, Kaiſ. wirkl. Kämmer. u. Hof. Kammer. Rath, v. 24 April 763.

Leop. Joſ. g. 10 Jan. 743 K. K. Kämmer.

Leopoldina :. delguuda, g 30 Jan. 754.
Maria Antonia Uloyſ g. 14 März 756.
Uloyſius Joſ. g. 14 May 759.
Joh Joſeph, g. 26 Jun. 760.
Phil. Joſeph, g. 2 Jul. 762.
Maria Joſepha Eleon. g. 6 Dec 763.

CXXXII. a) Stammtafel der ausgestorbenen teutschen Linie der Fürsten Piccolomini.

Franz Piccolomini, Herz. v. Amalfi, † 10 Aug. 656.
Gem. Aemilia, Lorenzens, Grafens Strozzi, T. †

Lorenz Piccolomini, Fürst, geb. 65 v. succ. dem Bruder Aeneas Piccolomini, 673. † 714.
Gem. Anna Victoria Ludomilla, Leopold Ulrichs, Gr. von Kollowrat-Liebsteinsky, T. v. 689, starb 21 Dec. 738.

| Maria Aemilia, g. 15 Jul. 694. lebt zu Prag. | Octavius Aeneas Joseph Piccolomini, von Arragona, g. 17 Febr. 698. des H. R. R. Fürst, Herzog zu Amalfi, Herr der Herrschaften Nachod rc. succedirte dem Bruder Johann Wenzel Carl Joseph im Febr. 733. Kaif. Kön. Gen. J. Zeugmeister und Chef eines Jnf. Reg. des Ritt. Ord. St. Stephani Erb-Prior zu Pisa, eingekleidet 744. auch commandirender General in Mähren, † 25 Jan. 757. | Ludomilla Maximiliana, geb. 1 Nov. 703. Gem. Albert, Gr. des Fours, de Monte u. Adienville, † 749. |

CXXXII. b) Stammtafel des jezigen Fürsten von Piccolomini.

Joseph, Fürst della Valle Piccolomini, geb. 655. † im Febr. 733.
Gem. Anna Maria Colonna, Pompejus Marchese v. Altavilla, T. g. 670, † im Decemb. 722.

| Pompejus Joh. des H. R. R. Fst. v. Piccolomini, Herz v. Amalfi u. Laconien, Fst. v. Valle u. Malda, g. 21 Jul 701. succ. 746. im Nov. in den neapolitan. Gütern nach Absterben sein. Brud. Gerhard, u. 757. nach Absterb. der teutschen Linie, in der böhmischen Herrschaft Nachod. Gem. Margaretha Catharina, Prinz. v. Etrisalco Caraccioli, geb. 27 Jan. 719. ward St. Cr. Ord. D. 14 Sept. 758. | Eleonore. Gem. Fst. v. Gerace. | Maria Crucifixa, ist im Kloster della Sapienza. | Octavius, gebor. 703. | Hippolita, g. 704. Gemal. Joh. Andreas Cicinelli Frst. von Curst, Witwe im Nov. 762. |

Joseph, Graf.

CXXXIII. Stammtafel des Fürsten von Portia.

Hieronymus Ascanius, Gr. v. Portia u. Brugnara, succed. dem, 8 April 698. ohne Erben verstorbenen Fürsten Franz Anton, als nächster Agnate, überließ mit Kaiserl. Bewilligung das Fürstenthum seinem erstgebohrnen Sohne, Hannibal Alphonsus Emanuel, †712.
Gem. Ludovica, Gr. v. Volcenigo, T. †

Hannibal Alphonsus Emanuel, Fst. g. 7. May 679. Kaiserl. u. Churbayr. Kämmerer, wirkl. geb. Rath, General zu Carlstadt, u. nachmals Landeshauptm. in Kärnthen, † 4 Nov. 738.
Gem. Dorothea Constantia Wilhelmina, Wilhelm Johann Antons, Gr. v. Daun, T. geb. 1 Dec. 663, v. im Febr. 699, † 4 Dec. 738.

Germanicus, Gr. v. Portia, u. regierender Gr. zu Brugnara, g. 684, † 751.
Gem. Cassandra Augusta, Gräfin v. Piazzoni, und verwittibte Gräfin v. Spillenberg.

Anton Eusebius Eustachius, Fst. g. 4 Jun. 702. Kais. und Churbayr. Kämmer. geb. Rath und Ober-Hofmeister der Kaiserl. Hoheiten, Rit. des St. Hubert. Ord. succ. dem Vater 738. † 19 Dec. 750.
Gem. Maria Josepha Hyacintha, Gräfin Topor v. Morawizki, v. 4 März 737.

Alphonsus Gabriel, jez Fst. v. Portia u. Mitterburg, gefürst. Graf zu Dettensee in Schwaben, reg. Graf zu Ortenburg u. Brugnara, residi. zu Spittal in Kärnthen, geb. 16 Dec. 703. Ober-Erb-Landhofmeist. der gefürst. Grafschaft Görz, Kais. u. Churbayr Kämmer. auch Ritt. d. St. Hub. Ord. succ. d. Brud. Anton Euseb. Eustachio 750.
Gem. 1. Maria Anna Catharina, Joh. Jos. Graf. v. Laibling zu Rhain, T. und verw. Freyr. v. Weichs, g. 15 Feb 700, v. 25 Aug. 729, † 25 Dec. 762.
2. Maria Beatrix, Reichsfreyin v. Rechbach, g. 18 Oct. 734, v. 27 Feb. 763.

Carl, Gr.

Theresia Aleria. Gem.: Camillus, Gr. v. Colloredo, Kaiser. wirkl. geb. R. u. Ober-Hofmei. der Erzherzog. Maria Anna, v. 2 Feb. 749.

Aloysius, gebo. 713.

Alphonsus Anton Ambrosius, Gr. g. 732. Kais. Kön. Landrechts-Rath in Görz und Gradisca.
Gem. Leopoldina, Gräfin von Attems, ward St. Er. Ord. Dame 3 May 765.

CXXXIV. Stammtafel des Fürsten von Thurn und Taxis.

Eugenius Alexander, erster Fürst v. Thurn u. Taxis, Gr. v. Valsaßina 2c. Erb-General-Postmeister im H. R. Reich, g. 11 Jan. 652, † 21 Febr. 714.
　Gem. 1 Anna Adelhaid, Herman Egons, Fst. v. Fürstenberg-Heiligenberg, T. g. 658, v. 678, † 13 Nov. 701.
　　　2. Anna Augusta, Ludw. Gustavs, Gr. v. Hohenlohe-Schillingsfürst, T. g. 675, v. 22 Nov. 703, † 10 Sept. 711.

1.	1.	1.	
Anshelm Franz, Fst. g. 29 Jan. 679. succ. 714. Ritt. des gold. Vl. 732, † 8 Nov. 739.　Gem. Louisa Anna Francisca, Ferdin. August Leopolds, Fst. v. Lobkowitz, T. g. 20 Oct. 683, v. 6 Dec. 701, erhielt im Jul. 739. vom Grosmeister zu Malta das Ordenskreuz, † 20 Jan. 750.	Anna Francisca, g. 25 Febr. 683.　Gemal. Franz Ernst, Gr. von Salm-Reiferscheid zu Dyck, v. 20 Jan. 706, † im Dec. 721.	Anna Therefia, geb. 14 Jun. 689. lebt im Kloster zu Rheims.	Maria Isabella Godoiredina, g. 1 Nov. 691.　Gem. Heinrich v. Lannoy v. Vignacourt, Baron v. Nivelle.

Alexander Ferdinand, jetziger Fst. g. 22 März 704. succ. 9 Nov. 739. Kaiserl. Erb-General-u. Ober-Postmeister im H. R. Reich, Burgund u. in den Niederlanden, wirkl. geh. Rath, und Principal-Comm iss. bey der Reichsversammlung zu Frankfurt am Mayn 743—745, und nach Resignir. des Fürsten von Fürstenberg, 748. zu Regensburg, Ritt. des gold. Vl. 29 Nov. 749. erhielte, nachdem das Kais. Reichs-Post-Generalat zu einem Fürstl. Thron-Lehen erhoben worden, zum erstenmal die Belehnung vor dem Kais. Thron 20 May 747. u. die Introduction ins Fürstliche Collegium 30 May 754.
　Gem. 1. Sophia Christina Louisa, Georg Friedr. Carls, Marggr. zu Brandenb. Culmbach, T. g. 4 Jan. 710, v. 11 April 731, ward catholisch 27 März 733, starb 13 Jun. 739.
　　　2. Louisa, Ludwigs v. Lothringen, Pr. v. Lambese, T. g. im Jul. 722, v. 23 März 745, starb 6 Jan. 747.
　　　3. Maria Henrica, Joseph Wilh. Ernsts, Fst. v. Fürstenberg-Stülingen, T. g. 31 März 732, v. 21 Sept. 750, St. Cr. Ord. D. 3 May 751.

1.		2.	3.
Carl Anshelm, Erbpr. g. 2 Jun. 733 Ritt. des weiss. Vl. u. St. Hub. Ord.　Gem. Augusta Elisab. Maria Louisa, Carl Alexan. Hz. zu Würtemb. Stuttg. T. g. 30 Oct 734, v. 2 Sept 753.		Maria Theresia, g. 28 Feb. 755.	Gr. Prinzessin, g. 28 Sept. 766.

Maria Theresia Carolina Ludovica, g. 10 Jul. 757.	Sophia Friderika Dorothea Henrica, geb. 20 Jul. 758.	Maria Henrica Dorothea Carolina, geb. 25 Apr. 762.

Christian Wilh. g. 6 Jan 647. ward Reichsfürst 3 Sept. 697, † 10 May 721.	Günther, Fst g. 23 Aug. 678, † 28 Nov. 740. Gem. Elisab Albertina, Carl Friedr. Fst. zu Anh. Bernb. T. geb. 31 März 693, v. 2 Oct. 714.	Charlotta, g. 9 Febr. 732. Gem. Heinrich, Gr. v. Reichenb. Fr. Standes- Herr in Schlesien zu Ge- schütz u. Festenberg, g. 26 Nov. 731, v. 30 Jun. 754.	Günther Friedrich Carl, Erb- pr. g. 5 Dec. 760.
	Louisa Albertina, g. 29 Jun. 682, † 6 May 765.	Christian Günther, jez. Fürst, geb. 24 Jun. 736, succeed. 6 Nov. 758. Ritt. des St. Hub. und weissen Falk. Ord. Gem. Charl. Wilhelm. Vict. Friedr. Fst. v. Anh. Bernb. T. g. 25 Aug. 737, v. 4 Febr. 760.	Friderica Charlotta Albertina, geb. 2 Aug. 762.
Gem. 1. An- tonia Sibyl- la, Albrecht Friedrichs, Gr. von Bar- by, T. geb. 1 Apr. 641, v. 22 Aug. 673, † 2 May 684.	Heinrich, Fst. g. 8 Nov. 689, † 6 Nov. 758. August, g. 27 Apr. 691, † 2 Nov. 750. Gem. Charl. Amal. Carl Friedrich, Fst. von Anhalt-Bernburg, g. 21 May 696, v. 19 Jul. 721, † im Aug. 761.		
		August, geb. 8 Dec. 738. Ritt. des St. Hub. und weiß. Falk. Ord. Gem. Christina Elisab. Albertina, Fst. Victor Friedr. v. Anh. Bernb. T. g. 14 Nov. 746, v. 27 Apr. 762.	N. Prinz, g. 14 May 763. N. Prinzes- sin, geb. 27 Jun. 764.
2. Wil- helmina Christiana, Joh. Ernsts, Hz. zu Sachs. Weimar, T. geb. 26 Nov. 658, verm. 25 Sept. 684, † 30 Jun. 712.	Wilhelm, g. 4 Jan. 699, † 18 März 762. Christian, geb. 27 Jul. 700. Churschsis. Gen. Lieut. der Cav. starb 28 Sept. 749. Gem. Sophia Chri- stina Antoinetta, Leb- rechts, Fst. zu Anhalt- Bernburg, T. geb. 6 Febr. 709, verm. 10 Nov. 728.	Güntherina Albertina, g. 10 Dec. 729. Elisabeth Rudolphina Christiana, g. 9 Jan 731. ward 8 Apr. 756. cathol. Gem. Joseph Ant. Gr. v. Dettingen in Rasenis, v. Bald. v. 30 Apr. 761. Josepha Eberhardina, g. 2 Febr. 737. Gem. Georg Albrecht, Gr. von Erpach-Fürste- nau, v. 3 Aug. 752.	

CXXXVI. Stammtafel des Fürsten v. Schwarzburg-Rudolstadt.

Ludwig Friedr. g. 15 Oct. 667. nahm die Fürstl. Würde an 3 May 711. † 24 Jun. 718. Gemal. Anna Sophia Friedr. I. Herz. zu Sachsen Gotha, T. geb. 22 Dec. 670. v. 15 Oct. 691. † 28 Decemb. 728.

Friedrich Anton, geb. 14 Aug. 672. † 1 Sept. 744.
Gem. 1. Sophia Wilhelmina, Joh. Ernsts, Hz. zu Sachs. Cob. Saalfeld, T. g. 9 Aug. 693, v. 8 Febr. 720, † 4 Dec. 727.
2. Christiana Sophia, Christian Eberh. Fst. zu Ostfriesl. T. g. 16 März 681, v. 31 Dec. 728, † 31 März 750.

Sophia Juliana, g. 16 Oct. 694. Decaniss zu Gandersheim seit 716.

Wilhelm Ludwig, g. 15 Febr. 696. † 26 Sept. 757.
Gem. Henrietta Carolina, v. Brockenburg, g. 5 Jun. 706, v. 726, geadelt 727.

Aemilia Juliana, geb. 21 Jul. 699.

Anna Sophia, g. 9 Sept. 700.
Gem. Franz Josias, Hz. zu S Cob. Saif. v. 2 Jan. 723. Witw. 16 Sept. 764.

Louise Frider. g. 28 Jan. 706.

Magdalena Sibylla, g. 5 May 707. Domküsterin zu Gandersheim seit 722.

Ludwig Günther, g. 22 Oct. 708.
Gem. Sophia Henrietta, Heinrichs XIII. Graf. Reuß zu Untergraiz, T. g. 19 Sept. 711, v. 22 Oct. 733.

Johann Friedr. jez. Fst. g. 8 Jan. 721. Rit. d. weiss. Adl. u. weiss. Falk. Ord. erh. die Introduct. ins Fürstl. Colleg. 30 May 754.
Gem. Bernh. Christ. Sophia, Ernst Aug. Hz. zu Sachs. Weim. T. g. 5 May 724, v. 29 Nov. 744, † 5 Jun. 757.

Sophia Albertina, g. 30 Jul. 724.

Haben eine zahlreiche Posterität.

Christina Friderica Louisa, geb. 5 Jul. 735. Canon. zu Gandersh. 22 Sept. 746.

Friedrich Carl, geb. 7 Jun. 736.
Gem. Louise Frider. Augusta, v. Schwarzb. Rud. v. 24 Oct. 765.

Louisa Frider. Augusta, g. 17 Aug 745.
Gem. Friedr. Carl, v. Schwzb. Rudolst. v. 24 Oct. 763.

Wilhelmina Sophia Eleon. g. 22 Jan. 751.
Gem. Ludwig Erbpr. v. Nassau-Saarbr. verm. 30 Oct. 766.

Frider. Soph. Louise, geb. 12 May 765.

CXXXVII. Stammtafel des Fürsten von Waldeck.

1.

Christian Ludwig, Graf von Waldeck, u. Pyrmont, in Wilsungen, g. 29 Jun. 635, † 21 Dec. 706, ein Vater von 15 Kindern.

Gem. 1 Anna Elisabeth, Georg Friedrich, Gr. v. Rappoltstein, T. g. 7 März 644, v. 658 † 6 Dec. 676.

2. Johanna, Johanne, Gr. von Nassau-Jdstein, T. g. 14 Sept. 657, v. 678, † 14 März 733.

1.

Friedrich Anton Ulrich, g. 27 Nov. 746. ward Fürst 6 Jan. 712. u. machte es kund 18 Jul. 717, † 1 Jan. 728.

Gem. Louise, Christians II. Pfalzgr. zu Birkenfeld, T. g. 18 Oct. 678. verm. 21 Oct. 700, † 3 May 753.

2.

Heinrich Georg, Gr. geb. 23 May 683. starb 3 Aug. 736.

Gem. Ulrica Eleonora, Friedrich Christophs, Burggr. v. Dohna-Karwinden, T. g. 3 Apr. 689, v. 8 Dec. 712, † 6 Oct. 760.

2.

Josias, Gr. g. 20 Aug. 696 residirte zu Bergheim, † 2 Febr. 763.

Gem. Dorothea Sophia Wilhelmin. Ludwig Heinrichs, Gr. von Solms-Assenheim, T. g. 27 Jun. 698, v. 28 Jan 725.

2.

Charlotta Florentina, geb. 12 Oct. 697.

Maria Wilhelmina Henrietta, g. 17 Oct. 707. Aebtiss zu Schacken 26 May 750.

Carl August Friedrich I. g. 24 Sept. 704. succ. dem ältern Bruder, Christian Philipp, 18 May 728. Kaiß. Gen. Feld-Marsch. 746. u. Holländischer Gen. der Inf. 742. legte das Commando nieder 20 Jul. 747. Ritt. des St. Hub. Ord. † 29 Aug. 763.

Gem. Christiana, Christian III. Pfalzgr. zu Zweybrück-Birkenfeld, T. g. 16 Novemb. 725, v. 19 Aug. 741.

Ernestina Louisa, g. 6 Nov. 705.

Gem. Friedr. Bernhard, Pfalzgr. zu Birkenfeld-Gelnhausen, v. 30 März 737, starb 5 Aug. 739.

Sophia Wilh. Elisab. Dorothea, g. 4 Jan. 711.

Gem. N. v. Vogelsang, Gräfl. Stollbergiß Hofrath in Wernigerode.

Francisca Christiana Ernestina, g. 5 May 712.

Louisa Albertina Friderica, g. 12 Jun. 714.

Carolina Christina, geb. 23 Jun. 7-9.

Georg Friedrich Ludwig Belgicus, geb. 20 Jul. 732. Holl. Lieut. unter dem Waldeckischen Regim.

Gem. Christina Louis. Charlotta, Carl Friedrichs, Graf. v. Jsenburg-Meerholz, T. geb. 22 Nov. 742, v. 21 Aug. 766.

Wilhelm Josias Leopold, g. 16 Oct. 733. französ. Hauptm. unter dem Regim. Elsaß.

Carl August Friedr. II. ies. Jst. unter der mutterl. Vormundsch. Ritt. des St. Hub. Ord. geb. 25 Oct. 743.

Christian August, g. 6 Dec. 744. Ritt des churpfälz. Hubert Ord. und Kaiserl. Obr. Wachtm des Zweybrückis. Drag. Reg.

Georg, geb. 6 May 747. Rit. d. pfälz. Hub. Ord.

Caroline Louise, g. 14 Aug. 748. Gem. Peter, Erbpr. v. Curland, v. 14 Oct. 765.

Louise, g. 29 Jan. 750.

Ludwig, g. 16 Dec. 752.

CXXXVIII. Stammtafel des Fürsten zu Oettingen.

Johann Franz, Graf zu Oettingen-Spielberg, g. 628, † 25 Nov. 665.
Gem. Louisa Rosalia, Gr. v. Attimis, T. † 1 Jun. 709.

Johann Wilhelm, g. 23 Oct. 655, † 16 Aug. 685. Gem. Maria Anna Theresia, Wolfgangs, Graf zu Oettingen-Wallerstein, T. geb. 24 August 662, v. 685, † 28 Jun. 695.	Franz Albrecht, Gr. zu Oetting. Spielberg, g. 10 Nov. 663, ward 18 Jul. 734. nebst seinem ält. Sohne, Joh. Aloys. Sebastian in Reichsfürst. Stand erhoben, starb 6 Febr. 737. Gem. Johanna, Franzens, Freyherrns von Schwendi auf Hohen-Landsberg u. Camberg, T. u. Erbin, v. 26 Jun. 689, † 25 Apr. 738.

| Maria Josepha Antonia, geb. 17 Jan. 686. der Kais. Maria Theresia Oberhofmeist. St. Er. Ordens Rathsfrau. Gem. Joh. Adam, Gr. v. Paar, verm. 6 Aug. 703, † 2 May 737. | Maria Friderica Rosalia Carolina, geb. 27 Nov. 699. St.Cr.Ord.D. † 25 Jan. 759. Gemal. Carl Seyfried Ferdinand, Gr. v. Königseck-Aulendorf, v. 29 Jan. 720. | Joh. Aloysius Sebastian, jetziger Fst. geb. 28 Jan. 707. Gem. Theresia Maria Anna, Leop. H. zu Holst. Sunderburg. Wiesenburg, T. geb. 19 Dec. 713, v. 23 May 735, † 14 Jul. 745. | Anton Ernst, Gr. geb. 18 Febr. 732. Kais. Kämmer. 745. residirt zu Schwendi. Gem. Maria Theresia Walburg, Friedrich von Wilseck Ant. Marquards, Gr. v. Truchseß-trauchburg, T. g. 27 May 735, v. 5 May 754. | Maria Friderica Theresia, geb. 17 April 714. Gem. Joseph Balthasar, Gr. Friedrich von Wilseck, Kais. Gen. F. Zeugmeist. u. Obr. Kriegs Commissar. verm. 3 Aug. 734. |

| Maria Leopoldina, g. 23 Nov. 741. Gem. Ernst Christoph, Gr. v. Kaunitz, v. 5 Jan. 761. | Maria Eleonora Gabriela, g. 7 Jul. 745. Gem. Carl Joseph, Fürst v. Lichtenstein, v. 30 März 761. | Johanna Josepha, g. 27 Febr. 756. | Johann Aloysius, geb. 16 August 758. | Friedrich Ant. g. 6 May 759. |

CXXXIX. Stammtafel des Fürsten von Mansfeld und Fondi.

Carl Franz Adam Anton, Fst. zu Mansfeld u. Fondi, g. 2 Nov. 678. starb 19 Jul. 717.
Gem. Maria Eleonora, Heinr. Franzens, Fst. v. Mansfeld u. Fondi, T. g. 26 Oct. 682, v. 14 May 707, starb 24 May 747.

| Maria Anna, geb. 2 Jan. 709. | Maria Eleonora, g. 22 Jun. 710. † 17 Sept. 761. Gem. Wenzel Michael Joseph Franz, Graf von Würben, v. 11 Febr. 735. | Heinrich Paul Franz, jetzig. Fst. geb. 16 Jul. 712. vormals Kais. Kämmer. lebt zu Prag. Trat 751. seine Rechte auf das Fürstenth. Fondi gegen eine Summe Geldes an das Neapolitanische Haus Sangro ab. Gem. 1. Maria Josepha Clara, Joh. Franzens, Gr. v. Thun, T. g. 9 Sept. 714, v. 7 Jan. 735, † 17 Sept. 740. 2. Maria Anna, Franz Josephs, Gr. von Czernin, T. g. 19 Jan. 722, v. 741. |

| Jos. Wenzel Joh. Nepomuc, g. 22 Sept. 735. Kais. Kämmer. u. Hauptmann der eigen Infant. Reg. 755. Gem. Elisabeth, Maximilians, Gr. v. Regal, Kais. Kämmer. T. v. 29 Feb. 764. | Joh. Nepomuc, Kais. Kämmer. | Maria Isabella Anna, g. 29 Aug. 750. | Georg Caspar, geb. 18 Dec. 752. † 16 Jul. 761. | Heinrich N. Prinzeßin, g. 757. |

Leopold Matthias, g. 6 May 667.
Ritt d. gold. Vl. 2 May 700. Kaiserl.
Hof- und Land-Jägerm. 21 Jan. 702.
erster Jst. u. Landgr. v Leuchtenberg
1 Nov. 707. † 10 März 711.
  Gem. Maria Claudia, Johann
Georgs, Gr. v. Künigl, T. geb. 670.
v. 691. starb 6 Dec. 710.

Philippina Maria Anna Josepha, g. 17 März 695. † 16 Nov. 762.
  Gem. Ludw. Andreas, Gr. von Khevenhüller, v. 28 Sept. 738. † 16 Jun. 744.

Franz Anton, Jst. g. 30 Sept. 678.
succ dem Vat. 712. trat die Landgr.
Leuchtenberg 714. wieder an Churbayern ab. Der verstorbenen Kaiserin
Elisabeth Obrist-Stallmeister, Ritter
d. gold. Vl 6 Jan. 744. † 23 Aug. 759.
  Gem. 1. Louisa Frid. Ernestina,
Friedr. Wilh. Jst. v. Hohenzollernhechingen, T. g. 7 Jan. 690, v. 19 Febr.
713. † 21 Oct 720.
    2. Maria Aloysia, Alonsii
Thomä Raymunds, Gr. von Harrach,
T. g. 13 Jan. 702, v. 13 Febr. 721. St.
Cr. Ord. Rathsfrau.

1.
Aloysia, g. 13 Jun. 718.
  Gem. Franz Josias Maria, Graf von Plettenb. v. 10 Nov. 737.
2.
Rosa, g. 728. St. Cr. Ord D. 3 May 755.
  Gem. Joseph Maria, Freyhr. von Neuhaus, Churbayr. geh. Rath, u. Gesandter zu Regensurg. v. 6 Aug. 752. † 16 Aug 758.

Joseph Dominicus, Gr. v. Lamberg,
g. 8 Jul. 680. Domhr. zu Passau 699.
zu Salzb. 706. Bischof zu Seccau 712.
u. Bisch. zu Passau 2 Jan. 723. Cardinal-Priester 20 Dec. 737 begieng 4
Oct. 753. sein Priester-Jubelfest, † 30
Aug. 761.

2.
Elisabeth, g. 734. ist im Kloster St. Clara zu Wien, seit 8 Jun. 753.
2.
Joh. Friedrich, jeziger Jst. g. 737. succ. 759.
  Gem. Maria Anna, Johann Wilhelms, Jst. v Trauton, T. g. 6 Jan. 743, v. 5 Jan. 761. St. Cr. Ord. D. 3 May d. J.

Joh. Philipp, g. 684. Obrist-Land-Jägermeister in Tyrol, † im Nov. 735.
ohne Erben.
  Gem. Maria Antonia, Antons, Gr.
v. Montfort, T. geb. 10 Nov. 685, v.
3 Aug. 707.

Franz Joseph, erster Fürst v. Lamberg, Kaiserl. geh. Rath, Ritt. des gol. Vl. Landeshauptm. in Oberösterr g. 637. ward Reichsfürst 711. † 2 Nov. 712.
  Gem. Anna Maria, Adam Matthias, Gr. v. Troutmannsdorf, T. v. 660. Eine Mutter von 24 Kindern, † 21 Apr. 727.

Joh. Ferdinand, g. 11 Jan. 689. K.K.
wirkl. geh. Rath, Kämmer. u. Ober-Land-Jägermeister in Tyrol, Ritt. des
St. Wenceslai-Ord. † 16 Oct. 763.
  Gem. Maria Francisca, Georg Julii, Freyhn. v. Gilleis, T. Christoph
Leopolds, Graf. v. Schallenberg, wie
auch Adams, Gr. v. Grundemann, Wb.
g. 3 Sept. 691, v. 721, † 7 Jan. 760.

Maria Joh. Josepha, g. 5 Nov. 722. St. Cr. Ord. D. 3 May 744.
  Gem. Felix Maximil. Gr. von Lamberg, v. 6 Apr. 744.

N. Tochter.

N. Tochter.

Aloysia Antonia Bonaventura, g.
4 Jul. 690. † 14 May 764.
  Gem. 1. Leop. Hannibal, Gr. von
Enkevoirt, v. 708, † 14 Apr. 714.
    2. Carl Adolph, Gr. v. Rappach, g. 688, v. 5 Apr. 716.

CXLI. Stammtafel des Fürsten von Trautson.

Johann Leopold Donat. erster Fst. v. Trautson u. Gr. v. Falkenstein, geb. 21 May 659. Kais. Obrist-Hofmeist. ward Reichsfürst 19 März 711. † 19 Oct. 724.
Gem. Maria Theresia Ungnadin, Mich. Wenzels, Gr. v. Weissenwolf, T. g. 27 Nov. 679, v. 24 Jul 695, † im April 741.

Joh. Wilhelm, jeziger Fst. g. 5 Jan. 700. Ober-Erb-Landhofmeister in Oesterreich unter der Ens, u. Ober-Erb-Landmarschall in Tyrol, Ritter des gold. Vl. K. K. wirkl. geh. Rath, Kämmer. und Obrist-Hofmeist. auch Nieder-Oesterreich. Landmarschall. Gem. 1. Maria Josepha, Franz Anton Ungnads, Gr. v. Weissenwolf, T. v. 22 Apr. 722. † 16 März 730. 2. Maria Francisca, Carl Franzens, Fst. v. Mansfeld, T. g. 27 Dec. 707, v. 19 Oct. 730, † 29 Jan. 743. 3. Carolina, Otten Maximilian Sigmunds, Freyhrn. v. Hager u. Altensteig, T. v. 23 Jan. 746. Obrist-Hofmeist. der Erzherzogin Maria Anna, St. Cr. Ord. D. 3 May 741.	Maria Antonia Xaveria, geb. 7 Januar. 706. St. Cr. Or. D. 3 May 736. Gem. Alexander Joseph, Gr. v. Künigl.	Maria Francisca, geb. 11 Aug. 708, † 2 Apr. 761. Gem. Heinrich Joseph Johann, Fst. v. Auersperg, v. 7 May 726.	

1.	2.	3.	2.
Maria Josepha Rosalia, geb. 26 Aug. 724. St. Cr. Ord. D. Gem. Carl Joseph Anton, Erbprinz v. Auersperg, v. 26 May 744.	Franz Anton, Graf, g. 25 Febr. 737. K. K. Kämmer. u. Nieder-Oesterr. Landrechts-Benstzer. starb 14 März 760.	Leopold Donat. Gr. g. 7 Jul. 739. Malthe-ser-Ritt. Kais. Kön Lieutenant unter dem Gr. Reipers. Infant. Regim. † 13 Januar. 758.	Maria Anna, g. 6 Jan. 743. St. Cr. Ord. D. 3 May 761. Gem. Johann Friedrich, Fst. von Lamberg, v. 5 Jan. 761.

CXLII. Stammtafel des Fürsten von Löwenstein-Wertheim.

Maximilian Carl, erster Fst. v. Löwenstein-Wertheim, g. 14 Jul. 656, ward Reichsfürst z Apr. 711, † 26 Dec. 718.
Gem. Maria Polyxena, Matthiä, Gr. Khuon v. Belasy und Lichtenb. T. g. 658, v. 26 Aug. 678, † 13 Nov. 712.

Maria Leopoldina, g. 16 May 689. starb 24 Aug. 763.
Gem. Conrad Sigm. Anton, Gr. v. Stahremberg, Kaiserl. geb. Rath u. Gesandter am Grosbritanisch. Hofe, v. 1 Sept. 710, † 28 Sept. 727.

Dominicus Marquardi, Fst. g. 7 Nov. 690. starb 11 (23) März 735.
Gem. Christina Francisca Polyxena, Carls, Landgraf. zu Hess. Rheinfels-Wanfr. T. g. 23 May 688, v. 28 Feb. 712, starb 10 Jul. 723.

Carl Thomas, jez. Fst. g. 7 März 714. K. K. wirkl. Kämmer. Churpfälzisch. Gen. Lieut. der Infan. u. Ritt. des St. Hub. und rothen Adl. Ordens.
Gem. Maria Charlotta Antonia, Leopolds des lezten Herz. zu Holst. Sunderburg-Wiesenburg, T. g. 18 Febr. 718, v. 25 Jul. 736. St. Cr. Ord. D. 14 Sept. d. J. † 6 Jun. 765.

Leopold, g. 16 Febr. 716, war in Kaiserl. Kriegsdiensten.

Franz Carl Wilhelm, g. 26 Nov. 717, † 17 Aug. 750.
Gem. Josepha, Freyin v Schirnbing, v. 11 Febr. 749. St. Cr. Ord. D. 14 Sept. 748. lebt zu Eltsch in Böhmen.

Christian Philipp, g. 11 Jan. 719. K. K. Gen. der Cav. u. Obr. eines Regim. Chevaux legers.

Joseph Johann Wenzel, geb. 25 Jul. 720. Churpfälz. Gen. Feld-Wachtmeister.
Gem. Dorothea Theresia, Wolfgangs, Freyh. v. Haussen u. Gleichendorf, T. v. 29 März 750.

Theodor Alexander, g. 14 Sept. 722. Churpfälz. Obrist. u. Gen Adjutant, bekam 759. den Malteser-Orden.
Gem. Catharina Louisa Eleonora, Carl Ludwigs, Gr. zu Leiningen-Dacheburg in Bockenheim, T. g. 1 Febr. 735, v. 28 Apr. 758.

Leopoldina, g. 17 Jun 726, war Domscholasterin zu Essen, † 9 Jun. 759.
Gem. Joh. Joseph Thomas, Graf v. Giovanni Vernlos, v. z Sept. 755.

Leop. Carolina, geb. 28 Dec. 739. † 8 Jun. 765.
Gem. Carl Albrecht, Erbpr. v. Hohenlo. Schillingsfürst, v. 19 May 761.

Joseph Anton Johann Nepomuc, g. 9 Jul. 750.

Maria Gabriela Josepha Sophia, g. 20 Jul. 759.

Dominicus Constantin, geb. 16 May 762.

CXLIII. Stammtafel der Fürsten von Stollberg-Geudern.

Ludwig Christian, Gr. v. Stollberg-Geudern, g. 8 Sept. 652, † 27 Aug. 710.
Gem. 1. Sophia Dorothea, Friedrichs, Hz. zu Würtemberg-Neustadt, T. g. 26 Sept. 658, v. 16 Sept. 680, † 23 Jul 68?.
2. Christina, Gustav Adolphs, Hz. zu Mecklenb. Güstrow, T. geb. 14 Aug. 663, v. 14 May 683, † 3 Aug. 749. Eine Mutter von 2 Kindern.

2.	?.
Friedr Carl, erster u. jeziger Fürst v. Stollberg-Geudern, g. 11 Oct. 693. Ritt des Eleph. Ord. 19 Oct. 733, ward 18 Febr. 742. vom Kaiser Carl VII. in Reichsfürstenstand erhoben. Gem. Louise, Ludw. Crafts. Gr zu Nassau-Saarbrück, T. g. 6 Dec 705, v. 22 Sept. 719. in Reichsfürstenst. erhob. 14 Jul. 742. des Dän. de l'union parsait. Ord. D. † 29 Oct. 766.	Augusta Maria, g. 28 Nov. 702. ward 742. mit ihrem Hrn. Bruder in Fürstenstand erhoben, Canonißin zu Hervorden 19 Nov. 750.

Ludwig Christian, g. 31 Jul. 720, Kaiserl. u. des Ober-Rheinis. Kr. G. F. Wachtm. Ritt. des St. Hub. Ordens.	Gustav Adolph, g. 6 Jul. 722. Kais. Gen. F. Wachtmeist. und Commendant zu Nieuport, Ritt des St. Hub Ord. blieb in der Schlacht bey Leuthen 5 Dec. 757. Gem. Elisabetha Philippina Claudia, Maximil. Emanuels, Ftl. v. Hornet, T. g. 10 May 733, v. 22 Oct. 551, St. Cr. Ord. D 14 Sept. 753.	Christian Carl, g. 14 Jul. 725 Reichs-Gen. F. Zeugm. Holl. Gen. Maj. u. Chef eines Inf. Reg Gouv der Veßung Philippsburg 761. † 21 Jul. 764. Gem. Eleon. Maximiliana Christina, Heinr. 11. Gr. Reuß zu Lobenstein, T. geb. 5 Dec. 736. verm. 8 Jun. 760.	Carolina, g. 27 Jun. 732. Gemal. Christian Albrecht Ludwig, Gr. v. Hohenlohe-Langensburg, v 13 May 761.

| Louisa Maximiliana Carolina Emanuela, g. 11 Sept. 752. Canonißin zu Mons im Nov. 758. | Carolina Augusta, geb. 10 Febr. 755. | Francisca Claudia, geb. 17 Jun. 756. | Theressa Gustavina, g. 27 Aug. 757. | Carl Heinrich, g. 14 Oct. 761. | Louise, gebor. nach des Vaters Tode 23 Oct. 764. |

CXIV. Stammtafel des Fürsten von Solms-Braunfels-Greifenstein.

Wilh. Moriz, Gr. von Solms-Braunfels und Greifenstein, g. 651. succedirte dem Vater 676. † 9 Febr. 724. Gem. Magdalena Soph. Wilhelm Christophs, Landgr. zu Hessen-Binsenheim, Homburgischer Linie, T. g. 24 April 660, v. 3 Jan. 679, † 12 März 710.

Friedrich Wilh. erster Fürst von Solms-Braunfels, g. 11 Jan 696, succ. als Graf 724, ward v. Keis. Carl VII. 22 März 742. in Reichsfürstenstand erhoben, † 24 Febr. 761. Gem. 1. Magdalena Henrietta, Joh. Ernsts, Gr. von Nassau-Weilburg, T. g. 11 Sept. 691, v. 15 Apr. 719, † 29 Aug. 725. 2. Sophia Magdalena Benigna, Carl Ottens, Graf zu Solms-Utph, T. g. 15 Febr. 707, v. 9 März 726, † 31 Aug. 744. 3. Carolina Catharina, Joh. Carls, Pfalzgraf zu Birkenf. Gelnhausen, T. g. 19 Dec. 699, v. 30 Dec. 745.

1.
Ferdinand Wilh. Ernst, jetzig. Fst. g. 8 Febr. 721. Holl. Gen. Major. Gem. Sophia Christina Wilhelmina, Christian Augusts, Gr. v. Solms-Laubach, T. g. 29 Aug. 741, v. 24 Aug. 756.

1.
Charlotta Henrica Magdalena, g. 16 Aug. 725.

2.
Carl Ludwig Wilhelm, geb. 14 Jun. 727. Holl. Capitain.

2.
Elisab. Maria Louisa Benigna, g. 2 Aug. 728.

2.
Ulrica Louisa, g. 3 April 731. Gem. Friedr. Carl Ludwig Wilh. Landgr. v. Hessen-Homburg, v. 10 Oct. 746, † 7 Feb. 751.

2.
Wilhelm Christoph, g. 20 Jun. 732. Holl. Capit.

2.
Ludwig Rudolph Wilh. g. 25 Aug. 733.

2.
Amalia Eleonora, g. 21 Nov. 734. Gem. Carl Ludwig, Erbpr. v. Anhalt-Bernb. Schaumburg, v. 16 Dec. 765.

2.
Anton Ernst Wilh. Friedrich, g. 3 Sept. 739. Hauptm. unter d. Pfalz-Zweybrück. Oberrhein. Kreis-Regim.

2.
Magdal. Sophia, g. 4 Jun. 742.

2.
Christina Charlotta Friderica, g. 31 Aug. 744.

Wilhelm Christian Carl, g. 9 Jan. 759.

August Louisa, g. 20 Jan. 764.

Wilhelm Heinrich Casimir, g. 30 Apr. 765.

CXLV. Stammtafel des Fürsten von Isenburg-Birstein.

Wolfgang Ernst I. erster Fst. von Isenburg, g. 26 März 686. Ritt. des Seraphin. Ord. succ. dem Vater, als Graf, 8 März 711, erbte nach seines Vaters Bruders Graf. Johann Philipps Tode 21 Sept. 718. den Isenburg-Offenbachischen Landes-Antheil, ward 23 März 744. vom Kaiser Carl VII. für sich und seine Nachkommen in Reichsfürstenstand erhoben, † 15 April 754.
Gem. 1. Friderica Elisabeth, Emicons XIII. Gr. zu Leiningen-Dachsburg, T. g. 28 Jan. 680, v. 27 Nov. 707, † 11 Jan. 717.

2. Elisab. Charlotta, Carl Augusts, Gr. zu Isenburg-Marienborn, T. g. 7 Nov. 695, v. 27 Jan. 719, † 18 Sept. 723.

3. Charlotta Amalia, Georg Albrechts, Graf. zu Isenburg-Meerholz, T. u. Ernst Carls, Gr. zu Isenburg-Marienborn, W. g. 1 Sept. 692, v. 22 May 725, † 20 Jan. 752.

1.
Wilhelm Emico Christoph, geb. 5 Oct. 708, † 31 Jan. 741.
Gem. Amalia Belgica, Ernst Carls, Gr. v. Isenburg-Marienborn, T. g. 29 Febr. 716, v. 3 May 733.

1.
Fried. Ernst, g. 24 Oct. 709. Mitvormund u. Administr. des Landes v. 754—759.
Gem. LouisaCharlotta, Johann Philipps, Gr. v. Isenburg-Offenbach, T. g. 24 Sept. 715, v. 25 Oct. 733.

1.
Christian Ludwig, g. 8 Oct. 710. Teutsch. Ord. Ritt. u. Land-Commenth. der Ballen Hessen, Commenth zu Marburg u. Wetzlar, weil. Schwed. wirkl. geh. Rath, u. Ober-Kammerherr. Hess Cassel. Gen. Lieut. u Obrist. eines Cav. Regim. quittirte im März 757. die Kriegsdienste.

1.
Joh. Casimir, g. 9 Dec. 715. Hess. Cassel. Gen. Lieut bey der Grossbrit. Alliirt. Armee, Ritt des Seraph. Ord. blieb 13 Apr. 759. in der Schlacht bey Bergen.

2.
Dorothea Wilhelmina Albertina, g. 13 Sept. 723.
Gem. Ernst Dietrich, Gr. v. Isenb. Büdingen, v. 15 Aug. 752, † 26 Dec. 758.

3.
Charl. Frider. Adolphina, geb. 23 Aug. 726.

4.
Wilhelmina Frider. Louisa, geb. 11 Aug. 728.

5.
Friedr. Wilh. g. 13 Dec. 730. Kais. Obr. Wachtm. unt. dem Pr. Goth. Drag. Reg. Ritt des Russ. Alex. Newsky. Ord.

Wolfgang Ernst II. jez. Fst. g. 17 Nov. 735, succ. dem Grosvat 15 Apr. 754. unt. d. Mutter u. s. Vett. Friedr. Ernsts Vormundsch. erhielt 759. vom Kais. sen. Aet. u. trat die Reg. an, resid. zu Offenbach.
Gem. Soph. Ernest. Charlotta, Victor Amadeus Adolphs, Fst. zu Anhalt-Bernb. Schaumb. T. v. 20 Sept. 760.

Christian Moriz, g. 16 Jul 739. Obr. Lieut. unt. den Chursächs Völkern, auch Rittm. der Garde.

Elisabetha Charl. Ferdinanda Louisa, geb. 24 Jan. 753.

Ernesta Sophia Amalia geb. 25 Sept. 761, † 22 Apr. 763.

Wolfgang Ernst, Erbpr. g. 24 Oct. 762. † 5 Dec. d. J.

Sophia Frider. Louisa Augusta, g. 17 Jan. 765.

Carl Friedr. Wilh. Moriz, g. 29 Jun. 766.

CXLVI. Stammtafel der Fürsten und Grafen von Hohenlohe, von der Neuensteinischen oder Evangelischen Hauptlinie zu Oehringen.

Johann Friedrich, Graf zu Hohenlohe Oehringen, g. 31 Jul. 617. des Hohenlohischen Hauses Geschlechts-Aeltester, † 17 Oct. 702.
Gem. Louisa Amoena, Friedrichs V. Herz. v. Holstein-Norburg, T. g. 15 Jan. 612, v. 28 Aug. 665 † 11 Jun. 685.

| Carl Ludwig, Gr. zu Hohenloh-Weickersheim, geb 23 Sept. 674. kam zur Regier. 702. Ritter des Eleph. roth. Adl. u würtemb. gross. Jagd-Ord auch Aeltester der evangel. Linie, † 5 May 756 Gem. 1. Dorothea Charlot. Christian Heinr. Marggraf. von Brand. Culmb. T. g 4 März 691, v. 8 Jul. 711 † 2 April 712. 2. Elisabeth Friderica Soph. Albert Ernsts II Fst. v. Oettingen, T. g. 14 März 691, v. 10 Nov. 713, † 14 May 758. | Johann Friedrich, geb. 22 Jul. 683, kam zur Regierung in Oehringen 702, und in Weickersheim 756. Ritter des Brandenburg. rothen Adler Ordens, des Hohenlohischen Hauses Geschlechts-Aeltester, ward mit der ganzen Neuensteinischen Liniel in den Reichsfürsten-Stand, den man derselben schon 744. angeboten, aber damals ausgeschlagen, vom Kaiser Franz I. erhoben 4 April 764, † 24 Aug. 765. Gem. Dorothea Sophia, Ernst Ludwigs, Landgraf. von Hessen-Darmstadt, T. geb. 14 Januar. 689. v. 10 Febr. 710. starb 7 Jun. 723. |

| Albert Ludw. Friedrich, g. 24 März 716. † 9 Jul 744 Gem. Christiana Louisa, Joach. Friedr. Hz. v. Holstein-Plön, T. g. 27 Nov. 716, v. 18 Aug. 735. vermälte sich wieder an Ludwig Friedrich, Pr. v. Sachs. Hild-burghausen, † 10 Jun. 759. | Charlotte Caroli- ne Loui- se Fri- deric. g. 10 Jul. 713 | Sophia Caroli- na, g. 8 Jan. 715. Gem. Carl August, Fürst v. Hohenl. Kirch- berg, v. 21 Jan. 749. | Wilhelmi- na Eleon. g 20 Febr. 717. Gemal. Heinrich August, Fürst von Hohenloh- Ingelfin- gen, verm. 26 Sept. 743. | Leo- pol- dina Antoi- netta, geb. 16 März 718. Cano- niß zu Her- ford, seit 761. | So- phia Fri- deri- ca Ma- ximi- lian. g. 26 May 721. | Ludwig Friedrich Carl, regier. Fürst, gebor. 23 May 723. kam zur Regier. 24 Aug. 765. Ritt. des Poln. weiss. Adl. und Brandenburg. roth. Adl. Ord. Gem. Sophia Amalia Carolina, Ernst Friedrich, Hz. v Sachs. Hildburgh. T. g. 21 Jul. 732. v. 28 Jan. 749. |

CXLVII. Stammtafel der Hohenlohe-Neuensteinischen Linie zu Langenburg.

Albert Wolfgang, Graf v. Hohenlohe-Langenburg, g. 659, 6 Jul. kam zur Regier. 699, † 17 Apr. 715.
Gem. Sophia Amalia, Gustav Adolphs, Graf. v. Nassau-Saarbrück, T. g. 16 Sept. 666. v. 22 Aug. 686, † 29 Oct. 736.

Ludwig, g. 31 Oct, 696. kam zur Regier. 715. trat solche an 717. ward Direct. des fränk. Grafen-Colleg. auch 764. Reichsfürst, † 16 Jan. 765.	Albertina, g. 29 Jan. 701.
Gem. Eleonora, Ludwig Crato, Gr. v. Nassau-Saarbrück. T. g. 707. 30 Jan. v. 25 Jan. 723. ward 14 Jul. 742. in den Reichsfürstenstand erhoben, Ritt.Ord. de l'union parsaite Dame.	Gem. Phil. Heinr. Fst. v. Hoheul. Ingelfingen, v. 4 März 727.

| Christian Albert Ludwig, regier. Fürst, g. 27 März 726. kam zur Reg. 16 Jan. 765. Gem. Caroline, Fürst. Friedrich Carls z. Stolberg Geubern, T. g. 27 Jun. 732. v. 13 May 761. | Louise Char. lott. geb. Dec. 732. Gem. Christian Friedr. | Leonora Juliana, g. 22 Jul 734. Canoniss. zu Quedlinb. | Wilhelm Friedr. Gustav, Gr. g. 21 May 736. R. gieng des zwen. als Flüg. Adj. und Obrist. Wachtm. 761. aus würtem. Dienst. | Friedrich August, Gr. g. 11 Jan. 740. Holl. Lieu. b. Joh.O tenant ten Ba. taillon von Wal. beck. | Ludwig Gotfr. Gr. g. 27 Jan. 742 † 22 Sept. 765. als Sachs. Gothai. scher Rittm. ber Gar. de zu Pf. | Friedr. Ernst, Gr. g. 16 May 750. Holländ. Lieut. b. dritten Batail. ions v. Wald. |

| Carl Ludwig, geb. 10 Sept. 762. | Louisa Eleonora, geb. 11 Aug. 763. | Gustav Adolph, geb. 9 Oct. 764. |

CXLVIII. Stammtafel der Hohenlohe-Neuensteinischen Linie zu Ingelfingen.

Christian Craft, g. 15 Jul. 668. kam zur Regierung als Graf von Hohenlohe-Ingelfingen 699. † 2 Oct. 743.
Gem. Maria Catharina Sophia, Hiskias, Grafen von Hohenlohe-Pfedelbach, T. geb 28 Febr. 680. v. 18 Dec. 701. † 4 Oct. 761.

Philipp Heinrich. geb. 10 Sept. 702. ward ältest. mitre gier. Gr. u. nach d. vät. Test Admin. 2 Oct. 747. ward Reichsfürst 764. Geschl. Aeltest. des Hohenl. Gesamt. hauses 765. Gem. Albertina, Albert Wolfg. Gr. v. Hohenl. Langenburg. T. g 29 Jan. 701. v. 4 Mär. 1727.	Christian Ludwig, g. Al Moriz, g. Al. 1 März 1704 d. dän. Obr. tina, g. 26 Hr. Rit. d. Dannebr. Ord. † 27 Dec. 758. Gemal. Louisa Henriett. JustEbristian, Gr. v. Stolb. Rodla, T. g. 11 Dec. 730. v. 24 Apr. 746. lebt zu Schweib.	Sophia philia Charlot. ta, g. 29 Oct. d. 7 07. lebt zu Werni gerode. Gemal. Heinrich August, Gr. von Stolberg Schwarza, v. 19 Oct. 729. † 14 Spt. 748.	Fridrica Christiana Eleonora, g. 15 Oct. 709.	Heinrich August, geb. 11 g. 12 Jul. 715. kam zur Reg 743. ward Reichsf. 764. fürst. Goth. Gen fränk. Kreis. Lieut. u. Chef. Gen. Feldm. eines Drag. Lieut. und Reg. resid. zu Chef eines Ordruf. Regiments Gem. Wil. helmina Ele. onora, Joh. Friedr. Ft. v. Hohenloh. Oehr. T. g. 20 Feb 717. v. 26 Sept. 743.	Augustwilh. gust, geb. 11 g. 12 May 720. May 720. Jul. 715. zurReg. 743. gier. 743. ward Reichsf. 764. des S. Goth. Gen. eines Drag. Gem 1. Maria Emeren. tia Augustin. Wolfg. Augustin, Gr. v. Augerspolt. T. g. 729. v. 26 Nov. 752. † 14 Dec. 752. 2. Josta nat. Elisa. Joh. Eberh Adolph Gr. v. Recht. T. g. 14 Jan. 30. 738 v. 30 Dec. 754.
Albert Christian Wolfg. Crato, g. 22. 1 Jan 740 Sept. † 13 Jul. 747. 747.					

Friedrich Ludwig, Prinz. g. 31 Jan. 748. war Capit. Lieut. des fränk. Kreisregim. zu Fuß seines Hrn. Vaters, trat 766. als Obristwachtmeist. in Königl. Preußis. Dienste.	Friedr. Carl Wilh. geb. 26 Feb. 752 Kön. Dän Lieut. v. der Infant.	Georg Friedr. Heinr. g. 10 Nov. 757.	Sophia Christiana Louisa, g. 10 Octob. 762.

CXLIX. Stammtafel der Hohenlohe-Neuensteinischen Linie zu Kirchberg.

Heinrich Friedrich, geb. 7 Sept. 625, starb 2 Jun. 699.
Gem. 1. Eleonora Magdalena, Georg Friedrichs, Graf. von Hohenlohe-Weickersheim T. g. 635 v. 25 Jun. 652, † 14 Nov. 657.
2. Juliana Dorothea, Wolfgang Georgs, Gr. v. Castell, T. g. 30 Jan. 640, v. 5 Jul. 658, † 5 May 706.

Friedrich Eberhard, g. 24 Nov. 674. kam zur Regieruug in Kirchberg 699, † 23 Aug. 737.
Gem. 1. Friderica Albertina, Georg Alberts, Graf. von Erpach-Fürstenau, T. g. 29 Sept. 687. v. 18 Jan. 702, † 19 Jan. 709.
2. Augusta Sophia, Friedrich Augusts, Herz. v. Würtemberg-Neustadt, T. g. 24 Sept. 691. v. 22 Nov. 709, † 1 März 743.

Carl August, regier. Ist. g. 6 April 707, kam zur Regier. 23 Aug. 737. trat solche an 17 Sept. d. J. ward Reichsfürst 764, Kais. Kön: wirkl. geb. Rath, auch Ritt. des weiss. Adler, rothen Adler, Würtemb. grossen Jagd- und de l'union parsaite Ordens.
Gem. 1. Charlotta Amalia, Christian Alberts, Gr. v. Wolfstein, T. g. 19 Jul. 706, v. 4 May 728, † 24 Oct. 729.
2. Susanna Margaretha Louisa, Wolfgang Engelberts, Graf. von Auerspers, T. g. 17 Febr. 712, v. 1 Jun. 730, † 12 Sept. 748.
3. Sophia Carolina, Johann Friedrichs, Fst. v. Hohenlohe-Oehringen, T. g. 8 Jan. 715, v. 21 Jan. 749.

1.	2.	3.	2.	5.	5.
Christian Friedrich Carl, Erbpr. g. 19 Oct. 729. Gem. Louisa Charlotta, Ludwigs, Fst von Hohenlohe-Langenburg, T. g. 20 Dec. 732, v. 4 Jun. 760.	Christina Sophia Friderica, g. 1 April 731.	Friedrich Wilhelm, Graf, geb. 3 Decem. 732. K.K.Kämm. Obr. Lieut. des Laudon. Infan. Reg. Ritter des MarienTheresien Ordens.	August Ludwig, Graf, g. 3 Sept. 735. Hzl. Würtem. Obr. der Garde zu Fuß u. Ritter des militarischen Carl. Ordens.	Friedrich Eberhard, Gr. g. 21 Oct. 737. Herzoglich Würtembergisch. Obrist. Lieuten.	Friedrich CarlLudwig, geb. 19 Nov. 751. Herzogl Würtemberg. Premier-Lieut. der Leib-Grenadiers.
Carolina Henrietta, g. 11 Jun. 761.					

CL. Stammtafel des Fürsten von Hohenlohe-Bartenstein.

Georg Friedrich, Gr. von Hohenlohe-Schillingsfürst, geb. 16 Jun, 595. † 20 Sept. 635.
Gem. Dorothea Sophia, Herm. Adolphs, Gr. von Solms, T. geb. 17 Octob. 595. v. 7 April 616. † 8 Jan. 660.

| Christian, Stifter der Bartensteinischen Linie, g. 31 Aug. 627. † 1 Jun. 675. Gem. Lucia, Herm: inns, Gr. von Hatsfeld, T. v. 18 Febr. 658. † 31 May 716. | Ludwig Gustav, Stifter der Schillingsfürstschen Linie, g. 8 Jun. 634. † 21 Febr. 697. S. auf der nächstfolg. Stammtafel. |

Philipp Carl Caspar, g. 28 Sept. 668. Kaiserl. Geh. Rath u. Kammer-Richter zu Weslar, † 15 Jan 729.
Gem. 1. Sophia Maria Anna, Ludwig Gustavs, Gr. v. Hohenlohe-Schillingsfürst, T. g. 673. v. 10 May 692. † 21 Aug. 698.
2. Sophia Leopoldina, Carls, Landgr. zu Hessen-Rheinfels-Wanfried, T. g. 17 Jul. 681. v. 26 Jun. 700. † 18 April 724.

2.	2.	2.	2.
Maria Anna, g. 4 Aug. 701. St.-Cr. Ord. Dame g May 733. † 16 Sept. 758. Gem. Ludwig Ferdinand Joseph, Marquis de la Verne und Graf von Clairmont v. 26 Jul. 731.	Carl phil. Frantz, erster Fürst, geb. 7 Jul. 702. succedirte als Gr. zu Hohenlohe-Bartenstein 15 Jan. 729. ward nebst seinen Brüdern 21 May 744. vom Kaiser Carl VII. in Reichsfürstenstand erhoben, publicirte es 4 Nov. dieses Jahrs, K. Kön. wirkl. Geh. Rath und Kaiserl. Reichs-Kammer-Richter zu Weslar 745. † 1 März 763. Gem. Maria Friderica Sophia Charlotta, Ludwig Georgs, Landgraf von Hessen-Homburg, T. g. 18 Febr. 714. v. 26 Sept. 727.	Leopoldina Ernestina Juliana, g. 21 Aug. 703. Ober-Hofmeister-der Erzherzogin Gouvernantin in Brüssel 738. gieng nach Cöln ins Kloster im October 740. Gem. Frantz Hugo, Fürst v. Nassau-Siegen, v. 3 Jun 731. † 4 März 735.	Joseph Anton; Fit. zu Pfedelbach, g. 5 Aug. 7. 7. und mitregier. Fürst zu Bartenst. von 729. bis 745. Domherr zu Cöln, Salzburg, Strasb. Augsburg u. Ellwangen, K. Fürst 744. erbte Pfedelbach v. seinem Bruder Ruprecht Frantz erdinand, vermöge eines besondern Vertrags 3 April 745. † 12 May 764.

| Ludwig Carl Philipp Leopold, jetzig. Fürst, g. 15 Nov. 731. succed. 14 May 764. Gem. Josepha Friderica Polyrena Alexandrina, Christian Ottens, Gr. von Limburg-Styrum, T. g. 28 Oct. 7, 8. v. 6 May 757. | Clemens August Armand, geb. 31 Dec. 732. Maltheser Ritter u. Gen. Major des fränkischen Creises. | Joseph Christian Frantz Carl Ignatz, g. 6 Nov. 740. Domicellar zu Cöln und Strasburg. | Christian Ernst Frantz Xaver, g. 11 Decemb. 742. Domicellar zu Cöln u. Strasburg. |

| Sophia Carolina Josepha Philippina Maria Anna Lucia, geb. 13 Dec. 758. | Maria Anna Elisabetha Josepha, g. 20 März 760. | Maria Leopoldina Henrietta, geb. 13 Jul. 761. | Josepha Elisabetha Euphemia Rosina, geb. 18 May 761. | Ludwig Aloysius Joachim Frantz Xaver Anton, g. 18 August 765. |

CLI. Stammtafel des Fürsten von Hohenlohe-Schillingsfürst.

Georg Friedrich, Graf von Hohenlohe-Schillingsfürst, geb. 16 Jun. 595. starb 20 Sept. 635.
  Gem. Dorothea Sophia, Herm. Adolphs, Grafen v. Solms, T. g. 17 Oct. 595. v. 7 April 616. † 8 Jan. 660.

Christian, Stifter der Bartenstein. Linie, g. 31 August 627. starb 1 Jun. 675.

  Siehe vorhergehende Stammtafel.

Ludwig Gustav, Stifter der Schillingsfürst. Linie, g. 8 Jun. 634. † 21 Febr. 697.
  Gem. 1. Maria Eleonora, Hermann, Grafens v. Hatzfeld, T. v. 18 Febr. 658. † 668.
    2. Anna Barbara, Phil. Erwins, Freyherrn von Schönborn, T. geb. 18 Dec. 648. v. 668. † 6 März 721.

1.

Philipp Ernst, erster Fürst v. Schillingsfürst, geb. 6 Jan. 664. succed. als Graf zu Hohenlohe-Schillingsfürst 697. Kaiserl. wirkl. Geh. Rath und Senior des ganzen Hohenlohischen Hauses, ward von Kaiser Carl VII. 21 May 744. für sich und seine Nachkommen in Reichsfürstenstand erhoben, nahm 4 Nov. e. a. den Fürstl. Titel an, übergab seinem Sohne, von der zweyten Gemalin, die Regierung 753. † 29 Nov. 759.
  Gem. 1. Francisca Barbara, Franzens, Gr. v. Welz, T. und Wolfg. Julii, Gr. v. Hohenlohe-Neuenstein, W. g. 664. v. 12 Jul. 701. † 3 Apr. 718.
    2. Maria Anna Eleonora, Philips, Gr. von Oettingen-Wallerstein, T. und Franz Sigmunds, Gr. v. Thurn und Valfassino, W. geb. 28 Aug. 680. v. 28 Dec. 718. † 8 Sept. 749.

1.

Philipp Ernst, g. 4 May 704. residirte zu Wilhermsdorf, † 4 März 759.
  Gem. Franc. Elisab. Christina Philippina, Christian Ottens, Gr. v. Limpurg-Styrum, T. g. 25 Jan. 719. v. 12 Oct. 732. † 16 Sept. 752.

2.

Carl Albrecht, jetziger Fürst v. Schillingsfürst, g. 22 Sept. 719. Kaiserl. Geh. Rath, St. Hubert-Ord. Ritter, erhielte 751. nach seines Vaters Resignation die Regierung.
  Gem. Sophia Wilhelmina Maria, Dominici Marquards, Fürstens von Löwenstein-Wertheim, T. geb. 7 Aug. 721. v. 7 Febr. 740. † 29 Sept. 749.

Maria Anna, geb. 23 Febr. 741. Canonissin zu Thoren u. Essen.

Carl Albrecht Christian, Erbprinz, g. 21 Febr. 742.
  Gem. Leopoldina Carolina, Carls Thouns, Fürst. von Löwenstein-Wertheim, T. g. 28 Dec. 739. g. 19 May 761. † 8 Jun. 765.

Carl Philipp Franz, g. 15 Oct. 743. Maltheser Ritter.

Franz Carl Joseph, g. 27 Nov. 745. Domicellar zu Cöln, Straßburg und Elwangen.

CLII. Stammtafel des Fürsten von Auersperg, der jüngern Linie.

Siehe die CXXVIII. Stammtafel.

Der erste und jetzige Fürst von Auersperg, der jüngern Linie, ist Johann Adam Joseph, Heinr. Joseph Johanns, jetzigen Fürstens von Auersperg, der ältern Linie, zweyter Sohn, geb. 27 Aug. 721. Fürst seit 14 Aug. 746.

CLIII. Stammtafel des Fürsten von Kinsky.

Wenzel Norbert Octavian, Graf, geb. 642. Ritter des gold. Vl. Kaif. wirkl. Geh. Rath und Obrist Canzler in Böhmien, starb 3 Jun. 719.

Gem. 1. Anna Francisca Barbara, Maximil. Valentins, Gr. von Martinitz, T. und Joh Lamberts, Gr. von Lamboy, W. starb im Dec. 694.

2. Anna Theresia, Bertrams, Freyherrn von Nesselrode, zu Ehreshoven, T. v. 697, starb 6 Oct. 716.

1.

Stephan Wilhelm, erster Fürst von Kinsky, g. 26 Dec. 679. Kaif. wirkl. Geh. Rath, Oberst-Landmarsch. und Land-Kämmerer in Böhmen, wurde mit seinen Nachfolgern nach dem Recht der Erstgeburt in Reichsfürstenstand erhoben 3 Febr. 747, starb 1 März 749.
Gem. Maria Josepha Antonia, Walther Xaver Antons, Fürst. von Dietrichstein, T. geb. 29 Jun. 694, verm. 25 Febr. 717. St. Er. Ord. D. starb 3 Sept 758.

2.

Philipp Joseph, Graf, g. 700. Kaif. wirkl. Geh. Rath und Conferenz Minister, Ritt. des gold. Vl und Präses von der Wienerisch. Ministerial-Banco-Deputation, † 1 Jan. 749.
Gem. Maria Charlotta, Georg Adam Ignatens, Gr. v. Martinitz, T. geb. 17 Dec. 700, verm. 720.

Franz Joseph, Fürst, g. 11 Oct. 726. Kaif. Röm. Kämmerer, succ. dem Vater 1 März 749, starb 2 Sept. 752.
Gem. Maria Leopoldina, Nicolai, Gr. von Palfy, T. v. 22 Aug. 748, St. Er. Ord. D. 14 Sept. e. a.

Franz Ulrich, jetz. Fürst, g. 23 April 726. Kaif. wirkl. Kämmerer und Gener. F. Marsch. Lieut. der Artill. Obr. eines Infant. Reg Ritter des Milit. Maria-Theres. Ordens, succedirte als Fürst seinem ohne männliche Erben verstorb. Herren Vetter Franz Joseph 2 Sept. 752.
Gem. Maria Sidonia, Hermann Friedrichs, Gr. von Hohenzoll. Hechberg, T. g. 24 Febr. 728, v. 14 Apr. 749, St. Er. Ord. D. 3 May 748.

Maria Theresia, geb. 14 Apr. 730. St. Er. Ord. D. 3 May 755.
Gem. Otto phil. Gr. v. Hohenfeld, v. 15 Apr. 765.

Maria Anton. g. 2 Feb. 732. St. Er. Ord D. 3 May 755.
Gem. Christoph. Gr. von e ddbn, v. 752.

Johann Joseph, g. 1 May 734. Kaif. Kämmerer.
Gem. Theresia, Heinrichs Fürsten v. Auersberg, T. v. 25 Apr. 758.

Joseph, g. 12 Jan. 751.   Maria Anna, g. 26 Nov. 754.

CLIV. Stammtafel des Fürsten von Hatzfeld.

Franz, Gr. von Hatzfeld u. Gleichen, Standesherr zu Trachenberg u. Prausnitz in Schlesien, g. 16 Apr. 676. erbte nach seines Vettern, Lotharii Franzens, Gr. von Hatzfeld, Absterben 14 May 722. die Rosenberg. Güter, starb 27 Febr. 738.
Gem. Anna Charlotta Elisabeth, Joh. Philipps, Gr. von Stadion-Thannhausen, T. g. 22 Sept. 689. v. 25 Nov. 708. starb 11 Aug. 763.

| Maria Anna Johanna, g. 31 Dec. 711. Gem. Carl Gotthard, Gr. von Schafgotsch, g. 27 Jun. 706. v. 13 Jun. 731. | Maria Charlotta Augusta, g. 6 Jul. 715. Gem. Friedrich Ferdinand, Gr. v. der Leyen und Hohgeroldsegg, v. 18 Oct. 733. starb 16 Febr. 760. | Franz Philipp Adrian, g. 2 März 717. ward von K. in Preuss. als souv. Herz. v. Schlesien, 31 Oct. 741. zum Fürsten v. Trachenberg, u. vom Kaiser zum Fürsten des H. Röm. R. 25 May 748. erkläret, Ritter des schwarz. Adl. Ord. 8 Jan. 750. Gem. Bernhardina Maria Theresia, Joseph Franz Bonaventura, R. Grafen von Schönborn, T. g. 11 Sept. 737. v. 22 Nov. 764. | Carl Friedr. Anton, g. 11 Sept. 718. Kais. wirkl. Geh. R. Kämmerer u. Appellat. Präsident in Böhmen, auch Credits-Deputations und Banco-Präsident. Gem. Johanna Charl. Friderica Catharina, Joh. Franz Heinrich Carls, Graf von Ostein, T. g. 25 Nov. 733. v. 16 Nov. 755. | Maria Josepha, g. 24 März 720. Scholasterin zu Essen u. Canonissin zu Thoren. |

CLV. Stammtafel des Fürsten von Khevenhüller.

Sigmund Friedrich, Graf, geb. 17 Sept. 666. starb als Kaiserl. Geh. Rath 8 Dec. 742.
Gem. 1. Maria Renata, Ignaz, Grafen v. Thannhausen, T. † 30 Aug. 698.
2. Ernestina Leopoldina, Franz Andreas Ulrich, Grafen v. Rosenberg, T. g. 14 May 683. v. 8 Sept. 699. † 2 Oct. 728.

Johann Joseph, des H. R. R. Fürst v. Khevenhüller, geb. 3 Jul. 1706. Ritt. des gold. Vliesses, Kais. Kön. Oberhofmeister, ward in den Reichsfürstenstand erhoben 4 Apr. 764.
Gem. Carolina Maria Augustina, Johann Adolphs, Grafen von Metsch, Erbtochter, geb. 26 Jan. 709. verm. 22 Nov. 728.

| Maria Josepha, g. 6 Dec. 729. Stern Cr. Ord. Dame. Gem. 1. Carl Joseph, Gr. v. Herberstein, K. K. Kämerer, u. Nieder-Oesterr. Regier. R. v. 9 Oct. 742. † 13 Dec. 753. 2. Gabriel, Graf v. Bethlem, K. K. Kämerer, wirkl. Geh. R. Siebenbürg. Hofkanzler, v. 13 Jun. 756. | Johann Sigmund Friedrich, geb. 22 Febr. 732. Böhmischer Herr u. Landmann, 31 Jan. 752. K. K. Kämmerer, 5 Febr. dies. Jahrs Repräsent. u. Kammerrath 754. Hofrath u. Gesandter in Portugal 757. Gem. Maria Amalia, Emanuels, Fürst von Lichtenstein, T. v. 25 Febr. 754. St. Cr. O. D. Prinz, geb. 755. Prinz, g. im Febr. 758. | Maria Johann Joseph Franz, g. 30 März 733. K. K. Kämmerer 754. Hofmeister unt. Leop. Daun. | Joh. Franz Anton, geb. 3 Jul. 737. Kais. Kön. Kämmerer, Fähndrich L. Käm. merer, Hauptm. unt. Colloredo. | Maria Theresia, g. 4 Jan. 741. K. Hof. u. St. Cr. O. Dame. | Maria Anna, geb. 3 April 747. | Joh. Emanuel, geb. 23 April 757. |

CLVI. Stammtafel des Reichsfürsten von Kaunitz-Rietberg.

Maximilian Ulrich, Graf, geb. 27 März 679. starb als Kaiserl. Geh. Rath 10 Sept. 746.

Gem. Maria Ernestina, Ferdinand Maximilions, lezten Grafen v. Rietberg, T. geb. 4 Aug. 687. verm. 6 Aug. 699. † 1 Jan. 758.

Maria Antonia Josepha Justina, geb. 15 Jun. 708. St. Cr. O. Dame 14 Sept. 732. Gem. Job. Adam, lezt. Gr. v. Questenberg. v. 14 Apr. 738. † 9 May 752.	Wenzel Anton Dominicus, des H. R. R. Fürst v. Kaunitz-Rietberg, g. 2 Febr. 711. Kais. Kön. Geh. Hof- und Staats-Kanzler, Ritt. des gold. Vliesses, ward vom Kais. Franz I. in Reichsfürstenstand erhoben 8 Apr. 764. Gem. Maria Ernestina, Franz Antons, Gr. von Stahremberg, T. g. 10 Oct. 718. v. 6 May 736. † 6 Sept. 749.	Maria Eleonora, g. 8 April 727. Gem. Rudolph, Gr. Palsy, Kais. Kön. Gen. Feld-Marschall-Lieut. v. im Jan. 743.

Ernst Christoph, g. 6 Jun. 737. Kais. K. wirkl. Kämmerer u. Reichs-Hofrath, gevollm. Minister zu Neapolis. Gem. Maria Leopoldina, Joh. Aloysii, Fürst. v. Oettingen-Spielberg, T. g. 28 Nov. 741. v. 12 Jan. 761. St. Creuz-Ord. Dame 3 May c. a.	Dominicus Andreas, g. 2 Jun. 739. Gr. v. Kaunitz-Questenberg, nachdem er 752. vom lezten Gr. Johann Adam zum Universal-Erben eingesezt worden, K. K. wirkl. Kämmer u. Gesand. zu Turin. Gem. Bernhardina, Franz Josephs, Gr. von Plettenberg-Wittem, T. geb. 24 März 743. v. 10 Jan. 762. St. Cr. O. D. 14 Sept. e. a.	Franz Wenzel, g. 2 Jul. 742. Kais. K. wirkl. Obrist-Lieut. u. General Adjut. des Gr. Daun.	Joseph Clemens, g. 22 Nov. 743. Kais. K. wirkl. Kämerer u. Sous-Lieut. unter Odonell.	Maria Antonia, geb. 16 May 745. St. Cr. O. Dame. Gem. Christoph Wilhelm, Graf von Thierheim, v. 13 Sept. 763.

CLVII. Stammtafel des Reichsfürsten von Colloredo.

Hieronymus, Reichsgraf, geb. 672. Kaiserl. Geh. Rath und Ober-Hofmarschall, † 2 Febr. 726.

Gem. Johanna Charlotta, Wenzel Norbert, Grafen von Kinski, T. geb. 675. † 23 Febr. 755.

Rudolph Joseph, des H. R. R. Fürst v. Colloredo, Kaiserl. Conferenz-Minister, Reichs-Vicekanzler und Ritt. des gold. Vliesses, geb. 6 Jul. 706. ward 8 Apr. 764. in den Reichsfürstenstand erhoben.

Von seiner Gemalin, Kindern, und übrigen Verwandten, siehe unter den schwäbischen Reichsgrafen.

CLVIII. Stammtafel des Reichsfürsten von Stahremberg.

Conrad Sigmund Anton, Reichsgraf, starb als Kais. Geh. Rath 28 Sept. 727.

Gem. Maria Leopoldina Elisabeth, Maximilian Carl, Fürsten v. Löwenstein-Wertheim, T. g. 16 May 689. verm. 1 Sept. 710. † 24 Aug. 761.

Georg Adam, des H. R. R. Fürst von Stahremberg, geb. 10 Aug. 724. Ritt. des gold. Vliesses, Kaiserl. wirkl. Geh. Rath und Conferenz-Minister, ward 12 Dec. 765. von Kaiser Joseph II. in den Reichsfürstenstand erhoben.

Von seiner Gemalin, Kindern und Werwandten, siehe unter den fränkischen Reichsgrafen.

G 3

Stammtafeln einiger in auswärtigen Staaten blühenden Geschlechter, welche die teutsche Reichsfürstl. Würde erhalten haben.

CLIX. Stammtafel der Fürsten von Albani.

Horaz Albani, Bruder Pabst Clemens XI. geb. 5 Oct. 652. † 23 Jan. 712.
Gem. Maria Bernhardina, Carl Onexodei, Grafen v. Pezelai, T. g. 20 Sept.
661. verm. 26 März 680. † 19 März 751.

Carl Albani, des H. R. R. Fürst, und Herz. von Soriano, geb. 24 Febr. 687. † 2 Jun. 724. Pabst Innocentius XIII. erheb denselben 14 May 721. zum Fürsten des päbstl. Throne, und zugleich das Gut Soriano, welches er 715. erkauft, zum Herzogthum. Gem. Theresia, Caris, Grafens v. Borromeo, T. g. 23 Jul. 699. verm. 4 Oct. 712.	Alexander, g. 15 Oct. 692. ward 16 Jul. 721. Cardinal-Diaconus.

Horaz Franz, Fürst des H. R. R. von Soriano, auch des päbstl. Stuhls, Ritt. d. weif. Adl. Ord. g. 21 Sept. 717. Gem. Maria Anna Machildis, Aldobrand, Herz. v. Massa, T. g. 15 Aug. 726. verm. im Jan. 748.	Julia Augusta, g. 5 Jan. 719. Gem. August IV. Für ü von Chiai, verm. 27 Febr. 735.	Johann Franz Cajetan. g. 26 Febr. 730. Cardinal seit 10 Apr. 747. Bischof zu Sabina 760.	Maria Anna Josepha, geb. 5 Jul. 721. Stern-Creuz Ordens Dame 14 Sept. 759. Gem. Carl Losfredo, Gr. v. Potenza, v. 16 Nov. 740.

Carl Franz Xaver Joseph, g. 25 Sept. 749.	Joseph Clemens Franz von Paula Andreas, geb. 14 Sept. 750.	Clemens Simon Stephan, geb. 28 Oct. 751.	Maria Theresia Anna Juliana Agnes, geb. 22 May 753.	Prinz, g. 5 Aug. 761.

CLX. Stammtafel des Reichsfürstl. Hauses Ardore Milano in Italien.

Jacob Milano Franco von Arragona, Marchese von San Georgio und Polestina, geb. 18 Febr. 639. † 16 Dec. 693.
  Gem. Beatrix Vintimiglia, del Caretto, Marchesin von Gerace, g. 13 Märt 640. verm. 674. † 16 Jul. 705.

Johann Dominicus Milano Franco d'Arragona, Grand v. Spanien, Marchese von San Georgio, g. 3 Jan. 675. ward von Kaiser Carl VI. mit Beylegung des Prädicats Celsissimi zum Reichsfürsten erkläret 5 May 731. † 30 Jan. 740.
  Gem. Aloysia Goeni, des sicilianischen Herzogs von Angio, T. g. 3 Oct. 675. verm. 696. † 4 Oct. 717.

| Jacob Franz Milano, Marchese von S. Georgio, Reichsfürst v. Ardore, g. 4 May 699. Ritt. des H. Geist und S. Januarius-Ord. war Kön. sicilian. Staats-Minister u. Embassad. zu Paris bis 753.
  Gem. Henrica, Carmineus Nicolaus Caraccioli, Fürsten v. Santobuono, T. g. 22 Aug. 708. verm. 23 May 725. | Maria, g. 700. ist im Kloster S. Georgio Armeno zu Neapel. | Aurora, g. 702. ist im Kloster nella Sapienza zu Neapel. | Basilia, g. 706. ist im Kloster S. Georgio Armeno zu Neapel. |

| Maria Anna, geb. 24 Jan. 735. Zwillling. | Maria Antonia, g. 24 Jan. 735. | Maria Theresia, geb. 1 Dec. 736. gieng ins Kloster S. Georgio Armeno zu Neapel 25 Nov. 754. | Johann Maria Loretto Milano, Prinz von Ardore, Marq. von San Georgio, g. 10 Febr. 738. Kön. sicilian. Kammerjunker u. Staatsrath.
  Gem. Maria Johanna von Evoli, Franz Herzogs v. Castropignano, T. g. 735. v. 20 Apr. 755. | Carmineus Nicolaus, g. 28 Sept. 739. Herz. von San Paolo. | Ludwig Maria, geb. 12 Jul. 742. zu Paris Malteser Ritter. |

CLXI. Stammtafel des Reichsfürstl. Hauses Batthyan in Hungarn.

Adam, Graf von Batthyan, geb. 662. Bannus von Croatien, Dalmatien und Sclavonien, starb 27 Aug. 703.
Gem. Eleonora Magdalena Ursula, Theodor Athleta, Reichsgrafen v. Strattmann, T. v. 25 Nov. 692. †.

Carl, des H. R. R. Fürst v. Batthyan, Erbgraf v. Nemeth Ujvar und Siklos, des goldn. Bliesses Ritter, und des St. Stephans-Ordens Grosscreuz, Gebaraf des Eisensstädter u. oberster Graf des Comitats v. Simegh, Kaiserl. Gen. Feldmarschall, wirkl. Geh. Rath, Conferenz-Minister, Chef eines Dragoner-Regim. g. 28 April 697. ward 3 Jan. 762. von Kais. Franz I. in R. Fürstenstand erhoben.
Gem. 1 Maria Barbara, Octavian Ladislaus, Reichsgrafen v. Waldstein, T. Ernst Joseph, Grafen v. Khünburg, Witwe, starb.
2. Maria Theresia, Gerhard Wilhelm, Reichsgrafen von Stratmann, Kais. wirkl. Geh. Raths, Erbtochter, g. 708. verm. 726. † 18 April 760.
3. Maria Antonia, seines ältern Grubers, Ludwig, Gr. v. Batthyan, Palatius v. Hungarn, T. Nicolaus, Gr. v. Erdödi, W. geb. 8 Jan. 720. verm. 23 Jan. 764.
Seine Geschwister und übrige Verwandte sind im Gräfl. Stande geblieben.

CLXII. Stammtafel des Reichsfürstl. Hauses von Beaufremont-Marnay, in Frankreich.

Peter, Marq. v. Beaufremont, g. 663. Kön. französ. Obrister, starb 686.
Gem. Maria v. Barres, Marquise v. Mirabeau, verm. 682. † 717.

Jacob Anton, g. 683. Ritt. des gold. Bl. Ordens, Kön. französ. Marechal des Camps, † 707.
Gem. Louisa Francisca, von Mailly Nesle, v. 10 Jan. 707.

Ludwig Benignus, geb. im Nov. 684. Kön. französ. Gen. Leut. und Ritt. des gold. Blies-Ordens, † 22 Jun. 755.
Gem. Helena, Ludwig Carl II. Prinzen v. Courtenay, aus Kön. französ. Geblüte, T. geb. 9 April 689. v. 5 März 712.

Ludwig, des H. R. R. Fürst, g. 20. Nov. 712. Kön. französ. Gen. Lieutenant, Chef eines Dragon. Reg. So. vern. v. Seissel, ward 757. als Erb und Nachfolger des Hauses von Gorrevode mit Beybehaltung des Namens u. Wappens der Häuser Vienne, Listenois und Villelume, von Kaiser Franz I. zum Reichsfürsten v. Marnay erkläret und bestätiget.
Gem. Maria Susanna, Gräfin v. Tenarre Montmain, geb. 24 Aug. 722. v. 24 April 735. ward St. Er Ord. Dame 14 Sept. 750.

Carl Rogerius, g. 4 Octob. 713. Kön. französ. Brigadier der Dragon. auch Malteser Ritter.

Joseph, Prinz v. Listenois, g. 12 Sept. 714. Königl. französ. Gen. Lieut. zur See. Gem. Louisa Benigna, geb. 4 Nov. 750. seines ältern Grud.-Tochter.

Louisa Benigna, geb. 4 Nov. 750.
Gem. Joseph, Prinz v. Listenois, ihres Vaters Bruder, verm. im Nov. 762.

CLXIII. Stammtafel des Herzogl. Hauses von Broglie in Frankreich, welches die Reichsfürstl. Würde besitzet.

Victor Moritz, Marquis v. Broglie, geb. 647. Marschall v. Frankreich, starb im Julius 727.
　Gem. Maria von Lamoignon, †.

Franz Maria, geb. 11 Jan. 671. Marschall von Frankreich, seine Baronie la Ferriere ward 20 Aug. 742. zu einem französ. Erbherzogthum erhoben, † 22 May 745.
　Gem. Theresia Gillette Loquet, Earl von Granville T. verm. 15 Febr. 716. † 2 May 763.

| Victor Franz, Herzog v. Broglie, Marschall und Pair von Frankreich, Ritt. der Königl. Orden, Gouverneur v. Bethune, geb. 19 Oct. 718. ward 759. im Junius in Reichsfürstenstand erhoben. Gem. 1. Maria Anne du Bois, de Villers, Königl. französ. Rittmeisters, Claudius Thomas v. Villers, T. geb. 720. verm. im May 736. † 13 Dec. 751. 2. Louisa Augustina, Ludw. Augustin Erzzat v. Thiers, Kön. französ. Marechal des Camps jüngste Tochter, g. 25 Oct. 733. verm. 11 April 752. | Carl Franz, Graf von Broglie, Kön. französ. General-Lieut. und Ritter der Königl. Orden, g. 20 Aug. 719. Gem. Louisa Philippina Augusta, Ludw. Franz, Fürsten v. Montmorenci, T. geb. im Januar 735. verm. 21 Märj 759. 1. Tochter, geb. im August 760. 2. Sohn, geb. im Febr. 765. 3. Sohn, geb. im Febr. 766. | Franz, Graf von Revel, g. 27 Sept. 720. Königl. französ. Brigadier und Gen. Quartiermeister, blieb in der Schlacht bey Rosbach 5 Nov. 757. Gem. Anastasia Johan. Theresia Savaletta, Kön. franz. Schatzbewahrers, Carl v. Magnanville, T. geb. 732. v. 4 Sept. 752. † 18 Nov. 758. | Maria Theresia, g. 11 May 732. Gem. Ludwig Carl, Graf v. Lameth, Kön. französ. Marechal des Camps, v. 13 Dec. 751. † 12 May 761. | Carl, Abt v. Broglie, g. 12 Nov. 733. bekam 757 die Cistercienser-Abtey Chaslade in dem Bezirk von Verdun. |

| Tochter, geb. im Aug. 755. | Sohn, geb. im Sept. 756. | Sohn, geb. 31 Oct. 762. | Sohn, geb. 28 Aug. 765. | |

CLXIV. Stammtafel des Fürsten zu Castiglione, aus dem Hause Gonzaga.

Ferdinand II. Gonzaga, Fürst zu Castiglione, geb. 8 Aug. 649. verlohr das Fürstenthum im spanischen Successions-Kriege, † 13 Febr. 723.
Gem. Laura Pico, Alexanders II. Herz. zu Mirandola, T. g. 16 Nov. 660. v. 28 Febr. 680. † im Jan. 720.

Aloysius Gonzaga, jetziger Fürst zu Castiglione, g. 19 Nov. 680. succed. dem Vater 723. ist aber noch nicht restituiret, u. lebt zu Venedig. Gem. Anna Maria Anguisola, ungleichen Standes. Leopold, in venetianischen Kriegs-Diensten.	Franz, geb. 8 May 684. vormals Abt von Castiglione, nachher Herzog von Solferino 739. Grand von Spanien der ersten Classe, spanischer wirkl. Kammerherr, Ober-Hofmeister der regierenden Königin in Spanien, † 5 Febr. 758. Gem. 1. Isabella, Ponce de Leon, Emanuels VI. Herz. von Arcos, T. und Anton Martins, Herz. von Alba, W. v. 26 Sept. 716. † im Jan. 733. 2. Julia Chitteria, Carminei Nicolai Caraccioli, Fürst von St. Buono, u. Herz. von Castell de Sangro, T. geb. 31 Dec. 696. v. 722. † im Dec. 756. Elisa beth,	Almericus, ein Abt, geb. 1 Febr. 686.

2.	2.	2.	2.	2.	2.
Maria Aloysia, g. 22 Jun. 726. Staats-Dame d. Königin in Spanien 757. Gem. Joachim Pignatelli, Marq. v. Cosesquella u. Grof von Fuentes, span. Ambassad. zu Paris, v. 15 Oct. 741.	Maria Laura, geb. 31 Jan. 728. lebt im Kloster.	Constantia, geb. 31 Dec. 729. lebt im Kloster.	Maria Francisca, g. 18 Apr. 731. Gem. Peter d' Alcantara, Marquis von Cogelludo, ältest. Sohn des Herz. v. Medinaceli, v. 2 Apr. 747.	Maria Antonia, g. 6 Febr. 735.	Maria Michaela, geb. 23 Febr. 745.

CLXV. Stammtafel der Fürsten von Chimay.

Philipp Ludwig Hennin d'Alsace, Gr. von Bossu, Ritter des goldn. Vl. erbte von seiner Mutter das Fürstenthum 686. † 25 März 688.
Gem. Anna Louisa Vereyken, Carls, Freyherrn von Imden, T. und Erbin, † 12 April 729.

Carl Ludwig Anton Galeaz, Fürst von Chimay, g. 674. Span. Gen. Lieut, ward Kaiserl. Geh. Rath, 22. † 4 Febr. 740. Gem. 1. Diana Mancini, Philipp He. j. von Nevers, T. g. 683. v. 6 Apr. 699. † 12 Sept. 716. 2. Charl. de Konvroy, Ludwig, Herz. v. St. Simon, T. geb. 8 Sept 696. v. 15 Jun. 722. † 23 Jul. 752.	Thomas Philipp Volrad, d'Alsace Bossu, g. 12 Nov. 680. Erzbischof zu Mecheln u. Primas in d. Niederlanden im März 714. Cardinal 29 Nov. 716. K. wirkl. Geh. R. 716. † 5 Jan. 759.	Alexander Gabriel Joseph, a. 681. erster Marq. de la Verre, hernach Fürst von Chimay 740. Französ. Gen. L. 18 Dec. 709. gieng hernach in Kais. Dienste u. ward Gouv. v. Dendermonde, Gen. F. M. Lieut. 726. Gouv. von Oudenarde 17 . ward v. Kais. Carl VI. im Oct. 736. im Reichs-Fürstenstand erhoben, † 18 Febr. 745. Gem. Gabriela Franc. Marci, Fst. v. Beauveau-Craon, T. g. 31 Jul. 708. v. 19 Aug. 725. † 2 Sept. 751.	Johann Franz Joseph, Graf von Hennin Bossu, K. Kämmer. zu Brüssel 740. Geh. d. Cav. 17 † 30 Dec. 754. Gem. Maria Francisca Wolfgang Friedrich, Freyherren von Geroldingen, T. g. 693. v. 716. St. Cr. Ord. D. 14 Sept. 738.	Joachim Joseph, Graf von Hennin Bossu. Maria Theresia von Hennin Bossu, Nonne zu Paris.
Maria Anna Gabriela, g. 29 März 728. Gem. Victor Moriz Riquet, Marq. v. Ceramain Französ. Brigad. ve m. im October 750.	Gabriela Charlotta Francisca, geb. 28 Jun. 729. Gem. N. Graf Ramulli, v. 2 Jun. 757.	Thomas Alexander Marcus Hennin, d'Alsace, Fürst v. Chimay, g. 7 Nov. 732. Französ. Grenadier Obrist, und Capit. der Leibgarde K. Stanislai, blieb bey Minden 1 Aug. 759. Gem. Magdalena Charlotta, le Pelletier de St Fargeau, v. 25 Apr. 754.	Phil. Gabriel Marix Hennin d'Alsace, jetzt Fürst v. Chimay, g. 22 Sept. 736. Kais. Kämmer. 755. succ. d. Bruder als Fürst 759. Gem. Adelhaid, Carls, Hz. von Fujames, T. g. 17 Jan. 746. v. 762.	Louisa Franc. Gabriela, geb. 30 März 738. Gem. Jacob Franz, Vicomte von Cambis, Franz. Obr. ei. Infant. Reg. v. 15 Febr. 756.	Carl Joseph, g. 17 Jun. 744. nahm 766. den Titel als Fürst von Hennin an. Gem. eine Tochter des Französ. General-Lieut. Marquis Stephan von Mons conseil, v. 766.	Carl, Graf von Hennin, Baaden-Baadenisch. Kammerjunker und Hofrath.

CLXVI. Stammtafel der Fürsten von Craon in Lothringen.

Ludwig, Graf v. Beauveau, Lothring. Geh. Rath, starb 21 April 706.
Gem. Anna, Franz von Ligni, Grafen v. Charmel, T. †.

Marcus, des H. R. R. Fürst v. Beauveau Craon, geb. 681. Ritt. des goldn. Vliesses, Grand v. Spanien der ersten Classe, Präsid. des Staatsraths in Florenz, ward von Kais. Carl VI. 27 Nov. 733. in Reichsfürstenstand erhoben, † 11 März 754.
Gem. Anna Margaretha, Melchiors v. Ligneville, Lothring. Geh. Raths, T. verm. 10 Dec. 704. ward Stern-Creuz-Ord. Dame 14 Sept. 749.

Ludwig Joseph, Graf von Beauveau, † 7 Nov. 733. Gem. Charlotta Eberhardina von Angluze, geb. 641. † im März 754.

Anna, †. Gem. Ludwig Alexander, Gr. vonSalles.

Anna Francisca. Gem. Anton Bernhard, Graf v. Armoises.

---

1. Elisabetha Charlotta, geb. 26 Nov. 705. Gem. Carl Franz Andreas de la Baume de Montrevel, Marquis v. St. Martin, verm. im Aug. 723. stirbt 741.

3. Anna Margaretha Gabriela, g. 28 April 707. Gem. 1. Jacob Heinrich von Lorraine, Prinz von Lixin, v. 19 August 721. † 2 Jan. 734. 2. Carl Peter Gaston von Levis, Marquis v. Mirepoix, Marschall v. Frankreich, verm. 2 Jan. 739. † 25 Sept. 757.

3. Gabriela Francisca, geb. 31 Jul. 708. † 2 Sept. 751. Gem. Alexander Gabriel Joseph v. Hennin Liotart, Fürst von Chimay, v. 19 Aug. 725. † 22 Febr. 745.

4. Maria Philippina Thecla, geb. 23 Sept. 709. stirbt als Stifts-Dame zu Remiremont.

5. Nicolaus Simon Judas, geb. 28 Oct. 710. Abt v. Craon, stirbt im May 734.

6. Maria Francisca Catharina, geb. 8 Dec. 711. Gem. Ludwig Franz, Marquis von Boufflers Remoncourt, Kön. franzöß. Marechal des Camps, verm. 715. † 22 Febr. 751.

7. Franz Innocenz Marcus, geb. 23 Jan. 713. † als Primas v. Lothring. 9 Jul. 742.

8. Henrica Augusta, g. 28 August 716. ist im Kloster zu Paris.

9. Charlotta, geb. 8 Nov. 717. Gem. Leopold Clemens, Marq. v. Bassempierre, Kön. franz. Brigadier d. Reuterey, verm. 734.

10. Anna Margaretha, g. 10 Febr. 719. ist im Kloster zu Paris.

11. Carl Just, des H. R. R. Fst. v. Beauveau Craon, Grand v. Spanien der ersten Classe, Ritt. des H. Geist Ord. Hauptm. einer Comp. Garde du Corps u. G. Lieut. in franz. Diensten, g. 10 Nov. 720. Gem. MariaSophia Charlotta, Emanuel Theod. Herz. v. Bouillon, T. g. 20 Dec. 729. verm. 4 April 745. † 6 Sept. 763.
Anna Margaretha Louisa, g. 1 Apr. 750.

12. Elisabeth, g. 26 Jan. 722. ist im Kloster zu Paris.

13. Ferdinand Hieronymus, g. 5 Sept. 723. Königl. franzöß. Brigadier.

14. Gabriela Charlotta, geb. 29 Octob. 724. ward als Aebtißin der Abtey S. Antoine zu Paris eingeführt im Nov. 764.

15. Alexander, Marq. v. Craon, g. 16 Dec. 745. ward als Königl. franzöß. Obrister des Reg. Hennegau 11 May 745. in der Schlacht bey Fontenoi erschoffen.

CLXVII. Stammtafel des Reichsfürstl. Geschlechts von Doria in Italien.

a) Von der ältern Linie.

Andreas Doria, g. 15 Aug. 674. Marquis v. Turriglia, starb 28 Jun. 737. Gem. Livia Mari, Georg Centurione, eines genuesischen Patricius, T. geb. 685. verm. 15 Jan. 703. † 10 März 748.

Johann Andreas IV Fürst v. Doria Landi, Pamfili und Melfi, g. 30 Jul. 704. Grand von Spanien der erst. Classe, Ritt. des St. Januar-Ord. 13 May 760. wurden seine beyde Reichslehen Turriglia u. St. Stephan Vallis avanti zu einem Reichs-Thronlehen u. Fürstenthum von Turriglia erhoben, † 8 Dec. 764. Gem. 1. Maria Theresia, Joh. Andreas Doria, Herz. von Tursis einzige T. geb. 6 Aug. 710. v. 28 Febr. 726. geschied. 741. † 5 März 750. 2. Maria Eleonora Margaretha, Fabricius Caraffa, Herzogs v. Andria, T. geb. 727. verm. 23 Febr. 743. † 1 März 765.

Philipp Doria, Marq. von Caravaggio, Ritt. des goldn. Vliesses u. Kais. Geh. Rath, g. 15 Jul. 710. Gem. Blanca Maria Sforza Visconti, Johann Wilh. Gr. v. Sintzendorf, T. Erbin v. Caravaggio, geb. im Nov. 717. v. 29 April 737.

Anna, geb. 22 Jan. 722. Gem. Joseph Spinelli, Herz. von Carvano, v. 15 Oct. 741.

Prinz, geb. im März 744. folgt seinem Vater 8 Dec. 764. als Fst. v. Doria Landi, Pamfili u. Melfi, wird von seinen 3. Lehensherren dem Pabst, dem Könige beyder Sicilien u. dem Freystaat von Genua mündig erkläret, gieng 765. auf Reisen.

Prinzeßin. Gem. der älteste Prinz des Herz. von Bracciano, verlobt 765.

Vincenz Maria, g. 24 May 756.

Noch zwey Prinzeßinnen, davon die jüngste 20 Febr. 765. nach des Vaters Tode gebohren.

1. Franz Maria, g. 6 April 738. Ritt. des Januar. Ord. Gem. Johanna Livia Anna, Lazarus Doria, Herz. v. Tursis Tochter und Erbin, g. 29 Sept. 743. verm. 758. 2. Noch etliche Söhne.

b) Von der jüngern Linie des Hauses Doria.

Carl Doria, Herzog von Tursis, Fürst von Avello, geb. 634. starb 665. Gem. Johanna Gonzaga, Ludwigs, Fürsten v. Castiglione, T. † 695.

Johann Andreas Doria, Herzog v. Tursis und Fürst v. Avello, g. 664. Ritt. des goldn. Vliesses, Ober-Kammerherr d. Königs beyder Sicilien, † 24 Nov. 749. Gem. Livia Maria, Anton, Marchese von Grillo, T. verm. 690.

Johanna Maria Theresia, geb. 6 Aug. 710. † 5 März 750. Gem. 1. Johann Andreas Doria, Graf von Loano, Fürst von Melfi, verm. 28 Febr. 726. geschieden 741. 2. Lazarus, Marchese Doria, verm. 13 Sept. 741. nunmehro Herzog von Tursis, wegen seiner Gemalin.

Johanna Livia Anna Josepha Theresia, geb. 29 Sept. 743. Gem. Franz Maria Doria, ältester Sohn der Marchese Philipp Doria von Caravaggio, verm. 758.

Prinzeßin. Gem. Ein Sohn des Fürsten Vincenz Caraffa von Rocella, verm. 761.

CLXVIII. Stammtafel des Fürsten Esterhasy von Galantha.

Paul Esterhasy, geb. 631. erster Fürst von Galantha, Palatinus Hungariæ 681. starb 26 Märj 713.

Gem. 1. Ursula, seines ältern Bruders, Stephani, T. g. 7 Märj 641. † 31 May 682.

× Eva, Stephans, Gr. Töckeli, T. g. 660. v. 682. † 22 Aug 716.

1.	1.	2.	2.
Michael, Fürst, geb 672. Kaiserl. Geh. Rath und Kämmerer, † 24 ... 73?.	Gabriel, Graf, g. 673. Kaiserl. Kämmerer, † 13 Märj 70c.	Joseph Anton, Fürst, g. 683. † 17 Jun. 725.	Theresia, geb. ... St. Cr. Ord. ... † im Dec 755.
Gem. Anna Margaretha, Mar?) ſin von Deſſuna u. Rhoti, geb. 672. v. 694. † 23 May 755.	Gem. Margaretha Chriſtina, Otten Ehrenreichs, Gr. v. Traun, T. g. 11 Octob. 677. v. 694. † 725.	Gem. Maria Octavia, Geo. Julii Reichs-Frepherrn von Gilleis, T. geb. 689. † 22 April 762.	Gem. Georg, Gr. von Erdödy, Ober-Hofrichter des Königreichs Ungarn.
Johanna Francisca Xaveria, g. 3 Dec. 70*. St. Cr. Ord. D.	Maria Francisca Eleonora, g. 29 Nov. 70*	Paul Anton, g. 22 Apr. 711. des H. R. R. Fürst Esterhase, von Galantha, Erbar zu Forchenstein, Erb-Obergespann u. Oedenburg, Kaiserl. Kön. wirkl. Staatsrath u. Kammerherr, G. Feldmarschall, Obr. des Husaren-Regim. von seinem Namen u. oberster Erb-Kämmerherr von Königreich Ungarn 2c. succed. als Fürst 723. † 18 Märj 762. ohne Erben.	Nicol. Joseph, jetziger Fürſt, g. 18 Dec. 714. Kaiſ. Gen. F. Zeugmeiſter, R. des gold. Blieſ. Obriſt. eines Huſ. Reg. ſuccedirt als Fürſt ſeinem Bruder 18 Märj 762.
Gem. Michael Anton, Graf v. Althan zu Grußback, v. 20 Oct. 721. † 19 Oct. 765.	Gem. Carl Anton, Gr. von Salm-Reiferſcheid, v. 13 Jan. 720. † 13 Jul. 755.	Gem. Maria Anna Louiſa, Marquiſin von Lunati, Viſconti, v im Jan. 735. St. Cr. Ord. D. 3 May 736.	Gem. Maria Elisabeth, Ferdinand, Graf v. Weiſſenwolf, T. g. 21 Märj 718. v. 4 Märj 757.

Franz Anton, geb. 738. Kaiſ. K. Kämmerer, Ritt. des St. Stephan-Ord.
Gem. Maria Theresia, Nicol. Grafen v. Erdödy, T. g. 745. v. 10 Jan. 763.

Eine Gräfin, geb. im Febr. 764.

CLXIX. Stammtafel des Reichsfürstl. Hauses Gallean.

Carl Noel v. Gallean, Marquis v. Salernes, Graf v. Castellet, Baron v. Issarts, Herr zu Courtines, Angles u. Cadarache, † 723.
  Gem. Genoveva Catharina, Dominicus v. Raffelis, Marquis v. Soissans u. Saint Sauveur, T. verm. 15 Dec. 714. † 748.

Carl Hyacinth v. Gallean, Marq. v. Salernes, Gr. v. Castellet, Bar. v. Issarts, Hr. zu Courtines u. Angles, Ritt. des weis. Adl. Ord. Königl. französ. Staatsrath, u. gewes. Ambassad. am poln. und sardin. Hofe, g. 12 Apr. 716. † 18 Aug. 751.
  Gem. Adelheid Carolina Felicitas, Caspar Palamedes v. Forbin, Marquis v. Barbent u. Pont a Mousson, T. v. 29 Nov. 731. † 5 Jan. 743.

Carl Hyacinth Anton, des H. R. R. Fürst v. Gallean, g. 18 Sept. 737. ward von Pabst Benedict XIV. zum Herz. ernennt 15 Jan. 757. ward Ehrenritter des Malt. Ord. 24 Sept. 757. Comthur des sardin. St. Moriz- u. Lazarus-Ord. 19 Oct. 757. von Pabst Clemens XIII. zum röm. Fürsten ernennt 14 Dec. 759. Ritt. des St. Hubert-Ord. 2 Febr. 760. Ritt. des weis. Adl. Ord. 3 Aug. 751. ward zum Churpfälz. Groß-Hofmeister u. wirkl. Geh. Rath ernennt 11 März 761. und 15 Sept. 761. von Kaiser Franz I. für seine Nachkommen beyderley Geschlechts in den R. Fürstenstand erhoben, auch mit dem teutschen Incolat begnadiget.
  Gem. Maria Francisca Henrietta, Johann Joseph Paul Anton, Herz. v. Montpesat, T. g. 29 May 739. v. 1 Sept. 758. Stern-Creuz Ord. D. 3 May 762.

Antoinetta Friderica Aurora Camille | Cornelia Henrica Sophia Hortensia Louisa
Stora Eugenia, geb. 6 May 761. | sa Gabriela, geb. 24 März 763.
  Die ält. Linie des Hauses Gallean hat ihren Siz zu Avignon, deren Haupt ist jezo Ludwig Maria v. Gallean, dritter Herz. v. Gabagne, Marq. v. Egulles, Bar. v. Vedenes und St. Saturnin, K. franz. Obr. der Reut. geb. 704.

CLXX. Stammtafel des Reichsfürstl. Geschlechts Havre in den Niederlanden.

Johann Baptista Joseph, Herz. v. Havre, des H. R. R. Fürst, geb. 30 Nov. 686. † 24 May 727.
  Gem. Maria Anna Casarina, Anton Lanti, Herz. von Bonmatso, T. v. 5 Jun. 712. † 16 April 753.

| Ludwig Ferdinand Joseph, Herz. von Havre u. Crop, des H. R. R. Fürst, g. 18 Jan. 715. zu Madrid, starb 16 Jul. 7. I. als franzöß. Gen. Lieut. an der in der Schlacht bey Wellinghausen empfang. Wunde. Gem. Maria Louisa Kunigunda, Christ. Ludwig, Fürsten v. Tingry, T. geb. 13 Sept. 716. v. 15 Jan. 736. † 18 April 764. | Johann Just Ferdinand, v. Cordua Lanti, geb. 27 May 716. sonst Prinz von Crop genannt, jezo Gr. v. Briego, wegen seiner Gem. Grand d'Espagne erster Classe, des H. R. R. Fürst. Gem. Maria Beth. Leo. Fernanden von Cordua Lanti, des Herz. v. San Gemini, dessen Namen u. Wappen ihr Gemahl führen muß, T. v. 12 Febr. 742. | Maria Louisa, geb. 22 Febr. 714. Gem. Graf v. Tana u. March. v. Verolongo, g. 717. v. 730. | Maria Anna Charlotta, g. 12 May 717. Gem. Joachim Anton, Marchese v. Arizia, verm. 1 Apr. 737. | Paulina Josephina Jos. na, g. 30 Jun. 721. |

| Maria Anna, g. 7 Apr. 737. war Chanoinesse zu Reimiremont. Gem. Graf Roussi, v. im Nov. 760. | Tochter, g. 24 Jul. 738. Gem. Marquis v. Verac. | Tochter, g. 741. | Herzog v. Havre, des H. R. R. Fürst. g. 744. folgt dem Vater in allen seinen Gütern 16 Jul. 761. Gem. Adelheid Louisa Angelica, Fürst Emanuel von Crop-Solre, einzige T. g. 6 Dec. 741. v. 20 Febr. 742. |

Das Herzogl. Haus Havre, so aus dem von Crop herstammt, ist bereits 1598. von Kaiser Rudolph II. in den Reichsfürstenstand erhoben worden.

CLXXI. Stammtafel des Reichsfürstl. Hauses
Hornes in den Niederlanden.

Philipp Emanuel, Fürst von Hornes, g. 25 Nov. 661. karb 9 Oct. 718.
Gem. Maria Anna Antonia, Fürst Heinrich Ludwig Ernst von Ligne, T. g. 29
Sept. 694. † 27 Aug. 720.

Maximilian Emanuel, g. 30 Aug. 695. Grand v. Spanien erster Claße, Ober-Erbfilagermeister der österreich. Niederlande, Kais. K. wirkl. Geh. Rath, Ober-Hofmeister des Gen. Gouverneurs der Niederlande, Herz. Carl von Lothringen, Ritt des gold. Vl. Orb. ward 18 Aug. 736. von Kais. Carl VI. in den R. Fürstenstand erhoben, † 12 Jan. 763. Gem. 1. Maria Theresia Carolina, Thomas Bruce, Grafen v. Ailesbury, T. g. 12 Jan. 697. v. 17 Jun. 728. † 30 Nov. 736. 2. Henrica Theresia Alberta, Heinrich Gabriel Joseph, Grafen v. Salm-Kyrburg, T. g. 15 Nov. 711. verm. 2 Febr. 738. †9 April 751. 3. Maria Albertina Theresia Philippina, Carl Emanuel, Fürstens v. Gavre d'Apseau, T. geb. 27 Nov. 735. verm. 10 Aug. 752.	Maria Josepha, geb. 14 Jan. 704. karb 11 Jul. 718. Gem. Philipp Alexander Anton, Marquis v. Obskelle Sant Floris, v. 12 May 729.	Maria Magdalena Margaretha Augusta, geb. 13 May 710. † 2 Dec. 733.

Maria Theresia Josepha, geb. 19 Oct. 726. Gem. Philipp Joseph, Fürst von Salm-Kyrburg, v. 13 Aug. 742. erbte 763. nach seines Schwieger-Vaters Tode, dessen sämtl. Herrschaften.	Elisabeth Philippina Claudia, geb. 10 May 733. Gem. Gustav Adolph, Prinz v. Stolberg-Geudern, v. 22 Oct. 751. bleibt als Kaiserl. Gen. Feld-Marschall Lieut. 5 Dec. 757. in der Schlacht bey Lissa.

CLXXII. Stammtafel des Reichsfürstl. Hauses Jablonowski in Pohlen.

Stanislaus Johann Jablonowski, Kastellan von Cracau, Kron-Großfeldherr von Polen, † 3 April 702.

Johann Stanislaus, Graf v. Jablonowski, Volatin v. Reussen, † im Jun. 731.
Gem. Johanna Maria, Franz, Marq. von Bethune, T. verm. 6 Febr. 693. zu Grodno, † 11 Mär; 744. etl. 60 Jahr alt.

1. Stanislaus Vincenz, des H. R. R. Fürst v. Jablonowski, Woiwod v. Rava, Ritt. des gold. Vließes, H. Geist u. weiß. Adl. Ord. † 24 Sept. 755. ward mit seinen Vettern und allen ihren ehelichen Nachkommen von Kais. Carl VII. 742. in R. Fürstenstand erhoben.
Gem. N. N.

2. Demetrius, Fürst Jablonowski, Staroft von Korwel, poln. Gen. Lieut. Ritt. des pfälzischen St. Hubert. Ord.
Gem. Josepha Charlotta, geb. Gräfin Miecielska, ward St. Er. Ord. Dame 14 Sept. 761.

Prinz, geb. im Oct. 750.
Prinz, geb. 6 Oct. 751.
Prinzeßin, geb. im Dec. 753.
b. Joachime, † 764.
Gem. Joseph, Fürst Lubomirski, † 8 Aug. 755.
a. Louisa.
Gem. Annæ Carl Friedrich, Prinz v. Talmont, Herz. v. Chatelleraut, verm. 30 Oct. 730. † 20 Nov. 759.
5. Stanislaus, Fürst von Jablonowski, Ritt. des pfälzischen St. Hubert-Ord.

Alexander, Kron-Großfähndrich von Polen, †.
Gem. Theophila Nicol. Sieniawski, Woiwod. von Volhonien und Kron-Unterfeldherrn, T. † im Oct. 755. ward von Kais. Carl VII. mit ihren Sohn in R. Fürstenstand erhoben u. 3 May 746. St. Cr. O. Dame.

1. Joseph Alexander, des H. R. R. Fürst von Jablonowski, Ritt. des H. Geist und pfälzischen St. Hubert-Ordens, Woiwod von Novogrod.
Gem. Carolina Theresia, Prinzeßin v. Radzivil, verm. im May 740. † im April 765.
2. Johann Cajetan, Fürst v. Jablonowski, Ritt. des weiß. Adl. Ordens, Woiw. v. Braclau, † 6 Mär; 764.
Gem. 1. N. N. † im Jan. 750.
2. Anna, Gräfin Sanicha, des Lithauisch. Feldzeugmeisters, T. v. im Nov. 750. ward St. Cr. Ord. Dame 14 Sept. 758.
3. Anton, Fürst v. Jablonowski, Woiwod v. Posen, Ritt. des weiß. Adler u. pfälzischen St. Hubert-Ord.

Anna Catharina, g. 649. † 29 Aug. 727.
Gem. Raphael Leszczinsky, Graf von Leczno, Gen. v. Großpolen, endlich Kron-Großfeldherr, v. 15 Nov. 670. † 13 Jan. 703. Sie war eine Mutter des 766. verst. Königs Stanislaus v. Polen.

CLXXIII. Stammtafel des Fürsten von Ligne.

Claudius, Fürst v. Ligne, geb. 7 Aug. 685. succed. seinem ältest. Bruder 10 Sept. 707. erster Pair v. Flandern, Seneschall u. Marschall v. Hennegau, Ritt. des gold. Vl. Kais. Gen. Feldmarsch. u. Obr. eines Infant. Regim. starb 7 Apr. 766.
Gem. Elisab. Alexandrina Charlotta, Ludwig Ottens, Fürst. zu Salm, T. geb. 21 Jan. 704. v. 17 April 721. erbte die Herrsch. Wachtendonk 732. † 27 Dec. 739.

Louisa Maria Christina, g. 17 Febr. 728. Canonissin zu Remiremont 748.

Maria Josepha, g. 8 Jan. 730. Canonissin zu Essen.

Carl Joseph, jetziger Fürst, g. 23 May 735. K. K. wirkl. Kämmer. Gen. Feld-Wachtmeiste.
Gem. Francisca Xaveria, Emanuels, Fürst von Lichtenstein, T. geb. 27 Nov. 739. v. 7 Aug. 755.

Maria Christina Claudia Philippina Wilhelmina, geb. 26 May 757.

Franz Leopold, g. 3 Nov. 762.

CLXXIV. Stammtafel des Reichsfürstl. Hauses Lubomirski in Pohlen.

Stanislaus, des H. R. R. Fürst von Lubomirski, Kr. Groß-Marschall v. Pohlen, † 17 Jan. 702. Gem. 1. Sophi, Amalia Maria, Gräfin v. Opalinski, †. 2. Henrietta, Theodor, Grafen Dönhof, T. † 14 May 702.

Hieronymus, Kr. Groß-Feldherr von Pohlen, † 20 Apr. 706. Gem. Anna Victoria, des Truchseß v. Lithauen, Goukom, T. Schwester der Fürstin v. Teschen, † 22 Dec. 707.

Georg Johann, siehe sub A. Jacob Ignatz siehe sub B. der, siehe Alexander sub C.

Franz, Kron-Unter-Kämerer, auch Kron-Truchseß †. Gem. Jacobina, Gräf. Morston, †.

Alexander, g. 666 Woiwod v. Sendomir, Ritt. des weissen Adl. Ord. † 14 Oct. 735. Gem. 1. Johan. Susanna, Freyin von Starzhausen, ward 713. St. Cr. Ord. Dame, †. 2. Anna Moskowska, vermälte sich zum 2ten mal mit Thomas Zamoiski, Woiwoden v. Lublin, im Febr. 738. ward St. Creuz-Ord. Dame 745. †

Stanislaus, Woiwod v. Braclau, Ritt. des weissen Adl. Ord. Gem. Louisa, Gräfin Pociey.

Joseph, Lithauis. Unter-Truchseß, Ritt. des weissen Adler-Ord. † 8 Aug. 755. Gem. Joachima, Stanislaus Vincenz Fürst. Jablonowski, T. † 764.

Anna Carolina. Gem. Anton Domski, Woiw. von Brzesci.

Georg, g. im Jul. 667. Woiwod von Cracau, † 27 Aug. 727. Gem. 1. Ursula Catharina von Buckom, des Litthauischen Truchses, T. g. 25 Nov. 680. ward geschieden, und vom Kaiser Joseph I. zur Reichsfürstin von Teschen erhoben, verm. sich 22 Oct. 722. mit Friedrich Ludwig, Prinzen v. Würtemberg, W. 19 Sept. 734. † 4 May 743. 2. Magdalena, Joh. Carlo, Woiwoden von Lublin, T. d. Kron-Groß-Truchsessen Szembeck W. † im Jan. 728.

Anton, geb. 718. Kron-Groß-Schwerdträger, Staroft v. Casimir, † 25 Jul. 761. Gem. Elisabeth, des Kron-Quartiermeisters Georg Ozarowski, T.

Franz, Ritter des weissen Adl. Ord. Kron-Groß-Schwerdträger, Staroft v. Casimir.

Joseph, Woiwod v. Czernichovien, † 11 Jan. 732. Gem. Theresia, Joseph, Grafen v. Mnisjech, T. des Woiwod. von Volhynien, Stadnickii, W. St. Cr. O. D. 736. † im Apr. 746.

Theodor, g. 17 Aug. 697. Woiwod v. Cracau, Staroft von Zips, K. K. Gen. Feld-Marschall, Ritt. d. gold. Vl. Chef eines Curaff. Regiments, † 6 Febr. 745. Gem. Maria Anna, Mad. Christ, ward zur Gräfin von Comignie erhoben, v. 729. lebt zu Leimbach in Ober-Oesterr.

Maria Anna, ward adoptirt. Gem. Nicolaus, Gr. Eskerbaff, Kaif. Geh. Rath, verm. 15 Dec. 744. † im Junius 764.

Caspar, geb. im Nov. 734. rußisch Kaif. Gen. Lieut. u. röm. Kais. auch Kaiserl. Königl. Kämmerer.

Anton, Fürst v. Lubomirski, Woiw. v. Lublin, Ritt. des weiß. Adl. Ord. g. 26 Dec. 718. Gem. Sophia, Gräfin Krasinska, Adam Tarlo, Woiwoden v. Lublin, W. g. 21 Sept. 752.

Maria Anna, ward St. Cr. O. Dame 745. † 763. Gem. Wenzel, Graf v. Rzewuski, Kron-Unter-Feldherr von Pohlen.

Stanislaus, geb. 25 Dec. 722. Kron-Wachtmeist. v. Pohlen, R. d. weiß. A. O. Gem. Augusta, Aug. Alex. Fürsten Czartoriski, T. v. 9 Jun. 755.

Prinzeßin, g. 4 Jun. 755.

A.

Georg Ignaz, auf Rzezow, g. 15 Mårz 691. Ritt. des weissen Adl. Ord. Kron-Groß-Fåhnd. Staroft v. Libuzza, Churfåchf. Gen. der Reuterey, Ritt. d. milit. St. Heinrich-Ord. † 19 Jul. 753.
Gem. 1. Maria Magdalena, Cafimir Ludwig, Gr. Bielinski, Kr. Groß-Marschalls, T. Bogislas Ernst, Grafen v. Dönhof, geschiedene Gemalin, verm. 719. † 20 April 730.
2. Johanna Charlotta, Franz Marquard, Freyh. v. Stein zu Jettingen, T. eine Schwester der 741. verstorbenen Fürstin Sulkowski, g. 1 Mårz 723. verm. 28 Febr. 737. Wittwe.

1. Theodor, geb. 15 Aug. 726. auf Rzezow, Kron-Mund-schenk, Gen. Lieut. der Kron-Armee, Star. v. Bohuslaw, Ritt. des weiß. Adl. O. † im April 761.
Gem. Eleonora, Johann, Grafens v. Malachowski, Kron Groß-Kanzlers, T. des Staroft. zu Warschew, Lipski, Wit. verm. 1 Mårz 753. † im April 761.
Prinz, geb. 20 May 756.

2. Maria Josepha, Gem. Gr. Poninski.
2. Adolph, Ritt. d. Churpfålz. St. Hubert-Ord.
2. Franz Serdinand, Staroft von Biecz, Ritter des Churpfålz. St. Hubert-Ord.
2. Georg Martin, Ritt. d. Churpfålz. St. Hubert-Ord.
Gem. Anna, des Kaif. Kön. Gen. der Reuterey, Andreas, Gr. v. Haddick, T. verm. 14 Jul. 765.

B.

Johann, Staroft v. Bolimon, † im Dec. 736.
Gem. Ursula Barbara, Stephan Nicolaus, Gr. Braniki, Woiw. v. Podlachien, T. des jetzigen Kron-Groß-Feldherrn. Joh. Clemens, Gr. Braniki, Schwester.

Maria, † 762.
Gem. Carl, Fürst Radziwil, verm. 23 Oct. 753.

Friderica Constantia, geb. 30 Aug. 718. Ritt. des Malt. Ord.
Gem. 1. Roland Puchot, Gr. Defailleurs, französ. Ambassadeur in Pohlen u. der Türkey, v. 18 Jun. 743. † 23 Nov. 754.
2. de la Bourdonnaye, Marq. v. Lire, v. 12 May 760.

C.

Jacob Alexander, geb. 11 May 695. Churfåchf. Gen. d. Fußvolks Chefder Leib-Gren. Garde, Ritt. des weiß. Adl. O. vormalia. Gen. Feld-Zeug-meister der Kron Pohlen.
Gem. Friderica Charlotta, Friedr. Reichsgr. Bißhum v. Eckstedt, T. geb. 12 Nov. 700. verm. 4 Nov. 717. † 4 Febr. 755.

Henrietta Charlotta, geb. 18 Jul. 720.
Gem. Carl Georg Friedrich, K. Graf von Flemming, Churfåchf. Cabinets-Minister u. Staats-Secretär, v. 23 Sept. 745.

Louisa Amalia, g. 3 May 732.
Gem. Friedrich August, Reichsgraf v. Rutowski, Churfåchf. Gen. Feld-Marschall, g. 1 May 702. verm. 4 Jun. 739. Wittwe 16 Mårz 764.

CLXXV. Stammtafel des Reichsfürstl. Hauses Monteleone im Neapolitanischen.

Didacus Pignatelli, Herz. von Monteleone, des H. R. R. Fürst, Marchefe della Valle, † im Dec. 750.
Gem. Margaretha, Jacob, Herz. v. Belrisguardo, T. g. 700. v. 716.

Anton, Fürst von Belmonte, davon siehe die Fürsten von Belmonte.

Rofe, geb. 692.
Gem. Franz Maria Spinels u. Fürst della Scalea.

Ferdinand, g. 694. Fürst v. Strongoli, davon siehe unter den Fürsten von Strongoli.

Fabricius, geb. 711.
Gem. Virginia pignatelli, Prinzeßin von Strongoli, v. 12 Nov. 727. † 736.

Nicolaus, g. 714. Grand v. Spanien, des H. R. R. Fürst, † im Sept. 765.

Fabricius, g. 717. Gem. Constantia, Joseph Maria, Fürstens von Ottojano, T. g. 1 Jan. 718. verm. 20 Febr. 735.

Maria Anna, g. 729.

Francisca, geb. 731. Gem. Hieronymus, Ift. v. Marsico Nuovo.

Theresia, geb. 732.

Stephania, geb. 734.

Vincenz, geb. 736.

Joseph, geb. 738.

116

CLXXVI. Stammtafel des Reichsfürstl. Hauses Erba Odeschalchi in Italien.

Balthasar von Erba Odeschalchi, siebenter Herzog v. Bracciano, so er nach Abgang des Hauses Odeschalchi 7 Oct. 713. geerbt, † 26 Febr. 746.
Gem. 1. Flaminia Maria Francisca, Marcus Antonius Borghese, Fürsten v. Sulmona, T. g. 13 Apr. 692. verm. 7 Jan. 717. † 6 Nov. 718.
2. Maria Magdalena, der vorhergehenden Schwester, geb. 14 Dec. 703. verm. 10 Dec. 721. † 10 Dec. 731.

Maria Anna, g. 1 Dec. 723. Gem. Renatus, Gr. Borromeo, verm. 27 Nov. 743.	Livius Franz, von Erba Odeschalchi, achter Herz. v. Bracciano, g. 16 Febr. 725. des H. R. R. Fürst, Herzog v. Sirmien in Croatien, R. des gold. Vl. Gem. Maria Victoria, Fürst Philipp Corsini von Sismano, T. geb. im Dec. 728. verm. 10 April 747.	Theresia Maria, g. 28 Oct. 728. Gem. Franz Caraccioli, Fürst v. Santo Buono, v. 9 Jan. 746.	Catharina Maria, geb. 28 April 730.
1. Prinz, geb. 23 Jul. 748. Gem. Johann Andreas, Fürstens Doria Landi, T. verlobt 765.	2. Maria Magdalena Johanna, geb. 23 Jun. 749. 3. Maria Flaminia Dominica, g. 3 Aug. 750. Gem. Sigismund, Fürst Chigi, verlobt 765.	4. Innocenz Clemens Anshelm Franz, g. 23 April 752. † im Jun. 752. 5. Benedict Maria Franz, g. 5 Oct. 754. † 23 Oct. 756. 6. Prinzeßin, geb. 24 Aug. 757.	7. Philipp Maria Joseph Innocenz, u. 8. Joseph Maria Benedict Innocenz, Zwill. g. 18 März 759. 9. Anton Maria Joseph Ludwig Melchior, geb. 14 März 763.

CLXXVII. Stammtafel des Reichsfürstl. Hauses Orsini Gravina in Italien.

Philipp Bernuald Orsini, vierzehnter Herzog v. Gravina, Fürst v. Solofra, ein Bruders Sohn Pabst Benedict XIII. ward 724. in Reichsfürstenstand mit dem Titel Altezza, von Pabst Clemens XI. zum Fürsten des Röm. Stuhls, und 10 April 729. unter die Princes etrangers in Frankreich aufgenommen. † 4 Jan. 734.
Gem. 1. Johanne Caraccioli della Torella, gieng ins Kloster, †.
2. Hyacinthe Marescotti, Franz Maria, Fürsten v. Ruspoli, T. geb. 12 Febr. 699. verm. 16 Apr. 718. trennte sich 722. ausgesöhnt 730. † 14 Nov. 757.

Dominicus Amadeus Orsini, vierzehnter Herzog v. Gravina, g. 5 Jun. 719. kam 4 Jan. 734. zur Regierung, nahm den geistl. Stand an, ward Cardinal 9 Sept. 743. Gem. Anna Flaminia, von Erba Odeschalchi, Balthasar, Herz. v. Bracciano, T. g. 23 Oct. 722. verm. 19 April 738. † 26 Aug. 742.

Dominicus Orsini, funfzehnter Herzog v. Gravina, Fürst des H. R. R. und des päbstl. Stuhls, auch von Solofra und Vallata, Graf von Muro, Grand v. Spanien, g. 9 Aug. 742. Königl. sicilianischer Kammerjunker 755. folgt seinem Vater 743. in der Regier. unter dessen Vormundschaft. Gem. Maria Theresia, Marinus Franz Caraccioli, Fürstens von Avellino, T. geb. 10 Dec. 738. verm. im April 762.	Philippus, geb. mit dem regierenden Herzog als Zwilling. 9 August 742.	Maria Hyacinthe, g. 1 Febr. 739. † 9 Jun. 759. Gem. Anton Ludwig Maria, Herzog von Arce, aus dem Hause Buoncompagno, verm. 25 April 757.

Prinzeßin, geb. 25 Oct. 765.

CLXXVIII. Stammtafel des Reichsfürstl. Hauses Poniatowski in Pohlen.

Stanislaus Cioleck, Graf v. Poniatowski, geb. 678. Ritt. des weiss. Adler-Ord,
Kastellan v. Cracau, starb im Sept. 762.
Gem. Constantia, Casimir, Fürstens von Czartorinski, Kastellans v. Wilda, T.
geb. 700. verm. 14 Sept. 720. † 27 Oct. 759.

Andreas, des H. R. R. Fürst von Poniatowski, Kais. Kön. Gen. Feldmarsch. Lieut.
Comthur des militarisch Marien Theresien Ordens, ward von Kaiser Joseph II.
12 Dec. 765. für sich und seine Nachkommen im Reichsfürstenstand erhoben.
Gem. Theresia, Leopold, Reichsgrafens v. Kinski, T. ward St-Cr. Ord. Dame
3 May 761.
Von seinen übrigen Geschwistern siehe oben bey dem Königl. poln. Hause.

CLXXIX. Stammtafel des Reichsfürstl. Hauses Radzivil in Pohlen.

Michael, Fürst v. Radzivil, Herz. von Oloka und Niesvitz, Grossfeldherr von Lithauen, Ritt. des weiss. Adler-Ord. † 22 May 762.
Gem. 1. Francisca Ursula, Janus, Fürsten Wiesniowicki, T. † 23 May 753.
2. Anna, Gräfin Miecielska, verm. 12 Dec. 753. ward St. Cr. Ord. Dame
14 Sept. 757.

| Janus. | Carl Stanislaus, war bis 764. Wois wod von Vilna. | Franz Xa-ver, g. 11 Febr. 741. | Catha-rina. | Ludo-vica. | Nicolaus Casi-mir, g. im Nov. 750. | Prinzessin, g. im Oct. 754. |

Es leben noch mehr Fürsten von Radzivil, deren Verwandschaft untereinander,
aus Mangel der Nachrichten, nicht bestimmt werden kann.

CLXXX. Stammtafel des Reichsfürstl. Hauses der Herzoge von Croy und Fürsten von Roeux, in den Niederlanden.

Philipp Franz, des H. R. R. Fürst, auch Fürst von Roeux, † 25 Dec. 718.
Gem. 1. N. N.
2. Anna Maria, Franz, Marq. des Forets, T. v. 705. † 706. 22 Jahr alt.
3. Louisa Francisca, Ferdinand, Grafen v. Harnal, T. verm. 708.

| Philippina Char-lotta, war Hof-dame zu Brüssel. | Ferdinand Gaston Joseph, des H. R. R. Fürst, Herzog von Croy, Fürst v. Roeux, Ritt. des gold. Vlies, geb. 709. Gem. von Ognies, Erbgräfin von Couvigny. |

CLXXXI. Stammtafel des Reichsfürstl. Hauses Rubempre.

Philipp Fram, Fürst v. Rubempre, Ritt. des gold. Vliesses, rc. geb. 669. † 23 März 742.
  Gem. Maria Louisa Brigitta, Phil. Anton, Fürsten v. Rubempre, Erbtochter, Friedrich Carl, Wild- u. Rheingrafen v. Neufville, W. verm. 24 Dec. 704. † 15 Aug. 730.

Maximilian Albert, Graf v. Merode, Kön. span. Gen. Lieut. und Gouvern. zu Brüssel, † 4 Aug. 716.
  Gem. 1. Clara Eleonora Charlotta, Carl Florent, Wild- u. Rheingrafen v. Salm, T. verm. 5 April 687. † 14 April 700.
    2. Maria Claudia v. Oignies, †.

Maximilian Leopold, geb. 19 April 710. Fürst von Rubempre und Eversberge, Oberjäger und Ober-Falkenmeister der österreich. Niederlande. Gem. N. N.	Sabina Maria Josepha, geb. 28 Jun. 714. Gem. August Eugen Bernhard, Reichsgraf von Salm zu Dyck, verm. 4 Sept. 738.

1. Maria Charlotta Josepha. Gem. Alexander, Reichsgraf v. Vehlen, verm. 19 April 716. † 7 Nov. 733.
2. Maria Nicolana, Canonissin zu Mons, Erbin der Gräfin von Brouai, gebohrnen Prinzeßin v. Salm.
3. Adelgunda, Stiftsdame zu Maubeuge.
4. Joachim Maximilian, Graf v. Merode, g. 14 May 690. † 4 Aug. 740. Gem. 1. Theresia Johanna Philippina, Maximil. Franz, Gr. v. Merode Nalines zu Houfalize, T. g. 27 Febr. 695. verm. 2 März 715. † 11 May 725.
  2. Maria Magdalena de Jauche von Maslaing, g. 687. verm. 21 Jul. 728. † im May 753.

Ein Tochter. Gem. Graf von Merode, verm. 31 März 759.	Noch Söhne und Töchter.

Johann Carl Joseph, Marq. v. Deynse, des H. R. R. Fürst, Ritt. des gold. Vliesses, K. K. Gen. Feldmarschall Lieutenant, Chef eines Regim. zu Fuß, geb. 3 Dec. 719. ward 743. in den Reichsfürstenstand erhoben.
  Gem. Victoria Louisa, Leopold, Herz. v. Aremberg, T. g. 7 Jun. 722. verm. 4 Jan. 746.

Maria Philippina Hyacintha, g. 27 Aug. 721.

Noch einige Kinder von der zweyten Gemalin.

CLXXXII. Stammtafel des Reichsfürstl. Hauses Sforza Cäsarini in Italien.

Sforza Joseph, Herzog v. Sforza Cäsarini und Son Fiore, Grand v. Spanien, Ritt. des gold. Vliesses, g. 10 Jun. 705. † 11 Aug. 744.
  Gem. Maria, des Fürsten Vincenz Giustiniani, T. geb. 27 Aug. 707. verm. im Jul. 726.

Philipp Franz Anton, g. 22 Jul. 727. Herz. v. Stigliano Cäsarini und Civita Lavinia, des H. R. R. Fürst, Grand v. Spanien, Kön. sicilian. Kammerherr, Ritt. des Januar-Ord. gewann 753. und 759. den Rechtshandel wegen des Fürstenthums Stigliano in Neapel gegen den Fürsten von Cosjuna Sommo, † 6 Dec. 764. Gem. Anna Maria Barberini, Julius Cäsar Colonna, Fürstens v. Palestrina, T. g. 3 Febr. 730. verm. 4 May 749. ward St. Cr. Ord. Dame 14 Sept. 761.	Cajetan Sforza, Herz. v. Cäsarini u. San Fiore, Fst. des H. R. R. und des röm. Stuhls, geb. 23 Aug. 728. war erst geistl. Standes, folgte in der Regierung 6 Dec. 764. Gem. Theresia Caraccioli, des Marchese v. Brienzi, T. u. Nichte des Herzogs von Boselli, v. 765.	Sixtus, g. 15 Jun. 730.	Isabella Hisria, g. 18 Jun. 731.	Camilla Theresia, geb. 11 Febr. 732.	Prinzeß. geb. 18 Nov. 734. Gem. Anton Ludwig Buoncompagno, Herz. v. Arce, v. 762.

CLXXXIII. Stammtafel des Reichsfürstl. Hauses Sulkowski in Polen.

N. N. von Sulkowski.

Alexander Joseph, erster Fürst von Sulkowski, g. 695. Starost v. Sokolnick, Director der Chursächs. Parforce-Jagd, Kammerherr Königs August II. von Polen, Gen. Lieut. und Obrist der Leibgarde zu Dresden ec. ward Ober-Jägermeister v. Litthauen im Jan. 733. Ober-Stallmeister, Cabin. Minister u. Kammerherr Kön. August III. im Febr. 733. von Kaiser Carl VI. in des H. R. R. und böhmischen Grafenstand erhoben, wie auch mit dem böhm. und schlesischen Indigenat begnadiget, im Sept. d. Jahrs, Obr. der poln. Krongarde 26 Jul. 734. Gen. der sächs. Garde im Jul. 736. ward der Churfürstl. Dienste mit dem Character eines Cabin. Minister und Gen. der Infant. entlassen 5 Febr. 738. succed. in den erkauften Stanisl. Gütern 9 Jul. 738. ward von Kaiser Franz I. für sich u. die Erstgebornen seines Hauses, in Reichsfürstenstand erhoben im März 752. erlangte vom Kaiser die Extension auf sämtl. Descendenten im Jul. 754. † 25 May 762.
Gem. 1. Maria Anna Francisca Catharina, Franz Marquard Alexander, Freyherrn v. Stain zu Jettingen, T. g. 2 Febr. 712. v. 31 Octob. 728. † 18 Nov. 741.
2. Anna, Gräfin Prähendowska, v. 742. St. Cr. Ord. Dame 3 May 746.

Stanislaus Alexander von Sulkowski, Reichsgraf 733. poln. Obr. u. Kammerjunker 734. bekam eine jährliche Pension aus dem poln. preussischen Postamte 735. Kammerherr 738. Gen. Major der Inf. im May 744. † 21 Jan. 749.
Gem. Augustina Sibylla Christina, geborne Unger von Ungerberg, verw. v. Richard, v. 16 Jan. 749.

1. August Casimir	1. Alexander	1. Franciscus	1. Anton	2. Johanneta	1. Francisca Paulina
August Casimir, Fürst v. Sulkowski, Herz. v. Bielis, Graf v. Lissa ec. geb. 15 Nov. 729. Starost v. Nowodwor, K. Königl. Kämmerer 751. wirkl. Geh. Rath 756. Ritt. des St. Andreas- und St. Hubert-Ord. trat 762. nach des Vaters Tode, die Regier. mit den 4 Hn. Brüdern gemeinschaftlich an. Gem. des Kais. Gen. Feldmarschalls, Wolf Sigmund, Freyherrn v. Damnitz, Wittwe.	Alexander, geb. 15 Oct. 731. Fst. polnisch. Generals Lieut. R. des St. Andreas- u. Hubert-Ord. 761. Gem. N. Gräfin von Zettner, v. im Jan. 755.	Franciscus, Fst. geb. 29 Jan. 733. Kais. K. Kämer. u. Gen. Feld-Wachtmeister 759. R. des St. Hubert-Ord.	Anton, g. 11 Jun. 734. Fst. Dech. der Cathedral-Kirche zu Posen 5 Apr. 756.	Johanneta, geb. 23 Jan. 736. St. Creuz-Ord. Dame 14 Sept. 750. Gem. Peter, Graf v. Sapicha, Woiwod v. Smolensko, v. 24 Jun. 750.	Francisca Paula, geb. 9 Jun. 737. † 13 Apr. 756. Gem. N. Graf v. Potocki, Starost v. Nowosielsk, v. 4 März 752.
					Paulina Josepha, geb. 10 Febr. 742.

CLXXXIV. Stammtafel des Reichsfürstl. Hauses Ursel, in den Niederlanden.

Franz, Reichsgraf von Ursel, Kön. spanisch. Gen. Feldwachtmeister, †.
Gem. Honorine Dorothee, Ambrosius, Grafen von Hornes von Beaucignies, T. verm. 662. †.

Conrad Albert Carl, geb. 663. Groß-Jägermeister und Ober-Forstmeister von Flandern, Königs Carl II. von Spanien Kammerjunker, Obrist eines Dragoner-Regiments, und Commendant der Garde zu Pferd, ward 24 April 717. vom Kaiser Carl VI. zum Herzog von Ursel und Hobocke erhoben, † 3 May 738.
Gem. Eleonore Christine, des Fürsten Carl Theodor Otto von Salm, T. geb. 14 März 678. verm. 714. starb im April 737.

Carl Elisabeth Conrad, geb. 717. Herzog von Ursel und Hobocken, Fürst von Arche und Charleville, Graf von Grobbendonk, Erbmarschall des Herzogthums Brabant, Kais. und Kais. Kön. wirkl. Kämmerer, Gen. Feldmarschall-Lieut. Gouverneur zu Brüssel.
Gem. Maria Eleonora, Georg Christian, Fürstens v. Lobkowitz, T. geb. 17 Oct. 721. verm. 16 Aug. 740. Stern-Cr. Ord. Dame, † 9 May 756.

Benedicte Charlotte, geb. 5 Febr. 719.
Gem. Franz Albert Carl, Marq. v. Bournonville, Grand von Spanien, verm. im Sept. 739.

| Charlotta, geb. 741. Canonissin zu Mons. | Henriette, g. 9 Oct. 744. | Ludwig, g. im Jun. 747. † im April 766. | Emanuel, g. im Dec. 748. | Wilhelm, g. im Jan. 750. | Prinz, g. 30 April 753. | Prinz, g. — † 26 Jan. 764. |

CLXXXV. Stammtafel der Savoyischen Prinzen von Carignau, und Grafen von Soissons.

Thomas Franz, de Sabaudia, Pr. von Carignau, jüngster Sohn Carl Emanuels I. Herzogs von Savoyen, geb. 21 Dec. 596 †22 Jan. 656. Gem. Maria v. Bourbon, Carls, Grafens v. Soissons, T. geb. 606. verm. im Nov. 625. † 3 Jun. 692.

Emanuel Philibert Amadeus, Prinz v. Carignau, taub und stumm geboren 22 Aug. 628. † 23 Apr. 709. Gem. Maria Angelica Catharina von Este, eine T. Borsi, aus dem Hause Modena, geb. 656. v. im Nov. 684. † 18 Jul. 722.

Eugenius Moriz, Gr. v. Soissons, geb. 3 März 633. † 7 Jun. 673. Gem. Olympia Mancini, v. 21 Febr. 657. † 11 Octob. 708.

Isabella Louisa, g. 30 Jun. 688.

Victor Amadeus, Prinz von Carignau, g. 29 Febr. 690. lebte in Frankreich als Gen. Lieut. † 4 April 741. Gem. Maria Anna Victoria, Mademoiselle v. Sousa, Victor Amadei II. Kön. in Sardinien natürliche T. geb. 9 Febr. 690. legitimirt 701. verm. 7 Nov. 714. † 8 Jul. 766.

Ludwig Thomas, Graf von Soissons, geb. 15 Dec. 658. † 24 Aug. 702. Gem. Urania de la Cropte, v. 17 Dec. 682. † 14 Nov. 717.

Eugenius Franz, der weltberühmte Kriegsheld, geb. 18 Oct. 663. † 21 April 736.

Ludwig Victor Joseph, jetziger Fürst von Carignan, geb. 14 Sept. 721. Ritt. des Ord. dell' Annonciada, u. sardinischer Gen. Lieut. Gem. Christina Henrietta, Ernst Leopolds, Landgrafens zu Hessen-Rheinfels, T. g. 24 Nov. 717. v. 4 May 740.

Anna Victoria, Mademoiselle von Soissons, g. 13 Sept. 683. Erbin des Prinz Eugenii, ihres Vaters Brudern, † 10 Oct. 763. Gem. Joseph Friedrich Wilhelm Hollandin, Pr. von Sachsen-Hildburghausen, verm. 15 April 738. lebten voneinander abgesondert, und sie begab sich 752. nach Turin, wo sie auch gestorben.

Thomas Emanuel, Graf von Soissons, geb. 8 Dec. 687. Kaiserl. Gen. Feld-Marschall Lieut. † 28 Dec. 729. Gem. Theresia Anna Felicitas, Johann Adam Andreä, Fürst v. Lichtenstein, T. g. 7 May 696. v. 24 Oct. 713.

Sophia Charlotte Maria Louisa, g. 17 August 742.

Victor Amadeus Ludwig, g. 31 Oct. 747.

Leopoldina Maria, g. 21 Dec. 744.

Gabriela Maria, g. 17 März 748.

Maria Theresia, g. 8 Sept. 749.

Eugenius Maria Ludwig, g. 21 Oct. 758.

Catharina Maria Louisa, g. 4 April 762.

CLXXXVI. Stammtafel des Fürsten von Carolath-Beuthen in Schlesien.

Hanns Georg, Gr. v. Schönaich, freyer Standesherr in Schlesien, zu Carolath und Nieder-Beuthen, g. 14 Apr. 662. ward vom Kais. Leopold mit der schon 616. Georg, Freyherren v. Schönaich, ertheilten Würde eines freyen Standesherrn in Schlesien, auf das neue 698. begnadiget und 5 Febr. 700. zum Reichs-gr. gemacht, † 13 Nov. e. a. Gem. Ursula Maria, Carl Moritz, Gr. von Neder, T. g. 14 Jul. 662, v. 23 Nov. 683. † 24 Jun. 707.

Hanns Carl, erster Fürst v. Carolath, geb. 15 Jun. 688. weil. Kaiser Carl VI. Geh. Rath im Sept. 730. ward vom König in Preuss. als souverainer Herz. v. Schlesien, zum Fürsten von Carolath 7 Nov. 741. erklärt, Preuss. wirkl. Geheim. Staats- u. Kriegs-Minister, perpetuirl. Ober-Fürsten Rechts-Präses in Schlesien, Ritter des schw. Adl. Ord. Ober-Amts-Regier. und Ober-Consistorial-Präsid. zu Breßlau, †15 Oct. 761. Gem. Amalia, Christophs, Burggrafens v. Dohna auf Slodien, T. g. 24 Jun. 692. v. 3 Febr. 715. † 20 Oct. 761.

Charlotta Wilhelmina, geb. 22 Apr. 696. Gem. Hanns Albrecht Gans, Edler Herr von Puttliz, v. 24 April 717.

Friedr. Carl Ludwig, Fürst, g. 11 Nov. 716. Preuss. Gen. Lieut. der Caval. u. Obr. eines Cürass. Reg. bis 759. erhielte den Ord. pour les Merites 745. u. im Jan. 753. für seine sämtl. Nachkommen die Preuss. Fürstl. Würde, succed. 15 Oct. 763. Gem. Johanna Wilhelmina, August Ludwigs, Fürst von Anhalt-Cöthen, T. g. 4 Nov. 728. v. 17 Dec. 749.

Heinrich Carl Erdmann, Erbprinz, g. 3 Nov. 759.

Amalia Mariana, geb. 12 Jun. 718. Gem. Heinr. Leopold, Graf von Reichenbach, Herr der freyen Standesherrsch. Goschütz, u. General-Erb-Land-Postmeister in Schlesien, v. 9 Aug. 742.

Wilhelmina Henrietta, geb. 5 Jan. 722. Canoniss. zu Hervorden 17 Jan. 760.

Carl Aemilius, g. 11 Oct. 724. Preuss. Lieut. Gem. Sophia Charlotta, Heinrich Leopold, Gr. von Reichenbach, T. g. 16 Jul. 743. v. 18 Aug. 764.

Hanns Gottlob, Graf, geb. 27 Febr. 726. Gem. Sophia Amalia, Wilh. Alexanders, Gr. v. Dohna-Slodien, T. g. 18 Jul. 728. v. 16 Nov. 750.

Carl Wilhelm, g. 28 Aug. 751.

Hanns Wilhelm, geb. 6 Sept. 753.

Carolina, geb. 28 Jun. 727. † 18 Dec. 762. Gem. Joh. Erdmann, Graf v. Promnitz-Sorau, Standesherr der freyen Standesherrsch. Plesse, v. 5 Aug. 744. geschieden 746.

Sophia Louisa, g. 27 Aug. 728.

Maria Eleonora, geb. 31 Aug. 729. Gem. Christoph, Burggr. von Dohna-Slodien, v. 23 Jul. 750.

CLXXXVII. Stammtafel des Herz. von Curland, aus dem Bironischen Hause.

Carl von Biron, geb. im Febr. 653. Kön. Poln. u. Chursächs. Gen. Lieut. † 734. Gem. N. N. geb. 663. †.

Ernst Johann, Reichsgraf v. Biron und freyer Standesherr zu Wartenberg in Schlesien, g. 12 Nov. 690. der Ruß. Kaiserin Anna Iwanowna Ober-Kammerherr, Ritt. des St. Andreas, weiß. Adlers u. St. Alexand. Newsky-Ord. ward zum Herz. in Curland erwälet 13 Jul. 737. belehnt zu Warschau 20 März 739. Regent v. Rußland 28 Oct. 740. ward seiner Würden entsezt 20 Nov. e. a. und mit der ganzen Familie nach Siberien gebracht, kam wieder in einige Freyheit 742. u. wurden die Einkünfte seiner Allodial-Güter seiner Familie in Curland vorbehalten. Der Kais. Peter III. v. Rußland schenkte ihm 762. den völligen Genuß der Freyheit, u. hieng ihm nach seiner Ankunft zu Petersburg, den St. Andr. Ord. selbst um, wie er denn auch durch die Unterstüzung der jezigen Kaiserin v. Rußland Catharina II. in den Stand gesezet worden, im May 763. das Herzogth. Curland in Besiz zu nehmen, und gegen den Herz. Carl aus dem Hause Sachsen, zu behaupten. Gem. Benigne Gottliebe, Wilhelms v. Throde, genannt Treyden, T. geb. 4 Oct. 703. v. 722.

| Peter, g. 4 Jan. 724. Russ. Gen. der Caval. 762. Gem. Carolina Louisa, Carl Aug. Friedr. Fürsten v. Waldeck, T. g. 14 Aug. 748. verm. 14 Oct. 765. | Hedwig Elisabeth, geb. 23 Jun. 727. trat 26 Aug. 749. zur griech. Religion, und ward e. a. Staatsdame bey der Kais. Elisabeth. Gem. Alexander, Freyherr v. Tscherkassow, Russ. Kaiserl. Kammerherr u. Präsident des medicinischen Collegium, verl. 17 April 759. vollzog. 25 Nov. e. a. | Carl, geb. 10 Sept. 728. Russ. Gen. der Inf. 762. |

CLXXXVIII. Stammtafel des Herz. von Curland, aus dem Königl. Poln. Chursächsischen Hause.

Friedrich August III. König in Polen und Churfürst zu Sachsen, geb. 7 Oct. 696. † 5 Oct. 763.
Gem. Maria Josepha, Kaiser Josephs älteste Prinzeßin, geb. 8 Dec. 699. v. 20 Aug. 719. † 17 Nov. 757.

Carl, Herzog von Curland u. Semigallien, geb. 13 Jul. 733. Ritt. des St. Andr. Ord. ward, nachdem die Herzogthümer Curland u. Semigallien für ledig erklärt worden, von den Ständen zum Herzog erwälet 16 Nov. 758. und durch ein, 10 Nov. e. a. vom Könige und dem Senate von Polen unterschriebenes Diploma, welches ihm 19 ejusd. eingehändiget worden, für sich und seine männliche Nachkommen zum Herzog erklärt, belehnt zu Warschau 8 Jan. 759. und von den Ständen zu Mietau gehuldigt 5 Nov. e. a. nachdem sich die Rußische Kaiserin Elisabeth en faveur seiner in eben diesem Jahre 759. durch eine feyerliche Renunciations-Acte aller Ansprüche auf beede Herzogthümer begeben hatte; hielte nach vorher ausgestellten Reversalien wegen des Status Evangelici und der Landesverfassung 29 März zu Mietau seinen Einzug: muste aber 763. dem Herzoge Ernst Johann aus dem Bironischen Hause weichen.

CLXXXIX. a) Stammtafel des Herz. von Orleans.

Philipp II. geb. 2 Aug. 674. ward Herz. v. Orleans 9 Jun. 701. Regent in Frankreich 2 Sept. 715 — 723. † 2 Dec. 723.

Gem. Maria Franciſca, von Bourbon, Demoiſelle von Blois, Ludwigs XIV. Kön. in Frankreich natürl. Tochter v. der Montespan, g. 9 May 677. legitimirt im Nov. 681. verm. 18 Febr. 692. † 1 Febr. 749.

Charlotta Aigle, von Valois, g. 22 Oct. 700. † 18 Jan. 761.	Ludwig, Herz. v. Orleans, geb. 4 Aug. 703. † 4 Febr. 752.
Gem. Franz Maria, Herz. v. Modena, verm. 21 Jun. 720. zu Modena.	Gem. Augusta Maria Johanna, Ludw. Wilhelms, Marggr. von Baaden-Baaden, T. g. 10 Nov. 704. v. 13 Jul. 724. † 8 Aug. 726.

Ludwig Philipp, jezig. Herz. v. Orleans, g. 12 May 725. Ritt. der Königl. Ord. u. des gold. Vl. Gen. Lieut. 744. u. Gouv. von Dauphine, ſucceed. dem Vater 752.

Gem. Louiſe Henriette, Ludw. Armands, Herz. von Bourbon-Conty, T. geb. 20 Jun. 726. v. 17 Dec. 743. † 9 Febr. 759.

Ludwig Philipp Joſeph, Herz. von Chartres, g. 13 Apr. 747. Ritt. des H. Geiſt-Ord. 2 Febr. 762.	Mademoiſelle, v. Orleans, geb. 9 Jul. 750. Zukünftig. Gem. Carl Auguſt Chriſtian, Prinz v. Zweybrücken-Birkenfeld, verl. 765.

CXC. b) Stammtafel des Herz. v. Bourbon-Conde.

Ludwig III. Herzog von Bourbon, geb. 11 Oct. 668. † 4 März 710.

Gem. Louiſa Franciſca, Kön. Ludwig XIV. natürl. Tochter v. der Montespan, g. 1 Jun. 673. v. 24 Jul. 685. † 16 Jun. 743.

Ludwig Heinrich, Herz. von Bourbon, insgemein Monſ. le Duc genannt, geb. 18 Aug. 692. ward nach dem Tode des Herz. v. Orleans 2 Dec. 723. franzöſ. Premier-Miniſter, u. dieſer Würde entlaſſen 11 Jun. 726. † 27 Jan. 740. Gem. 1. Maria Anna, Franz Ludwigs, Prinz v. Conty, T. g. 18 April 689. v. 9 Jul. 713. † 21 März 720. 2. Carolina, Ernſt Leopolds, Landgr. v. Rheinfels-Rothenburg, T. geb. 18 Aug. 714. verm. 5 — 22 Jul. 728. † 14 Jun. 741.	Louiſe Eliſab. geb. 22 Nov. 693. Gem. Ludwig Armand, Prinz von Conty, v. 9 Jul. 713. † 4 May 727.	Henriette Louiſe, Mademoiſelle von Vermandois, g. 15 Jan. 703. Aebtiſſin zu Beaumont les Tours 728.	Ludwig, Graf v. Clermont, geb. 15 Jun. 709. R. der Kön. Ord. Gener. Lieut. u. Gouverneur von Champagne, Abt v. St. Germain des Prez, commandirte 758. die franzöſiſche Armee in Teutſchland.

2. Ludwig Joſeph, jetziger Herzog von Bourbon-Conde, geb. 9 Aug. 736. Obriſt-Hofmeiſter des Königl. Hauſes, Gen. Lieut. und Gouverneur in Bourgogne, Ritt. der Kön. Orden.

Gem. 1. Charlotta Godefreda Eliſabeth, Carls v. Rohan, Fürſt v. Soubiſe, T. geb. 7 Oct. 737. verm. 3 May 753. † 5 März 760.

2. Sophia Charlotta Maria Louiſa, Ludwig Victor, Fürſt. v. Carignan, T. geb. 17 Aug. 742. v. 762.

N. N. Herzog v. Bourbon, g. 13 Apr. 756.   N. N. Prinzeſin, geb. 5 Oct. 757.

Deſſen natürliche 1740. legitimirte Schweſter iſt Anna Henrietta, von Verneuil.

Gem. Joh. Grammont, Gr. de le Guiche, Marechal de Camp, v. 17 Nov. 740.

CXCI. c) Stammtafel des Prinzen von Bourbon-Conty.

Ludwig Armand, Prinz von Conty, g. 10 Nov. 695. † 4 May 727.
    Gem. Louise Elisabeth, de Conde, Ludwigs III. Herz. v. Bourbon, T. geb. 24 Nov. 693. v. 9 Jul. 713.

Ludwig Franz, Gr. de la Marche, g. 13 Aug. 717. nahm den Titel eines Prinzen von Conty an 4 May 727. Gouverneur v. Ober- und Nieder-Poitou und Calais, u. Gen. Lieut. 6 Jul. 735. Malthefer Groß-Prior von Frankreich nach erhaltener Päbstl. Dispensation 10 Jun. 749. Gem. Louisa Diana, Philipps II. Herz. von Orleans, T. g. 28 Jun. 716. v. 22 Jan. 732. † 26 Sept. 736.	Louise Henriette, geb. 20 Jun. 726. † 9 Febr. 759. Gem. Ludwig Philipp, Herz. v. Orleans, verm. 17 Dec. 743.

Ludwig Franz Joseph, Graf de la Marche, geb. 1 Sept. 734. Ritt. der Königl. Orden 750. Gen. Lieut. 6 Jul. 758.
    Gem. Fortunata Maria, Franz Mariä, Herz. von Modena, T. g. 24 Nov. 731. v. 7—27 Febr. 759.

CXCII. d) Stammtafel der natürlichen Kinder König Ludwigs XIV. in Frankreich.

Ludwig XIV. König in Frankreich, geb. 5 Sept. 638. † 1 Sept. 715.
    Maitresse: Diana Francisca Athanasia, von Rochechouart, Gabriels, Fürst. von Mortemar, T. vermälte Marquisin v. Montespan, † 10 May 707.

Ludwig August, de Bourbon, Herzog v. Maine, g. 31 März 660. legitimirt 19 Dec. 673. † 14 May 736.
   Gem. Louisa Benedicta, Heinr. Julii, Prinz v. Bourbon-Conde, T. geb. 8 Nov. 676. v. 19 März 692. † 23 Jan. 753.
	Ludwig Alexander, Graf v. Toulouse, geb. 6 Jun. 678. legitimirt um Nov. 681. Groß-Admiral von Frankreich u. Ober-Jägermeister, Gouv. v. Bretagne, † 1 Dec. 737.
	   Gem. Maria Victoria Sophia, Ludwigs Anna Julii, Herz. v. Noailles, T. u. Ludwigs, Marggr. v. Pardaillan-Gondrin, W. g. 6 May 688. v. 22 Febr. 723. † 30 Sept. 766.

Ludwig Carl, de Bourbon, Graf v. Eu, geb. 15 Octob. 701. Pair v. Frankr. Gen. Lieut. Gouv. v. Languedoc, u. Ritt. der Königl. Orden, legte die Stelle eines General-Colonels der Schweizer und Graubündter 762. nieder.	Ludwig Joh. Maria, de Bourbon, Herz. von Penthievre, g. 16 Nov. 725. Pair, Groß-Admiral u. Ober-Jägermeister v. Frankreich, Ritt. der Königl. Orden und des gold. Vl. Gen. Lieut. u. Gouv. v. Bretagne, erhielt 745. nebst seiner Gemalin Prinzen-Rang, und die damit verknüpften Honneurs. Gem. Maria Theresia Felicitas, Franz Mariä, Herz. v. Modena, T. g. 6 Oct. 726. v. 29 Dec. 744. † 30 April 754.
Ludwig Alexander Joseph Stanislaus, de Bourbon, Prinz v. Lamballe, geb. 6 Sept. 747. erhielt 755. die Ober-Jägermeister-Stelle v. Frankreich, doch behielt sich sein Vater die Ausübung derselben vor.	Mademoiselle v. Penthievre, geb. 13 März 752.

CXCIII. Stammtafel des Herzogs oder Doge von Genua.

N. N. della Rovere. Ein Nobile von Genua.

Franz Maria Cajetan della Rovere, erwählt 29 Jan. 765. gekrönt 21 Jun. 765.
Sein Vorfahrer war: Rudolph Brignole, erw. 23 Nov. 762. gekr. 16 Apr. 763.

CXCIV. Stammtafel des Großmeisters von Maltha.

N. N.

Emanuel Pinto, ein Portugiese, geb. 24 May 681. erwählt 18 Jan. 741.
Sein Vorfahrer war Raimund Anton von Pouch aus Majorca, erw. 737. starb
15 Jan. 741.

CXCV. Stammtafel des lezten Herzogs von Massa, und Fürsten von Carrara.

Carl II. aus dem Hause Cibo Malaspina, zweyter Herzog von Massa, Fürst zu
Carrara, ein Sohn Alberici II. ersten Herzog von Massa, geb. 9 Jun. 631. †
6 Dec. 710.
Gem. Theresia, Camilli Pamfilii, Fürst zu St. Martin, T. verm. 673. †
7 Aug. 704.

Albericus III. Herz. von Massa u. Carrara, g. 30 Aug. 674. succed. 710. †
30 Nov. 715.
Gem. Nicolda, Marci Antons Marchese von Grillo, T. geb. 694.

Alexander, lezter Herz. geb. 21 Jul. 690.
succed. 715. † 18 Aug. 731.
Gem. Ricciarda, Camilli II. Gonzaga,
Fürst von Novellara, T. g. 22 Aug. 698.
v. 29 April 725.

Maria Theresia Cibo Malaspina, geb. 29 Jun. 725. St. Er-
Ord. Dame.
Gem. Hercules Rainald, Erbprinz von Modena, v. 16 April
741.

Maria Anna Mat-
thildis, g. 15 Aug,
726.
Gem. Horaz Franz,
Fürst von Albani, v.
im Jan. 748.

Maria, g. 29 April 728.
Gem. Restalmus Joa-
chim Tocco, Herz. v. Po-
poli u. Fürst von Monte-
mileto, geb. 1 Jan. 726.
v. 31 Jan. 755.

CXCVI. Stammtafel des Herzogs von Modena.

Rainaldus I. d'Este, geb. 25 April 655. ward Cardinal 686. gelangte nach seines Brudern Sohns, Herz. Franzens II Tode 7 Sept. 694. zur Regierung, kaufte vom Kaiser Joseph 710. das Herzogthum Mirandola, Ritt. des gold. Viesses, † 26 Oct. 737.
Gem. Charlotta Felicitas, Joh. Friedrichs, Herz. zu Braunschweig-Lüneburg-Hannover, T. geb. 8 März 671. v. 28 Nov. 695. zu Hannover, und in Modena 11 Febr. 696. † 26 Dec. 710.

Benedicta Ernestina Maria, g. 18 Aug. 697.	Franz III. Maria d'Este, jetzig. Herz. zu Modena, Reggio u. Mirandola, geb. 2 Jul. 698. Ritt. des gold. Vl. succed. dem Vater 26 Oct. 737. kam in Oesterr. Erbfolge-Kriege nach Kais. Carls VI. Tode um alle seine Länder, die er aber 748. durch den 13 Artikel des Aachner Friedens wieder erhielte, belehnt zu Wien 9 Jan. 758. ward 753. Kais. Königl. Gubernator und General-Capitain der Oesterr. Lombardie, und 755. Gen. Feld-Marschall u. Obr. eines Curass. Regim. Gem. Charlotte Aigle, Philipps II. Herz. v. Orleans, T. g. 22 Oct. 700. v. 21 Jun. 720, lebte am französ. Hofe, † 19 Jan. 761.	Anna Amalia Josepha, g. 28 Jul. 699.	Henrietta Maria, geb. 27 May 702. St. Creuz-Ord. Dame. Gem. 1. Anton Franz Farnese, letzter Herz. v. Parma, v. 5 Febr. 728. † 20 Jan. 731. 2. Leopold, Prinz von Hessen-Darmstadt, v. 2 Sept. 740. † 26 Oct. 764.
Hercules Rainald, Erbprinz, g. 22 Nov. 727. Fürst von Massa-Carrara 743. nach dem Tode des Cardinals Cibo, des lezten männl. Erben aus diesem Hause, Ritt. des gold. Vl. 753. Kais. K. Gen. Feld-Marschall u. Obr. eines Drag. Reg. Gem. Maria Theresia, Cibo-Malaspina, Alberandi, Herz. von Massa-Carrara, älteste Tochter, geb. 29 Jun. 725. v. 16 April 741. St. Creuz-Ord. Dame 15 Jul. 753.	Mechtildis, geb. 8 Febr. 729.	Fortunata Maria, g. 24 Nov. 731. Gem. Ludwig Franz Joseph, v. Bourbon-Conty, Gr. de la Marche, Prinz vom Geblüte, verl. 757. verm. 7 Febr. 759. zu Modena, reisigen zu Nangis 27 desselb. Monats.	Elisabetha Ernestina, geb. 8 Febr. 741.

Maria Beatrix, geb. 7 April 750.
Zukünftiger Gem. Ferdinand, Erzherzog von Oesterreich, verm. durch Procuration 766. S. die erste Stammtafel.

CXCVII. Stammtafel des Fürsten von Monaco, aus dem Hause Grimaldi.

Anton Grimaldi, Fürst von Monaco und Herz. v. Valentinois, geb. 27 Jan. 661.
† 20 Febr. 731.
   Gem. Maria, Ludwigs, Grafens v. Harcourt-Armagnac, T. geb. 12 Aug. 674.
v. 13 Jun. 688. † 30 Oct. 724.

Louise Hypolite Grimaldi, Erbprinzeßin von Monaco, geb. 10 Nov. 697. † 29 Dec. 731.
   Gem. Jacob Franz Leonor, Gogon de Matignon, Herz. v. Valentinois u. Estouteville, geb. 21 Nov. 689. v. 20 Oct. 715.
† 22 April 751. Im Jahr 715. trat ihm sein Schwiegervater die Pairie u. das Herzogthum Valentinois ab, daher er 14 Dec. e. a. im Parlament zu Paris, als Pair, Seßion nahm, dagegen hat er für sich und seine Nachkommen den Namen und das Wappen von Grimaldi angenommen, war auch Gen. Lieut. der Normandie u. Königl. Commendant zu Monaco.

Margaretha Camilla Grimaldi, g. 1 May 700. † 27 April 758.
   Gem. Ludwig, v. Grand-Billault, Fürst v. Iseughbien, v. 16 April 720.

Charlotte Grimaldi, g. 19 May 719. lebt im Kloster.

Honoratus Camillus Leonor Grimaldi, ießiger Fürst v. Monaco, g. 10 Sept. 720. nahm wegen seiner Mutter den Namen Grimaldi an, succed. dem Vater als Duc u. Pair v. Frankreich 23 Apr. 751. französ. Marechal de Camp seit 10 May 748.
   Gem. N. Brignole, aus einem vornehmen genuesischen Geschlechte, v. 10 Jul. 757.

Carl Moriz, geb. 14 May 727. Graf v. Valentinois, französ. Brigadier u. Ritt. des St. Ludwigs-Ord.
   Gem. Maria Christina, Jacob Ludwigs, Herz. von Ruffec, einzige Tochter, g. 7 May 728. v. im Dec. 749. erbte 754. von ihres Vaters Brudern die Würde der Grands b'Espagne der ersten Classe.

Louisa Francisca Theresia Grimaldi, g. 20 Jul. 728.

   N. Prinz, geb. 17 May 758.
   N. Prinz, geb. 10 Sept. 763.

CXCVIII. Stammtafel des Römischen Pabsts.

Anton Rezzonico und Carl Rezzonico waren im Anfange des 16 Jahrhunderts Reichs-Baronen, und der ältere Decuris in Como. Von da wandten sie sich nach Venedig.

Quintilian, † ohne Erben.

Abbondio, † ohne Erben.

Joh. Baptista, g. 671. ward nebst den zween ältern Brüdern in den Venetianischen Adel aufgenommen, † 757.
   Gem. Victoria Barbarigo, Schwester des 725. verstorben. Patriarchens zu Venedig, g. 668. v. 689. † 29 Jul. 758.

Aurelius Rezzonico, g. 691. Senator zu Venedig 16 Apr. 751. Ritter vom gold. Sporn 10 Jul. 758. welche Ritterschaft in seinem Sohne erblich gemacht wurde, Procurator von St Marco 18 ejusd. † 15 Nov. 759.
   Gem. N. N.

Carl Rezzonico, geb. 7 März 693. Cardinal-Priester sub Tit. St. Marci 20 Dec. 737. Bischof zu Padua 11 März 743. ward 6 Jul. 758. zum Pabst erwählet, und nahm den Namen Clemens XIII. an.

Quintilian, 741. an einem Mobili bi Venezig vermählt.

Carl, g. 25 April 724. Cardinal a Oct. 758. der Röm. Kirche Vice-Canzler.

Ludwig, g. 726.
   Gem. Janstina, Gräfin Savorgnani, v. im Jan. mar. 758.

Joh. Baptista, ausserordentlicher Nuntius zu Madrid 760. Malthefer-Ritt. Abt zu Fuligno u. Ober-Kriegs-Commisfar, 761.

Abbondio Faustino, Gonfaloniere oder Fähndrich der Röm. Kirche, Procurator Supern. v. St. Marco 761. ward 765. Senator d. Stadt Rom.

CXCIX. Stammtafel des Herzogs von Parma.

Rainutius II. Farnese, Herz. v. Parma, g. 17. Sept. 639, †8 Dec 674.
Gem. 1. Margaretha, Victors Amadei I. Herz. v. Savoyen, T. g. 635, v. 19 Apr. 660, † 663.
2. Isabella d'Este, Franz I, Herz. von Modena, T. g. 635, v. 12 Sept. 664, † 666.
3. Maria d'Este, leibliche Schwester der andern Gemahlin, g. 644, v. 668, † 684.

2.
Odoard II. Farnese, g. 5 Jul. 666. †5 Sept. 693.
Gem. Dorothea Sophia, Phil. Wilh. Chf. zu Pfalz, T. g. 12 Jul. 670, v 3 Apr. 690, vermälte sich wieder mit Franz, ihres Gemals Stiefbrudern, abermals Witwe 26 Febr. 727, † 15 Sept. 748.

3.
Anton Franz Farnese, lezter Herz. aus dem Hause Farnese, geb. 29 Nov. 679. succed. 26 Febr. 727. dem Bruder Franz Farnese, † 20 Jan 731.
Gem. Henriette, Rainalds, Hz. zu Modena, T. g 27 May 702, v. 5 Fbr. 728, verm. sich wieder mit Leopold, Prinz v. Hessen-Darmst. 2 Sept. 740. Witwe 26 Oct. 764.

Elisabeth Farnese, g. 25 Oct. 692 † 11 Jul. 766.
Gem. Philipp V. König in Spanien, v. 25 Dec. 714, † 9 Jul. 746.

Don Philipp, Infant v. Span. g. 15 März 720. Herzog v. Parma, Placenza u. Guastalla, vermöge des 8 Artikels des Aachner Friedens 748, nahm Besitz Febr. 749. Ritt. des H. Geist-Ordens, † 18 Jul. 765.
Gem. Louise Elisabeth, Ludwigs XV. K. in Frankr. T. g. 14 Aug. 727. v. 25 Oct. 739, † 6 Dec. 759. zu Versailles.

Maria Elisabetha Isabella Louisa Antoinetta, geb. 31 Dec. 741. † 27 Nov. 762.
Gem. Joseph, Erzherzog von Oesterreich, Erb- und Kronprinz v Ungarn und Böhmen, v. 6 Oct. 760.

Ferdinand Maria Ludwig, Hz. g. 20 Jan. 751. succed. 18 Jul 765. Ritt. des Span. gold. Vl. H. Geist u. St. Januarii-Ord.

Louisa Maria Theresia, g. 9 Decemb. 751.
Gem. Carl, Prinz von Asturien, v. 4 Sept. 765.

CC. Stammtafel des Prätendenten.

Jacobus II. Herz. von York, aus dem Hause Stuart, g. 14 Oct. 633. ward König. in Grosbritanien, 685. verlies den Thron 639. † starb 16 Sept 701.

Gem. 1. Anna Hyde, Eduards Hyde, Gr. v. Clarendon, Gros-Canzlers v. England, T. v. 15. Febr. 660. † 10 Apr. 671.

2. Maria Beatrix Eleonora, Alphonsi II. Hz. von Modena, T. g. 5 Oct. 658. v. 1 Dec. 673, starb 8 May 718.

2.

Jacob Eduard Franz, g. 21 Jun. 688. Prätendent auf Grosbritannien, lebte in Rom, † 1 Jan. 766.

Gem. Maria Clementina, Jac. Ludwigs Sobiesky, Königl. Polnisch. Prinzens, T. g. 18 Jul. 702. v. 3 Sept. 719, † 18 Jan. 735.

Carl Eduard Ludwig Philipp Casimir, bey Lebzeit. des Hrn. Vaters so genannter Prinz von Wallis, g. 31 Dec. 730.	Heinrich Benedict Maria Clemens Eduard Alfred Ludwig Thomas, sogenannter Hz. v. York u. St. Albans, g. 6 März 725. Cardinal-Priester 3 Jul. 747. wird in Rom anjetzo der Cardinal Stuart genannt, Erzbischof v. Corinth, Erzpriester der Vaticanischen Hauptkirche St. Petri, Abt zu Auchin u. St Amand in Frankreich, Protector der Carthenser, Cardinal-Bischof zu Frascati, 762.

CCI. Stammtafel des jetzigen Grosherzogs von Toscana und Florenz.

Franz I. Römischer Kaiser, Grosherzog von Toscana seit 737. † 18 Aug. 765. Gem. Maria Theresia, Kaiser Carls VI. T. R. Kais. Kön. v. Ungarn und Böhmen, g. 13 May 717. v. 12 Febr. 736.

Peter Leopold, Erzherz. von Oesterreich, ward Grosherzog nach seines Herrn Vaters Ableben 17 Aug. 765.

Gem. Maria Louisa, Carls III. Kön. in Spanien, T. geb. 24 Nov. 745. v. 5 Aug. 765. Siehe die I. Stammtafel.

Maria Theresia Josepha Charlotta Johanna, geb. 14 Jan. 767.

CCII. Stammtafel des Doge oder Herzogs zu Venedig.

N. N. ein Nobile di Venezia.

Aloysius Mocenigo, g. 19 May 701. Procurator von St. Marco 27 Jun. 736. zum Doge erwält 19 Apr. gekrönt 20 eben desselben 763. an statt des Doge Marcus Foscarini, g. 695. erwält 31 May 762. † 30 März 763.

Gem. N. des Doge Pisani Corneri Witwe, geborne Ferrigo, verm. 739.

Ludwig I.	Ludwig II.

CCIII. Stammtafel des Türkischen Gros-Sultans.

Sultan Ibrahim, ein Sohn Sultan Achmets, geb. 613. folgte dem Bruder Murat 640. in der Regierung, ward abgesezt und strangulirt 17 Aug. 648.

Sultan Mahomet IV. geb. 642. ward, als ein fünfjähriger Prz. unter der Vormundschaft seiner Mutter u. Grosmutt. Sultan 647. weg. des Verlusts v. Ungarn u. Morea abgesezt 687, † im Gefängnisse 4 Jan. 693.	Sultan Solymann III. geb. 9 März 644. succ. dem Bruder 687, † 22 Jun. 691.	Sultan Achmet II. geb. 19 März 645. succ. 691. † 6 Febr. 695.
Sultan Mustapha II. g. 659. Sultan 695. abgesezt 22 Aug. 703. und mit Gift hingerichtet 704.	Sultan Achmet III. g. 670. Sultan an seines Bruders Stelle 22 Aug. 703. ward 20 Oct 730. in einer Rebellion vom Throne gestossen, † 23 Jun. 746. Seine Mutter soll eines Evangelischen Predigers in Ungarn Tochter, von ungemeiner Schönheit, gewesen seyn. Sie starb 1 Nov. 715.	
Sultan Mahomet V. g. 18 Spt. 696. ward aus dem Gefängnisse 20 Oct. 730 auf den Thron erhoben. † 13 Dec. 754.	Sultan Osmann III. g. im Apr. 699. succ. dem Bruder 13 Dec. 754, † 29 Oct. 757.	Sultan Mustapha III. g. 20 Dec. 715. wurde 28 Oct. 757. zum Sultan ausgerufen, gesalbet 3 Nov. d. J. führt den Beynahmen der Ruhmwürdige.

Zeybethullah, (al. Emetulah, od. Griechisch Theodosia, g. 14 März 759. † 1 Jul. 762. Gem. Hamza Pacha, gewesener Selictar-Aga, nunmehr Gouvern. v. Oczakow.	Sultane Schach, g. 19 Apr. 761.	Sultane Mihema, geb. 3 Nov. 762. † 14 März 764.	Mihe-schach † Sultane g. 11 Dec. 762.	Mahomet, g. 7 Jan 767.

Die
jetzt regierenden Reichs-Grafen
in den IV. Collegiis
nach dem Alphabeth.

I) Im Wetterauischen.

1. **Berg,** Franciscus Wilhelm Nicolaus, Graf von Hohenzollern.
2. **Hanau,** Georg Wilhelm, Prinz von Hessen-Cassel.
3. **Hatzfeld und Gleichen,**
  a) in **Waldenburg,** Carl Eugen Innocentius.
  b) in **Trachenberg,** siehe Hatzfeld unter denen neuen Fürsten.
4. **Isenburg.**
  a) in der Linie zu **Offenbach,**
    1. zu **Birstein,** siehe neue Fürsten.
    2. zu **Philippseich,** Wilhelm Moritz.
  b) in der **Büdingischen** Linie.
    1 **Büdingen,** Gustav Friedrich.
    2. **Wächtersbach,** Ferdinand Casimir.
    3. **Meerholz,** Carl Friedrich.
5. **Leiningen Dachsburg,**
  a) **Hartenburgische** Linie.
    Carl Friederich Wilhelm.
  b) **Falkenburgische** Linie.
    1 **Heidesheim,** Christian Carl Reinhard.
    2. **Guntersblum,** Emico Ludwig.
6. **Leiningen Westerburg,** Christian Joh.
  Grünstadt, Georg Carl Ludwig.
7. **Ortenburg,** Carl.
8. **Reussen von Plauen.**
  a) ältere Linie in
    1) **Ober-Graiz,** Heinrich XI.
    2) **unter-Graiz,** Heinrich III.
  b) jüngere Linie.
    1) **Gera,** Heinrich XXX.
    2) a) **Schlaiz,** Heinrich XII.
      b) **Köstritz,** Heinrich XXIII.
    3) a) **Lobenstein,** Heinrich II.
      b **Selbis,** Heinrich XIX.
      c) **Ebersdorf,** Heinrich XXIV.
9. **Sayn und Wittgenstein** in
  a) 1) **Berleburg,** Ludwig Ferdinand.
    2) **Carlsburg,** Adol. Ludw. Wilhelm.
  b) **Sayn,** Alexander Ludwig.
  c) 1) **Wittgenstein,** Johann Ludwig.
    2) **Valendar,** Johann Wilhelm.

10. **Schön-**

10. Schönberg in
  I. Waldenburg
    1. Hartenstein, Friedrich Albert
    2. Stein oder Rußdorf, Albert Carl Friederich.
  II. Penick
    1. Glaucha, Albert Christian Ernst.
    2. Rochsburg, Heinrich Ernst.
    3. Wechselburg, Carl Heinrich.
    4. Penick, August Siegfried.
11. Solms in
  I. Braunfels, siehe neue Fürsten.
  II. Licha
    1. Hohen-Solms, Carl Christian.
    2. Sonnewalde, Franciscus Xaver.
      Pouch, Johann Georg.
      Schröna, Otto Heinrich.
    3. Baruth.
     a) Assenheim und Rödelheim, Wilhelm Carl Ludwig.
     b) Wildenfels
      1. Laubach, Christian August.
      2. Utph, Carl Ludwig.
      3. Wildenfels, Friedrich Magnus.
     c) Baruth, Friedrich Gottlob Heinrich.
12. Stolberg in
  I. Wenigerode oder Ilsenburg, Christian Ernst.
  II. Stolberg, Carl Ludwig.
  III. Roßla, Friedrich Bodo.
13. Wartemberg, Casimir Kolb, residirt zu Mettenheim.
14. Wild und Rhein-Grafen.
  I. Neufville,
    1. Hoogstraaten,
    2. Leuz, siehe neue Fürstliche Häuser unter Salm.
  II. 1) zu Rheingrafenstein in Grebweiler, Carolus Magnus.
    2) zu Grumbach.

II) Im Schwäbischen Collegio.

1. Colloredo, Rudolph Joseph.
2. Fugger.
  I. Raymunds Linie.
    a) zu Göttersdorf, Mauritius Franciscus Xaverius.
    b) Zinneberg-Adelshofen, Ignatius Joseph Constantinus.
    c) Weissenhorn, Adam Franz Anton Joseph.
  II. Antonius-Linie.
    a) Norndorf, Johann Carl.
    b) Kirchheim, Cajetan Joseph.
    c) Muckhausen, Johann Ludwig.
    d) Grünbach, Franz Joseph.

         e) Glöt-

e) Glöe, Sebaſtian Xaverius Joſeph.
f) Dietenheim und Brandenburg, Anton Sigismund Joſeph.
g) Babenhauſen, Anſelmus Joſeph Victor Jacob Raimund.
h) Boos, Chriſtoph Maur. Bernhard Wunibald Joh. Repomuc.
i) Waſſer oder Wallemburg, Joſ. Maria.

3. Rhevenhüller, Johann Joſeph.
4. Königseck
  1. Rothenfels, Franz Hugo.
  2 Aulendorf, Carl Seyfried Ferdinand.
5. Leyen und Hohen = Geroldseck, Franz Carl.
6 Montfort, Franz Xaverius, zu Tetnang.
7. Oettingen
  1. Wallerſtein, Philipp Carl Dominicus.
  2. Razenſtein und Baldern, Joſeph Anton.
8 Pappenheim, Friedrich Ferdinand.
9. Rechberg, Ferdinand Joſeph Bero Xaverius.
10. Schlick, Franz Heinrich.
11. Sinzendorf,
  1) Ernſtbrunn oder Feureck, Wenceslaus.
    Franciſcus Wenceslaus.
  2) Friedau oder Neuburg, Johann Wilhelm
12. Stadion, Anton Heinrich Friedrich.
13. Sternberg, Franz Philipp.
14. Traun und Abensperg,
  1) Meiſſau, Franciſcus Joſeph Gabriel.
  2) Eſchelberg, Carolus Franciſcus.
15. Trautmannsdorf, Franciſcus Rorbertus.
16. Truchſeſſe von Waldburg.
  I. in Scheer, Leopold Auguſt.
    zu Trauchburg, Franz Carl.
  II. Preuſiſch, Joachim Friedrich Ludwig.
  III. in Wolfegg.
    1. Wolfegg.
      a) Wolfegg, Joſeph Franciſcus.
      b) Waldſee, Gebhardus Xaver.
    2) Zeil.
      a) Zeil, Franciſcus Antonius.
      b) Wurzach, Franz Ernſt.
17. Waldſtein, Vincentius.
18. Ungnad von Weiſſenwolf, Ferd. Bonavent.
             Joſeph Anton.
19. Wolkenſtein, Caſpar Paris Domin. Cajan. Ant.

III) Im Fränkiſchen Collegio.

1. Caſtell
  1. Caſtell, Chriſtian Friedrich Carl.
    Auguſt Franz Friedrich.
    Ludwig Friedrich.

2. Rem.

2. Remlingen, Chriſtian Adolph Friedrich Gottlieb
3. Rüdenhauſen, Fried. Lud. CarlChriſtian.
2. Erpach.
  1. zu Erbach , Franciſcus.
  2. zu Fürſtenau, Ludw. Fried. Carl Eginh,
    und deſſen Bruder Georg Albrecht.
  3. zu Schönberg , Georg Ludwig.
3. Giech, Chriſtian Friedrich Carl.
4. Gräveniz, Friedrich Wilhelm.
5. Hohenlohe.
  1. Langenburg.
    a) Langenburg, Ludwig.
    b) Ingelfingen, Philipp Heinrich. ⎫
    c) Kirchberg, Carl Auguſt.   ⎬ ſiehe neue
  2. Neuenſtein.   ⎪ Fürſten.
    a) Weickersheim, JohannFriedrich ⎪
    b) Oehringen , Ludw.Friedr.Carl ⎭
6. Löwenſtein-Werrheim , Virnebrugiſcher Linie.
   Johann Ludwig Vollrath.
   Friedrich Ludwig
   Carl Ludwig.
7. Noſtiz.
   a) Röckeniz , Joseph Wilhelm.
   b) Reineck, Franciſcus Wenceslaus.
8. Pückler , Chriſtian Wilhelm Carl.
9. Roſenberg, Wolfgang Franciſcus.
10. Schönborn, Joseph FranciſcusBonav.
11. Stahremberg, Johann Ernſt.
12. Windiſch-Gräz, Joseph.
13. Wurmbrand, Gundaccar Thomas.

IV. Im Weſtphäliſchen Collegio.

1. Bentheim,
  I. Tecklenburg, Moriz Caſimir.
  II. Steinfurt, Friedrich Carl Philipp,
  III. Bentheim , Carl Paul. Ernſt.
2. Kauniz-Rietberg, Wenceſl. Anton Domin. Joh. Joseph. ſ. Fürſten.
3. Burggraf von Kirchberg, Wilhelm Georg.
4. Limburg Styrum ⚜
  1) Bronchorſt , Otto Ernſt Geldricus.
  2. Gehmen , Friedrich Carl.
  3) Iller-Aichheim , Carl Joseph.
  4) Styrum, Philipp Ferdinand.
5. Lippe
  I. Detmold ,
    1) Detmold, Simon Auguſt.,
    2) Biſterfeld, Friedrich Carl Auguſt.

II. Bückeburg.
  1) Bückeburg, Friederich Wilhelm Ernst.
  2) Alverdissen, Philipp Ernst.
6. Manderscheid-Blankenheim, Joh. Wilhelm.
7. Mark, Ludwig Engelbert.
8. Metternich-Winneberg, Franz Georg Carl.
9. Nesselrode,
  1. Reichenstein, Franz Bertram Arnold.
  2. Landscron und Rhade, Johann Wilhelm Maximillian.
  3. Ehreshofen, Carl.
10. Ostein, Johann Friederich Carl Maximilian.
11. Platen-Hallermünde, Georg Ludwig.
12. Plettenberg-Wittem, Franz Joseph Maria.
13. Quadt-Wyckrade, Wilhelm Otto Friedrich.
14. Reckheim und Aspermont, Joh. Rep. Gobert.
15. Salm Reiferscheid.
  1) Neuburg, Carl Otto.
  2) a) Reiferscheid, Franciscus Nicolaus.
    b) Dyck, August Eugenius Bernhard.
16. Schaesberg, Johann Wilhelm.
17. Waldpott-Passenheim, Franz. Ludwig Casimir.
18. Wied,
  1) Runkel, Ludwig Christian.
  2) Neuen-Wied, Johann Friedrich Alexander.

Das Cardinals-Collegium,
nach dem Alphabet.

Alexander *Albani*, von Urbino, geboren 1992. erster Cardinal-Diac. Comprotector von Deutschland und der Oesterreichischen Erblande, Protector von Sardinien, 1721.

Joh. Franciscus *Albani*, von Urbino, geb. 1720. Card. Bischof von Sabina, Protector von Polen, Ragusa und St. Marino, 1747.

Franciscus Joachimus de *Pietre de Bernis*, Graf von Lion, ein Franzose, geb 1715 Card. Diac. 1758.

Joannes Carolus *Boschi* von Faenza, geb. 19. Apr. 1715. Cardinal Priester, Großpönitentiarius, 21. Jul. 1766.

Johann Octavius *Bufalini*, g. 17. Jan. 1709. Card. Priest. 21. Jul. 1766.

Vitalianus *Borromæus*, geb. 3. Märj. 1720. Erzbischof von Theben, Card Priester 21. Jul. 1766.

Antonius *Branciforte*, von Palermo, Erzbischof von Thessalonich, Präses von Urbino, Card. Priester 21. Jul. 1766.

Simon *Buonaccorsi*, de *Macerata*, Secretair von der Congregat. der Bischöffe und Ord. Card. Priester. 1766.

Ludovicus *Callini*, von Brixen, Patriarch von Antiochien, geb. 18 Jan. 1696. Cardinal Priester 21. Jul. 1766.

Xave-

Xaverius *Canali*, Oberschatzmeister der apostolischen Kammer, Card. Diac. 26 Sept. 1766.

Johannes Constantinus *Caraccioli di St. Buono*, ein Neapolitaner, geb. 1715. Card. Diac. 1759.

Josephus Maria *Castelli*, ein Mailänder, geb. 1705 Cardinal-Priester, 1759.

Flavius Maria *Chigi*, ein Römer, geb. 1711. Card. Priester, 1753.

Marcus Antonius *Colonna*, ein Römer, geb. 1724. Card. Priester, 1759.

Petrus Paulus *Conti*, von Camerino, geb. 1689. Card. Priester, 1759.

Bonaventura di Cordova Spinola *de la Cerda è S. Carolo*, ein Spanier, Patriarch von Indien, Cardinal-Priester, 1761.

Anton Clairadus von *Choiseul-Beaupré*, aus der Dioces von Langres, g. 1707. Erzbischof zu Besanson in Burgund, Cardinal-Priester, 1761.

Aloysius Ferdinandus Tobar, *di Cordua*, ein Spanier, geb. 1696, Erzbischof zu Toledo, Cardinal-Priester, 1754.

Andreas *Corsini*; ein Römer, geb. 1735. Card. Diac. 1759.

Nereus Maria *Corsini*, ein Florentiner, geb. 1685. Card. Diac. Protector von Portugall, 1730.

Marcellus *Crescenzi*, ein Römer, geb. 1694, Erzbischof zu Ferrara, Card. Priester, und Legat zu Ferrara, 1743.

Ignatius *Crivelli*, von Cremona, geb. 1698. Card. Priester, Legat zu Ravenna, 1759.

Carolus Franciscus *Durini*, ein Mailänder, geb. 1693. Bischof zu Pavia und Card. Priester 1753.

Cajetanus *Fantuzzi*, von Ferrara, geb. 1708. zu Ravenna, Cardinal-Priester. 1759.

Franciscus *Folch* de Cordona Solis, von Salamanca, ein Spanier, g. 1713. Card. Priester, Erzbischof von Sevilien, 1756.

Frater Laurentius *Ganganelli*, von Urbino, g. 1705. Card. Priest. 1759.

Stephanus Renatus Poitier *de Gesures*, ein Franzose, geb. zu Paris, 1697. Bischof zu Beauvais, Cardinal-Priester. 1756.

Petrus Hieronymus *Guglielmi*, von Jesi, g. 1694. Card. Priester, 1759.

Franz Christoph Baron von *Hutten*, geb. 1706. Bischof zu Speyer, Cardinal-Priester, 1761.

Fridericus Marcellus *Landi*, ein Römer, g. 1695. Card. Bischof zu Palestina, Protector der Carmeliter, 1743.

Carolus Victor Amadæus delle *Lanze*, v. Turin, g. 1712. C. Priest. 1747.

Paulus Albert de *Luynes*, ein Franzose, geb. zu Versailles, 1703. Erzbischof zu Sens, Card. Priester. 1756.

Vincentius *Malvezzi*, ein Bolognesen, g. 1715. Erzbischof daselbst, Card. Priester, 1753.

Christoph Graf *Migazzi*, geb. zu Trient, 1714. Erzbischof zu Wien, Cardinal-Priester, 1761.

Johann *Molino*, g. zu Venedig, 1705. Bis. zu Brescia, C. Priest. 1761.

Henr. Virginius *Natta*, geb. zu Casale, 1701. ein Dominicaner, Bischof zu Alba, Card. Priester, 1761.

Andreas

Andreas *Negroni*, ein Römer und päbstlicher Auditor, Card. Diac. 1763.

Jacobus *Oddi*, von Perugia, g. 1776. Bischof zu Viterbo und Toscanella, Card. Priester, 1743.

Dominicus Amadæus *Orsini*, ein Römer, g. 1719. Card. Diac. 1743.

Lazarus Opitius *Pallavicini*, Erzbischof von Lipanto, Card. Priester, 21. Jul. 1766.

Petrus *Pamphilius*, ein Römer, geb. 7. Dec. 1725. Cardinal-Priester, 21. Jul. 1766.

Nicolaus *Perelli*, ein Neapolitaner, g. 1696. Carb. Diac. 1743.

Æneas Sylvius *Piccolomini*, Gouverneur zu Rom, Card. Diac. 1766.

PhilippusMaria *Perelli*, Erzbischof von Damascus, Card. Priester. 1725.

Josephus *Pozzobonelli*, g. 1696. ein Mailänder, und Erzbischof daselbst, Cardinal-Priester, 1763.

Antonius Marinus *Priuli*, ein Benetianer, g. 1707. Bischof zu Bicenza, Card. Priester, 1758.

Carolus *Rezzonico*, ein Benetianer, g. 1724. Camerlengo. Crb. Pr. 1758.

Franciscus Conradus Casimir, Freyherr von Rodt, g. 1706. Bischof zu Costanz, Card. Priester, 1756.

Ludwig Constantin, Prinz von *Rohan Montbazon*, geb. zu Paris, 1697. Bischof zu Strasburg, Card. Priest. 1761.

Johann Franc. Joseph *Rochechouart*, aus Toulose, Bischof zu Laon in Frankreich, Card. Priester, 1761.

Ferdinandus Maria *Roß*, ein Römer, g. 1695. Card. Priester, 1759.

Ferdinandus Maria de *Rubeis*, ein Römer, geb. 4. Aug. 1696. C. Pr. 7:9.

Franciscus de Gama de *Saldanha*, geb. zu Lissabon, 1713. Patriarch daselbst, Card. Priester, 1756.

Fabricius *Serbelloni*, ein Mailänder, g. 1695. Card. Bischof 1753.

Nicolaus *Serra*, geb. 1706. Erzbischof von Mileto, Auditor der päbstlichen Kammer, Card. Priester, 21. Jul. 766.

Antonius *Serfale*, ein Neapolitaner, geb. zu Sorrento, 1702. Erzbischof zu Neapolis, Card. Priester, 1754.

Hieronymus *Spinola*, ein Genueser, geb. 1713. Card. Priester, Legat zu Bologna, 1759.

Johann Franciscus *Stoppani*, ein Mailänder geb. 1695. Cardinal-Bischof, 1753.

Aloysius Maria *Torrigiani*, ein Florentiner, g. 1697. Card. Diac. 1753.

Xantos *Veronese*, ein Benetianer, Bisch. v. Padua, Card. Priester. 725.

Benedictus *Veterani*, von Urbino, Card. Diac. 26. Sept. 1766.

Henricus Benedictus Maria Clemens, sogenannter Herzog von York, ein Sohn des Prätendenten, ein Römer, geb. 1725. Cardinal-Bischof zu Frascati, Protector der Carthäuser, ingleichen von Großbritannien und Irland, wie auch Canzler des Pabsts, 1747.

Register.

Register.

Lüders

K

St.

A

104) Wappen der Landgrafen von Hessen-Hanau.
105)   der Landgrafen von Hessen-Darmstadt.
106)   der Marggrafen zu Baden-Baden.
107)   der Márggrafen zu Baden-Durlach.
108)   der Herzöge zu Mecklenburg.
109)   der Herzöge zu Holstein.
110)   der Herzöge zu Holstein-Gottorp.
111)   der Fürsten zu Anhalt.
112)   der Fürsten zu Anhalt-Schaumburg.

K. Neuer fürstlicher Häuser, welche Sitz und Stimme haben.

113) Wappen der Herzöge zu Aremberg.
114)   der Fürsten zu Hohenzollern.
115) ————————— von Lobkowitz.
116) ————————— Salm-Salm.
117) ————————— Salm-Kyrburg.
118) ————————— Dietrichstein.
119) ————————— Nassau-Oranien.
120) ————————— Nassau-Saarbrücken.
121) ————————— Nassau-Siegen.
122) ————————— Auersperg.
123) ————————— Fürstenberg.
124) ————————— Schwarzenberg.
125) ————————— Lichtenstein.
126) ————————— Piccolomini.
127) ————————— Portia.
128) ————————— Thurn und Taxis.
129) ————————— Schwarzburg.

L. Reichs-

L. Reichsfürstliche Häuser, welche noch nicht auf dem Reichstage introducirt sind.

130) Wappen der Fürsten von Waldeck.
131) ——— ——— ——— Dettingen.
132) ——— ——— Mansfeld und Fondi.
133) ——— ——— Lamberg.
134) ——— ——— Trautson.
135) ——— ——— Löwenstein.
136) ——— ——— Stollberg.
137) ——— ——— Solms.
138) ——— ——— Isenburg.
139) ——— ——— Hohenlohe.
140) ——— ——— Kinsky.
141) ——— ——— Haßfeld.
142) ——— ——— Khevenhüller.
143) ——— ——— Kaunitz.
144) ——— ——— Colloredo.
145) ——— ——— Stahremberg.

M. Auswärtige regierende Häuser, wie auch andere Geschlechte, welche die deutsche Reichsfürstliche Würde erhalten haben.

146) Wappen derer T. T. von Albani.
147) ——— ——— Ardore und Milano.
148) ——— ——— Bathyan.
149) ——— ——— Beaufremont.
150) ——— ——— Beauveau-Craon.
151) ——— ——— Broglio.
——— ——— Cäsarini, siehe Sforza 175.
——— ——— Carignan, s. Sardinien. 18.
152) ——— ——— Carolath.
——— ——— Carrara, s. Mantua. 163.
153) ——— ——— Chimay.
——— ——— Craon, s. Beauveau. 150.
154) ——— ——— Croy.

155)

Wappen
des Cardinal-Erzbischofs zu Wienn.

Wappen
des Bischofs zu Olmütz

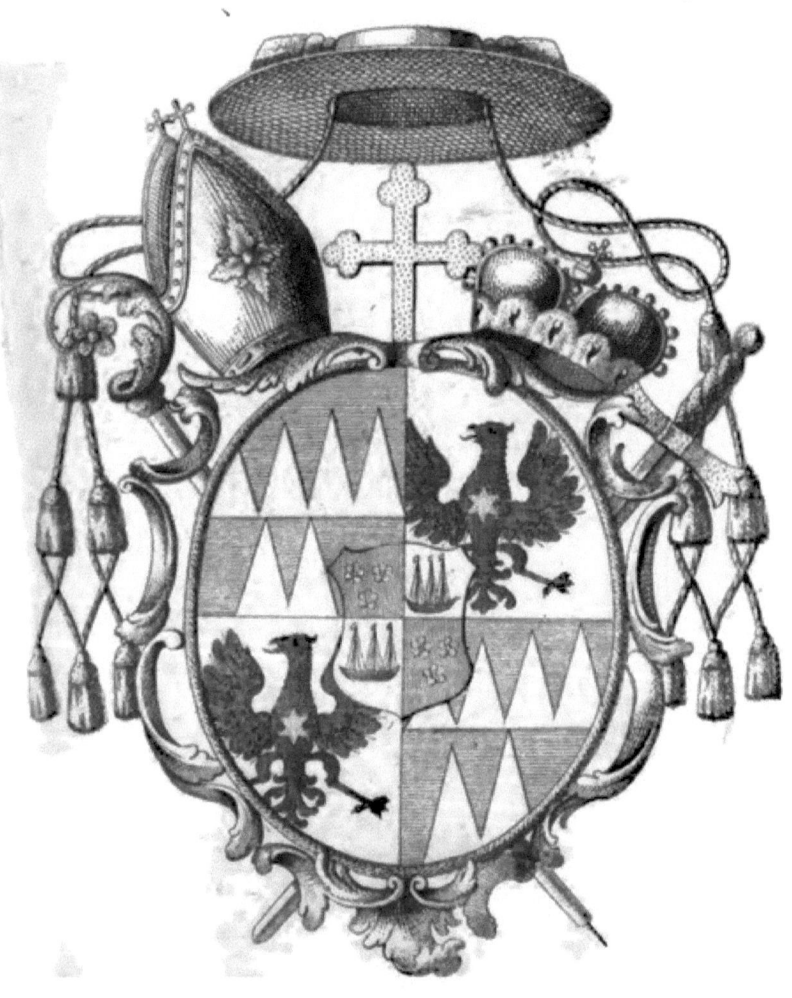

Wappen
des
Bischoffs in Breslau.

Wappen
des Bischofs zu Seccau.

Wappen
des Bischofs von Gurck.

Wappen
des Bischofs von Lavant.

Wappen
des Bischofs zu Laubach.

Wappen
des Bischofs zu Chiemsee.

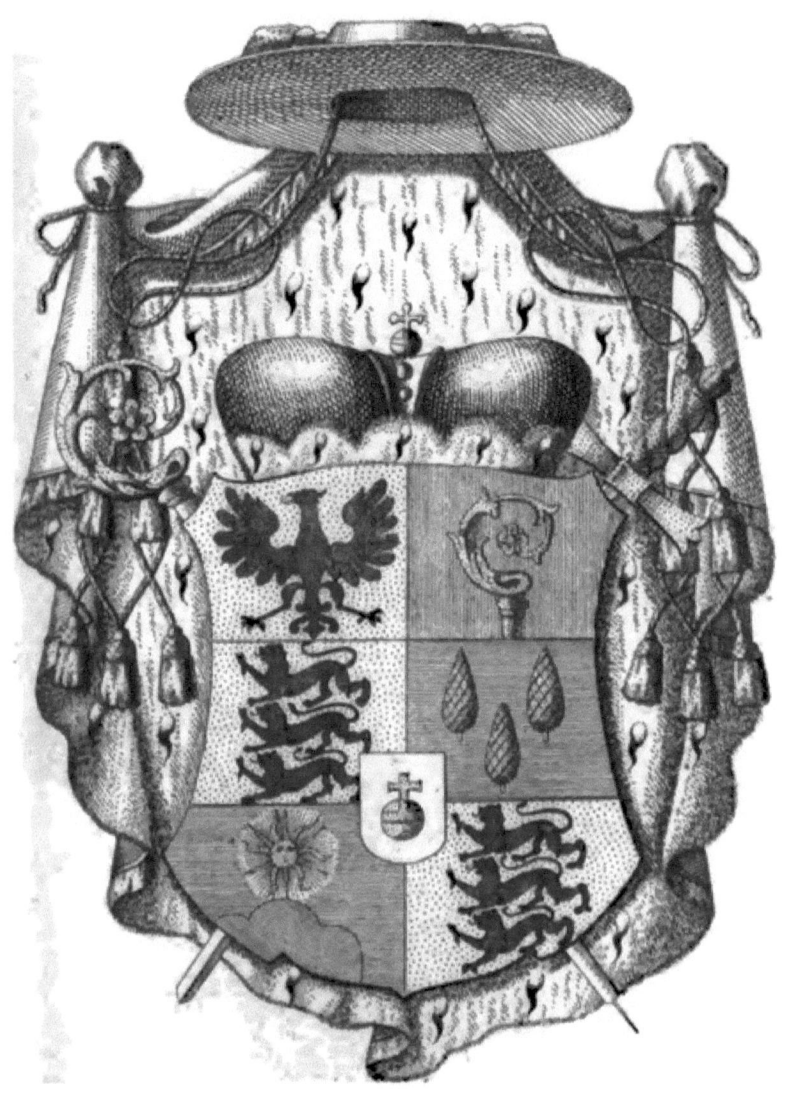

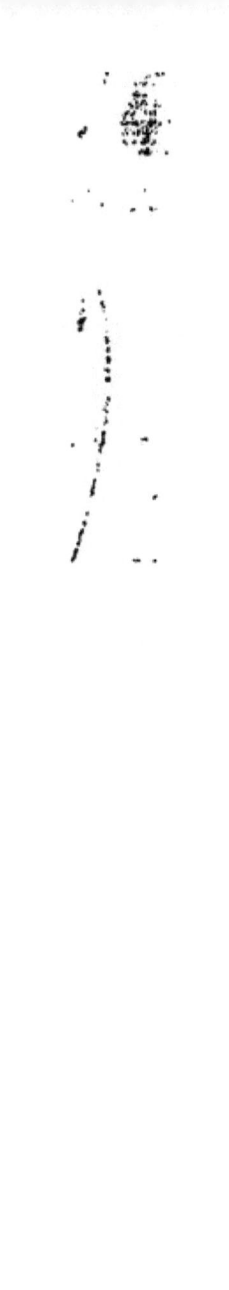

Wappen
des Bischofs zu Sitten.

Wappen
des Bischofs zu Lausanne.

Wappen
des Abts zu Einsiedeln.

Wappen
des Abts zu Pfaffers.

Wappen
des gefürsteten Abts zu Disentis.

Wappen
des gefürsteten Abts von Murÿ.

Wappen
des Abts zu St. Blasi.

Wappen
der Aebtißin zu Elten

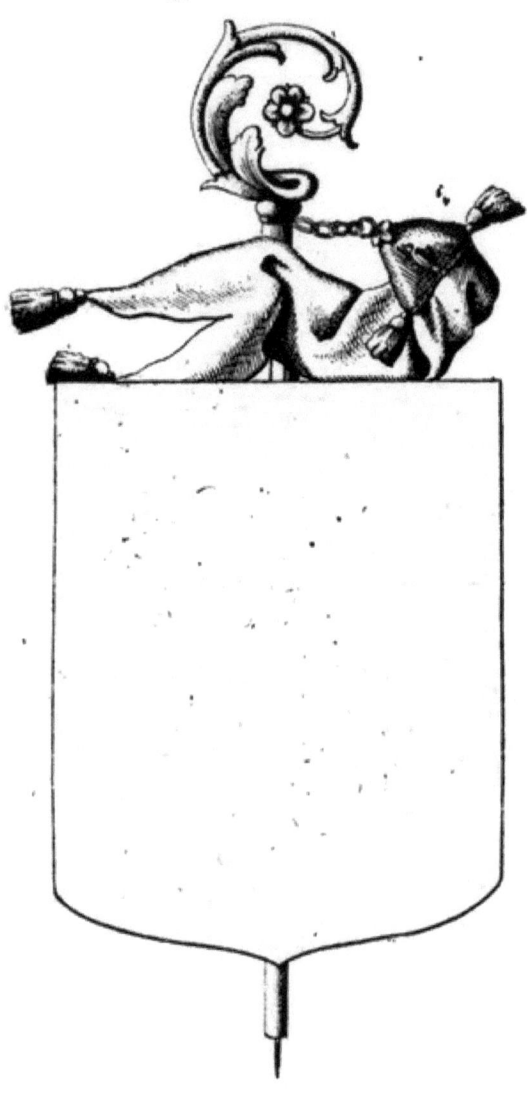

Wappen
der gefürsteten Aebtißin zu Andlau.

Wappen
der Aebtissin zu Schönis.

Wappen
der Aebtissin zu Minsterbilsen.

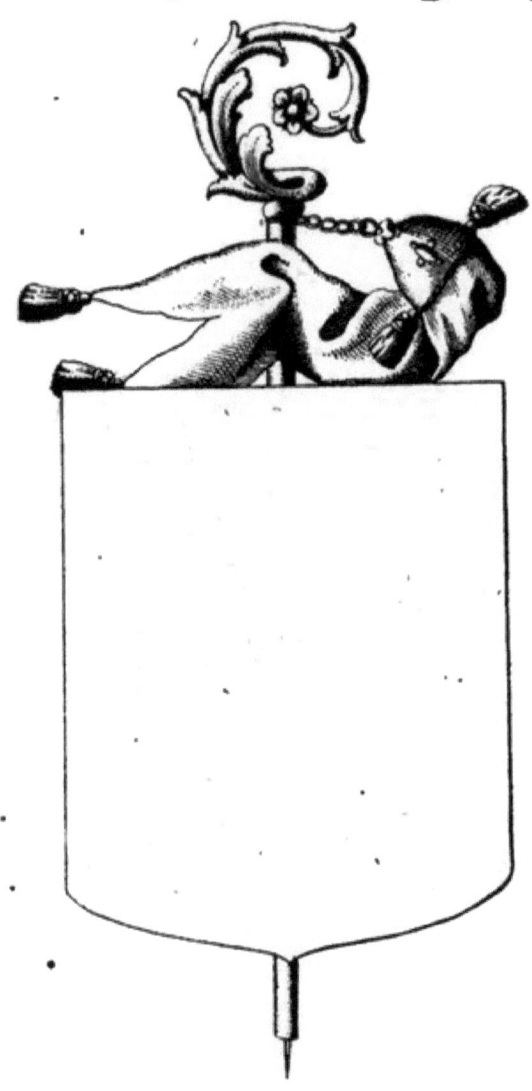

Wappen
der Aebtissin zu Sæckingen.

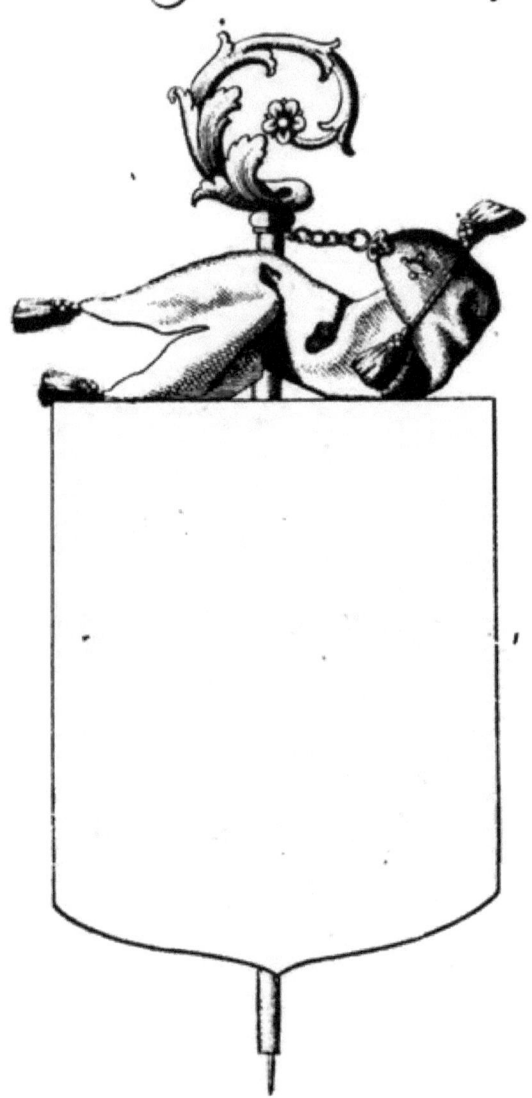

Wappen der gefürsteten Aebtißin des freyen
Weltlichen Engl. Stiffts in der Neustadt Prag

Wappen des Grafen von Waldstein.
jetzigen Bischofs zu Leutmeritz.

Wappen
des Bifchofs zu Koeniggracz.

Wappen
des Bischofs zu Neustadt Wienn.

Wappen des Grafen von Herberstein
jetzigen Bischofs zu Triest.

Pfaltzgräfl. Zweybrückisches Wappen

Wappen der Herzoge zu Sachsen.
Ernestinischer Linie.

Marggräfflich Brandenburg Culmbachisches Wappen.

Hochfürstlich=Brandenburg=Onoltzbachisch Wappen.

Hertzogl. Braunschweigisches Wolffenbüttelisches Wappen.

Wappen des Hertzogs von
Braunschweig Bevern.

Hertzogl. Würtembergisch=Stutt=gardisches Wappen.

Land-Gräffl. Hessen. Casselisches
Wappen.

Neues Casselisch = Hanauisches
Wappen.

Land-Gräffl Hessen Darmstädtisches. Wappen.

Marggräfl. Baadisches Wappen
der Baaden Baaden Linie.

Marggäfl Baaden Durlachiſches Wappen.

Hertzogl. Mecklenburgisches
Wappen.

Hertzog. Holsteinisches
Wappen.

Wappen des Groß-Fürstens von Rußland.

Wappen der Fürsten zu Anhalt.

Wappen des Fürstens zu Anhalt= Schaumburg.

Hertzogl. Arembergisches Wappen.

Fürstl: Hohenzollerisches Wappen.

Fürstl. Lobkowitzisches
Wappen.

Fürstl. Salmisches Wappen

Fürstl: Salm Kyrburgisches Wappen.

Fürstl. Dietrichsteinisches
Wappen.

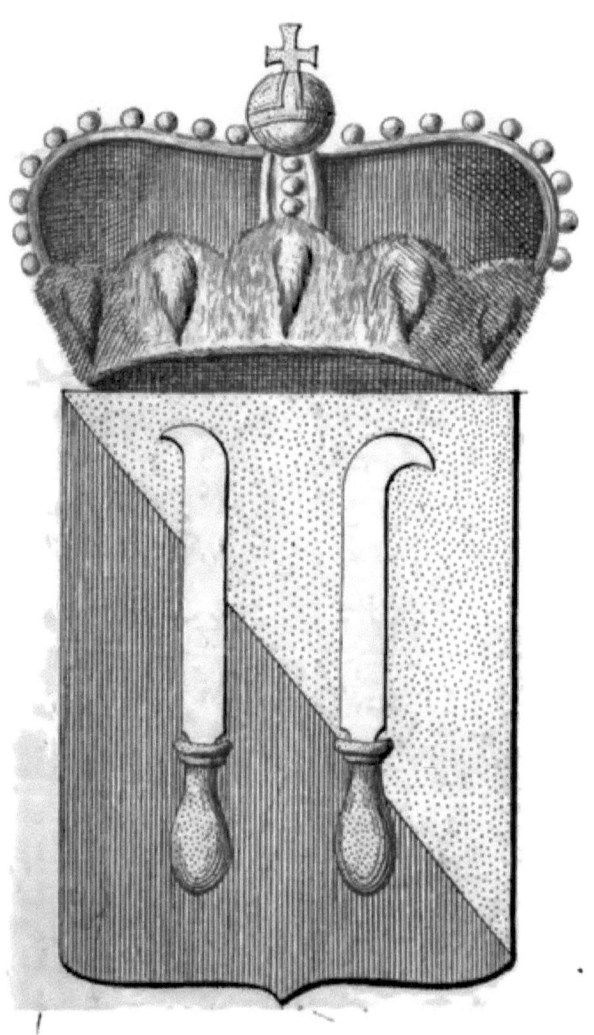

Wappen
des Printzens von Oranien.

Fürstl. Nassau=Suarbruckisches,
Idstainisches und Gräffl. Weilburgi=
sches Wappen.

Fürstl. Nassau-Siegenisches Dillenburgisches Dietzisches und Hadamarisches Wappen.

Fürstl. Auersbergisches
Wappen.

des Fürstens von Fürstenberg Wappen

Fürstl. Schwartzenbergisches
Wappen.

Fürst. Lichtensteinisches Wappen.

Wappen des Fürstens Piccolomini.

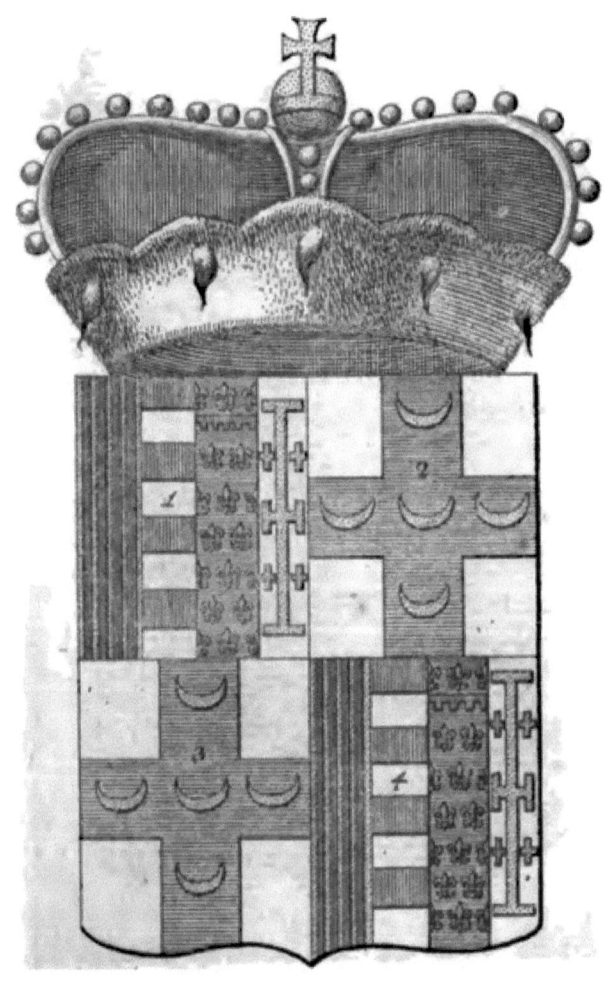

Wappen des Fürstens von Portia.

Fürstl. Thurn und Taxisches Wappen.

Fürstl:-Schwartzburgisches Wappen

Fürstl. Waldeckisches Wappen.

130.

Fürstl. Öttingisches
Wappen.

Fürstl. Mansfeldisches Wappen.

Fürst Lambergisches Wappen.

Wappen des Fürstens von Trautson

Fürstlich-Löwensteinisches Wappen.

Wappen

das Fürsten von Stollberg = Geudern.

Wappen
des Fürsten von Solms=Braunfelß.

Fürstl. Isenburgisches Wappen.

Fürst
Hohenlohe und Waldenburgisches Wappen.

EX FLAMMIS ORIOR

Fürstl: Kinskysches
Wappen.

Fürstlich Hatzfeldisches Wappen

VIRTUS ET HONOS

Wappen der Fürsten von Khevenhüller.

Wappen des Fürsten von Kaunitz
Rietberg.

Wappen der Fürsten von Colloredo.

Wappen des Fürsten
von Stahremberg.

Wappen des Reichs Fürsten von Ardore Miluno.

Wappen des Fürsten von Bathyan.

Wappen der Fürsten von Beaufremont

I

Wappen des Fürsten von
Beauvau=Craon.

Wappen des in den Reichs Fürsten
Stand erhobenen Französischen Marschalls
von Broglio.

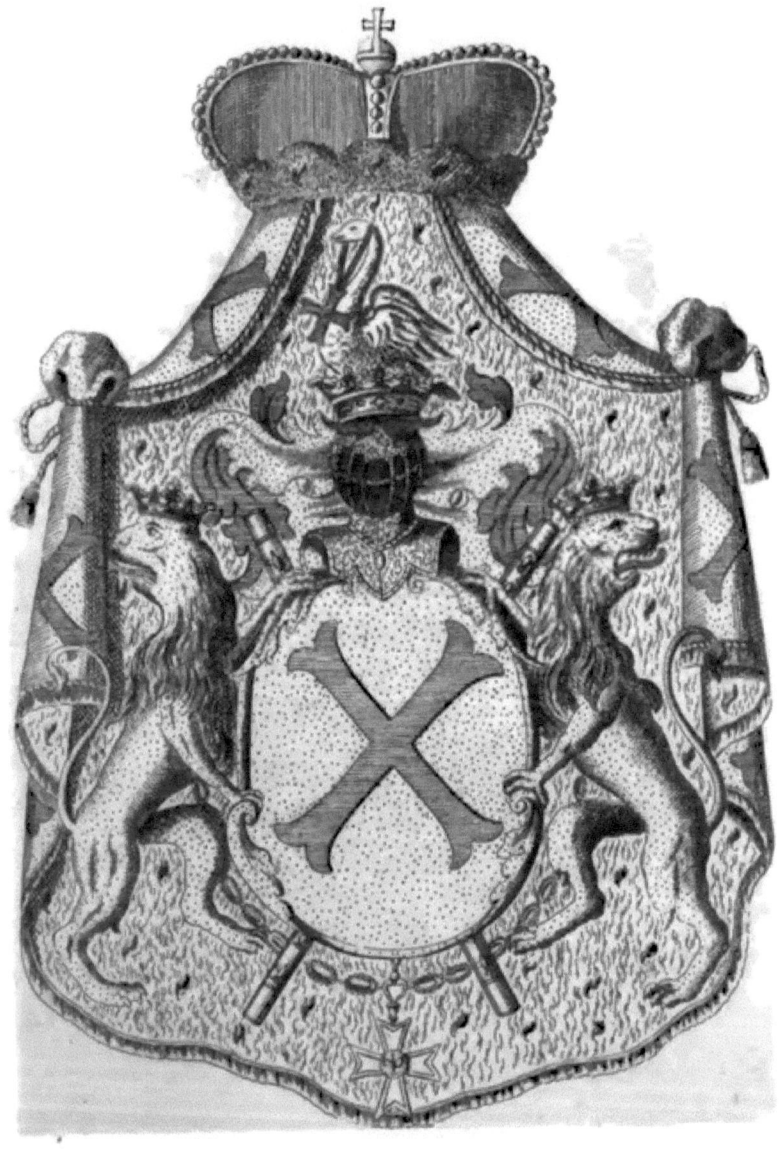

Wappen des Fürsten von
Carolath

Wappen
des Fürsten von Chimaÿ.

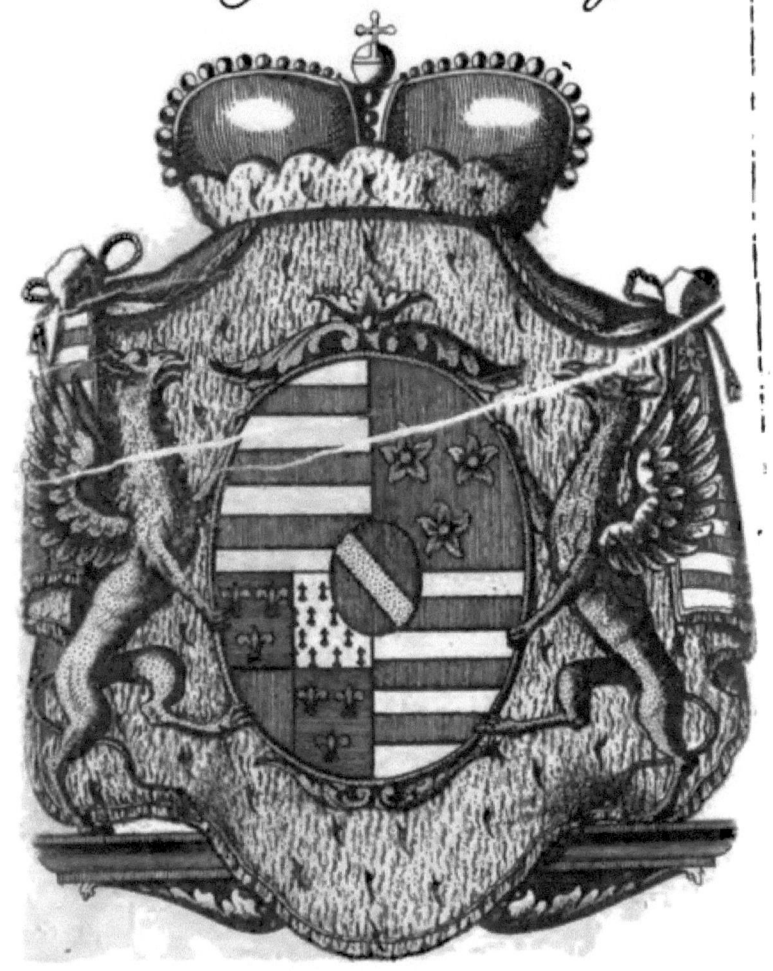

Wappen der Fürsten von Croÿ.

Herzogl. Churländisches Wappen der abgestorbenen Kettlerischen Familie.

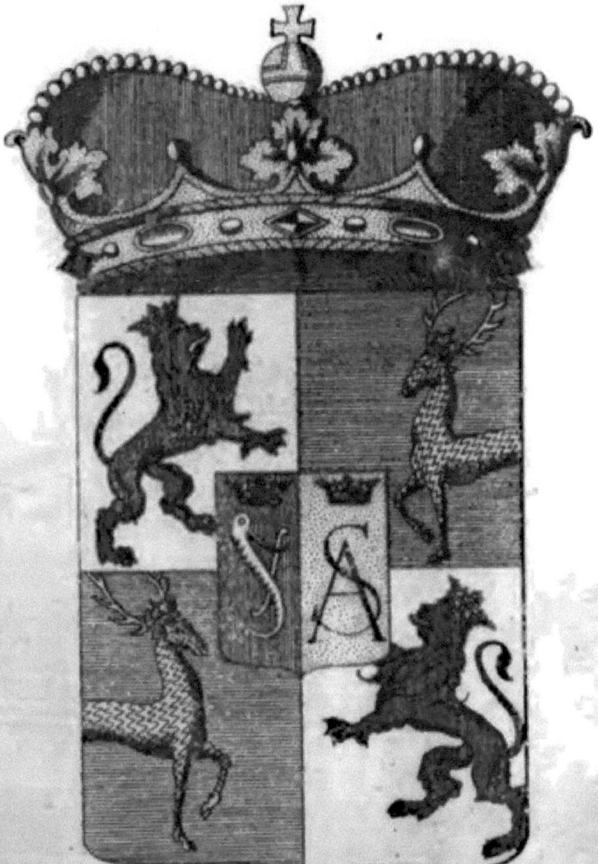

des Herzogs Ernst Johann

des Herzogs Carl

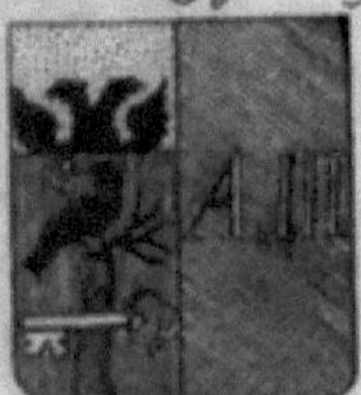

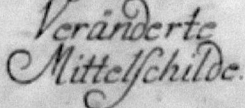

Veränderte Mittelschilde.

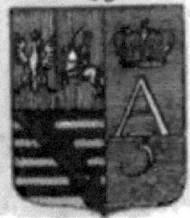

Wappen des Fürstlichen Hauses Doria.

Wappen des Fürsten von Esterhasÿ
und Gallanta.

Wappen des Fürsten von Gallean.

AB OBICE SÆVIOR IBIT

SEMPER MAGIS

Wappen
des Fürsten von Hornes.

Wappen des Fürsten Sablonowski.

Wappen
des Prinzens von Ligne.

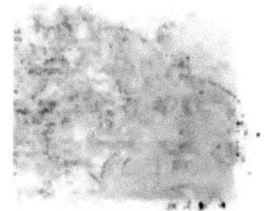

Wappen des Fürsten von Lubomirsky.

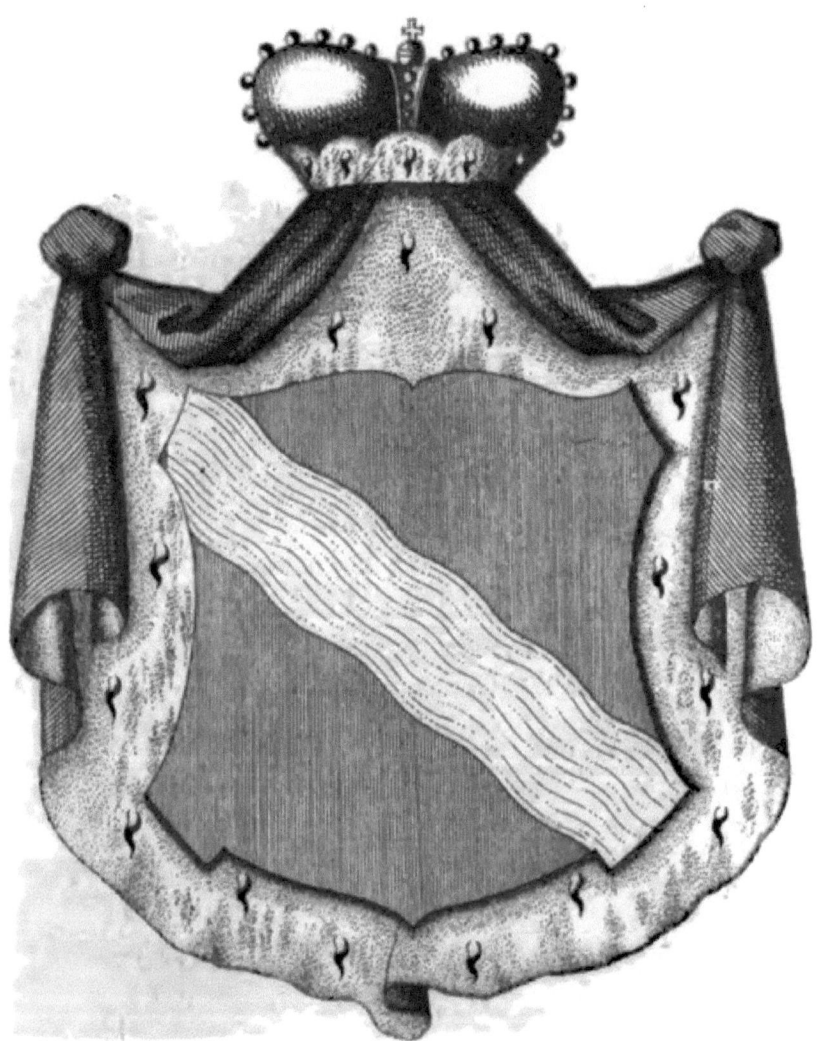

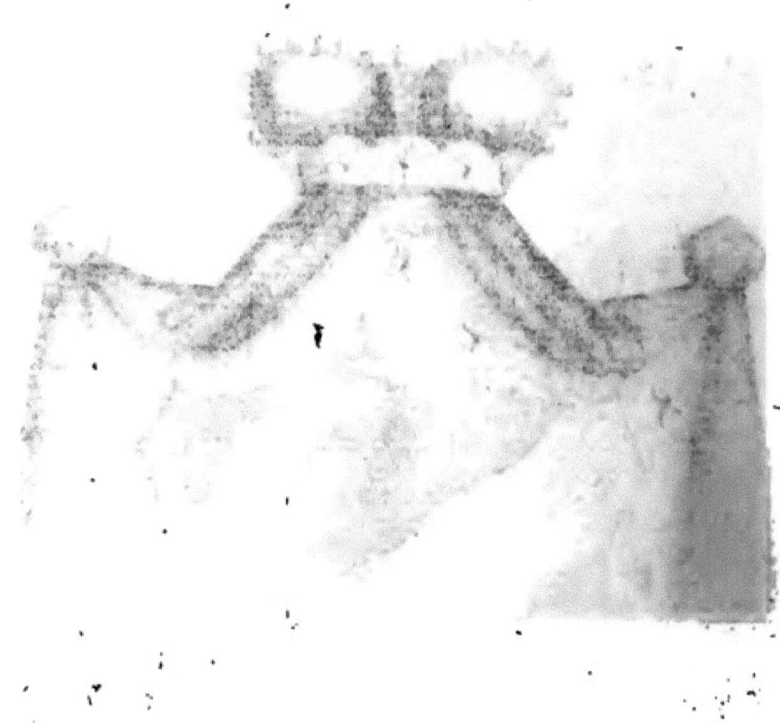

Hertzogl. Mantuanisches Wappen.

FIDES

Wappen des Fürstl. Hauses
von Massa und Carrara.

Des Herzogs von Modena Wappen

Wappen des Fürstens von Monaco.

Wappen des Fürstlichen Hauses Odeschalchi.

Wappen des Herzogs von Gravina
aus dem Hause Orsini.

Wappen des Hertzogs zu Parma.

Wappen des Fürstlichen Hauses Pignatelli.

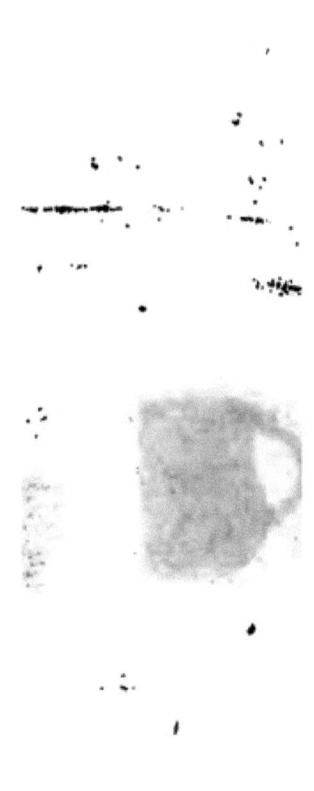

Wappen des Fürsten von Poniatowsky.

Wappen des Fürsten von Radzivil.

Wappen des Fürstlichen Hauses Rubempre.

Wappen der Herzoge und Reichsfürsten
von Sforza Cesarini.

Wappen
des Fürsten von Sulkowsky.

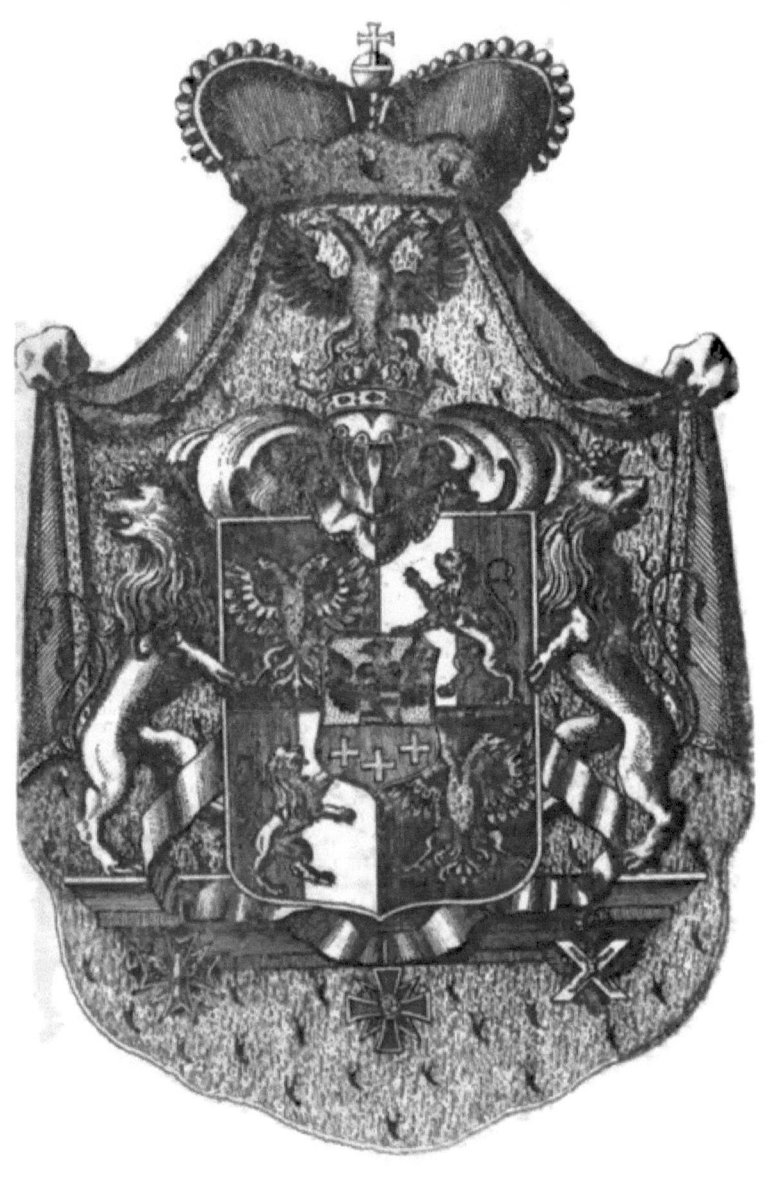

Wappen des Großherzogs von
Toscana und Florenz.

Wappen
der Herzoge von Urseln.

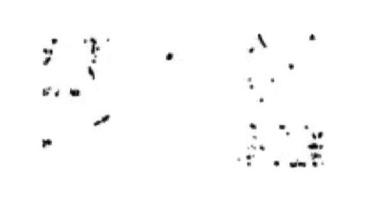

Der durchlauchtigen Welt
vollständiges
Wappenbuch
Ersten Bandes
Zweyter Theil,
in welchem
**die übrigen Wappen der geistlichen und
weltlichen Fürsten in Deutschland, der auswär-**
tigen regierenden Häuser, und einiger andern, welche
die Reichsfürstliche Würde erhalten haben,
enthalten sind,

Nebst der Beschreibung
der sämtlichen Wappen
des Ersten Bandes.

Nürnberg,
Auf Kosten der Raspischen Handlung, 1768.

Vorbericht.

Was ich in dem Vorberichte zur
erſten Ausgabe dieſes vollſtän-
gen Wappenbuchs verſprochen
habe, erfülle ich hiemit. Der huldreiche Bey-
trag, welchen ich von denen meiſten hohen Fürſten geiſtlichen Standes zu erhalten das Glück
gehabt habe, hat mich in den Stand geſetzt dieſes zu leiſten. Nur dreyer gefürſteten Aebtißin-
nen Wappen habe ich noch nicht erhalten kön-
nen. Ich werde aber die an deren Statt beyge-
brachten leeren Blätter mit denenſelben erſetzen,
ſo bald ich ſie habhaft werde. Eben dieſes ver-
ſichere ich auch bey denen Wappen auswärtiger
Reichs-Fürſten, die mir zwar zum Theil gnä-
digſt mitgetheilt worden, theils aber aus andern
Büchern und Denkmälern haben genommen wer-

den

den müssen, über deren vollkommenen Richtigkeit einiger Zweifel entstehen kann.

Der zweyte Band wird die Reichsgräflichen Wappen so vollständig liefern, als es immer möglich seyn wird. Möchten doch diese hohen Häuser geruhen, mir davon richtige Zeichnungen, oder allenfalls nur Abdrucke von wohlgestochenen Siegeln, zufertigen zu lassen! Ich bitte mir hiebey sonst nichts aus, als eine Beschreibung der Tincturen, und der oft undeutlichen Figuren. Doch werden mir die völligen historischen Beschreibungen der Wappen jederzeit noch angenehmer seyn, weil sie mich in den Stand setzen, die am Ende des Bandes anzufügende Blasonirung in derjenigen Gestalt zu liefern, als es die Beweise der Wappen und der in denenselben vorgestellten Gerechtsamen und Ansprüchen erfordern. Ich wünsche übrigens daß dieses so kostbar als mühsame Werk den geneigten Beyfall der Liebhaber der Heraldik erhalten möge! und werde solches als meine vorzüglichste Belohnung ansehen.

Alphabetische Beschreibung der Wappen des ersten Bandes.

Das Wappen der Herzoge von Albani, ist ein gekrönter und mit einem Wappen-Mantel umgebenes blaues Schild, mit einem goldenen Bande durchzogen, über welchem ein goldener Stern, unten aber ein dreyfacher goldener Hügel zu sehen ist.

Der Aebtißin zu Andlau Wappen ist ein quadrirter Schild mit einem Mittelschilde. Im 1. und 4. goldenen Felde ist ein rothes Kreutz wegen des Stifts; im 2. und 3. sind 3 weiße Ringe im rothen Felde, als das Familien Wappen des Freyherrlichen Geschlechts von Landenberg, und im weißen Mittelschilde ein doppeltes H mit einem Abtstabe, wegen der dem fürstl. Stift incorporirten ehemaligen adelichen Benedictiner Abtey Hugshofen im Weilerthal, wovon die jedesmalige Fürstinnen auch den Titel führet. Hinter dem Schilde stehet ein aufgerichteter Scepter.

Das Anhaltische Wappen von der Bernburgischen Linie, welche zu Schaumburg residiret, ist ein in die Länge, doch etwas gegen die linke Hand getheilter Schild. Die rechte Hälfte hat 12. Felder in vier Reihen. Das 1. ist von Gold und schwarz zehnfach quergestreift, mit einem schrägrechts darüber gelegten grünen Rauten-Kranze, wegen des Herzogthums Sachsen: das 2. blaue hat einen goldenen gecrönten Adler, wegen des Herzogthums Westphalen: das 3. silberne drey rothe Schröter-Hörner, wegen Engern: das 4. silberne, einen, auf einer rothen schräglinks stehenden Zinnen-Mauer, mit einer goldenen Pforte, in die Höhe steigenden schwarzen Bären, mit einer goldenen Krone und Halsbande, wegen der Abkunft von den Bäringern. Der im Platze des 5. Feldes aufliegende und in die Länge getheilte Mittel-Schild hat zur Rechten einen halben rothen Adler im silbernen Felde, zur Linken aber in einem von Gold und schwarz zehnmal quergestreiften Felde, einen schrägrechts geleaten grünen Rauten-Kranz, wegen des Fürstenthums Anhalt. Das 6. Feld ist von Gold und schwarz zehenmal quergestreift, wegen der Grafschaft Ballenstädt. Das 7. ist von schwarz und Silber zwölffach in vier Reihen geschacht, wegen der Grafschaft Ascanien: das 8. von Gold und roth geviertet, wegen der Herrschaft Waldsee. Das 9. blaue hat zween goldene linke Schräg-Balken, wegen der Grafschaft Warmsdorf: das 10. blaue einen silbernen Adler, wegen der Grafschaft Mühlingen. Das 11. ist das rothe Regalien-Feld. Im 12. silbernen ist auf einer rothen schrägrechts stehenden Zinnenmauer, mit einer silbernen Pforte, ein in die Höhe steigender schwarzer Bär, mit einem silbernen Halsbande, wegen der Herrschaft Bernburg. Die linke Hälfte des Haupt-Schildes enthält das Schaumburgische geviertete Wappen. Im 1. und 4. rothen Felde ist ein silberner Löwe, welcher in der einen vordern Taße eine blaue Keule hält, im 2. und 3. silbernen Felde aber ein rother Greif, der in der einen Klaue eine blaue Kugel trägt. Der blaue Mittelschild zeigt unter einer goldenen Krone ein paar grüne Zweige von einem wilden Apfelbaume, deren jeder 3. rothe Früchte hat. Ueber dem Schilde stehen 9. Helme, von denen die erstern 6. zum Anhaltischen Wappen gehören, und sämtlich gekrönet sind, auser dem ersten, welcher mit einem Fürsten-Hute bedecket ist. Auf dem 1. stehen zween silberne, hohe gekrönte und mit Pfauenschwänzen gezierte Schafte, wegen Engern. Auf dem 2. ein wachsender schwarzer Bär mit einer goldenen Krone und Halsbande, wegen der Bäringer-Familie. Auf dem 3. ein hoher, mit dem Wappen des ersten Feldes, und oben mit einer Krone und Pfauenschwanz gezierter Hut, wegen Sachsen. Auf dem 4. sind zween aufgerichtete und über einander geschränkte, von Gold und schwarz quadrirt bekleidete Arme, die in den Händen zween Pfauenschwänze halten, wegen Anhalt. Auf dem 5. ist ein auf den Füssen stehender aufstiegender gekrönter goldener Adler, wegen Westphalen. Auf dem 6. zwölf von schwarz und Silber geschachte Fähnlein mit goldenen Lanzen, auf jeder Seite sechs, wegen Ascanten. Die drey letzten Helme sind mit denen, aus dem Schaumburgischen Wappen genommenen Figuren besetzt und ebenfalls auch gekrönt. Auf dem 1. ist ein rother, mit dem Löwen des 1. und 4. Quartiers gezierter halber Flug, auf dem 2. ein blauer Flug, zwischen welchem ein grüner aus dem Mittelschilde genommener Zweig von einem wilden Apfelbaume mit rothen Früchten erscheinet, und auf dem 3. ein silberner, mit dem rothen Greif des 2. und 3. Quartiers besetzter halber Flug.

Das Anhaltische Wappen, wie es von dem fürstlichen Gesamthause geführet wird, ist viermal in die Länge und eben so vielmal quer getheilet, mit einem in die Länge getheilten Mittelschilde, in welchem das Wappen des Fürstenthums Anhalt befindlich ist. Im 1. Felde des Hauptschildes ist die Sächsische Raute. Im 2. der Westphälische Adler. Im 3. die Schröter Hörner wegen Engern. Im 4. Ballenstädt. Im 5. der Bär wegen der Abkunft von den alten Bäringern. Im 6. blauen ein goldener gekrönter Löwe, wegen der Herrschaft Jevern. Im 7. das Ascanische Schachfeld. Im 8. Waldersee. Im 9. die Warmsdorfischen Schrägbalken. Im 10. goldenen ein schwarzer gekrönter Löwe, wegen der Herrschaft Kniphausen. Im 11. der Mühlingische Adler. Im 12. die Regalien. Im 13. der Bernburgische Bär. Im 14. blauen sind zween in Form eines Andreas Kreuzes übereinander gelegte silberne Palmzweige, zwischen welchen ein silberner Brackenkopf mit einem goldenen Halsbande hervorbricht, wegen der Herrschaft Walther-Nienburg. Ueber dem Schilde stehen sieben gekrönte Helme, wovon die sechs erstern mit denen schon oben bey dem Schaumburgischen Wappen beschriebenen Helmen übereinkommen, auser, daß hier auch der vorderste Helm gekrönet, und auf dem 4. der aufstiegende Adler ohne Füsse oder wachsend vorgestellet ist: auf dem 7. aber sind drey Straussenfedern, eine goldene zwischen zwey silbernen, wegen der Herrschaft Jevern. Schildhalter sind zween Bären.

Das Anjouische Wappen ist ein blauer Schild mit einer rothen Einfassung in welchem drey goldene Lilien sind. Siehe den

Mittelschild im Königlich-Spanischen und Sicilianischen
Wappen.

Das Wappen des Fürsten von Ardore siehe Milano.

Das Arembergische Wappen hat in einem rothen Schilde, der
mit dem Fürstenhute bedecket, und mit der Ordenskette des goldenen Bliesses umgeben ist, drey fünfblätterichte goldene Nessel-Blu-
men. Schildhalter sind zur Rechten ein Greif, und zur Linken ein
Löwe, beede golden gekrönet.

Das Auerspergische Wappen ist ein, mit dem Fürstenhute bedeckter zweyfach in die Länge, und dreyfach quergetheilter Schild,
mit einem Mittelschilde, und hat, weil in der obersten Reihe die
vordere Hälfte ebenfalls die Länge herab getheilet ist, in allem 7.
Felder. Im 1. von Gold und Silber in die Länge getheilten Felde, ist
ein von schwarz und roth eben auch die Länge herab getheilter
Adler, mit einem silbernen und die Hörner aufwärts kehrenden
halben Monde auf der Brust, wegen des Herzogthums Münsters-
berg. Im 2. rothen Felde ist ein silberner gekrönter und doppelt
geschwänzter Löwe, wegen der Herrschaft Frankenstein. Im 3.
durch einen blauen Wellen-weise gezogenen Balken quergetheilten
Felde, ist in der obern rothen Hälfte ein gehender silberner und in
der untern goldenen Hälfte ein schwarzer Adler mit einem silbernen-
aufwärts gekehrten halben Monde auf der Brust, wegen der gefürsteten Grafschaft Thengen. Im 4. und 7. rothen Felde befindet
sich ein gehender silberner Auer-Ochs auf einem grünen Rasen, wegen der Grafschaft Auersperg. Im 5. und 6. goldenen Felde stehet ein schwarzer Adler, auf einer länglichten schwarzen Bank, wegen des Freyherrlichen Standes. Im silbernen Mittelschilde ist
ein rother, goldgekrönter Löwe, wegen der Gräflichen Würde.

Das Bischöflich-Augspurgische mit dem Hessen-Darmstädtischen vereinigte Wappen ist vollkommen so beschaffen, wie das
Hessen-Darmstädtische, auser daß der Mittelschild in die Länge getheilt ist, und in der vordern Hälfte, die von roth und Silber
gleichfalls in die Länge getheilet ist, das bischöfliche Augsburgi-
sche, in der hintern aber den heßischen Löwen enthält, welcher
mit dem ganzen Hauptschilde die Herkunft des jetzigen Bischofs aus
dem Hause Hessen-Darmstadt anzeigt. Der Schild ist mit einer
Bischofsmütze und zween Fürstenhüten, die sämtlich auf rothen Küssen ruhen, bedeckt, und der Bischofsstab und Schwerd stehen hinter demselben in Form eines Andreaskreutzes. Schildhalter sind
zween rückwärts sehende und mit Fürstenhüten bedeckte Löwen.

Das Wappen der Marggrafen von Baden-Baden ist dreymal
in die Länge, und eben so vielmal quergetheilet, und weil das
mittlere Feld in der untersten Reihe die Länge herab getheilet ist,
so hat es in allen zehen Felder. Das 1. ist von roth und Silber
sechzehnmal in vier Reihen geschacht, wegen der hintern Grafschaft
Sponheim. Im 2. quergetheilten ist, in der obern silbernen
Hälfte eine rothe blaubesaamte Rose, und in der untern goldenen
ein schwarzer Eber auf einem grünen Hügel, wegen der Grafschaft
Eberstein. Im 3. silbernen ein roth mit Gold gekrönter Löwe,
wegen Brißgau. Im 4. rothen ein goldenes mit drey schwarzen

Sparen belegter Pfal, wegen Badenweiler. Im 5. goldenen ein rother ächter Schrägbalken, wegen der Marggraffschaft Baden. Im 6. blauen ein querliegender silberner Flügel, mit niederwärts gekehrten Schwingen und einem goldenen Meessengel, wegen der Landgrafschaft Sausenberg. Das 7. Feld ist quer getheilt, unten blau, mit zween silbernen Ritterweise gezogenen Querbalken, oben von Geld, mit einem wachsenden, rothen Löwen, wegen der Herrschaft Röteln. Im 8. goldenen ist ein rother Querbalken, wegen der Herrschaft Lahr. Im 9. goldenen ein schwarzer gekrönter Löwe, wegen der Herrschaft Mahlberg. Das 10. Feld ist von blau und Gold sechzehnmal in vier Reihen geschacht, wegen der vordern Grafschaft Sponheim. Von den 10. Helmen, unter denen 1. 2. und 4. gekrönt sind, ist der 1. wegen Baden, auf welchem ein rothes und ein goldenes Bockshorn stehet. Auf dem 2. ein wachsender rother Löwe mit goldener Krone, wegen Brißgau. Der 3. wegen Sausenberg, auf welchem ein halber Mann ohne Arme mit blauer Kleidung, silbernen Halskragen, und blauer mit Silber aufgeschlagener Mütze. Kleidung und Mütze sind mit dem Flügel des 6. Feldes gezieret. Der 4. wegen Sponheim, auf welchem ein Pfauenwedel. Der 5. wegen Eberstein, auf welchem eine rothe blau besaamte Rose zwischen zwey silbernen Büffels Hörnern, welche an den beeden äusern Seiten mit grünen Zweiglein bestecket sind. Der 6. auch wegen Eberstein, auf welchem ein halber Mann ohne Arme mit einer goldenen Bischofsmütze, schwarzen Halskragen und goldenen Kleidung, worauf ein schwarzer Eber auf einem grünen Hügel erscheinet. Der 7. wegen Badenweiler, auf welchem ein halber Mann ohne Arme, auf dessen rother Kleidung ein goldener, mit drey schwarzen Sparren belegter Pfahl zu sehen. Der 8. wegen Röteln, worauf eine rothe mit Gold bordirte, und oben an den Spitzen mit Pfauenfedern geschmückte Bischofsmütze befindlich. Der 9. wegen Mahlberg, auf welchem ein goldenes an den Ecken mit Pfauenfedern geziertes Sechseck, mit einem gekrönten schwarzen Löwen, in einer runden silbernen Tafel. Der 10. wegen Lahr, auf welchem ein halber Mann in goldener Kleidung, der anstatt der Arme, goldene Büffelshörner hat, auf welchen so, wie auf der Kleidung, ein rother Querstreif zu sehen. Auf den Siegeln wird dieß Wappen ovalrund, mit einem Fürstenhute an statt der Helme, und mit zween Schildhaltern, nämlich zur Rechten ein Greif, zur Linken aber ein Löwe, vorgestellet: auch ist das 5. Feld wegen Baden als ein besonderer Mittelschild zu sehen.

Das Baden-Durlachische Wappen hat, ausser dem zehenden Felde, alle in dem vorhergehenden Wappen beschriebene Figuren, nur in veränderter Ordnung. Die Helme sind völlig einerley mit den Baden-Badnischen, werden aber auch oft weggelassen, und ein Fürstenhut darüber gesetzt, nebst 2. mit Fürstenhüten gezierten Greifen als Schildhaltern.

Das Wappen der Aebtißin zu Baindt, ist ein goldener Querbalken, über welchem ein Rosenstock auf einem grünen Hügel hervor wächst, im blauen Felde. Den Schild bedeckt ein offener Helm,

und

und hinter demselben stehet ein aufgerichteter Aebtißinstab, zwischen 2. blauen umgekehrten Büffelshörnern, mit goldener Mündung und dergleichen Ring in der Mitten.

Das vereinigte Wappen des jetzigen Bischofs zu Bamberg und Würzburg ist schräg geviertet, mit einem Mittelschilde. Oben und unten ist im goldenen Felde ein schwarzer Löwe, über welchen ein silberner schmaler rechter Schrägbalten durch das ganze Feld gehet, als das Bischöflich Bambergische Wappen. Das rechte Seiten-Feld ist von roth und Silber quergetheilt, mit drey in das rothe aufsteigenten langen Spitzen: das linke blaue aber hat ein schrägrechts gelegtes von roth und Silber quadrirtes Fähnlein an einer goldenen Lanze, wegen des Bißtums Würzburg. Der gecrönte Mittelschild ist quadrirt. Das 1. und 4. Quartier ist von blau und Silber sechsmal in die Länge getheilt: das 2. und 3. goldene aber hat ein springendes schwarzes gekröntes wildes Schwein, als das Familienwappen der Grafen von Seinsheim, von denen der jetzige Fürst und Bischof abstammet. Der Schild ist mit einem Fürstenhute bedeckt, und hinter demselben sind das Schwerd und der Bischofsstab in Form eines Andreaskreutzes gestellet. Das ganze Wappen umgiebt ein mit einem Fürstenhute gekrönter Wappenmantel, hinter welchem ein Erzbischöfliches Kreuz oben hervor stehet. Schildhalter sind zwey zurück sehende gekrönte Löwen, über welche der Bambergische silberne Schrägbalken gezogen.

Des Bischofs von Basel Wappen ist ein quadrirter Schild. Im 1. und 4 silbernen Felde ist ein schwarzer eiserner Fischerangel oder Beschlag von einem Pilgrimsstabe, als das Wappen des Hochstifts. Im 2. und 3. ist ein aufrechtstehender silberner Schlüssel im rothen Felde, als das Frobergische Geschlechts-Wappen. Der erste Helm ist der Bischöfliche, der andere der Frobergische.

Das Churfürstlich-Bayrische Wappen ist ein runder, quadrirter Schild, mit einem rothen Mittelschilde, in welchem der goldene Reichsapfel, wegen des Erz-Truchsessen-Amts. Das 1. und 4. Feld des Hauptschildes ist von Silber und blau 21. mal schrägrechts geweckt, wegen des Herzogthums Bayern. Im 2. und 3. schwarzen Felde ist ein goldener rothgekrönter Löwe, mit ausgeschlagener rother Zunge, wegen der Rhein-Pfalzgrafschaft. Den Schild umgiebt die Ordenskette des goldenen Vliesses, und die prächtige Kette des Chur-Bayrischen hohen Ritterordens S Georgii Defensorum immaculatae Conceptionis B. M. V. Er ist ferner auch mit einem blauen mit Hermelin gefütterten Wappenmantel umhängt, und mit dem Churhute bedeckt.

Das Wappen der Reichsfürsten von Beaufremont ist quadrirt, mit einem Mittelschilde. Im 1. und 4. röthen Felde sind vier Reyhen goldene Eisenhütlein, und im 2. und 3. ebenfalls rothen drey fünfblätterige goldene Rosen. Auf dem gleichfalls rothen Mittelschilde liegen drey silberne Schildlein, und auf dem Helme welcher das ganze Wappen bedeckt, stehen zwey silberne Büffelshörner, zwischen welchen auf einer Kugel das ganze Wappenschild nochmahl vorgestellet ist. Die Helmdecken sind Gold und Roth.

Das

Das Wappen des Fürsten von Beauveau-Craon ist ein quadrirter Schild, welcher mit einem Fürstenhute bedecket, und von 2. Engeln in weißen Kleidern, die mit rothem Löwen bestreuet sind, gehalten wird. In dem 1. und 4. silbernen Felde sind 4. übereinander gehende rothe Löwen, mit goldenen Kronen, wegen Beauveau, das 2. und 3. aber ist von roth und Golde gerautet, wegen Craon.

Das Berchtoldsgadische Wappen ist ein quadrirter Schild mit einem in die Länge getheilten Schildeshaupte, in dessen vordern rothen Hälfte zween in Form eines Andreaskreutzes übereinander gelegte und mit den Schießblättern auf und auswärts gekehrte Schlüssel, davon der zur Rechten silber, der linke aber golden ist, wegen der Probstey Berchtoldsgaden. In der hintern blauen Hälfte sind sechs silberne Lilien, 3. und 3. welches das Wappen der alten Grafen von Sulzbach, als der Stifter der Probstey ist. Der quadrirte Hauptschild ist das Familienwappen des dermaligen Probstes, in dessen 1. und 4. rothem Felde ein silberner, durch die beeden Felder durchaus gezogener, und mit zween in Gold gekleideten, und mit den Händen zusammgeschlossenen Armen belegter rechter Schrägbalken, im 2. und 3. blauen aber ein schwarzer Flügel, mit einem goldenen und mit drey schwarzen Sternen beiegten Schrägbalken zu stehen. Ueber dem Schilde stehen drey, und unten an den beeden Seiten zween, sämtlich gekrönte Helme. Der mittlere über dem Schilde zeigt die Bischöfliche Müze, der zur Rechten desselben, einen gold bekleideten Arm, der in der Hand ein bloses Schwerd in die Höhe hält; der zur Linken aber einen dreyeckigten, oben spitzig zulaufenden Kryftall, auf dessen Spitze ein länglich runder Spiegel, mit einer goldenen Einfassung stehet. Von denen unten neben dem Schilde gestellten Helmen ist der rechte mit dem Flügel des 2. und 3. Feldes gezieret, auf dem linken aber ist ein goldener gekrönter wachsender Löwe, zwischen zwey von schwarz und Golde quergetheilten Büffelshörnern.

Birkenfeld. Siehe Pfalz-Zweybrücken.

Das Brandenburg-Culmbachische Wappen ist ein in die Länge und Quere sechsmal getheilter, und unten in die Enge zusammen laufender Schild mit einem Mittelschilde. Dieser hat im silbernen Felde einen rothen Adler mit goldenen Kleeftengeln, in den Flügeln, goldenen Schnabel und Füssen, und rother Zunge, wegen des Marggrafthums Brandenburg, Der Hauptschild bestehet aus 27. Feldern. Im 1. silbernen ist ein schwarzer goldgekrönter Adler, mit goldenen Kleeftengeln auf den Flügeln, wegen Preussen. Das 2. von roth und Silber quergetheilte, ist wegen des Herzogthums Magdeburg. Im 3. rothen sind acht goldene und in Form eines gemeinen und eines Andreaskreuzes aus einem silbernen Schildlein hervorgehende Lilienstäbe, wegen des Herzogthums Cleve. Im 4. goldenen ist ein schwarzer Löwe, wegen des Herzogthums Jülich. Im 5. silbernen ein rother Löwe mit blauer Krone, wegen des Herzogthums Bergen. Im 6. blauen ein rother goldgekrönter Greif, dessen vordere Füsse golden sind, wegen des Herzogthums Stettin. Im 7. silbernen ein rother Er if mit goldenen Füssen, wegen Pommern. Im 8. goldenen ein schwarger Greif, deſſen vordere Füſſe ſilbern ſind, wegen Caſſuben. Im 9. ſilbernen ein etlichemal roth und grün geſtreifter Greif, wegen des Herzogthums Wenden. Im 10. goldenen ein vor ſich gekehrter abgeriſſener ſchwarzer und rothgekrönter Büffelskopf mit ſilbernen Hörnern und Ring durch die Naſe, wegen Mecklenburg. Im 11. ſilbernen der ſchwarze ſchleſiſche Adler, mit einem aufwärts ſtehenden ſilbernen an beyden Enden geeichelten halben Monde auf der Bruſt, über deſſen Mitte ein Kreuzlein zu ſehen, wegen des Herzogthums Croſſen. Im 12. goldenen ein ſchwarzer Adler mit einem ſilbernen Jagdhorn auf der Bruſt, wegen des Herzogthums Jägerndorf. Im 13. goldenen ein ſchwarzer rothgekrönter Löwe, mit goldenen Klauen an den Füſſen, in einer von roth und Silber geſtückten Einfaſſung, wegen des Burggrafthums Nürnberg. Das 14. iſt von Silber und roth die Länge herab getheilet, wegen des Fürſtenthums Halberſtadt. Im 15. rothen zwey in Form eines Andreaskreuzes übereinander gelegte und mit den Schließblättern auf- und auswärts gekehrte ſilberne Schlüſſel, wegen des Fürſtenthums Minden. Im 16. rothen ein ſilbernes Ankerkreuz, wegen des Fürſtenthums Camin. Im 17. blauen ein goldener Greif, wegen des Fürſtenthums Wenden. Im 18. quergetheilten oben im blauen Felde ein goldener Greif unten grün mit Silber bordirt, wegen des Fürſtenthums Schwerin. Im 19. rothen ein ſchwebendes ausgerundetes ſilbernes Kreuz, wegen des Fürſtenthums Razeburg. Im 20. goldenen ein ſchwarzer Querbalken, wegen des Fürſtenthums Mörs. Das 21. iſt von Silber und ſchwarz gevieret, wegen der Grafſchaft Hohenzollern. Im 22. goldenen, ein von roth und Silber in drey Reihen geſchachter Querbalken, wegen der Grafſchaft Mark. Im 23. ſilbernen drey rothe Sparren, wegen der Grafſchaft Ravensberg. Im 24. rothen, ein aus einer natürlichen Wolke aus dem linken Seitenrande hervorgehender und einen goldenen Fingerring mit einem eingefaßten Stein, haltender Arm, mit einem ſilbernen Bande, wegen der Grafſchaft Schwerin. Im 25 goldenen ein nach der rechten Seite ſtehender abgeriſſener ſchwarzer rothgekrönter Büffelskopf mit ſilbernen Hörnern und ausgeſchlagener rothen Zunge, wegen der Herrſchaft Roſtock. Das 26. von roth und Gold quergetheilte Feld, iſt wegen der Herrſchaft Stargard. Das 27. rothe iſt der ganze Schildesfuß wegen der Regalien. Ueber dem Schilde ſtehen zwölf Helme. Der 1. iſt der Brandenburgiſche, gekrönt von Gold, auf welchem ein ſchwarzer Adlersflug mit goldenen Kleeſtengeln. Der 2. iſt der Preußiſche, auf welchem ein ſchwarzer goldgekrönter Adler mit rother Zunge, goldenen Schnabel, Füſſen und Kleeſtengeln in den Flügeln. Der 3. iſt der Magdeburgiſche, goldgekrönt, auf welchem ein ſilberner Pelican mit aufgehabenen Flügeln, welcher ſich in die Bruſt beiſſet, und ſeine drey ſilberne Junge die Tropfen auffangen läſſet. Der 4. iſt der Jülichiſche, auf welchem ein wachſender goldener Greif mit ſchwarzen Flügeln, rother Krone und Halsbande. Der 5. iſt wegen Cleve und Mark, worauf ein rother Büffelskopf, mit ſilbernen Hörnern und Ring in der Naſe, einer goldenen Krone,

deren

deren Reif von Silber und roth geschacht ist. Der 6. ist der Bergische goldgekrönte, worauf ein Pfauenschwanz. Der 7. ist der Pommerische, auf welchem ein Fürstenhut in einer Krone, und darüber ein Pfauenwedel. Der 8. ist der Mecklenburgische, goldgekrönt, auf welchem eine obengekerbte, und unten etwas schmal zugehende von schwarz, Silber, roth, Gold und blau die Länge herabgetheilte Tafel, über welcher ein schwarzer Büffelskopf mit silbernen Hörnern und rother Krone quer liegt; hinter demselben aber ein Pfauenschweif hervorstehet. Der 9. ist der Burggräflich-Nürnbergische mit einem Fürstenhute bedeckt, auf welchem ein schwarzer wachsender Löwe mit rother Krone, ausgestreckten rothen Zunge, und rothen Klauen, zwischen zweyen von roth und Silber etliche mal quer gestreiften Büffelshörnern. Der 10. ist der Halberstädtische, goldgekrönt, worauf ein geharnischter Arm, welcher 2. grüne Palmzweige empor hält. Der 11. ist der Mindische, goldgekrönt, worauf ein wachsender rother Löwe, welcher mit der einen vordern Pranke zween silberne Schlüssel in Form eines Andreaskreutzes hält. Der 12. ist der Hohenzollerische, goldgekrönt, woraus ein von schwarz und Silber quadrirter Bracke hervorbricht. Den Schild umgiebt die Ordenskette des schwarzen Adler und Elephantenordens.

Das Brandenburg-Onolzbachische neuvermehrte Wappen bestehet aus einem viermal in die Länge, und siebenmal quergetheilten Schilde mit einem Mittelschilde. Dieser zeigt im silbernen Felde ben rothen Adler, mit einer rothen Zunge, goldenen Schnabel und Füssen, auch dergleichen Kleestengeln auf den Flügeln, wegen der Marggrafschaft Brandenburg. Der Hauptschild bestehet aus 27. Feldern. Das 1. ist silbern, darinnen ein schwarzer goldgekrönter Adler mit rother Zunge, goldenen Schnabel und Füssen, auch dergleichen Kleestengeln auf den Flügeln, wegen Preussen. Das 2. ist von roth und Silber quergetheilt, wegen des Herzogthums Magdeburg. Das 3. ist blau, darinn ein rother goldgekrönter Greif, dessen vordere Füsse golden sind, wegen des Herzogthums Stettin. Das 4. ist silbern, darinn ein rother Greif mit goldenen Füssen, Klauen und Schnabel, wegen Pommern. Das 5. ist golden, darinn ein schwarzer Greif, dessen vordere Füsse und Klauen silbern sind, wegen Cassuben. Das 6. ist silbern, darinn ein etliche mal roth und grün quergestreifter Greif, wegen des Herzogthums Wenden. Das 7. ist golden, darinn ein gerade vor sich gekehrter schwarzer rothgekrönter Büffelskopf mit silbernen Hörnern und einem silbernen Ring durch die Nase, wegen Mecklenburg. Das 8. ist golden, darinn der schwarze Schlesische Adler mit einem aufwärts stehenden silbernen und an beyden Enden geeichelten halben Monde auf der Brust, über dessen Mitte ein Kreutzlein zu sehen, wegen des Herzogthums Crossen. Das 9. ist silbern, darinn ein schwarzer Adler, mit einem am Halse an einem silbernen Bande hangenden silbernen Jagdhorn auf der Brust, wegen des Herzogthums Jägerndorf. Das 10. ist golden, darinn ein schwarzer roth gekrönter Löwe mit rother Zunge und Klauen, mit einer von Silber und roth gestückten Einfassung, wegen des

Burg

Burggrafthums Nürnberg. Das 11. ist von Silber und roth in die Länge herab getheilet, wegen des Fürstenthums Halberstadt. Das 12. ist roth, darinn zween in Form eines Andreaskreutzes gelegte und mit den Schließblättern auf- und auswärts gekehrte silberne Schlüssel, wegen des Fürstenthums Minden. Das 13. ist roth, darinn ein silbernes Ankerkreutz, wegen des Fürstenthums Camin. Das 14. ist blau, darinn ein goldener Greif, wegen des Fürstenthums Wenden. Das 15. ist quer getheilt, oben blau, mit einem goldenen Greif, unten grün mit Silber bordirt, wegen des Fürstenthums Schwerin. Das 16. ist roth, darinn ein schwebendes ausgerundetes silbernes Kreutz, wegen des Fürstenthums Razeburg. Das 17. ist von Silber und schwarz gevierteth, wegen der Grafschaft Hohenzollern. Das 18. ist roth, darinn ein, aus einer silbernen natürlichen Wolke aus dem linken Seitenrande gehender weisgekleideter, und einen goldenen Fingerring mit einem eingefasten Steine emporhaltender silberner Arm, mit einem silbernen Bande gebunden, wegen der Grafschaft Schwerin. Das 19. ist golden, darinn ein rechtssehender schwarzer rothgekrönter Büffelskopf mit rother Zunge und silbernen Hörnern, wegen der Herrschaft Rostock. Das 20. ist von roth und Gold quergetheilt, wegen der Herrschaft Stargard. Das 21. ist roth, darinn ein goldener gelöwter oder aufrechtstehender Leopard mit doppeltem Schweife, wegen der Grafschaft Sayn. Das 22. ist silbern, darinn zween schwarze Pfäle, wegen der Grafschaft Wittgenstein. Das 23. ist schwarz, mit einem silbernen linken Schrägbalken, der mit drey schwarzen wilden Schweinsköpfen aufwärts belegt ist, wegen der Herrschaft Freusburg. Das 24. ist roth, darinn ein silbernes Schloß mit zween gezinnten Thürnen, blauen Fenstern und Thore, wegen der Herrschaft Homburg. Das 25. ist von roth und Silber quergetheilt, mit vier in das rothe aufsteigenden mittelmäsigen silbernen Spitzen, wegen des Herzogthums Franken. Das 26. ist blau, darinn fünf silberne Heerkolben, drey und zween, wegen der Herrschaft Limburg. Das 27. ist ganz roth, wegen der Regalien. Ueber dem Schilde, stehen dreyzehn Helme, davon die meisten schon bey dem nächst vorgehenden Brandenburgs Culmbachischen Wappen beschrieben sind. Der 1. Helm ist der Brandenburgische, 2. der Preußische, 3. der Magdeburgische, 4. der Pommerische, 5. der Mecklenburgische, 6. der Burggräflich-Nürnbergische, 7. der Halberstädtische, 8. der Mindische, 9. der Hohenzollerische, 10. der Saynische, mit einer Krone, worauf das goldene und gewundene Saynische Horn ruhet, 11. der Wittgensteinische, worauf ein schwarzer mit Silber ausgeschlagener Hut, mit wechselsweise gestellten drey silbernen und zwo schwarzen Straußfedern geschmückt, 12. der Homburgische, worauf ein silbernes zweythürmichtes Schloß, mit blauem Thore und Fenstern. 13. der Limburgische, mit einer Krone, und 2. von roth und Silber quergetheilten Büffelshörnern, aus deren beyden Oefnungen ein eben so bezeichnetes Fähnlein herabhänget.

Das

Das Churfürstl. Braunschweigische Wappen. Siehe Groß-
britanisches Wappen.

Das Herzogl. Braunschweig-Wolfenbüttelische Wappen
ist dreymal in die Länge, und viermal quer getheilt, und hat also
in allen zwölf Felder. Im 1. goldenen und mit rothen Herzen bestreuten, ist ein blauer Löwe mit rother Zunge und Klauen, wegen
des Herzogthums Lüneburg. Im 2. rothen, 2. goldene Leoparden, wegen des Herzogthums Braunschweig. Im 3. blauen,
ein silberner goldgekrönter Löwe, wegen der Grafschaft Eberstein.
Im 4. rothen, ein goldener Löwe, mit einer von Silber und blau
gestückten Einfassung, wegen der Grafschaft Homburg. Im 5.
goldenen, ein rother blaugekrönter Löwe, wegen der Grafschaft
Diephold. Im 6. rothen, ein goldener Löwe, über die vier goldenen Querfaden, wegen der Grafschaft Lauterburg. Im 7. welches
quadrirt ist, sind im 1. und 4. goldenen Feldlein 2. auswärts gekehrte
schwarze Bärentatzen, wegen der Grafschaft Hoja. Im 2. und 3. quergetheilten, ist das obere von roth und Silber viermal quergestreift,
und das untere von Silber und blau achtfach geständert, wegen der
Grafschaft Bruchhausen. Das 8. blaue mit dem silbernen Adler,
ist die untere Hälfte von dem oben beschriebenen Diepholdischen
Schilde. Das 9. ist roth und Silber, 21. mal geschacht in drey
Reihen, wegen der Grafschaft Hohenstein. Im 10. silbernen ist
ein rothes schrägrechts liegendes Hirschhorn, wegen der Grafschaft
Regenstein. Im 11. silbernen ein schwarzer Hirsch, wegen der
Grafschaft Klettenberg. Im 12. silbernen ein schwarzes schräglinks liegendes Hirschhorn, wegen der Grafschaft Blankenburg.
Ueber dem Schilde stehen 5. gekrönte Helme. Der 1. ist der Braun-
schweig-Lüneburgische, auf welchem eine silberne gekrönte, und
oben mit einem Pfauenschwanze, in welchem ein goldener Stern,
gezierte Säule stehet, vor welchem ein silbernes springendes Pferd,
zwischen zwo gegen einander gekehrten Sicheln, welche ausen an
fünf Orten mit Pfauenfedern gezieret sind, erscheinet. Der 2.
wegen Hoja, worauf zwo schwarze auswärts gekehrte Bärentatzen.
Der 3. wegen Bruchhausen, auf welchem zwey Büffelshörner:
deren rechtes von roth und Silber, das linke aber von Silber und
roth, quergetheilet ist. Vor den Hörnern stehen sechs von roth
und Silber quergetheilte Fähnlein mit goldenen Lanzen auf jeder
Seite drey. Der 4. wegen Hohenstein und Lauterburg, worauf ein paar Hirschhörner, unter denen das zur rechten roth, das
linke aber silbern ist, nebst einem dazwischen befindlichen Pfauenschwanze. Der 5. wegen Diephold, Regenstein und Blankenburg, worauf 2. Büffelshörner, davon das zur Rechten silbern,
das linke aber roth ist, zwischen 2. Hirschhörnern, davon das rechte
roth, das linke aber schwarz ist.

Das Wappen des Bischofs von Breßlau ist ein quadrirtes
Schild, dessen 1. und 4. rothes Feld 6. silberne Lilien, als 3. 2.
und 1. hat; in dem 2. und 3. goldenen Felde ist der schwarze Schlesische Fürsten-Adler mit dem überwärts gehörnten silbernen Monde und Kreutzlein auf der Brust. Das Familien-Wappen des Grafen von Schafgotsch bestehet aus einem quadrirten Hauptschilde
mit

mit einem Mittelschilde. Der Hauptschild ist das Fürstlich-Liegnitz-
Briegische Wappen, welches K. Joseph A. 1708. Hansen Anton,
Grafen von Schafgotsch beygeleget hat, weil dessen Grosmutter,
Barbara Agnes, Joachim Friedrichs, Herzogs zu Liegnitz, Tochter
war. Im 1. und 4. goldenen Felde ist der oben beschriebene schwarze Schlesische Fürsten-Adler, das 2. und 3. Feld ist von roth und
Silber in 5. Reihen geschacht. Der ebenfalls auch quadrirte Mittelschild führet im 1. und 4. silbernen Felde 4. rothe Pfäle, und im
2. und 3. blauen einen goldenen gekrönten Greif, auf einem dreyfachen grünen Hügel, mit ausgeschlagener rothen Zunge und unter-
schlagenem Schwanze, in seinen vordern Klauen einen silbernen
eckigten Stein haltend. Den Mittelschild bedeckt ein Herzoglicher
Huth. Dieses ist das alte Stamm Wappen, das K. Rudolf II. A.
1592. bestätiget hat. Ueber dem Haupt-Schilde stehen 3. offene,
blau und silberfarb angelaufene und mit Gold verzierte Turnier-
Helme. Auf dem rechten vordern ist der Schlesische Adler in einer
goldenen Rundung, und dahinter ein ausgebreiteter Pfauen-Schweif
mit seinen Spiegeln. Auf dem linken gekrönten ist der Greif des
2. und 3. Feldes im Mittelschilde. Auf dem mittlern stehet ein
links gekehrtes silbernes Schaf, mit einem goldenen Halsbande und
daran hangenden goldenen Glöcklein, unter einem ausgebreiteten
grünen Kiefernbaume. Als Gotsche Schaf unter K. Karln IV.
A. 1377. in der Belagerung der Stadt Erfurt die Besatzung bey
einem Ausfalle zurück geschlagen, und seine 4. mit Blut gefärbte Fin-
ger auf dem blanken Küras abgewischt, hat ihm der Kaiser wegen
dieser Heldenthat zum Ritter geschlagen, und zum Angedenken die
4. rothe Streifen ins Wappen gesetzet; daher ist das Schaf auf
dem Helme verrücket worden. Der Kiefern-Baum zielet auf die
Veste Kynast. Die Helmdecken sind zur Rechten roth und von
Silber, zur Linken blau und von Gold. Schildhalter sind 2. goldene Greife.

Das Wappen des Bischofs von Brixen. In dem 1. und 4. in
die Länge getheilten Quartier, ist zur rechten im rothen Felde, ein
zurücksehendes Osterlamm, mit einem goldenen runden Scheine um
den Kopf, welches mit dem rechten Vorderfuße eine silberne mit einem rothen Kreutze bezeichnete Osterfahne empor hält, als das
Wappen des Bistums Brixen. Zur linken ist im silbernen Felde
ein rother goldgekrönter Adler, mit goldenen Schnabel und Klauen,
über dessen Brust und Flügel ein goldener Bischofsstab quer geleget
ist, als das Wappen des Dom-Capituls zu Brixen. Im 2. und
3. Quartier ist das quadrirte Familienwappen der Grafen von
Spaur. Im 1. und 4. silbernen Felde, ist ein rother Löwe mit
einer Scheuer in den vordern Tatzen. Das 2. und 3. ist schrägrechts von roth und Silber getheilet, mit zween Sternen von abgewechselten Tincturen. Ueber dem Schilde stehen vier Helme.
Der 1. gekrönte, stellet in einer sechseckigten und an den Ecken
mit Pfauenfedern geschmückten silbernen Tafel, den Adler von der
linken Hälfte des 1. und 4. Hauptquartiers des Schildes vor. Der
2. ist mit einer Bischofsmütze bedeckt. Auf dem 3. gekrönten ist ein
rother wachsender Löwe, der in den beeden Pranten eine Scheuer

vor

vor sich hält. Auf dem 4. ist ein von roth und Silber schrägrechts getheilter und mit zween Sternen von abgewechselten Tincturen besetzter, geschlossener Flug.

Das Wappen des Reichsfürsten und Französischen Marschalls, Herzogs von Broglio ist ein runder goldener, und mit einer Herzoglichen Krone bedeckter Schild, in welchem 2. in Form eines Andreas-Creutzes gelegte blaue Todtenbeine, als das Geschlechts Wappen von Broglio. Um den Schild hängen die Königlich Französischen Orden, und hinter demselben stehen die mit Lilien besetzten Marschallsstäbe in Form eines Andreas-Kreutzes. Dieses Wappen liegt auf der Brust des Kaiserlichen gekrönten Reichs Adlers, welchen ein Fürstenhut bedeckt, und ein mit Hermelin gefütterter Wappenmantel umgibt, wegen der Reichsfürstlichen Würde.

Das Wappen der gefürsteten Aebtißin von Buchau am Federsee, ist ein quergetheilter Schild, dessen obere Hälfte, als das Abteyliche Wappen, wieder nach der Länge getheilet ist. Das Feld zur Rechten, wegen des Herzogthums Schwaben, ist quadrirt, in dessen 1. und 4. silbernen Quartiere drey über einander gestellte rothe Leoparden sind; das 2. und 3. aber ist von schwarz und Silber geweckt. Das Feld zur Linken ist grün, darinn ein ausgerundetes Kreuz, oben von einer goldenen Sonne und Monde mit menschlichem Angesicht beseitet, wegen der aus dem Hause Keffelberg entsprossenen Stifterin dieser Abtey, Adelinde. Die untere Hälfte des Schildes ist von Gold und roth schräglinks geweckt, welches das Familienwappen der Grafen zu Königseck ist. Der Schild ist mit einem Fürstenhute bedeckt, und hinter demselben sind ein Bischofsstab und Schwerd in Form eines Andreaskreuzes gestellet. Schildhalter sind zween Löwen.

Das Wappen der Fürsten von Carolath=Beuthen ist ein quadrirter Schild mit einem Mittelschilde. Im 1. und 4. goldenen Felde ist ein gekrönter und zum Flug gestellter linkssehender schwarzer Adler; im 2. und 3. rothen aber ein linkssehender gekrönter goldener Löwe mit gewundenen doppelten Schweif, in der rechten Pranke ein blosses Schwerd zum Streit haltend. In dem, mit einer Krone bedeckten goldenen Mittelschilde ist ein, mit acht von sich fliegenden roth und goldenen Bändgen und 4. Eichenblättern gemachter Kranz Das Wappen bedeckt ein Fürstenhut.

Das Wappen des Fürsten zu Castiglione. S. Mantuanisches Wappen.

Das Wappen des Fürsten von Chimay ist ein ovaler quadrirter Schild, mit einem gleichfalls ovalen Mittelschilde. Im 1. und 4. silbernen Felde des Hauptschildes sind drey rothe Querbalken. Im 2. rothen drey fünfblätterichte goldene Blumen. Das 3. Feld ist quadrirt. Im 1. und 4. blauen Quartier sind drey goldene Lilien. Das 2. ist Hermelin und das 3. ganz roth. Im rothen Mittelschilde ist ein goldener rechter Schrägbalken. Schildhalter sind zween goldene Greife. Das ganze Wappen stehet unter einem Fürstenmantel.

Das Wappen des jetzigen Bischofs zu Chiemsee Grafens von Truchses, ist einmahl in die Länge und zweymahl queer getheilt.

Im

Im 1. goldenen Felde ist ein schwarzer Adler mit ausgeschlagener
Zunge, und im 2. rothen der goldene Bischofsstab, wegen des Bisthums. Die übrigen 4. Felder sind das Truchseßische Wappen.
Im 3. und 6. goldenen sind drey über einander gehende schwarze
Löwen mit ausgeschlagener Zunge und vorgeworfenen Pranken, im
4. blauen drey goldene Tannzapfen, und in 5. ebenfalls blauen,
eine hinter einem dreyfachen grünen Hügel hervorsteigende goldene
Sonne, auf der Nabelstelle liegt ein silberner Mittelschild, mit einem
goldenen Reichsapfel. Den Schild bedeckt ein Fürstenhut, hinter
demselben stehen Bischofsstab und Schwerd. Das ganze Wappen
aber stehet unter einem Wappenmantel mit dem bischöflichen Hute.

Das Wappen des Bischofs von Chur ist im silbernen Felde ein
schwarzer springender Steinbock. Den Schild bedeckt der Bischofshut, hinter welchem in Form eines Andreaskreuzes, Schwerd
und Bischofsstab gestellet sind. Das Stammwappen der Freyherren von Federspiel ist ein schwarzes umgekehrtes Widderhorn im
silbernen Felde. Auf dem Helme ruhet ein silberner, mit einem
aufrecht stehenden schwarzen Widderhorn belegter Flügel.

Des Fürsten von Colloredo Wappen, ist quadrirt mit einem silbernen Mittelschilde, dessen Haupt und Fuß schwarz sind, und worauf ein
schwarzer Adler mit einer Krone zwischen den beyden Köpfen stehet. Das 1. und 4. Feld ist schwarz mit einer silbernen Binde,
das 2. und 3. Feld ist Silber, mit schrägrechts gehenden schwarzen
Spitzen oder Staffeln. Den Schild bedecken 5. gekrönte Helme.
Auf dem 1. stehet ein auffliegender gekrönter schwarzer Adler, dessen Flügel in der untern Helfte silbern sind. Auf dem 2. ein getheilter
schwarzer, in der Mitte silberner Flug; auf dem 3. ein weiß gekleideter Mohr, mit silbernen Pfeilen und Bogen in den Händen; auf
dem 4. eine wachsende wilde Sau, und auf dem 5. ein wachsender
Hund, mit ausgeschlagener Zunge, auf dessen Ohr die Spitzen des
zweyten Feldes stehen. Die Helmdecken sind schwarz und Silber.

Des jetzigen Churfürsten zu Cöln Wappen, so wie es mit dem
Bischöfl. Münsterischen Wappen vereiniget ist, ist quergetheilt
mit einem gekrönten Mittelschilde, der von Gold und roth schräglinks gewecket ist, und das Familienwappen der Grafen zu Königseck enthält. Der quergetheilte Hauptschild enthält in der obern
Hälfte das Churcölnische, und in der untern das Bischöflich
Münsterische Wappen. Jede Hälfte ist quadrirt. In der obern
quadrirten Hälfte ist im 1. silbernen Felde ein schwarzes Kreuz,
wegen des Erzstifts Cöln. Im 2. rothen ist ein silbernes springendes Roß, wegen des Herzogthums Westphalen. Im 3. rothen
sind drey goldene Herzen, wegen des Herzogthums Engern.
Und im 4. blauen ein silberner Adler, wegen der Grafschaft Ah-
rensberg. Die untere gleichfalls quadrirte Hälfte des Hauptschildes, enthält im 1. blauen Felde einen goldenen Querbalken,
wegen des Bißthums Münster, im 2. von Silber und roth quergetheilten, drey schwarze neben einander stehende Vögel auf dem
Silber, wegen der Burggrafschaft Stromberg, im 3. rothen
drey goldene Münzen, wegen der Herrschaft Borkelohe, und im
4. silbernen drey rothe Andreaskreuzlein. Den Hauptschild umgibt

ein

ein Fürstl. Wappenmantel, welchen der Churhut bedeckt. In der Mitte raget oben das hinter dem Schilde stehende Erzbischöfliche Kreutz, wie auch zur Rechten und Linken das Schwerd und der Bischofsstab in Form eines Andreaskreutzes gestellt, hervor.

Das Wappen des Prinzen von Conde ist das Königl. Französische, mit einem schwebenden schmalen rothen rechten Schrägbalken in der Vertiefung. Der Schild ist mit einer französischen Prinzenkrone bedeckt.

Das Wapp. des Bischofs zu Costanz ist ein quabrirter runder Schild, mit einem Mittelschilde, und einer unten eingepfropften Spitze. Der Mittelschild, welcher im silbernen Felde ein rothes schmales Kreutz enthält, ist das Wappen des Bistums Costanz. Im 1. und 4. ebenfalls silbernen Quartier des Hauptschildes, ist ein rothes Kreutz, als das Wappen von Reichenau. Im 2. und 3. von Gold und roth in die Länge getheilten Quartier, hat die hintere Hälfte einen silbernen Querbalken, welches das Freyherrl. Rodischc Familienwappen ist. In der goldenen eingepfropften Spitze ist das Wappen von Oehmingen, nämlich 2. aus natürlichen Wolken hervorgehende Hände, die einen Schlüssel mit doppeltem Barte empor halten. Hinter dem Schilde, welchen zween Löwen halten, und ein mit Hermelin gefütterter, und mit einem Fürstenhute bedeckter Wappenmantel umgiebt, sind ein Bischofsstab und Schwerd in Form eines Andreaskreutzes gestellt.

Das Wappen des Prinzen von Conty, ist das Königl. französische Wappen, mit einer rothen Einfassung, und hat in der Vertiefung einen schwebenden rothen rechten Schrägbalken. Auf dem Schilde ruhet die französische Prinzenkrone.

Das Wappen des Abts und Fürsten zu Corvey ist ein quabrirter Schild. Das 1. und 4. Quartier ist von roth und Gold quer getheilet, als das Wappen der Abtey Corvey. Im 2. und britten sind im rothen Felde drey runde silberne Spiegel, als das Stammwappen des jetzigen gefürsteten Abts aus dem Hause der Freyherren von Spiegel. Der Schild ist mit einer goldenen Krone bedeckt, worauf eine Bischofsmütze ruhet. Hinter dem Schilbe stehen Bischofsstab und Schwerd in Form eines Andreaskreutzes.

Das Wappen des Fürsten von Croy ist quabrirt, im 1. und 4. silbernen Felde sind drey rothe Balken, als das Wappen der Könige von Ungarn, von denen sie ihren Ursprung herleiten. Im 2. und 3. ebenfalls silbernen Felde sind drey rothe Zimmer-Beile, als das Stammwappen derer von Renty, mit denen sich die Croy ehehin verbunden haben. Der Mittelschild ist das ganze Lothringische Wappen wegen der Vermählung Antons von Croy mit Margarethen von Lothringen. Den ganzen Schild bedeckt ein gekrönter offener Helm, mit einem wachsenden schwarzen Hunde mit ausgeschlagener rothen Zunge und silbernen Halsband zwischen einem doppelten roth und weißen Flug. Die Helmdecken sind roth und Silber.

Das Curländische, mit einem Fürstenhute bedeckte Wappen der abgestorbenen Herzoge aus dem Kettlerischen Hause, ist ein quabrirter Schild mit einem Mittelschilde. Im 1. und 4. silbernen Quartier

tier iſt ein rother goldgekrönter Löwe, wegen Curland. Im 2.
und 3. blauen, ein halber aus dem Schildesrande hervorgehender,
mit einer geſchloſſenen Krone gezierter Hirſch in natürlicher Farbe,
wegen Semigallien. Der Mittelſchild iſt in die Länge getheilt.
In der vordern rothen Hälfte iſt ein ſilberner Keſſelhacken, über
welchem eine offene Königliche Krone ſchwebt, als das Stammwappen der Kettleriſchen Familie; und an der hintern goldenen
Hälfte ſind die in einander geſchlungene, oben mit einer ſchweben-
den Krone begleitete, ſchwarze Buchſtaben S. A. als der Namens-
zug des Königs Sigmund Auguſts in Polen, welcher Curland zum
weltlichen Herzogthume gemacht hat. Den gedachten Hauptſchild
führet auch der Herzog Ernſt Johann, aus der Reichsgräflichen
Familie von Biron, ſowohl, als der Herzog Carl, aus dem Königl. Pohlniſch-Churſächſ. Hauſe: die Mittelſchilde aber ſind
verſchieden. Der Mittelſchild des erſtern iſt in die Länge getheilt,
und hat in der vordern quergetheilten Hälfte oben im goldenen Felde den hervorragenden Ruſſiſchen gedoppelten Adler, als ein Kaiſerl. Ruſſiſches Gnadenzeichen, unten im rothen aber einen ver-
borrten und abgehauenen Baum aus welchem oben zur linken Seite
ein einziges Zweiglein hervortreibt, auf dem Stocke ſelbſt aber ſteht
ein linksgekehrter, und gegen die rechte Seite zurückſehender ſchwarzer Rabe: der ein Zweiglein mit drey Eicheln im Schnabel hält, und
an der Mitte des Stocks liegt ein goldener groſer Schlüſſel quer.
Die linke Hälfte des Schilds enthält im grünen Felde die ſilbernen
Buchſtaben A. III. ſo der Name des letztverſtorbenen Königs in
Polen, Auguſti III. unter welchem der Graf von Biron zum Be-
ſitze des Herzogthums Curland gelanget. Der Mittelſchild des Herzog Carls iſt gleichfalls in die Länge getheilt. Die vordere quergetheilte Hälfte hat oben in einem in die Länge getheilten rothen Felde den
Pohlniſchen Adler und den Lithauiſchen Reuter, und unten den
Sächſiſchen Rautenkranz, wegen der Abſtammung aus den Königl. Pohln. Churſächſ. Hauſe: die hintere blaue Hälfte aber
enthält ein, oben von einer geſchloſſenen Königl. Krone, und unten von dem teutſchen Zalzeichen 3. begleitetes ſilbernes lateiniſches
A. zum Zeichen, daß der König von Pohlen, Auguſt III. den Prinzen Carl zum Herzogthum Curland befördert.
Das Czariſche Wappen. Siehe das Wappen des Ruſſiſchen
Reichs.
Das Königl. Däniſche Wappen ſtehet mit ſeinen wilden Män-
nern, als Schildhaltern, unter einem Königlichen Wappenzelte, über
welchem der Königl. Wahlſpruch in einem fliegenden Bande zu le-
ſen. Der mit der Königl. Krone bedeckte, und mit den beeden Ordensketten vom Danebrog und Elephantenorden behängte Schild
wird von dem ſilbernen roth eingefaßten Danebrogiſchen Ordenskreuze quadrirt. Im 1. goldenen, mit rothen Herzen beſtreuten
Felde ſind 2. blaue goldgekrönte übereinander geſtellte Löwen wegen
Dänemark. Im 2. rothen hält ein goldener gekrönter Löwe eine
ſilberne getrümte Helleparte in den Pranken, wegen Norwegen.
Das 3. Quartier iſt quer getheilt, in der obern Hälfte iſt das Schwe-
diſche Wappen, und in der untern goldenen 2. blaue goldgekrönte
Löwen

Löwen übereinänder, wegen des Herzogthums Schleßwig. Das
4. ist auch quergetheilt, in dessen obern goldenem Felde ein blauer
leopardirter Löwe, unter welchem 9. rothe Herzen, als 3. und 6.
(sonst 4. 3. und 2.) wegen des Königreichs der Gothen; im untern rothen ein goldener gekrönter Lindwurm, wegen des Königreichs der Wenden. Der auf dem Danebrogischen Ordenskreutze
liegende Mittelschild ist quer getheilt. In der obern die Länge herab getheilten Hälfte ist zur Rechten im rothen Felde ein in drey
Theile zerschnittenes silbernes Nesselblat, mit einem von Silber und
roth quer getheilten Schildlein in der Vertiefung, gegen welches
zwischen den drey Theilen des Nesselblats 3. silberne Nägel mit den
Spizen in Form eines Schächerkreutzes stehen, wegen Holstein;
zur Linken aber ebenfalls im rothen Felde, ist ein silberner Schwan,
mit einer goldenen Krone am Halse, wegen Stormarn. In der
untern gleichfalls rothen Hälfte des Mittelschildes ist ein geharnischter goldener Reuter mit blosem Schwerde, auf einem silbernen rennenden Pferde, mit schwarzem Zeuge, wegen Ditmarsen. Endlich hat das in die Länge getheilte Herzschildlein zur Rechten im
goldenen Felde 2. rothe Querbalken, wegen der Grafschaft Oldenburg; und zur Linken im rothen (sonst auch blauen) Felde, ein goldenes schwebendes Kreutz, wegen der Grafschaft Delmenhorst.

Das Dietrichsteinische, mit einem Fürstenhut bedeckte Wappen
ist von Gold und roth schrägrechts getheilt, mit zwey auf- und auswärts gekehrten silbernen Winzermessern mit goldenen Heften.

Des Abts zu Disentis Wappen ist quadrirt, das 1. und 4. rothe
Feld mit einem weissen Andreas-Kreutze, sind des Stifts, und das 2.
und 3. weisse, worinnen auf grünen Boden ein Thurn in natürlicher
Farbe, mit schwarzer Thür und Fenstern und auf demselben ein grüner Baum, neben dem Thurn aber zween bunte Hähne, welche an
selbigem mit ihren Schnäbeln hacken, als das Sozzische Wappen.
Auf dem Schilde stehen Inful, Stab und Schwerd.

Das Wappen des Hauses Doria ist in einem quer getheilten
oben goldenen und unten silbernen Schilde ein schwarzer Adler mit
rothen Füssen, Schnabel und ausgeschlagener Zunge. Auf dem Helm
stehet ein wachsender gekrönter schwarzer Adler mit rother Zunge
und Schnabel. Die Helmdecken sind schwarz und Gold.

Das Bischöflich-Eichstädtische Wappen ist ein quadrirter durchaus goldener Schild, mit einem Mittelschilde. Im 1. Quartier
ist ein doppelter schwarzer gekrönter Adler, im 2. und 3. das Brustbild eines Mohren, und das 4. hat drey schwarze und drey silberne
abwechselnde Straußenfedern. Der Mittelschild ist von Gold und
schwarz sechsmal quergestreift, auf welchem ein rothes länglich-
rundes Herzschildlein liegt, mit dem obern Theile eines silbernen
Bischofsstabs bezeichnet. Das Herzschildlein ist das Wappen des
Bistums, das übrige macht das Familienwappen der Grafen von
Strasoldo aus. Ueber dem Schilde stehen 6. Helme. Der 1.
mit einem Fürstenhute bedeckte, zeigt einen Arm, der den obern
Theil eines Bischofsstabs schrägrechts hält. Auf dem 2. ist eine
Bischofsmüze auf einem rothen Küssen. Der 3. gekrönte stellt den
Adler des 1. Quartiers vor. Der 4. gekrönte ist mit einem Feder-
busche

busche von 3. schwarzen und 3. silbernen abwechselnden Straußfedern
gezieret. Auf dem 5. und 6. ebenfalls gekrönten sind wachsende
Mohren, die mit beeden Händen einen fliegenden Zettel über dem
Haupte empor halten, worauf die Worte: Intima candent, zu lesen.
Der 1. 2. und 4. Helm gehören zum Stifts, die 3. übrigen aber
zum Geschlechtswappen. Hinter dem Schilde raget in der Mitte
das Bischöfliche Kreuz hervor. Schildhalter sind zween Mohren,
die zugleich mit der einen Hand die in Form eines Andreaskreuzes
hinter den Schild gestellte Bischofsstab und Schwerd halten.

Das Wappen des Abts zu Einsiedeln, Herrn im Felde, ist
einmal in die Länge und zweymal quergetheilt, mit einem Mittelschilde und Herzschildlein. Das 1. Feld ist wieder zweymal in die
Länge getheilt und hat in dem 1. blauen Quartier zwey schräglinks
liegende goldene Pfähle, im 2. blauen, einen aufgerichteten silbernen Löwen, und im 3. rothen zwey weise Balken. Das 2. Feld
ist in die Länge getheilt, im vordern weisen Quartier sind drey
schwarze Balken mit einem schrägrechts darauf liegenden blauen
Bande, im hintern ebenfalls weisen, ist ein goldener gekrönter Löwe, welcher eine brennende Fackel in den beeden Pranken hält.
Das 3. Feld ist weiß, und hat unten einen dreyfachen rothen
Berg, über demselben aber eine ebenfalls rothe Sonne. Das 4.
Feld ist quergetheilt, und hat in der obern rothen Hälfte einen silbernen gekrönten Löwenkopf, in der untern blauen aber eine fünf-
blätteriche weiße Rose. Das 5. Feld ist von Gold und roth wieder in die Länge getheilt. In dessen vordern Hälfte ist ein weißer
Löwe, welcher auf einem schräglinks liegenden rothen Balken in
die Höhe steigt, in der hintern aber eine weißgeschleyerte Weibs-
person, mit zum beten aufgehabenen Händen. Das 6. abermals
in die Länge getheilte Feld, ist in der vordern Hälfte von blau und
weiß gevierdet, worüber ein blauer und ein weißer Pfahl als ein
Andreaskreutz liegen; in der hintern rothen Hälfte ist ein dreyfacher grüner Hügel, auf welchem ein weißes Einhorn gehet. Der
Mittelschild ist quadrirt, im 1. goldenen Felde sind zwey übereinander fliegende schwarze Adler, im 2. goldenen drey übereinander
gehende Löwen, im 3. blauen, zwey, wie ein Andreaskreutz gelegte silberne Krüken, und im 4. goldenen ein grüner Basiliske. Im
silbernen Herzschildlein ist ein schwarzes T über und unter demselben ein fünfeckigter Stern, und zu beeden Seiten eine Lilie. Das
ganze Wappen bedecken die Inful und zu beeden Seiten 8. gekrönte Helme. Auf dem 1. ist ein auffliegender schwarzer Adler, auf
den 2. die Figuren des Herzschildleins, auf dem 3. der Löwe des
zweyten Feldes, auf dem 4. der Basiliske des vierten Feldes im Mittelschilde. Auf dem 5. das Einhorn des sechsten, auf den 6. der
Löwe des ersten, auf dem 7. die Sonne des dritten und endlich auf
den 8. die weiße Rose des vierdten Feldes. Stab und Schwerd
stecken an beeden Seiten des Wappenschildes.

Das Wappen des Probsts zu Elwangen ist quadrirt, mit einer
unten eingepfropften Spitze, und einem silbernen Mittelschilde in
welchem eine goldene Prälaten-Inful, als das Wappen der P. obs-
tey Elwangen. Der Hauptschild, als das Fuggerische Stamm-

B   wapp

Wappen, hat im 1. und 4. von Gold und blau in die Länge getheilten Quartier, zwo Lilien von abgewechselten Tincturen, wegen
der Grafschaft Fugger. Im 2. silbernen ist eine schwarz gekleidete
gekrönte Mohrin mit fliegenden Haaren, die in der rechten Hand
eine rothe Bischofsmütze, in der linken aber einen Scepter hält,
und auf der Brust mit einem silbernen, von drey über einander stehenden rothen Herzen besetzten Pfal bezeichnet ist, wegen der Herrschaft Kirchberg. Im 3. rothen Quartier sind drey über einander liegende doppelt gekrümmte silberne Jagdhörner mit goldenem
Beschläge und Bändern, wegen der Grafschaft Weissenhorn. In
der eingepfropften schwarzen Spitze ist ein silberner, mit drey übereinander stehenden rothen Herzen besetzter Pfal. Der Schild ist
mit einem rothen und mit Hermelin gefütterten, und mit einem
Fürstenhute bedeckten Wappenmantel umgeben. Bischofsstab und
Schwerd stehen hinter dem Schilde in Form eines Andreaskreutzes.
  Das Wappen des Abts und Fürsten von St. Emmeran ist
quadrirt, mit einem Mittelschilde und Herzschildlein. In dem 1.
Quartier des Hauptschildes, das in die Länge getheilt ist, ist zur
Rechten im silbernen Felde die Hälfte eines gedoppelten schwarzen
Adlers, mit einem goldenen Scheine um den Kopf, und zur Linken
im blauen Felde drey silberne Lilien, als 1. 2. Im 2. Quartier,
so gleichfalls in die Länge getheilt ist, stehet im vordern silbernen
Felde ein rother Palmzweig aufwärts, und im hintern rothen ein,
mit dem Schließblatt aufwärts und linksgekehrter silberner Schlüssel. Das 3. und 4. Quartier sind wie die beyden erstern, nur daß
die vordern Hälften hinten, und die hintern vornen gestellt sind.
Der quadrirte Mittelschild, nebst dem Herzschildlein sind das Familienwappen des jetzigen Abts. Jener hat im 1. und 4. silbernen Felde einen grünen dreybüschigten Baum auf einem grünen
Hügel, und im 2. und 3. goldenen ein Hirschgeweyh in natürlicher Farbe. Im silbernen Herzschildlein ist ein ausgerundetes rothes Kreuz. Ueber dem Hauptschilde stehen drey gekrönte
Helme, wovon der zur Rechten zum Familienwappen gehöret,
und zwischen einem Hirschgeweyh den grünen Baum des Mittelschildes hat. Auf dem mittlern ist eine goldene Inful mit einem
schräglinks durchgesteckten Prälatenstabe, und auf dem linken ein
gedoppelter schwarzer Adler mit goldenen Hauptscheinen und einer darüber schwebenden Krone, beede zum Abteylichen Wappen gehörig.
Die Helmdecken sind inwendig von Silber und außen schwarz.
  Das Engländische Wappen. S. Großbrittannien.
  Das Wappen der Aebtißin zu Essen, ist ein schwarzer Wieder-
hacken im silbernen Felde, nebst dem, hinter dem Schilde stehenden
Aebtißinstabe.
  Das Wappen des Fürsten Esterhasy von Galantha ist quadrirt, mit einem Mittelschilde. Im 1. und 4. blauen Felde des
Hauptschildes ist ein goldener Greif, mit einer Krone auf dem Kopfe, und einem blosen Säbel in der vordern Pranke, mit den hintern Füssen aber eine Krone haltend. Im 2. und 3. rothen Felde
ist ein wachsender gekrönter goldener Greif, ohne Flügel, der mit
der vordern Pranke drey fünfblätterige Blumen mit langen Stie-

len

len empor hält. Im blauen und mit einer Königlichen Krone bedecktem Mittelschilde ist der goldene lateinische Buchstab L, das ist, Leopoldus, von welchem Kaiser, Paul Esterhasy zur Fürstl. Würde erhoben worden. Den Hauptschild bedeckt ein Fürstenhut.

Das Wappen des Comte d'Eu hat den Französischen Hauptschild mit einem rothen linken Schrägbalken in der Vertiefung. Ueber dem Schilde befindet sich eine Krone, umher aber die Königlichen Ordenßketten unter einem Wappenmantel, hinter welchem 6. Fahnen in Form eines Andreaskreutzes gestellet sind. Unten am Fusse stehen zwo auswärts gekehrte Canonen.

Das Wappen des Großherzogs von Florenz. S. Kaiserl. Wappen.

Das Königl. Französische Wappen bestehet aus zween zusammen geschobenen Schilden. Im rechten blauen Schilde sind 3. goldene Wasserlilien, wegen des Königreichs Frankreich. Im linken rothen Schilde aber sind erstlich in Gestalt eines gemeinen, wie auch Andreaskreutzes, dann auch zum andern zweymal ins Gevierte gelegte, und mit Knöpfen zusammen geschlossene goldene Kettenglieder, mit einem viereckigten Smaragd in der Mitte, wegen des Königreichs Navarra. Auf dem gedoppelten Schilde ist ein offener und mit der Französischen Krone bedeckter Helm, dessen Decken von Gold und blau sind. Um den Schild hängen die beeden Ordensketten St. Michaelis und des H. Geistes. Schildhalter sind zween Engel in Wappenröcken, davon der zur Rechten mit dem Königl. Französischen, der zur Linken aber mit dem Navarrischen Wappen gesticket ist. Jeder Engel hält eine Fahne, darinn die erstgemeldeten Wappen ebenfalls zu sehen sind. Ueber diesem allen, stehet ein auswärts blaues mit goldenen Lilien bestreutes, inwendig aber mit Hermelin gefüttertes Wappenzelt. Oben auf dem Gipfel ist es mit Sonnenstralen gezieret, und mit der Französischen Krone bedecket, hinter welcher die wehende Fahne des Königreichs, oder die Oriflamme hervorraget, an deren Gipfel ein Band fliegt mit dem Kriegsgeschrey Mont Joye St. Denis.

Das Wappen des jetzigen Bischofs von Freysingen und Regenspurg ist ein runder quadrirter Schild, mit einem Mittelschilde. Im 1. und 4. silbernen Felde, ist das Brustbild eines Mohren in rother Kleidung, mit einem silbernen Ueberschlage und goldener Krone, wegen Freysingen; im 2. und 3. rothen Felde ist ein silberner Schrägbalken, wegen Regenspurg. Der Mittelschild ist das pohlnische Wappen, in dessen Mitte der sächsische Rautenkranz mit einem Fürstenhute, wegen Abstammung des jetzigen Bischofs, aus dem königlich pohlnischen churfürstlich sächsischen Hause. Das Wappen bedeckt ein Bischofshut. Ein Bischofsstab und Schwerd stehen hinter demselben, in Form eines Andreaskreutzes.

Das Fürstenbergische Wappen hat in einer von Silber und blau mit doppelten Wolken getheilten Einfassung wegen der Erbschaft des Hauses Blumeneck, einem goldenen Hauptschild, darinn ein rother Adler, wegen Fürstenberg, auf dessen Brust ein quadrirter Mittelschild liegt. Im 1. und 4. rothen Felde ist eine silberne Kirchenfahne, wegen der Grafschaft Werdenberg, und

im 2. und 3. silbernen ein eckigt gezogener schwarzer rechter Schrägbalken, wegen der Grafschaft Heiligenberg. Der Hauptschild ist
mit einem Fürstenhute bedeckt, und mit der Ordenskette vom goldenen Bliesse, wie auch mit einem Fürstlichen Wappenmantel umgeben; Schildhalter sind zween Engel in einer leichten fliegenden
Kleidung. Ueber dem Fürstenhute und dem Wappenmantel stehen
5. Helme. Der mittlere mit einem silbernen Balken, auf einem
rothen Küssen mit silbernen Quasten, ist wegen der gefürsteten Grafschaft Fürstenberg. Der 2. gekrönte mit einer rothen goldbordir-
ten Bischofsmütze, wegen Werdenberg. Der 3. gekrönte mit
einem hervorschauenden silbernen Bracken, auf dessen Ohr das
2. und 3. Feld des Mittelschildes, wegen Heiligenberg. Der 4.
mit einem wachsenden blau gekleideten, auch dergleichen weis aufgeschlagenen Mütze aufhabenden Manne ohne Arme. Der 5. eben
auch gekrönte mit einem weissen Schwanze zwischen zwo goldenen
gekrönten Säulen, auf deren jeglicher ein Pfauenwedel stecket.
    Das Wappen des jetzigen Bischofs und Fürsten von Fulda ist
quabrirt. Im 1. und 4. silbernen Felde ist ein schwarzes Kreutz, wegen
des Bistums Fulda. Im 2. und 3. goldenen ist ein Biber in natürlicher Farbe, als das Geschlechtswappen der Herren von Bibra.
Auf dem Schilde ruhen 3. Helme. Der mittlere ist mit einem rothen Küssen bedeckt, auf welchem ein Fürstenhut, mit dem hinter
demselben hervorstehenden Fuldaischen Kreutze, ruhet. Auf dem
rechten gekrönten ist eine goldene Inful, mit zween zur Seite her-
versehenden und mit Blumensträuchen gezierten Fähnlein; und auf
dem linken, gleichfalls gekrönten ein, wie das 2. und 3. Feld des
Schildes bezeichneter Flug zu sehen. Bischofsstab und Schwerd
sind hinter dem Schilde in Form eines Andreaskreutzes gestellet.
Die Helmdecken sind ausen schwarz und inwendig von Gold.
    Das Wappen der Aebtißin zu Gandersheim, bestehet aus drey
gegen einander gelehnten länglich runden Schilden. Der obere ist
von schwarz und Golde die Länge herab getheilet, und mit einem
Fürstenhute bedeckt, wegen der Abtey Gandersheim. Die 2.
untern gleichfalls mit Fürstenhüten bedeckten Schilde zielen auf die
Abstammung der jetzigen Aebtißin aus dem Sachsen-Meihung-
gischen Hause. Der erstere ist von schwarz und Golde zehnmal quergestreift, mit einem schrägrechts darüber gelegten grünen Rauten-
kranze, wegen des Herzogthums Sachsen: der andere aber ist in
die Länge getheilt, mit einer unten eingepfropften Spitze, und hat
zur Rechten im goldenen Felde einen schwarzen Löwen, wegen des
Herzogthums Jülich; und zur Linken im silbernen Felde einen rothen Löwen mit blauer Krone, wegen des Herzogthums Bergen.
In der eingepfropften rothen Spitze sind 8. goldene Lilienstäbe, die
aus einem silbernen Schilde in Form eines gemeinen und eines Andreaskreutzes hervorgehen, wegen des Herzogthums Cleve. Hinter dem obern Schilde sind Bischofsstab und Schwerd in Form eines Andreaskreutzes, und ein schwarzer Adler mit ausgebreiteten
Flügeln, als ein Schildhalter der drey Schilde zu sehen. Zwischen
den beeden untern Schilden hängt das blaue Ordensband des Stifts
mit dem goldenen schwarz emaillirten Ordenskreutze, auf welchem

die

die bey der Kreutzigung unsers Heilandes gebrauchten Werkzeuge, und oben ein Knopf mit Diamanten, unten aber ein weis emailliter Todenkopf, abgebildet sind, herab.

Das Wappen des Reichsfürsten von Gallean ist ein silberner Schild mit einem schrägrechts liegenden goldenen schwarzeingefaßten Bande, über und unter welchem eine fünfblätterichte rothe Rose liegt. Den Schild bedecken drey gekrönte Helmen mit rothen Helmdecken. Auf dem 1. ist der doppelte Reichsadler, auf dem 2. ein wachsender goldener Löwe, auf dem 3. ein halber Flug, dessen untere Hälfte Gold, mit 3. blauen schrägrechts liegenden Bändern, die obere Hälfte aber roth mit einem wandelnden golbenen Löwen. Ueber den Helmen stehen auf einem fliegenden Zettel die Worte, AB OBICE SÆVIOR IBIT, unter dem Wappenschilde aber SEMPER MAGIS, Schildhalter sind zween Engel, welche jeder eine Fahne in der rechten Hand hält. In der rechten goldenen ist der Reichsadler, in der linken silbernen aber das Band und die Rosen des Schildes. Das ganze Wappen umgiebt ein außen roth und innen Hermelinener, mit einem Fürstenhute bedeckter Wappen-Mantel.

Das Wappen der Republik Genf oder Geneve ist in die Länge getheilet. In der vordern goldenen Hälfte ist die Hälfte eines gedoppelten schwarzen Adlers mit einer rothen Krone, und in der hintern rothen ein silberner Schlüssel mit aufwärts und links gekehrten Schließblatte. Den Schild bedeckt eine goldene Krone.

Das Wappen der Republik Genua bestehet aus einem rothen Kreutze im silbernen Felde. Auf dem Schilde ruhet eine geschlossene Königliche Krone.

Des Erzbischofs von Görz, Grafen von Attimis Wappen besteht aus zweyen ovalen Schilden, die mit einem Fürstenhute bedeckt sind, über welchem ein Patriarchen-Creutz, auf dem Seiten aber Stab und Schwerd zu sehen. Der rechte Schild ist quergetheilt, und in der obern goldenen Helfte ein gekrönter schwarzer Adler mit ausgeschlagener Zunge und dem österreichischen rothen Schildlein mit dem silbernen Bande auf der Brust. Die untere Hälfte ist wieder nach der Länge getheilt und dessen rechte Hälfte roth mit einem silbernen Patriarchen Kreutze, die Linke aber ist wiederum schrägrechts getheilt und zur rechten abwechselnd roth und Silber, zur linken aber ein aufsteigender goldener Löwe im blauen Felde, mit vorgeworfenen Pranken und ausgeschlagener Zunge. Der linke Schild bestehet aus einer aufrecht stehenden silbernen Zinnen-Mauer mit drey Spitzen im rothen Felde. Der ganze Schild ist mit einem mit dem Cardinalshute bedeckten Wappenmantel umgeben.

Das Wappen des Herzogs von Gravina, ist ein mit einem Fürstenhute bedeckter, und durch ein darüber gelegtes silbernes Kreutz quadrirter Schild mit einem eben auch quadrirten Mittelschilde, als dem Stammwappen des Hauses Orsini, dessen 1. und 4. dreymal quer getheiltes Quartier im obersten silbernen Theile eine rothe Rose, im mittlern goldenen einen blauen Bal, und im untersten silbernen 3. rothe rechte Schrägbalken; das 2.

und

und 3. goldene Quartier aber einen aufrecht stehenden schwarzen
Bären mit goldenem Halsbande enthält. Im 1. goldenen Hauptquartier ist der kaiserl. gedoppelte Reichsadler, als ein sonderbares kaiserl. Gnaden-Zeichen, wegen der erlangten Reichsfürstl. Würde. Im 2. ist das Wappen von Arragonien. Im
3. das Wappen von Ungarn. Im 4. das Wappen von Anjou,
mit dem darunter gesetzten Hierosolymitanischen Kreutze: als
mit welchen alten königlichen Häusern das Haus Orsini verwandt
ist. Die Erklärung dieser Wappen stehet bey dem kaiserl. Wappen. Den mit einem Wappenmantel umgebenen Schild halten 2.
schwarze Bären.

Das Grosbritanische Wappen ist ein quadrirter Schild. Das
1. Quartier ist in die Länge getheilet, und enthält das vereinigte
Engländische und Schotländische Wappen. Zur rechten im
rothen Felde sind 3. übereinander gehende goldene und blaubewehr-
te Leoparden, wegen des Königreichs England: zur Linken im
goldenen ist ein rother blaubewehrter Löwe, mit einer rothen gedoppelten, und auswendig mit Lilien gezierten Einfassung, wegen
des Königreichs Schotland. Im 2. Quartier ist das Französische Wappen. Im 3. blauen eine goldene Davidsharpfe mit silbernen Saiten, wegen des Königreichs Irrland. Im 4. ist das
Churfürstl. Braunschweigische Wappen, und zwar im 1. Felde
das Braunschweigische, im 2. das Lüneburgische Wappen,
und im 3. rothen ein springendes silbernes Roß, wegen des Herzogthums Sachsen. Der rothe Mittelschild mit der Teutschen
Reichstrone, ist wegen des Erzschazmeisteramts. Der Hauptschild ist mit dem blauen Hosenbande umschränkt, und mit einem
königlichen Helme bedeckt, dessen Decken inwendig von Hermelin
und auswendig von Golde sind. Auf dem Helme ruhet die königliche Krone, und über derselben stehet der Großbritannische goldene
und gekrönte Leopard. Schildhalter sind zur Rechten ein goldener
gekrönter Löwe, und zur Linken ein silbernes Einhorn mit einer
aus Kreutzen und Lilien wechselsweise zusammengesetzten Krone am
Halse, und einer daran befestigten, um den Leib geschlungenen
und zwischen den beeden Hinterfüssen herabhangenden goldenen
Kette. Beyde Thiere stehen auf einem silbernen Bande, worauf
der königliche Wahlspruch Dieu et mon Droit, zu lesen. Unter
dem Wappen gehet auf der rechten Seite ein rothe und weise Rose
auf einem Stengel, wegen England, und zur linken eine Distel
mit einer natürlich rothen Blüt, wegen Schotland, hervor.

Das Wappen des Bisthums Gurk ist ein in die Länge getheilter mit der Inful, Bischofsstab und Schwerd bedeckter Schild,
und hat in der rechten goldenen Hälfte einen aufgerichteten aus-
werts sehenden schwarzen gekrönten Löwen, die linke Hälfte ist
von roth und Silber quergetheilt.

Das Wappen der Aebtißin zu Guttenzell hat im blauen Felde
die Arche Noä, über welcher eine fliegende weiße Taube mit einem grünen Oelblat. Hinter dem Schilde stehet der Aebtißinstab.

Das Wappen des Reichsfürsten von Havré, siehe Croy.

Das

Das Wappen des Fürsten zu Hazfeld, ist ein siebeneckigter unten zugespitzter Schild samt einem Mittelschilde. Der Hauptschild
ist dreymal in die Länge und eben so vielmal quer getheilt, hat aber
doch nur 7. Felder, weil das mittlere Feld der mittlern Reihe
durch den Mittelschild bedecket, die untere Reihe aber nur zweymal die
Länge herab getheilet ist. Im mittlern silbernen Felde der obern
Reihe ist ein schwarzer doppelter goldgekrönter Adler: in dem zur
rechten ebenfalls silbernen Felde der Königl. Preuß. goldgekrönte
Adler: in dem zur linken blauen aber ein silberner Löwe mit roth
ausgeschlagener Zunge, erhobenen doppelten Schwanze, und einer goldenen Krone auf dem Haupte, aus welcher 3. Strausenfedern, davon die mittlere von Silber, die 2. andern blau sind, entspringen. Der mittlern Reihe vorderes goldenes Feld stellet den
Schlesischen schwarzen Adler mit gewöhnlichen Zeichen auf der
Brust: das hintere silberne aber 3. rothe grünbesaamte Rosen vor.
In der untersten Reihe ist zur Rechten im silbernen Felde eine rothe grünbesaamte Rose, zur linken aber von Silber und roth fünfmal in die Länge, und einmal quergetheilet mit abwechselten Tin-
turen. Im goldenen und mit einem Fürstenhute bedecktern Mittelschilde befindet sich ein schwarzer doppelter Hausanker. Auf dem
Schilde ruhen 7. goldgekrönte Helme mit anhangenden goldenen
Kleinodien. Auf dem 1 sitzt ein verwärts gekehrter silberner Löwe, mit einer goldenen Krone, aus welcher 3. Strausenfedern,
eine silberne zwischen 2. blauen, entspringen. Auf dem 2. der im
Schilde schon beschriebene doppelte schwarze Adler. Auf dem 3.
der ebenfalls angezeigte Schlesische schwarze Adler. Auf dem
4. eine halbe Mannsperson ohne Arme, mit einem grauen Barte
und Haaren, in einem engen schwarzen Leibrocke mit goldenen
Knöpfen und gleichmäsigen Kragen, auf dem Haupte eine breite
schwarze mit Gold ausgeschlagene mit 3. schwarzen neben einander
stehenden Muscheln versehene Mütze aufhabend. Auf dem 5. zwey
von Silber und roth wechselsweis quergetheilte Büffelshörner, mit
einer zwischen selbigen befindlichen rothen, grünbesaamten Rose.
Auf dem 6. ein goldener, zu beeden Seiten mit einem doppelten
schwarzen Hausanker besetzter Flug. Auf dem 7. ein silberner Flügel, von einer rothen Rose begleitet. Das mit einem Fürstenhute
bedeckte und mit der Ordenskette des Königl. Preußischen schwarzer Adlerordens umfaste Wappen, umgiebt ein rother mit Hermelin gefütterter Wappenmantel. Schildhalter sind zween silberne
Löwen mit goldener Krone, und drey daraus hervorgehenden, einer silbernen zwischen 2. blauen Strausenfedern, wie auch mit
ausgeschlagener rothen Zunge, und zwischen den Beinen erhobenen doppelten Schwanze, von denen jeder eine schwarze mit Gold
eingefaste Fahne in den Pranken hält, unter welchen die vordere
mit dem goldenen Buchstaben F. die hintere aber mit dem Zahlbuch-
staben 1. bezeichnet. Den untern Theil des Schildes umschlinget
ein breites Band mit dem Sinnspruch: Virtus et Honor.

Das Wappen der Aebtißin zu Heggbach besteht aus 2. quadri-
rirten Schilden. Im rechten Schilde ist im 1. und 4. blauen Fel-
be, ein von Silber und roth in 2. Reihen geschachter rechter Schräg-

balken.

balken. Im 2. und 3. goldenen, ist ein schwarzes Kreuz. Der
linke Schild hat im 1. rothen Felde einen weißen Pelican mit sei=
nen Jungen im Neste. Im 2. und 3. blauen, sind 3. goldene Li=
lien. Das 4. ist quergetheilt, oben roth und unten Silber. Hin=
ter dem Schilde steht der Aebtißinstab.

Das Wappen des Abts zu Helmstädt. Siehe das Wappen des
Abts zu Werden.

Das Wappen der Aebtißin zu Hervorden ist 2mal in die Län=
ge und 3mal quergetheilt, mit einer unten eingepfropften Spitze
und einem Mittelschilde. Der letztere hat im silbernen Felde einen
rothen Querbalken, und ist mit einem Fürstenhute bedeckt, als das
Wappen der fürstlichen Abtey Hervorden. Der Hauptschild mit
der eingepfropften Spitze ist wegen der Abstammung aus dem her=
zoglichen Hause Holstein, und hat im 1. rothen Felde einen gold=
gekrönten Löwen, der eine silberne gekrümte Helleparte in den Pran=
ken hält, wegen Norwegen; im 2. goldenen zween blaue goldge=
krönte Löwen übereinander, wegen des Herzogthums Schleßwig;
im 3. rothen ein in 3. Theile zerschnittenes silbernes Nesselblat, mit
einem von Silber und roth quergetheilten Schildlein in der Ver=
tiefung, gegen welches zwischen den 3. Theilen des Nesselblats 3.
silberne Nägel mit den Spitzen in Form eines Schächerkreutzes ste=
hen, wegen Holstein; im 4. rothen einen silbernen Schwan, mit
einer goldenen Krone am Halse, wegen Stormarn; im 5. gol=
denen zween rothe Querbalken, wegen der Grafschaft Oldenburg;
und im 6. blauen ein goldenes schwebendes Kreutz wegen der Graf=
schaft Delmenhorst. In der unten eingepfropften rothen Sitze
ist ein geharnischter goldener Reuter mit blosem Schwerde auf ei=
nem silbernen rennenden Pferde, mit schwarzem Zeuge, wegen
Ditmarsen. Den Hauptschild bedeckt eine königliche Krone, und
hinter denselben stehen Bischofsstab und Schwerd in Form eines
Andreaskreutzes.

Das Hessen=Casselische Wappen bestehet aus einem zweymal
in die Länge und dreymal quergetheilten Schilde, und aus einem
Mittelschilde. Der Mittelschild enthält im blauen Felde einen von
Silber und roth 10fach quergestreiften Löwen, mit goldener Krone
und Klauen, wegen der Landgrafschaft Hessen. Im 1. silbernen
Felde des Hauptschildes ist ein rothes Patriarchenkreutz, wegen des
Fürstenthums Hirschfeld. Im 2. von schwarz und golde querge=
theilten ein silberner Stern auf dem schwarzen; wegen der Graf=
schaft Ziegenhayn. Im 3. quergetheilten ist oben im goldenen
Felde ein rother Löwe mit einer blauen Krone, Zunge und Schwanz,
wegen der Grafschaft Cazenelnbogen; die untere Hälfte aber ist
von schwarz und Gold gleichfalls quergetheilt mit 2. achteckigten
silbernen Sternen auf dem schwarzen, wegen der Grafschaft Nid=
da. Im 4. quergetheilten sind in der obern rothen Hälfte 2 über
einander gehende goldene Löwen, wegen der Grafschaft Dietz;
und in der untern goldenen 3. rothe Sparren, wegen der Graf=
schaft Hanau. Im 5. rothen ein von Silber und roth querge=
theiltes Schildlein, um welches ein in 3. Theile zerschnittenes sil=
bernes Nesselblat, mit dreyen, in Gestalt eines Schächerkreutzes

dazwi=

dazwischen gesetzten silbernen Nägeln zu sehen, wegen der Graf=
schaft Schaumburg. Im 6. silbernen 2. schwarze Querbalken,
wegen der Grafschaft Isenburg. Der Schild ist mit 6. Helmen
geziert. Der 1. gekrönte, wegen Hessen, auf welchem 2. silberne,
und von ausen auf jeder Seite mit 4. grünen Rautenstäblein besteck=
te Büffelshörner, von dergleichen Rautenblätterichten Stäben auch
einer aus der Oefnung eines jeden Horns hervorgehet. Der 2.
gekrönte Helm, wegen Herschfeld, mit einem viertheilichten grü=
nen Pfauenschwanze Der 3. wegen Ziegenhayn, mit einem
wachsenden schwarzen Ziegenbocke, mit goldenen Hörnern und
Klauen, wie auch mit 2. wie das andere Quartier des Schildes be=
zeichneten Flügeln. Der 4. gekrönte, wegen Cazenelnbogen mit
einem schwarzen geschlossenen Flug, auf welchem ein rundes gol=
denes Schildlein mit einem rothen gekrönten Löwen zu sehen. Der
5. wegen der Grafschaft Hanau, mit einem wachsenden aufliegen=
den Schwane. Der 6. mit einem rothen und silbernen Wulst be=
deckte, hat 5. wie das 4. Quartier des Schildes bezeichnete Fähnlein
an silbernen Lanzen, zwischen zween hohen silbernen Stäben, oben
mit goldenen Knöpfen, und 2. Pfauenfedern, wegen Schaumburg.

Das neue Hessen=Casselische Wappen, wie es nunmehr mit
dem Gräflich=Hanauischen vermehret, ist zweymal in die Län=
ge, und dreymal quergetheilet, nebst zween Mittelschilden. Der
obere Mittelschild auf der Herzstelle ist blau mit einem von Silber
und roth zehnfach quergestreiften Löwen, mit goldener Krone und
Klauen, wegen der Landgrafschaft Hessen. Der untere Mittel=
schild auf der Nabelstelle ist quadrirt, und noch darzu mit einem
Herzschildlein versehen. Das 1. und 4. goldene Feld des Mittel=
schildes hat 3. rothe Sparren, wegen der Grafschaft Hanau. Das
2. und 3. aber ist von Gold und roth achtmal quergestreift, wegen
der Grafschaft Reineck Das Herzschildlein ist von roth und Gol=
be quergetheilet, wegen der Herrschaft Münzenberg. Das 1.
silberne Feld des Hauptschildes hat ein rothes Patriarchenkreuz,
wegen des Fürstenthums Herschfeld. Das 2. ist von schwarz und
Golde quergetheilet, mit einem silbernen Sterne auf dem schwar=
zen, wegen der Grafschaft Ziegenhayn. Das 3. goldene hat ei=
nen rothen Löwen mit blauer Krone, blauer Zunge und Schwanz,
wegen der Grafschaft Cazenelnbogen. Im 4. rothen sind 2. über
einander gehende goldene Löwen, wegen der Grafschaft Diez. Das
5. ist von schwarz und Golde quergetheilt mit zween silbernen seck=
igten Sternen auf dem schwarzen, wegen der Grafschaft Nidda.
Im 6. rothen ist ein von schwarz und Golde quer getheiltes Schild=
lein, um welches ein in drey Theile zerschnittenes silbernes Nessel=
blat, mit dreyen, in Form eines Schächerkreutzes dazwischen ge=
setzten silbernen Nägeln zusehen, wegen der Grafschaft Schaum=
burg. Diesen Hauptschild bedecket eine Fürstenkrone. Schild=
halter sind zween silberne, mit Fürstenhüten gekrönte Löwen.

Das Hessen=Darmstädtische Wappen bestehet aus einem Haupt=
und Mittelschilde. Der Mittelschild hat im blauen Felde einen von Sil=
ber und roth zehnfach quergestreiften Löwen, mit goldener Krone und
Klauen, wegen der Landgrafschaft Hessen. Der Hauptschild ist zweymal

in

in die Länge, und dreymal quergetheilt. Im 1. silbernen Felde ist
ein rothes Patriarchenkreuz, wegen des Fürstenthums Herschfeld.
Das 2. ist von schwarz und Golde quergetheilt, mit einem silbernen
Sterne auf dem schwarzen, wegen der Grafschaft Ziegenhayn.
Das 3 goldene Feld hat einen rothen Löwen mit blauer Krone,
Zunge und Schwanze, wegen der Grafschaft Cazenelnbogen. Im
4. rothen sind zween über einander gehende Löwen, wegen der Grafschaft Diez. Das 5. ist quergetheilt. Die obere Hälfte ist von
schwarz und Golde gleichfalls queergetheilt, mit zween silbernen
achteckigten Sternen auf dem schwarzen, wegen der Grafschaft Nidda: in der untern Hälfte aber sind 2. schwarze Querbalken im silbernen Felde, wegen der Grafschaft Isenburg. Im 6. rothen
Felde ist ein von Silber und roth quergetheiltes Schildlein um welches ein in 3. Theile zerschnittenes silbernes Nesselblat, mit dreyen
in Form eines Schächerkreuzes dazwischen gesetzten silbernen Nägeln zu sehen, wegen der Grafschaft Schaumburg. Auf dem
Hauptschilde stehen 5 Helme. Der 1. gekrönte wegen Hessen, ist
mit 2. silbernen Büffelshörnern gezieret, die von aussen auf jeder
Seite mit 4. grünen Rautenstäben besteckt sind, und in der Oefnung
gleichfalls einen solchen Rautenblätterichten Stab hervorragend haben. Der 2. gekrönte Helm, wegen Herschfeld, hat einen viertheil-
ligten grünen Pfauenschwanz. Auf dem 3. ist ein wachsender schwarzer Ziegenbock, mit goldenen Hörnern und Klauen, wie auch mit
zween, wie das andere Quartier des Schildes bezeichneten Flügeln,
wegen Ziegenhayn. Der 4. gekrönte wegen Cazenelnbogen,
hat einen schwarzen geschlossenen Flug, auf welchem das 3. Quartier des Schildes in einem runden Schildlein zu sehen ist. Der 5.
ist mit einem silbernen und rothen Wulst bedeckt, auf welchem 5.
wie das 6. Quartier des Schildes bezeichnete Fähnlein an silbernen
Lanzen, zwischen 2. hohen silbernen Stäben, die oben mit goldenen
Knöpfen und 2. Pfauenfedern geziert sind, stehen, wegen Schaumburg.

Das Hessen-Homburgische und Hessen-Rheinfelsische Wappen, sind vom Hessen-Darmstädtischen in nichts unterschieden.

Das Wappen des Bischofs zu Hildesheim ist quadrirt. Das
1. und 4. Quartier ist von Gold und roth in die Länge getheilt, wegen des Bisthums Hildesheim. Im 2. und 3. silbernen Felde ist
ein rother Querbalken, von einem schwarzen Turnierkragen mit
5. Läzen begleitet, als das Stammwappen der Freyherrn von Westphalen. Der Schild ist mit einem Wappenmantel, auf welchem
ein Fürstenhut ruhet, umgeben, und hinter demselben stehen Bischofsstab und Schwerd in Form eines Andreaskreuzes.

Das Wappen der Fürsten von Hohenlohe ist ein quadrirter
Schild, in dessen ersten goldenen Felde ein doppelter schwarzer Adler; im zweyten blauen drey, als 2. 1. silberne Lilien; im dritten
silbernen zwey übereinander Rechtsgehende schwarze Leoparden,
im vierten quergetheilten schwarzen Felde in der obern Hälfte ein
rechtsgehender goldener gekrönter Löwe, mit offenem Rachen, ausgeschlagener Zunge, und doppelt aufgewundenen Schwanze, in der
untern Hälfte aber zwey Reihen goldene Rauten zu sehen. In der
Mit-

Mitten des Schildes befindet sich ein rothes, mit 3. auffsteigenden silbernen Spitzen mit einem Fürstenhute bedecktes Herz schildlein. Auf dem Schilde ruhet in der Mitte, auf einem rothen Kißen, ein mit einem blauen Fürstenhute besetzter, vorwärts gerichteter offener Turnierhelm, hinter welchem 3. rothe Straußenfedern mit einer silbernen Lilie belegt, hervorreichen. Rechter Seits zeigen sich 2. nach der linken, linker Seits aber zwey nach der rechten Hand gewandte blau angelaufene roth gefütterte Turnierhelmen, mit anhangendem Kleinod, auf deren ersteren offenen erscheinet eine hervorwachsende zur linken sehende und goldbeschnabelte weiße Taube mit ausgebreiteten an den Extremitäten rothfarbigen Flügeln. Auf den zweyten geschlossenen Stechhelme stehen zwey einwärts gekehrte auf jeder Seite mit sechs silbernen, mit goldenen Rauten oben und neben gezierten Spießlein besteckte weiße Büffelshörner. Auf den dritten gekrönten Helme siehet man zwey oben rothe und unten weiße, mit denen dreyen im Herzschildlein beschriebenen weißen Spießlein auffsteigende Büffelshörner, in deren Mundlöchern zwey rothe und weiße Fähnlein stecken. Aus dem vierten gekrönten offenem Helme bricht zwischen zwey auswärts gekehrten schwarzen Büffelshörnern der im Schilde angezeigte goldene Löwe hervor. Schildhalter sind, zur rechten ein goldener mit einem blau und goldenen Fürstenhute bedeckter Löwe, und zur linken ein schwarz gekrönter Leopard; jener umfaßt mit der rechten Pranke eine mit drey goldenen Flammen, 1: 2 belegte weiße, dieser aber mit der linken eine schwarze Fahne mit über einander schreitenden goldgekrönten Löwen. Am Schildesfuße ist ein rothes Regalienschild, darunter die Worte stehen: Ex flammis orior. Das ganze Wappen stehet unter einem mit Hermelin gefütterten und mit dem Fürstenhute bedeckten rothen Fürstenmantel.

Das Hohenzollerische Wappen ist quadrirt, mit einem Mittelschilde. Das 1 Feld ist von Silber und schwarz geviertet, wegen der Grafschaft Hohenzollern. Im 2. und 3. blauen ist ein goldener Hirsch auf einem grünen Hügel, wegen der Grafschaft Sigmaringen. Im 4. goldenen ein schwarzer gekrönter Löwe, mit rothen Klauen, in einer von roth und Silber gestickten Einfassung, wegen des Burggrafthums Nürnberg. Im blauen Mittelschilde sind zween goldene in Form eines Andreaskreuzes gelegte Scepter, wegen des Reichs-Erb-Kämmeramtes: Auf dem Schilde stehen 3. gekrönte Helme. Auf dem mittlern ist ein goldener Scepter, wegen des Erbkämmeramtes. Auf dem zur Rechten ein hervorschauender, von Silber und schwarz gevierter Bracke, wegen Hohenzollern, und auf dem zur Linken ein rothes Hirschgeweyh wegen Sigmaringen.

Das Wappen der Republik Holland. Siehe das Wappen der vereinigten Niederlande.

Das Holsteinische Wappen ist quadrirt, mit einem Mittelschilde, und einer zwischen die beyden untern Quartiere eingepropften Spitze. Die Stücke desselben sind schon oben im Dänischen Wappen beschrieben. Das 1. Feld ist wegen Norwegen, das 2. wegen Schleßwig, das 3. wegen Holstein, das 4. wegen Stormarn,

marn, daß 5. oder die Spitze wegen Ditmarsen. Der quadrirte
Mittelschild ist wegen Oldenburg und Delmenhorst. Ueber dem
Schilde stehen 3. mit Fürstenhüten gekrönte Helme. Der 1. ist
wegen Norwegen, auf welchen ein goldener gekrönter Löwe, mit
einer krumm gebogenen silbernen Hellebarde in den Pranken stehet.
Der 2. wegen Schleßwig, auf welchen 3. goldene Schäfte, oben
mit Pfauenfedern geziert. Der 3. mit sieben, wie das 3. Feld bezeichneten Fähnlein an goldenen Lanzen, wegen Holstein.

Das Holstein-Gottorpische Wappen. Siehe unter Rußland
das Großfürstliche Wappen.

Das Wappen des Fürsten von Hornes, ist ein goldener Schild,
in welchem 3. linksgekehrte rothe und mit Silber beschlagene Jagdhörner sind. Der Schild ist mit einem Fürstenhuthe bedeckt, auf
welchem ein Helm, und auf diesem eine linksgekrümmte hermelinene
Mütze, mit einem breiten Stulpe von Pfauenfedern ruhet. Die
Helmdecken sind roth und von Hermelin. Um den Schild hängt
ein Fürstenmantel, und die auf einem Zierrathe stehende Schildhalter sind zur Rechten ein goldener Löwe und zur Linken ein Jagd-
hund mit einem rothen Halsbande.

Das Wappen des Fürsten von Jablonowsky ist quadrirt, mit
einem silbernen Mittelschilde, in welchem ein schwarzer gekrönter
Adler mit rothem Schnabel, Zunge und Füßen, mit einem roth und
silbergeschachten Herzschildlein. Im 1. rothen Felde des Hauptschildes
ist das silberne ungarische Kreuz, woran aber die rechte Helfte des untern Querbalken mangelt, mit welcher Figur die Alten die Zahl XV
abzubilden pflegten. Im 2. rechts rothen und links blauen Felde stehet eben dieses Kreuz auf einem silbernen Hufeisen. Im 3. rothen
stehen zwey mit den Schneiden einwärts und mit den Spitzen übereinander gelegte Sensen, und im 4. blauen ist ein querliegender
geharnischter Schenkel und Fuß. Das Wappen ist mit einem Fürstenhute bedeckt und von den H. Geist, weißen Adler und St. Hu-
bertorden umgeben.

Das Fürstlich-Isenburgische Wappen bestehet aus einem silbernen Hauptschilde, worinnen zween schwarze Querbalken sind,
und einem blauen Mittelschilde, welcher einen goldenen Löwen enthält. Ueber dem Hauptschilde befindet sich auf dem Helme ein
schwarzer mit goldenen Lindenblättern bestreuter Flug, und dazwischen ein goldener vorwärts gekehrter sitzender Löwe. Schildhalter
sind 2. Löwen. Das ganze Wappen umgiebt ein mit einem Fürstenhute bedeckter und mit Hermelin gefütterter Wappenmantel.

Das Wappen seiner jetztregierenden Kaiserl. Majest. ist ein
schwarzer, ausgebreiteter und schwebender Adler mit zwey Köpfen,
die mit güldenen Zirkeln umgeben sind: in der rechten Klaue hält
derselbe das bloße Reichsschwerd und den güldenen Scepter: in der
Linken den Reichsapfel mit dem Kreuzlein: über ihn schwebet die
kaiserliche Krone, womit die alten römischen Könige, als Kaiser zu
Rom gekrönet zu werden pflegten, nach ihrer ächten Gestalt gebil-
det, und mit dem zu beyden Seiten hinaus geschwungenen Inful-
gehänge. Der Adler hat auf der Brust einen grossen Schild, der
aus vier Balken, und deren jeder aus eben soviel Quartieren mit
den

den angeſtammten öſterreichiſchen Erbländern beſtehet. Das Mit-
telſchildlein iſt mit der Erzherzoglichen Krone bedecket, und geſpal-
ten: zur Rechten der öſterreichiſche ſilberne Balke im rothem Fel-
be; zur Linken ein rothes Band mit drey ſilbernen, ausgebreiteten
Vögeln ohne Schwanz und Füſſe, wegen Lothringen, als das
Stammwappen der jezt vereinigten Häuſer Oeſterreich und Lothringen. In der erſten Reihe der übrigen Quartiere iſt 1.) Ungarn, worüber die Ungariſche Krone auf dem Schilde ruhet. 2.) Die
vier zur Spaniſchen Monarchie gehörige Königreiche, Caſtilien,
Leon, Arragonien, und beyde Sicilien. 3.) Jeruſalem, wovon das Haus Lothringen den Titel und Wappen führet. 4.)
Böheim, über welchem die Böheimiſche Krone zu ſehen iſt. In
der zweyten: 1.) Alt-Burgund. 2.) Toscana. 3.) Siebenbürgen. 4.) Mähren. In der dritten: 1.) Brabant. 2.) Meis-
land. 3.) Mantua. 4.) Parma und Placenz. In der vierten:
1.) Habsburg. 2.) Flandern. 3.) Tyrol. 4.) Görz. Dieſer
Schild iſt mit der tief herabhangenden Ordenskette des güldenen
Vließes umhangen: zwiſchen dieſer, und dem Fuß des Schildes
ſieht man das große Ordensband, roth mit einem mitten durch gezogenen weißen Streife, des von Ihro Majeſtät der Kaiſerin Königin Maria Thereſia im J. 1758. geſtifteten Militar-Ordens mit
dem daranhangenden Kreuze: und noch näher an dem Schilde die
Kette des von erſtgenannter Ihro K. K. Apoſt. Maj. 1764. errich-
teten ungariſchen Ordens des heiligen Stephan Königs in Ungarn,
und das Kreuz daran. Von welchen drey Ritter-Orden Se. Maj.
der Kaiſer das Oberhaupt und Großmeiſter ſind. Der große
Schild, in welchem der Reichsadler ſchwebet, wird von zween güldenen Greifen, deren Kopf, Bruſt und Flügel ſchwarz ſind, als den
von Kaiſers Maximilian I. Zeiten her gewöhnlichen kaiſerlichen
Schildhaltern, gehalten, und iſt mit 13. kleinen Schildlein, worinne folgende Wappen ſind, umgeben. 1.) Dalmatien. 2.) Croatien. 3.) Sclavonien. 4.) Steyermark. 5.) Kärnten. 6.)
Krain. 7.) Luxemburg. 8.) Würtemberg. 9.) Schleſien.
10.) Barr. 11.) Schwaben. 12.) Burgau. 13.) Lauſitz.
NB. Die eigentliche Beſchreibung aller dieſer Wappen iſt in
der nachfolgenden Beſchreibung des Wappenſchildes Ihro Majeſtät der verwittibten Kaiſerin Königin zu Ungarn und Böheim zu
finden.

Das Wappen Ihro Maj. der verwittibten Kaiſerin, zu
Ungarn und Böheim Königin: hat fünf Haupt-Abtheilun-
gen, und vier eingeſchobene Mittlere. Die erſte Haupt-Abtheilung
in der Mitte des ganzen Schildes hat ein mit der erzherzoglichen
Krone, welche nach der Vorſchrift der älteſten Kaiſerl. Freyheits-
briefe Friedrichs des Erſten von 1156. und Friedrichs des Zweyten
von 1245. und des Röm. Königs Heinrich von 1222. geſtaltet iſt,
bedecktes Herzſchildlein mit einem ſilbernen Balken im rothen Felde,
als dem öſterreichiſchen Stammwappen. Die neun Quartiere
umher ſind folgende, welche die zum Erzherzogthum gehörigen Länder vorſtellen: 1.) Ein ſilbernes Pantherthier, ſo Feuer aus dem
Rachen, der Naſe, und den Ohren ſpeyet, im grünen Felde, regen
des

des Herzogthums Steyer, oder der Steyermark. 2.) Ist ge=
spalten: zur Rechten drey schwarze gehende Löwen, einer über dem
andern, in güldenen Felde, zur Linken ein silberner Balken in ro=
them Felde, wegen des Herzogthums Karnthen. 3.) Ein blauer
roth getrönter Adler in silbernem Felde, mit einem silber= und roth
gewürfelten halben Monde auf der Brust, wegen des Herzogthums
Krain. 4.) Ein rother Löwe mit einer blauen Krone, und Zun=
ge in güldenem Felde, wegen der gefürsteten Grafschaft Habs=
burg, als des ursprünglichen Stammlandes des Hauses Oester=
reich. 5.) Ein rother gekrönter Adler im silbernen Felde, mit gül=
denen Füßen, und gleichen in ein Kleeblatt sich endigenden halben
Zirkeln auf den Flügeln, wegen der gefürsteten Grafschaft Tyrol.
6.) Ein güldenes Band von der Linken zur Rechten im rothen Fel=
de, an jeder Seite von einem güldenen Löwen begleitet, wegen der
Grafschaft Kiburg. 7.) Ist bankweis durchschnitten, zur Rech=
ten von Silber und Roth fünfmal Straßenweis gestreift; zur Lin=
ken ein güldener Löwe in blauem Felde, wegen der gefürsteten Graf=
schaft Görz in Friaul. 8.) Ein silbernes Ankerkreutz in einem
von Gold und Silber getheilten Felde, wegen der gefürsteten Graf=
schaft Gradisca in Friaul. 9.) Ist von Silber und Roth band=
weis gestreift mit einem darüber gehenden goldenen Pfale, wegen
der Markgrafschaft Burgau. Die zweyte Haupt-Abtheilung
nimmt das rechte obere Eck des Schildes ein, und begreift die kö=
niglich-Ungarischen Länder in vier Quartiren mit einem Mittelschild=
lein: in diesem ist 1.) ein silbernes Patriarchen-Kreutz aus einer
güldenen Krone hervorgehend, auf einem dreyfachen grünen Hügel
in rothem Felde, wegen der den Königen zu Ungarn zuständigen
Gewalt in Kirchen-Sachen, und wegen des Titels eines apostolischen
Königs. 2.) ist achtmal balkenweis von Silber und Gold gestreift,
als das eigentliche Wappen des Königreichs Ungarn. 3.) Drey
güldene gekrönte Leopardenköpfe (2. 1.) in blauem Felde, wegen
des Königreichs Dalmatien. 4.) Gewürfelt von roth und Silber
wegen des Königreichs Croatien. 5.) Ein grüner, mit einem sil=
bernen breiten Saume oben und unten eingefaßter, und wellenweis
gezogener Balken worinn ein gehender Marder mit natürlichen Far=
ben, in blauem Felde oben von einem güldenen Stern begleitet, ist
das eigentliche Wappen, des Königreichs Slavonien. Ueber
dieser Hauptabtheilung ruhet auf dem Schilde die ungarische Kro=
ne, womit die Könige gekrönet werden. Die dritte Hauptabthei=
lung, welche die Königl. Böheim. Länder in sich fasset, ist gleicher=
gestalt mit der auf dem Schilde stehenden Krone, die den Köni=
gen in Böheim bey ihrer Krönung aufgesetzet wird, bedecket,
und bestehet aus vier Quartieren mit einem Mittelschilde. In
diesem 1.) ist ein silberner goldgekrönter Löwe mit doppeltem
Schwanze, in rothem Felde, wegen des Königreichs Böheim.
2.) Ein von Roth und Silber gewürfelter, goldgekrönter Adler
in blauem Felde, wegen des Markgrafthums Mähren. 3.) Ein
schwarzer Adler mit einem silbernen halben Monde, auf dessen Mit=
te ein silbernes Kreutzlein sich erhebet, in güldenem Felde, wegen
des Herzogthums Ober= und Nieder=Schlesien. 4.) Ein

rother Ochs mit weissem Bauche, auf grünem Grunde, in silbernem Felde, wegen der Markgrafschaft Ober=Lausitz. 5.) Eine güldene gezinnte Mauer mit schwarzen Mauerstrichen im blauem Felde, wegen der Markgrafschaft Niederlausitz. Diese vier Länder sind Lehen der Krone Böheim. In der vierten Hauptabtheilung kommen die burgundischen Länder in vier Feldern mit einem Mittelschildlein vor. Dieses letztere 1.) ist mit einem Herzoghute bedecket, und von Geld und Blau sechsmal bandweis von der Rechten zur Linken gestreift, mit einer rothen Einfassung umher, wegen Alt=Burgund. 2.) Ein güldener Löwe mit rother Zunge und Klauen, in schwarzem Felde, wegen des Herzogthums Brabant. 3.) Ein rother Löwe mit güldener Zunge und Klauen, in silbernem Felde, wegen des Herzogthums Limburg. 4.) Ist von Silber und Blau zehnmal gestreift, in der Mitte ein rother Löwe mit goldener Krone, Zunge und Klauen, wegen des Herzogthums Luxenburg. 5.) Ein schwarzer Löwe mit rother Zunge, und Klauen, in güldenem Felde, wegen der gefürsteten Grafschaft Flandern. In der fünften gegenüber stehenden Hauptabtheilung folgen die lothringischen Wappen, welche Ihro Maj. die Kaiserin Königin, als Witwe des höchstseeligen Kaisers Franz des Ersten aus dem Herzogl. Hause Lothringen führen. Sie haben auch vier Quartiere mit einem Mittelschildlein, welches 1.) ein rothes Band mit drey silbernen, am Schwanze und an den Füssen gestümmelten Vögeln, in güldenem Felde wegen des Herzogthums Lothringen vorstellet, und mit einer Königl. geschlossenen Krone bedecket ist. 2.) Das Wappen des vormaligen Königreichs Jerusalem, ein grosses güldenes von vier kleinen begleitetes Krückenkreutz, in silbernem Felde. 3.) Ein güldenes Feld mit fünf im Kreise herum gesetzten rothen Kugeln, und einer sechsten etwas grössern darüber, die Blau, und mit drey güldenen Lilien (2. 1.) besetzet ist, wegen des Grossherzogthums Toscana. 4.) Güldene Lilien in Blau, mit einer rothen Einfassung, wegen des Herzogthums Anjou, weil von dem Hause dieses Namens die Herzoge zu Lothringen desselben Titel und Wappen angenommen haben. 5.) Zween güldene, mit dem Rücken zusammen gekehrte Barben, in blauem Felde, und von vier güldenen Kreutzlein begleitet, wegen des Herzogthums Barr. Die übrigen in das Kreutz des Hauptschildes eingeschobenen Wappen haben gleichmäßig vier besondere Abtheilungen. Die oberste in der Mitte, enthält die von der vormaligen Spanischen Linie des Hauses Oesterreich an die Deutsche gekommenen Wappen der vier vornehmsten Königreiche, welche die spanische Monarchie ausmachten. 1.) Ein güldenes Castell, oder Thurm mit drey Zinnen, und blauer Thür, in rothem Felde, wegen des Königreichs Castilien. 2.) Ein rother goldgekrönter Löwe im silbernem Felde, wegen Leon. 3.) Vier rothe Pfäle in güldenem Felde, wegen Arragonien. 4.) Sind im Andreaskreutze durchschnitten, oben und unten die Arragonischen Pfäle; an jeder Seite aber ein schwarzer Adler mit rothem Schnabel und Füssen, im silbernen Felde, wegen beyder Sicilien, worunter auch Neapel begriffen ist. Auf der rechten Seite des Kreutzes ist ein

mit

mit einem rothen Streife getheiltes Feld, oben blau mit einem von dem Streife herver steigenden schwarzen halben Adler, von der Sonne und dem Monde begleitet; unten weiß mit sieben rothen Castellen oder Thürmen (3. 4) besetzet, wegen des von Ihro Majest., als Erbfrau und Beherrscherin der österreichischen Monarchie im Jahre 1765 zu einem Großfürstenthume erhobenen freyen Fürstenthums Siebenbürgen Gegenüber auf der Linken zeigen sich zwey Vorländische Wappen: 1.) Drey schwarze, eines über dem andern Balkenweis liegende Hirschhörner, wegen des Herzogthums Würtemberg, worauf das Haus Oesterreich das Anwartschaftsrecht hat. 2.) Drey schwarze Löwen, einer über dem andern, in güldenem Felde, wegen des Fürstenthums Schwaben. Unten im Kreuße erscheinen die Italiänischen Länder. 1.) Ist gespalten, zur Rechten ein schwarzer, gekrönter Adler, in güldenem Felde, wegen des Herzogthums der Lombardey, wovon das Wappen von den Kaisern Sigismund, und von Maximilian dem Ersten, den Herzogen zu Meiland verliehen, und von diesen geführet worden; zur Linken eine blaue, sich aufrichtende, und dreymal gekrümte Schlange, aus deren Maule ein nackendes blaues Kind hervorkommt, in silbernem Felde, wegen des Herzogthums Meiland. 2.) Ein rothes Taßenkreuz in silbernem Felde, in dessen vier Ecken so viel schwarze Adler mit rothen Schnäbeln und Füßen zu sehen sind, wegen des Herzogthums Mantua, und des zu Guastalla, welches mit dem Erstern ein Wappen hat. 3.) Sechs blaue Lilien (3. 2. 1.) in güldenem Felde wegen der zwey Herzogthümer Parma und Placenz, auf welche dem Hause Oesterreich das Rückfallsrecht vorbehalten ist

Das Wappen des Fürsten von Kaunitz-Rietberg ist dreymal in die Länge getheilet mit einem Mittelschilde. Im 1. schwarzen Felde ist ein goldener Adler mit einem gekrönten Jungfrauenkopfe, oben und unten von 4. goldenen Sternen begleitet. Im 2. quabrirten Felde ist im 1. und 4. goldenen Quartier ein aufgerichteter schwarzer Bär, im 2. und 3. blauen zwey goldene Fahnen. Im 3. rothen Felde ist ein goldener Adler. Der Mittelschild ist quadrirt, und im 1. und 4. goldenen Felde eine fünfblätterichte blaue Rose, im 2. und 3. rothen aber zwey silberne Hirschgeweyh. Den Schild bedeckt eine Fürsten-Krone mit sechs gekrönten Helmen; auf dem 1. ist eine blaue Lilie mit 2. goldenen Fahnen, auf dem 2. eine blaue Rose, auf dem 3. zwey schwarze Straußfedern mit einer goldenen Lilie, auf dem 4. ein wachsender goldener Löwe, auf dem 5. ein blauer Flug, und auf dem 6. ein geschlossener rother Flug, zwischen welchem ein wachsender goldener Adler hervor siehet. Die Helmdecken sind zur Rechten Silber und blau, und zur Linken Silber und roth.

Das Wappen des Abts zu Kaisersheim ist ein auf eines doppelten schwarzen Adlers Brust liegender gevierter Schild, mit einem Mittelschilde. Im 1. blauen Felde ist ein von Silber und Roth in 2. Reihen geschachter rechter Schrägbalken. Das 2. weiß und roth quergetheilte Feld hat einen aufgerichteten gelben Löwen. Das 3. ist mit Lilien besäet, darinnen ein Abtsstab schräg liegt,

neben

neben 2 Staffeln. Im 4. blauen, ist ein gekröntes K. Im blauen unten gefluteten Herzschilde ist ein auf den Wellen schwimmendes Meerpferd, in natürlicher Farbe. Hinter dem Schilde stehen 2. Prälaten-Stäbe.

Das Wappen des Abts zu Kempten ist quadrirt mit einem Mittelschilde. Das 1. und 4. Quartier des Hauptschildes ist von roth und blau quergetheilt, mit dem Brustbilde der heiligen Kaiserin Hildegardis, in schwarzer Kleidung, mit einem silbernen Schleyer, goldener kaiserlicher Krone und silbernen Scheine um das Haupt, so das Wappen der fürstlichen Abtey Kempten ist. Im 2. und 3. silbernen ist ein rothes oben und unten, so wol in- als auswendig gästetes Andreaskreuz; und der in die Länge getheilte Mittelschild ist vornen schwarz mit einem silbernen aufgerichteten Einhorn, hinten aber von Silber und schwarz 4mal quergetheilt, so nebst dem 2. und 3. Hauptquartier das Geschlechtswappen der Freyherren von Roth auf Schreckenstein ist. Auf dem Hauptschilde stehen 4. Helme. Der 1. Helm ist mit einem rothen Küssen mit goldenen Quasten bedeckt, auf welchen ein Fürstenhut ruhet, hinten aber ein wachsender schwarzer Mohr, mit blossem Haupte in einer langen schwarzen und mit silbernen Flammen bestreuten Kleidung, mit einem silbernen Umschlag am Halse und an den Ermeln, auch mit einen silbernen Leibgürtel, und in der rechten Hand ein Schwerd, in der Linken aber einen Scepter haltend, wegen der fürstlichen sowol als der Erzmarschallswürde der römischen Kaiserin: Der 2 hat eine, auf einem rothen Küssen mit goldenen Quasten ruhende Prälaten-Inful, mit einem schräglinks durchgesteckten Bischofsstabe, wegen der Abteylichen Würde: auf den 3. gekrönten ist ein wachsendes, von Silber und schwarz quergetheiltes Einhorn, und auf den 4. gleichfalls gekrönten ein silberner geschlossener, wie das 2te Hauptquartier bezeichneter Flug, beede als Theile des Geschlechtswappens. Das ganze Wappen stehet unter einem fürstlichen Wappenmantel, hinter welchem in der Mitte der Prälatenstab, zu beyden Seiten aber ein Schwerd und Scepter in Gestalt eines Andreaskreuzes gestellt zu sehen.

Das Khevenhillerische Wappen ist zweymal in die Länge und einmal quergetheilt, mit einem gespaltenen Mittelschilde, in dessen vordern silbernen Helfte eine Eule auf einem grünen Hügel stehet, welche eine Krone auf dem Kopfe, und in derselben eine Pfauenfeder trägt. Die hintere Hälfte ist quer getheilt, oben Golden, unten aber Silber und schwarz geschacht. Die sechs Felder des Hauptschildes sind alle gespalten; Im 1. und 6. wo die Figuren, gleichwie auch in den übrigen Feldern abwechseln, ist die vordere schwarze Hälfte unten mit zween goldenen Bändern, oben aber mit einer goldenen Eichel, woran zwey goldene Blätter sind, belegt; die hintere Hälfte von schwarz und silbernen Spitzen in die Länge getheilt. Im 2. und 5. Felde ist die eine Hälfte ganz schwarz, die andere aber von Silber, mit einem rothen Flug belegt. Das 3. und 4. Feld hat im vordern rothen Felde einen silbernen Flug, und im hintern silbernen den schlesischen schwarzen gekrönten Adler, mit dem goldenen halben Monde auf der Brust. Den Schild be-

C

becken 4, gekrönte Helmen, und noch zween stehen zu beeden Seiten des Schildes. Auf dem ersten steigt ein wachsender goldener Bock hervor; auf dem zweyten ist die Eule des Mittelschildes; auf dem dritten ein geschlossener roth und silberner Flug; auf dem vierdten der schlesische Adler; auf dem fünften sechs abwechselnde silberne und schwarze Straußfedern, und auf dem sechsten ein schwarzer Flug, mit dazwischen stehenden gold und schwarzen Schildlein. Die Helmdecken sind zur Rechten schwarz und Gold zur, Linken schwarz und Silber.

Das Wappen des Bischofs von Königgrätz ist quadrirt, mit einem Mittelschilde. Im 1. und 4. rothen Felde ist ein aufgerichteter silberner gekrönter Löwe, und im 2. und 3. silbernen, drey rothe Rosen, wie 2. 1. Im gelben Mittelschilde wächst auf grünen Boden, ein grüner Stengel mit 5. blauen Blümlein. Das Wappen bedeckt eine Krone, hinter welcher das goldene Kreutz, zur Rechten die Inful, zur linken aber der Bischofsstab stehen. Ueber denselben schwebt der Bischofshut.

Das Fürstl. Kynzkische Wappen ist ein rother Schild mit 3. aus dem linken Schildesrande hervorgehenden und mit den Spitzen niederwärts gebogenen silbernen Wolfszähnen. Den Schild bedeckt ein Fürstenhut.

Das Fürstlich Lambergische Wappen ist quadrirt, mit einem Mittelschilde. Das 1. und 4. Quartier ist quergetheilt, dessen rechte Hälfte von Silber und blau viermal quergestreift, die linke aber roth ist, wegen des Hauses Lamberg. Im 2. und 3. goldenen ist ein aufgerichteter schwarzer Hund, mit einem goldenen Halsbande, wegen der Erbschaft des Hauses Potwein. Im rothen Mittelschilde wird eine goldene Leiter von 2. silbernen aufgerichteten Hunden, mit gleichfalls goldenen Halsbändern auf einem grünen Hügel aufrecht gehalten, wegen der Erbschaft des Hauses Scala. Das Wappen ist mit einem Fürstenhute bedeckt, und liegt auf der Brust des Kaiserlichen gekrönten Reichsadlers.

Das Bischöflich Lavantische Wappen ist schrägglinks getheilt. Im vordern rothen Felde ist ein schwarzer Löwe und im hintern rothen, ein silberner Schrägbalken. Den Schild bedecken Inful, Stab und Schwerd.

Des Bischofs zu Laubach, Grafen von Petazzi, Wappen ist ein doppelter Schild, der zur Rechten ist das Bischöfliche, und bestehet in einem mit dem darauf liegenden silbernen Bischofsstabe getheilten rothen und blauen zweyköpfigen gekrönten Adler im goldenen Felde. Der zur Linken stehende ist das Familienwappen des jetzigen Bischofs. Es ist quadrirt mit einem Mittelschildlein. Im 1. und 4. goldenen Felde ist ein gekrönter schwarzer Adler, mit ausgeschlagener Zunge, und im 2. und 3. rothen 7. silberne Pfennige wie 2. 2. 2. 1. Im blauen Mittelschilde ist ein goldener sechseckiger Stern. Beyde Wappen Schilde bedeckt eine Krone, hinter denselben stehen ein goldenes Kreutz, Bischofsstab und Schwerd, auf welchen ein Bischofshut ruhet.

Das Wappen des Bischofs von Lausanne ist ein ovalrunder quadrirter Schild. Das 1. und 4. Feld sind von blau und roth in

die

die Länge getheilt, welches das Wappen des Hauses Montenach ist. Das 2. und 3. Feld wegen des Bisthums, sind ebenfalls in die Länge getheilt, und enthalten im silbernen Felde eine goldene, und im rothen Felde eine silberne Büchse. Den Schild bedeckt eine Krone, in welcher die Inful und über demselben den Bischofshut, zu beyden Seiten aber Stab und Schwerd stehen. Schildhalter sind 2. Löwen.

Das Wappen des jetzigen Bischofs zu *Leutmeritz*, Grafen von Waldstein, ist quadrirt mit einem Mittelschilde. Im 1. und 4. goldenen Felde ist ein aufgerichteter blauer gekrönter Löwe, und im 2. und 3. blauen ein ebenfalls aufgerichteter und gekrönter goldener Löwe; im goldenen Mittelschilde ist ein schwarzer doppelter Adler. Den Schild bedeckt ein gekrönter Helm, worauf zur Rechten ein blauer, zur Linken aber ein goldener Flug stehen.

Das *Lichtensteinische* Wappen ist quadrirt, mit einer unten eingepfropften Spitze, und einem Mittelschilde. Im 1. goldenen Quartier ist der Herzoglich Schlesische Adler. Im 2. das Herzoglich Sächsische Wappen. Das 3. ist von roth und Silber die Länge herab getheilet, wegen des Herzogthums Troppau. Im 4. goldenen ist ein schwarzer Jungfern-Adler, mit einem gekrönten silbernen Kopfe, wegen Schellenberg. In der unten eingepfropften blauen Spitze ist ein goldenes Jagdhorn, wegen des Herzogthums Jägerndorf. Der Mittelschild ist von Gold und roth quergetheilt, wegen Lichtenstein. Das Wappen bedeckt ein Fürstenhut, und umgiebt der Orden des goldenen Bliesses und ein Wappenmantel.

Das Wappen des Fürsten von *Ligne* ist quadrirt mit einem Mittelschilde. Der rothe Mittelschild hat 3. fünfblätterichte goldene Blumen, wegen des Herzogthums Aremberg. Das 1. und 4. Quartier des Hauptschildes ist quadrirt, und enthält im 1. und 4. goldenen Felde, einen rothen rechten Schrägbalken, wegen der Herrschaft Ligne, und im 2. und 3. silbernen 3. rothe gekrönte Löwen, wegen der Herrschaft Barbanson. Im 2. und 3. goldenen Quartier ist ein von roth und Silber in drey Reihen geschachter Querbalken, wegen der Grafschaft Mark. Auf dem Hauptschilde ruhet ein gekrönter Helm, über welchem das Wappen von Ligne in einem runden, auf die Mitte einer viereckigten, und einem doppelten übereinander liegenden Spinnennetze, oder auch Halskragen ähnlich sehenden Tafel gesetzten Schildlein wiederholet ist.

Der Aebtißin zu *Lindau* Wappen ist in 4. Felder getheilt. Im 1. blauen, siehet das Bild der Mutter Gottes mit dem Kinde. Im 2. goldenen, ein wachsender gekrönter rother Löwe. Im 3. weissen, 2. rothe Querbalken, und im 4. rothen, eine ausgebreitete Hand. Den Schild bedeckt ein Fürstenhut.

Das *Lobkowizische* Wappen ist zweymal in die Länge herab, und dreymal quergetheilt, mit einem Mittelschilde. Im 1. goldenen Felde ist ein vorwärts gekehrter schwarzer Büffelskopf mit einem schwarzen Ringe in der Nase, wegen der Erbschaft des Hauses Pernstein. Im 2. rothen ein goldenes wachsendes Engel, we-

gen

gen des Fürstenthums Sagan. Im 3. blauen sind 3. goldene Sterne über einen dreyfachen silbernen Felsen, wegen der gefürsteten Grafschaft Sternstein. Im 4. blauen ist ein goldener gekrönter Löwe, und im 5. goldenen sind 3. schwarze Pfäle, als besondere Kaiserliche Gnadenzeichen. Im 6. goldenen Felde ist ein schwarzer Adler mit einem silbernen halben Monde auf der Brust, wegen des Herzogthums Glogau. Der Mittelschild ist quadrirt. Das 1. und 4. Quartier ist von roth und Silber quergetheilet, wegen Lobkowiz. Im 2. und 3. silbernen ist ein schrägrechts schwebender gekrönter schwarzer Adler, mit einem silbernem Monde auf der Brust, wegen der Herrschaft Zerótin. Auf dem Schilde ruhen 4. gekrönte Helme. Der 1. mit einem umgekehrten rothen Kegel, auf welchem eine silberne Straußenfeder stecket, ist wegen Lobkowiz. Der 2. hat einen vorwärts gekehrten schwarzen Büffelskopf, mit einem schwarzen Ringe in der Nase, wegen Pernstein. Der 3. hat 6. rothe Fähnlein mit 2. silbernen Querstreifen, an goldenen Lanzen, und der 4. eine von roth und Silber geschachte dreyeckigte Tafel, hinter welcher ein Pfauenschwanz hervorgehet. Diese beeden letztern sollen Kaiserliche Gnadenzeichen seyn.

Das Fürstlich-Löwensteinische Wappen ist dreymal in die Länge, und eben so vielmal quergetheilet. Im 1. silbernen Felde ist ein rother gekrönter auf einem vierfachen goldenen Felsen gegen die Linke schreitender Löwe, wegen der Grafschaft Löwenstein. Im 2. silbernen ein rother Adler, wegen der Grafschaft Montaigu. Im 3. goldenen ein wachsender schwarzer Adler, wegen der Grafschaft Wertheim. Im 4. silbernen eine rothe runde Schnalle zu einem Degengehänge, wegen der Grafschaft Rochefort. Im 5. welches als ein Mittelschild abgetheilet ist, von blau und Silber schrägrechts geweckt, wegen des Herzoglichen Hauses Bayern, um damit die Abstammung von Friderico Victorioso, Churfürsten zu Pfalz und Herzog zu Bayern, anzuzeigen. Im 6. blauen (welches eigentlich die untere Hälfte des 3. Feldes ist) 3. goldene Rosen, wegen der Gräfschaft Wertheim. Im 7. silbernen 2. rothe Querbalken, wegen der Herrschaft Breuberg. Im 8. goldenen ein von Silber und roth in 3. Reihen geschachter Querbalken, aus welchem ein rother gekrönter Löwe hervorbricht, wegen der Grafschaft Virnenburg. Im 9. rothen ein gekrönter Löwe wegen der Herrschaft Scharfenneck. Ueber dem Schilde stehen 3. Helme. Auf dem 1. ist ein rother gekrönter, und auf einem Felsen von natürlicher Farbe vorwärts gekrüpft sitzender Löwe, wegen Löwenstein; auf dem 2. gekrönten ein wachsender silberner gekrönter Adler mit rothen Flügeln, wegen Montaigu; und auf dem 3. gekrönten ein wachsender goldener Adler wegen Wertheim, vor welchem auf jeder Seite 2. silberne, mit 2. rothen Querstrichen bezeichnete Fähnlein an goldenen Lanzen gestellet sind, wegen Breuberg.

Das Wappen des jetzigen Bischofs von Lübeck ist zweymal in die Länge, und dreymal quergetheilt, mit einer unten eingepfropften Spitze, und einem länglichrunden Mittelschilde. Der blaue Mittelschild enthält ein schwebendes ausgerundetes goldenes Kreuz, welches oben mit einer Bischofsmütze besetzt ist, als das Wappen

des

des Bistums Lübeck. Der Hauptschild ist wegen der Herkunft des Bischofs aus dem Fürstlich-Holstein-Gottorpischen Hause. Im 1. rothen Felde hält ein goldener gekrönter Löwe eine silberne gekrümmte Helleparte in den Pranken, wegen Norwegen. Im 2. goldenen sind 2. blaue übereinander gehende Löwen, wegen des Herzogthums Schleßwig. Im 3. rothen ein in 3. Theile zerschnittenes silbernes Nesselblat, mit einem von Silber und roth quergetheilten Schildlein in der Vertiefung, gegen welches zwischen den 3. Theilen des Nesselblates 3. silberne Nägel mit den Spitzen in Form eines Schächerkreutzes stehen, wegen Holstein. Im 4. ebenfalls rothen Felde ist ein silberner Schwan mit einer goldenen Krone am Halse, wegen Stormarn. Im 5. goldenen sind 2. rothe Querbalken, wegen der Grafschaft Oldenburg. Im 6. blauen ist ein schwebendes goldenes Kreutz, wegen der Grafschaft Delmenhorst. Endlich in der eingepfropften rothen Spitze ist ein geharnischter goldener Reuter mit blossem Schwerde auf einem rennenden silbernen Pferde, mit schwarzem Zeuge, wegen Ditmarsen. Auf dem Hauptschilde ruhet die Königl. Schwedische Krone, jedoch mit dem Unterschiede, daß oben auf der Kugel kein Kreutz stehet. Schildhalter sind zwey goldene Löwen mit um sich geschlagenen Schwänzen, auf einem Laubwerke stehend.

Das Bischöflich Lüttichische Wappen ist quadrirt, mit einer unten eingepfropften Spitze und einem Mittelschilde. Im 1. rothen Felde ist eine silberne auf einem dergleichen vierecfigten Postamente stehende und mit einem goldenen Kranze bedeckte Säule, wegen des Hochstifts Lüttich. Das 2. rothe, hat einen silbernen Querbalken, wegen des Herzogthums Bouillon. Im 3. silbernen sind 3. grüne Löwen, wegen des Marquisats Franchimont. Im 4. goldenen 4. rothe Querbalken, wegen der Grafschaft Loos. In der eingepfropften Spitze sind im goldenen Felde drey rothe, in der Mitte und an beyden Enden mit Silber beschlagene Jagdhörner, wegen der Grafschaft Hoorn. Im runden Mittelschilde ist ein silberner Löwe, in einem quergetheilten roth und schwarzen Felde, als dem Oultremontischen Stammwappen. Den Schild bedeckt eine Bischofsmütze. Ein Bischofsstab und Schwerd stehen hinter demselben in Form eines Andreaskreutzes.

Das Lubomirskysche Wappen ist ein rother Schild mit einer schrägrechts aufliegenden silbernen wellenweisen Binde oder Flusse. Den Schild umgiebt ein roth und hermeliner mit einem Fürstenhute bedeckter Fürstenmantel.

Das Wappen der Abtey Malmedy. Siehe das Wappen der Abtey Stablo.

Das Wappen des Grosmeisters zu Malta ist ein silbernes achtspitziges Kreutz im rothen Felde. Der Schild ist mit einer Herzoglichen Krone bedeckt, an welcher ein Rosenkranz, der den ganzen Schild umgibt, hangt, mit einem unten daran hängenden kleinen achtspitzigen Kreutzlein.

Das Mansfeldische Wappen ist quabrirt. Das 1. und 4. Quartier ist eben auch quadrirt. Das 1. und 4. Feld ist von Silber und roth 6. fach quergestreift, wegen Querfurt, das 2. und 3. silber-

ne

ne aber hat 6. rothe Rauten in zwo Reihen, wegen Mansfeld. Im 2. schwarzen Quartier ist ein silberner Adler mit goldenen Waffen, wegen Arnstein. Im 3. blauen ist ein goldener gekrönter Löwe, mit einem durch das ganze Quartier gezogenen und von roth und Silber in 2. Reihen geschachten rechten Schrägbalken, wegen Heldrungen. Ueber dem Schilde stehen 2. gekrönte Helme. Auf dem 1. sind die 8. Querfurtischen, wie das 1. und 4. Feld des ersten Quartiers bezeichnete Fähnlein, auf jeder Seite 4. Auf dem 2. Arnsteinischen und Heldrungischen ist zwischen einem silbernen und schwarzen Flügel ein wachsender goldener Löwe, mit einer Krone, aus welcher eine silberne, rothe und goldene Feder hervorgehen.

Das Mantuanische Wappen ist quadrirt, mit einem Mittelschilde. Im 1 und 4. silbernen Quartier ist ein rothes mit 4. gegeneinander gekehrten schwarzen Adlern in den Winkeln besetztes ausgerundetes Kreutz, wegen Mantua. Der aufliegende Mittelschild ist dreymal in die Länge, und eben so vielmal quergetheilt. Im 1. rothen Felde ist ein goldener zweyköpfigter Adler, wegen des morgenländischen Kaiserthums. Im 2. rothen ein goldener gekrönter Löwe, wegen der Lombardie. Das 3. ist von Gold und schwarz achtmal quergestreift, wegen des Hauses Gonzaga. Im 4. rothen Felde ist ein goldenes, von 4. gleichfalls goldenen B, begleitetes Kreutz, wegen der Stadt Constantinopel. Im 5. goldenen sind 4. rothe Pfäle, wegen Arragonien. Im 6. silbernen ist ein rothes Schildeshaupt, wegen Montferrat. Das 7. ist von Gold und schwarz achtmal quergestreift, mit einem schrägrechts darüber gelegten grünen Rautenkranz, wegen des Herzogthums Sachsen. Im 8. blauen sind zwo auswärts gekrümte und mit den Rücken gegeneinander gekehrte goldene Barben, die auf beeden Seiten, wie auch oben und unten von 4. goldenen und unten zugespitzten Wiederkreutzlein begleitet sind, wegen des Herzogthums Bar. Im 9. silbernen ein goldenes Krückenkreutz, welches von 4. kleinern dergleichen Kreutzlein begleitet ist, wegen des Königreichs Jerusalem. Das 2. und 3. Quartier ist quergetheilet. Die obere Hälfte, die viermal in die Länge getheilet ist, hat im 1. rothen Felde 8. goldene Lilienstäbe, die in Form eines gemeinen und eines Andreaskreutzes aus einem silbernen Schildlein hervorgehen, wegen des Herzogthums Cleve. Im 2. goldenen ist ein, von Silber und roth in 3. Reihen geschachter Querbalken, wegen der Grafschaft Mark. Das 3. Feld ist blau, mit goldenen Lilien bestreut, mit einem rothen Turnierkragen von 4. Läzen, auf deren jedem ein goldenes Castell ist, wegen der Grafschaft Artois. Im 4. schwarzen Felde ist ein goldener Löwe, wegen des Herzogthums Brabant. Die untere Hälfte ist dreymal in die Länge getheilt. Das 1. blaue Feld ist mit goldenen Lilien bestreut, mit einer von roth und Silber gestückten Einfassung, wegen des Herzogthums Burgund. Im 2. rothen Felde sind 3. goldene Kämme, wegen des Herzogthums Röthel. Das 3. Feld ist quadrirt. Im 1. und 4. blauen Felde sind 3. goldene Lilien, als das Wappen von Frankreich, das 2. und 3. aber ist roth mit einer (sonst rund ausgekerb-

ten)

ten) silbernen Einfassung, wegen des Hauses Albret-Orval. Der Mittelschild hat im blauen Felde 3. goldene Lilien, mit einer rothen Einfassung, auf welcher 8. silberne Pfennige, oben und unten je drey, und auf jeder Seite einer, zu sehen, als das Stammwappen des Herzoglichen Hauses Alençon. Ueber dem Hauptschilde stehet ein gekrönter Helm, und über demselben ein goldener Berg mit einem Altar, über welchem das Wort FIDES zu lesen ist. Der Schild ist mit dem Orden des H. Sacraments umgeben. Der Schildhalter zur Rechten ist ein schwarzer Adler, und zur Linken ein silberner Schwan, mit einer goldenen Krone um den Hals.

· Das Wappen des Abts zu Marchthal ist in die Länge getheilt, mit einer unten eingepfropften Spitze. Das Rechte Seitenfeld ist quergetheilt, oben mit einem wachsenden Steinbock, unten 6. mal quergestreift. Die Tincturen sind mir unbekannt. Im linken schwarzen Seitenfelde sind 3. goldene stehende Garben. In der eingepfropften Spitze steht eine bekleidete Mannsperson mit blossem Haupte und gestümmelten Armen, von unbekannter Tinctur. Auf dem Schilde ruhet eine Prälatenmütze, und Prälatenstab und Schwerd stehen hinter demselben, in Form eines Andreaskreuzes.

Das Wappen des Herzogs zu Massa und Fürsten zu Carrara ist quadrirt, mit einem Mittelschilde. Im 1. und 4. breyfach quergetheilten Quartier ist zu oberst im goldenen Felde der Reichsadler, mit einem silbernen Zettel, worauf das Wort LIBERTAS stehet, welches Wappen K. Rudolph. II. A. 1588. Alberto I. zum Zeichen der Oberherrschaft von Massa verliehen. In der Mitte ist im silbernen Felde ein rothes Kreutz, als das Wappen von Genua, welches diese Republick Wilhelmo Cibo A. 1326. gegeben. Zu unterst ist im rothen Felde ein von Silber und blau in 3. Reihen geschachter rechter Schrägbalken, als das Stammwappen des Hauses Cibo. Im 2. Quartier, welches ebenfalls quadrirt ist, befindet sich im 1. und 4. blauen Felde ein silberner gekrönter Adler, wegen des Fürstlichen Hauses Este: im 2. und 3. gleichfalls blauen aber sind 3. goldene Lilien, mit einer von roth und Gold gespitzten Einfassung, wegen des Herzogthums Ferrara. Das 3. Quartier hat in einem von Gold und roth quergetheilten Felde einen grünen Dornstrauch mit 5. silbernen Blumen, davon 3. auf dem Golde, und 2. auf dem rothen befindlich sind, wegen des Hauses Malaspina. Der rautenförmige goldene Mittelschild enthält 5. rothe in den Kreis gestellte Kugeln, über welchen oben ein rundes blaues Schildlein mit 3. goldenen Lilien schwebet, wegen des Hauses Medicis. Der ganze Schild ist mit einem Fürstenhute bedeckt.

Das Mecklenburgische Wappen, welches zweymal in die Länge, und dreymal quergetheilt ist, mit einem Mittelschilde, führet im 1. Felde das Mecklenburgische, im 2. das Wendische, im 3. das Fürstl. Schwerinische, im 4. das Razeburgische, im 5. das Gräfl. Schwerinische, im 6. das Rostockische, und im Mittelschilde das Stargardische Wappen, die oben im Brandenb. Culmbachischen Wappen erkläret worden. Ueber dem Schilde sind 5. gekrönte Helme. Der 1. Helm ist wegen Mecklenburg, auf welchem eine oben rund gekerbte, und unten etwas schmal

zuge-

zugehende von blau, Gold, roth, Silber und schwarz die Länge
herab gestreifte Tafel, mit einem dahinter hervorstehenden Pfauenwedel, auf welchem der Büffelskopf des 1. Feldes quer liegt. Der
2. wegen Stargard, worauf 2. von roth und Gold quergetheilte
Büffelshörner. Der 3. wegen des Fürstenthums Wenden, worauf ein Flug, der zur rechten blau, und zur Linken von Gold ist.
Der 4. wegen des Fürstenthums Schwerin, worauf ein wachsender goldener Greif. Der 5. wegen Razeburg, auf welchem 7.
Fähnlein neben einander gestellet sind. Schildhalter sind zur Rechten ein schwarzer Büffel, und zur Linken ein goldener Greif, die
beederseits ihre Schwänze niederwärts zwischen die Hinterbeine
krümmen.

Das Wappen des Reichsfürsten von Milano ist dreymal in die
Länge getheilt. Im mittlern goldenen Theile hält ein rother gekrönter Löwe ein gekröntes quadrirtes Schildlein mit den beeden
Pranken, in deßen 1. und 4. rothen Feldlein ein silbernes Kreutz,
im 2. und 3. silbernen aber 2. rothe Pfäle sind. Der rechte Theil
ist dreymal quer getheilet. Das oberste gleichfalls quergetheilte Feld hat in der obern goldenen Hälfte einen gekrönten wachsenden schwarzen Löwen, die untere aber ist von Silber und roth gerautet. Das mittlere blaue hat einen von roth und
Silber geschachten rechten Schrägbalken. Das unterste ist von
Gold mit einem rothen Schildes-Haupte. Der linke Theil ist
quergetheilt. In der obern goldenen Hälfte ist ein blauer Löwe,
die untere aber ist schwarz mit einem silbernen gespitzten Schildes-
Haupte. Den Schild bedeckt der Fürstenhut, auf welchem 3. gekrönte Helme ruhen. Auf dem 1. ist ein schwarzer doppelter gekrönter Adler, auf dem 2. ein wachsender blauer, gekrönter, und
auf dem 3. ein goldener, ebenfalls wachsender und gekrönter Löwe
zu sehen. Den Schild umgiebt die Kette des Ritter-Orden des
Heil. Januarii, und ein goldener mit Hermelin gefütterter Wappenmantel. Schildhalter sind 2. Löwen, davon ein jeder eine Fahne in den Pranken hält. Die zur Rechten ist roth, mit einem silbernen Kreutze, die Linke aber, hat 2. rothe Pfäle im silbernen Felde.

Das Wappen des Herzogs von Modena ist dreymal in die Länge getheilet. In der Mitte desselben ist ein ganz durchgehender rother Pfal, auf welchem die 2. Päbstlichen gold-und silberne in Form
eines Andreaskreutzes gelegten Schlüssel, mit der oben darüber
schwebenden Päbstlichen Krone, wegen des Herzogthums Ferrara,
liegen. Der auf den Schlüsseln aufliegende blaue Mittelschild, mit
dem gekrönten silbernen Adler, ist wegen des Hauses Este. Im
1. und 4. goldenen Seitenfelde ist der Kaiserl. gedoppelte schwarze
Adler, mit oben schwebender Kaiserl. Krone, wegen der Reichs-
lehnschaft. Im 2. und 3. aber das mit einer von roth und gold
gespitzten Einfaßung umgebene Königlich-Französische Wappen,
als ein Königl. Französ. Gnadenzeichen. Auf dem gekrönten
Helme ist der silberne gekrönte Adler des Mittelschildes.

Das Wappen des Fürsten von Monaco ist ein silbernes Feld
mit 15. rothen Wecken in 3. Reihen. Auf dem gekrönten Helme
ist eine goldene Lilie, zu deren Rechten ein grüner Palm-Zweig,

zur Linken aber ein grüner Oel-Zweig stecket. Schildhalter sind 2.
schwarz gekleidete Mönche, mit entblößten Häuptern, grosen Bär-
ten und Leibgürteln, deren jeder ein bloses Schwert mit der einen
Hand über dem Kopfe empor hält.

Das Bischöfl. Münsterische Wappen. Siehe oben das Churcölnische Wappen.

Das Wappen des Fürstl. Abts von Murbach und Lüders ist
quabrirt, mit einem Mittelschilde. Im 1. und 4. silbernen Felde
ist ein schwarzer gegen die Linke springender Windhund, mit einem
goldenen Halsbande, und goldenen oberwärts stehenden Ringlein
daran, wegen der Abtey Murbach: im 2. und 3. blauen ein unten aus einer natürlichen Wolke hervorgehender roth gekleideter
Arm, mit silbernen Aufschläglein, dessen Hand die 2. Schwörfin-
ger über sich hält, von natürlicher Farbe, wegen der Abtey Lüders. Der Mittelschild, als das Wappen der Familie Rattsams-
hausen, woraus der jetzige Abt entsprossen, enthält einen grünen
Querbalken im silbernen Felde, mit einer rothen Einfassung. Auf
dem Hauptschilde ruhet eine Bischofsmütze, und Bischofsstab und
Schwerd stehen hinter demselben in Farm eines Andreaskreutzes.
Das ganze Wappen ist mit einem Fürstenhute bedeckt, und mit einem Wappenmantel umgeben.

Das Wappen der Abtey Mury ist ein vom Kaiser Leopold ver-
liehener quadrirter Schild mit einem Herzschildlein, in dessen ersten goldenen Quartier der rothe Habsburgische Löwe, in dem andern goldenen ein Thurm, im dritten rothen die österreichische silberne Binde, und im vierten blauen ein silberner Löwe, der in den
vordern Pranken einen braunen Ast mit drey grünen Blättern hält.
Das rothe Herzschildlein mit einer Zinnen-Mauer, ist das uralte
Stiftswappen. Auf dem Schilde stehen drey Helmen, auf den
mittlern erscheinet auf einem grünen Küssen eine blaue Inful mit
hervorsehenden Stab. Auf dem gekrönten Helm zur Rechten entspringt
der einwärts gekehrte rothe Habsburgische Löwe in den vordern
Pranken die Reichs-Fahne haltend; und aus dem gleichfalls gekrönten linken Helm, der silberne Löwe des vierdten Feldes.

Das Wappen des Fürsten zu Naſſau-Dietz, oder Oranien,
ist quabrirt, mit einem Mittelschilde. Im 1. blauen mit goldenen,
schräglinken Schindeln bestreutem Felde, ist ein goldener gekrönter Löwe, als das Naſſauische Stammwappen. Im 2. goldenen
ein aufgerichteter rother Leopard mit blauer Krone, wegen der
Grafschaft Cazenelnbogen. Im 3. rothen ein silberner Querbalken, wegen der Grafschaft Vianden. Im 4. rothen 2. übereinander gehende goldene Löwen, wegen der Grafschaft Diez. Der
Mittelschild ist gleichfalls quabrirt. Im 1. und 4. rothen Felde ist
ein goldener rechter Schrägbalken, als das Stammwappen der
Familie von Chalon. Im 2. und 3. goldenen ist ein blaues linksgekehrtes Jagdhorn mit rothem Bande und Zierrathen, wegen des
Fürstenthums Orange. Das Herzschildlein hat von Gold und blau
geschacht 9. Felder, wegen des Herzogthums Genev. Den mit
einem Fürstenhute bedeckten Schild umgibt das Ordenszeichen

C 5   vom

vom blauen Hosenbande. Schildhalter sind 2. mit Fürstenhüten gekrönte goldene Löwen.

Das Nassau-Saarbrückische, Jdsteinische und Weilbur-
gische Wappen ist dreymal in die Länge, und eben so vielmal quergetheilt, ausser daß die unterste Reihe nur 2. Felder hat, mit einem
Mittelschilde. Im 1. blauen, mit silbernen Kreutzlein bestreuten
Felde ist ein silberner Löwe, mit einer goldenen Krone, wegen der
Grafschaft Saarbrück. Im 2. schwarzen ein silberner zweyköpfigter Adler, wegen der Grafschaft Saarwerden. Im 3. goldenen
ein schwarzer Querbalken wegen der Grafschaft Mörs. Im 4.
goldenen 2. rothe übereinander gehende Leoparden, wegen der
Grafschaft Weilnau. Im 5. grünen, ein goldenes Andreaskreuz,
in dessen jeden Winkel 3. gemeine goldene Kreutzlein- zu sehen, wegen der Herrschaft Mehrenberg. Im 6. goldenen ein schwarzer
Löwe, wegen der Herrschaft Mahlberg. Im 7. goldenen ein
rother Querbalken, wegen der Herrschaft Lahr. Im blauen mit
schräglinken goldenen Schindeln bestreuten Mittelschilde, ist ein
goldener gekrönter Löwe, wegen der gefürsteten Grafschaft Nassau. Ueber dem Schilde sind 7. Helme. Auf dem 1. ist ein vorwärts sitzender goldener gekrönter Löwe, zwischen 2. blauen mit
goldenen schräglinken Schindeln bestreuten Büffelshörnern, wegen Nassau; auf dem 2. ein von Silber und schwarz quergethei-
ter geschlossener Flug, wegen Saarbrück; auf dem 3. ein schwarzer geschlossener Flug, mit einem runden goldenen Schildlein, worinnen 2. rothe übereinander gehende Leoparden zu sehen, wegen
Weilnau; auf dem 4. gekrönten ein goldener hervorschauender
Wolf, mit einem schwarzen Halsbande, worauf silberne Stacheln
und ein silberner Ring sind, wegen Saarwerden; auf dem 5.
ein wachsender Jüngling, der 2. goldene in der Mitte von roth
schräggestreifte Büffelshörner an statt der Arme hat, in einer goldenen, in der Mitte von roth quergestreiften Kleidung, und einer
rothen von Gold aufgeschlagenen Mütze, wegen Lahr; auf dem
6. ein von Gold und roth gewundener Wulst, worauf eine rautenförmige an den Ecken mit Pfauenfedern gezierte, und wie das 5.
Feld bezeichnete Tafel stehet, wegen Mehrenberg; auf dem 7.
eine länglich runde silberne Tafel, worauf ein goldenes, mit einem
schwarzen Löwen bezeichnetes, und an den Ecken mit Pfauenfedern
geziertes Sechseck liegt, wegen Mahlberg.

Das Nassau-Siegenische, Dillenburgische und Hadama-
rische Wappen ist quadrirt, mit einem Mittelschilde. Die 4. Felder des Hauptschildes sind unter dem Nassau-Diezischen Wappen schon beschrieben. Den Limburg-Styrumischen Mittelschild, welcher auch quadrirt ist, führet nur Nassau-Siegen.
Im 1. silbernen Felde ist ein rother gekrönter Löwe, wegen der
Grafschaft Limburg. Im 2. rothen ein silberner gekrönter Löwe, wegen der Grafschaft Bronchorst. Im 3. goldenen 2. übereinander gehende rothe Löwen, wegen der Herrschaft Wisch. Im
4. rothen 3. goldene Pfennige, wegen der Herrschaft Borkelohe.
Auf dem Schilde stehen 6. Helme, unter denen die 3. zur Linken
gekrönt sind. Der 1. ist wegen Nassau mit einem geschlossenen
schwar-

schwarzen Flug, auf welchem ein silberner und mit goldenen Blätt,
lein besetzter linker Schrägbalken zu sehen. Der 2. ist wegen Ca,
zenelnbogen, mit einem schwarzen Flug, auf dessen jedem Flügel
ein rundes, wie das 2. Hauptquartier bezeichnetes Schildlein zu
sehen. Der 3. wegen Dietz, worauf ein geschlossener schwarzer
Flug ist, mit einem runden, wie das 4. Hauptquartier bezeichne.
ten Schildlein. Der 4. wegen Limburg, hat einen viertheilich,
ten Pfauenschwanz, worauf ein rother gekrönter wachsender Löwe
zu sehen. Der 5. wegen Wisch, worauf 2. gegen einander gekehr,
te aufwärts stehende Pferdeschenkel, davon der rechte roth, der
linke aber von Golde ist. Der 6. wegen Bronchorst, woran 2.
auswärts gekehrte schwarze Bärentazen, deren jede eine silberne
Kugel hält.

Das Wappen der gefürsteten Aebtißin in der Neustadt:Prag,
bestehet in zweyen rautenförmigen Schilden, welche ein schwarz
und goldener Rosenkranz umschliest. Der vordere Schild ist quad,
rirt, mit einem Mittelschilde. Im 1. und 4. goldenen Felde sind
5. weiße Turteltauben mit rothen Halsbändern, im 2 und 3 eben.
falls goldenen sind drey schwarze Sparren. Der Mittelschild ist
quergetheilt und hat im obern schwarzen Felde zween goldene Bal,
ken, im untern goldenen aber die mit Strahlen aus der rechten
Ecke herab geschriebenen Worte: Gott allein, vor welchen ein
Mensch mit aufgehobener rechten Hand, hinter ihm aber ein En,
gel stehet. Der hintere Schild ist in die Länge getheilt und in
dessen rechter rother Hälfte ein Stück eines zerbrochenen Rades.
Die linke Hälfte ist abermals in die Länge getheilt, davon die rech,
te Hälfte roth die linke aber blau mit drey silbernen Pfählen. Schild,
halter sind zween auffliegende schwarze Adler mit silbernen Waffen.
Das ganze Wappen stehet unter einem Wappenmantel welches ein
Fürstenhut bedeckt, hinter dem ein Aebtißinstab herfür gehet.

Das Wappen des Bischofs zu Neustadt:Wienn, hat im ro,
then Felde ein silbernes Castell, mit blauem Dach und zweyen Thür,
men neben denselben. Oben darüber stehet ein weißes Kreuz. In,
ful, Schwerd und Stab bedecken den Schild.

Das Wappen des Stifts Ober:Münster ist quadrirt und ge,
krönt, mit einem Mittelschilde, welcher einen goldenen Scepter im
weissen Felde enthält. Das 1. und 4. Feld ist Gold, mit 3. blauen
Lilien 2. 1. Im 2. und 3 silbernen Felde hält ein geharnischter
Arm 3. Blumen. Hinter dem Schilde steht ein Aebtißinstab.

Das Wappen des Stifts Nieder:Münster, hat im rothen Felde
einen Bischofsstab mit dem, auf dessen Mitte gesetzten silbernen Buch,
staben N, hinter dem Schilde stehet der Aebtißinstab aufrecht.

Der Abt zu Ochsenhausen führet im goldenem Felde ein rothes,
und vornen weises Haus, aus dessen Thür ein schwarzer Ochs
hervorgehet, auf einer grünen Aue. Der Schild ist mit einer Prä,
latenmütze bedeckt, und Prälatenstab und Schwerd stehen hinter
demselben in Form eines Andreaskreutzes.

Das Odeschalchische: und herzoglich Braccianische Wappen
bestehet in einem mit zween Balken in drey Felder abgetheilten
Schilde. Im obern ist ein wachsender Adler, im mittlern ist ein
wan.

wandelnder Löwe mit vorgeworfenen Pranken, und im untern sind
sechs Lampen wie 3.2.1. zwischen 2. Querbalken. Den Schild bedeckt ein
rechtsgekehrter offener Helm, aus welchem ein wachsender Löwe mit
ausgeschlagener Zunge und vorgeworfenen Pranken herfür steigt.
Die Tincturen sind unbekannt.

Das Oettingische Wappen bestehet aus vier Reihen rother stehender und goldener gestürzter Eisenhütlein, mit einem blauen Mittelschilde, und einem über den ganzen Schild gehenden schmalen silbernen Andreaskreuze. Der Schild ist mit einem Fürstenhute bedeckt. Schildhalter sind 2. goldene zurücksehende Hunde, deren
Ohren roth und mit einem silbernen Andreaskreutze bezeichnet sind,
und auf einer Hermelindecke stehen.

Des Bischofs zu Olmütz, Grafen von Hamilton Wappen ist
quadrirt, mit einem Mittelschilde. Im 1. und 4. blauen Felde sind
6. silberne Spitzen oder Pyramiden, 4. 2. und im 2. und 3. silbernen Felde ein schwarzer Adler mit ausgeschlagener Zunge, und
goldenem Sterne auf der Brust. Der Mittelschild ist das hamilto-
nische Wappen und gleichfalls quadrirt. Im 1. und 4. rothen Felde sind 3. weiße Rosen, wie 2. 1., und im 2. und 3. silbernen, ein
Schif mit 3. Masten, niederhangenden Segeln und rothen Flag-
gen. Den ganzen Schild bedecken zur Rechten die Inful und der
Bischofsstab, zur Linken aber ein Fürstenhut und Schwerd: zwischen welchen das einfache goldene Kreutz des exemten Bißthums stehet, auf dem ein Bischoflicher Huth ruhet.

Das Wappen des Herzogs von Orleans ist das Wappen von
Frankreich, mit einem silbernen Turnier-Kragen von 3. Läzen,
und ist mit der Französischen Prinzenkrone bedeckt.

Des Hauses Orsini von Gravina Wappen ist ein mit einem
Fürstenhute bedeckter, und durch ein darüber gelegtes silbernes
Kreutz quadrirter Schild mit einem eben auch quadrirten Mittelschilde, als dem Stammwappen des Haußes Orsini, dessen 1. und
4. dreymal quergetheiltes Quartier im obersten silbernen Theile eine
rothe Rose, im mittlern goldenen einen blauen Aal, und im untersten silbernen 3. rothe rechte Schrägbalken; das 2. und 3. goldene
Quartier aber einen aufrecht stehenden schwarzen Bären mit goldenem Halsbande enthält. Im 1. goldenen Hauptquartier ist der
Kaiserliche gedoppelte Reichs-Adler, als ein sonderbares Kaiserliches Gnadenzeichen, wegen der erlangten Reichsfürstlichen Würde. Im 2. ist das Wappen von Arragonien. Im 3. das Wappen von Ungarn. Im 4. das Wappen von Anjou, mit dem
darunter gesetzten Hierosolymitanischen Kreutze: als mit welchen
alten Königlichen Häusern das Haus Orsini verwandt ist. Den
mit einem Wappenmantel umgebenen Schild halten zween schwarze aufrecht stehende Bären.

Das Wappen des jetzigen Pabstes bestehet in einem quadrirten
Schilde, mit einem Mittelschilde, welches zusammen das Stammwappen des Hauses Rezzonico ausmacht. Im 1. rothen Quartier ist ein silbernes Kreutz, im 2. und 3. blauen ein silbernes Castell, mit einem schwarzen Thor und Fenster, und gedoppelten Zinnen. Im 4. silbernen Quartier sind 3. rothe linke Schrägbalken.

Der

Der gekrönte Mittelschild enthält im goldenen Felde einen schwarzen Adler mit 2. Köpfen, über deren jeden eine Krone schwebt. Ueber dem Hauptschilde ist ein Engelskopf, der mit der dreyfachen Päbst= lichen Krone bedeckt ist, und darunter sind die 2. in Gestalt eines Andreaskreutzes gelegte Päbstliche Schlüssel, der rechte von Gold und der linke von Silber, als Zeichen der Päbstlichen=Würde.

Das Wappen des Bischofs zu Paderborn ist ein länglich=run= der und quadrirter Schild mit einem Mittelschilde. Im 1. und 4. rothen Felde des Hauptschildes ist ein goldenes Kreutz, wegen des Bistums Paderborn, und im 2. und 3. silbernen ein rothes An= kerkreutz, wegen der Grafschaft Pyrmont. Im goldenen Mit= telschilde ist ein schwarzer liegender Vielfraß, als das Stammwap= pen derer von Asseburg. Der Hauptschild ist mit einem Für= stenhute bedeckt, und mit einem Wappenmantel umgeben. Ein Bi= schofsstab und Schwerd stehen hinter demselben in Form eines An= dreaskreutzes.

Das Wappen des Herzogs zu Parma ist dreymal in die Länge getheilet, mit einem Mittelschilde. Im mittlern durchausgehenden rothen Felde ist die Päbstliche Standarte, mit einem blauen und mit Gold eingefaßten Ueberzuge, auf einer goldenen Lanze, zwischen den, in Form eines Andreaskreutzes gelegten Päbstlichen Schlüs= seln, wegen der Würde eines Fähndrichs der Römischen Kir= che. Der darüber liegende Mittelschild enthält das Portugiesi= sche Wappen. In dem 1. und 4. goldenen Seitenfelde sind 6. blaue Lilien, 3. 2. 1. als das Farnesische Stammwappen. Im 2. und 3. in die Länge getheilten Felde aber ist vornen im rothen Felde ein silberner Querbalken, als das Oesterreichische Wappen, und hinten von Gold und blau 6 fach schrägrechts gestreift, mit ei= ner rothen Einfassung, welches das Burgundische Wappen ist. Aus dem gekrönten Helme springet ein silbernes zurücksehendes Ein= horn, mit goldener Mähne, Bart, Horn und silbernen Halsban= be hervor.

Das Wappen des Herzogs von Penthievre bestehet in den kö= niglich=Französischen Hauptschilde, mit einem linken rothen Schräg= balken in der Vertiefung, als dem Beyzeichen der natürlichen Kin= der. Auf dem Schilde ruhet die Französische Prinzen=Krone, und hinter demselben zween Anker, in Form eines Andreaskreutzes ge= stellet, wegen der Würde eines Großadmirals von Frank= reichs, auch hängen die Königlichen Orden umher, und alles ist mit einem Wappenmantel umgeben.

Das Wappen des Abts zu Petershausen ist ein von blau und Sil= ber schrägrechts getheilter Schild, mit einem silbernen Schlüssel auf dem blauen, und einem blauen Fische auf dem Silber, so ein redendes Wappen ist, und auf das Apostelamt und die Fischerpro= feßion Petri anspielet. Auf dem Schilde ruhet der Prälatenhut, und hinter demselben stehen Prälatenstab und Schwerd in Gestalt eines Andreaskreutzes.

Das Wappen des jetzigen Churfürsten und Pfalzgrafen bey Rhein, bestehet aus 3. zusammen gebundenen ovalrunden Schil= ben. Der 1. ist quadrirt, mit einem Mittelschilde, welcher im

schwar=

schwarzen Felde einen goldenen Löwen, mit einer rothen Krone hat wegen der Pfalzgrafschaft bey Rhein. Das 1. Quartier des Hauptschildes ist von Silber und blau schräg geweckt, wegen des Herzogthums Bayern. Im 2. goldenen ist ein schwarzer gekrönter Löwe, wegen des Herzogthums Jülich. Im 3. blauen ein silbernes Schildlein, aus welchem 8 goldene Lilienstäbe, in Form eines gemeinen und Andreaskreutzes hervorgehen, wegen des Herzogthums Cleve. Im 4. silbernen ein rother Löwe mit einer blauen Krone, wegen des Herzogthums Bergen. Der 2. Hauptschild ist quer getheilet. In der obern in die Länge getheilten Hälfte ist vornen im goldenen Felde ein schwarzer Querbalken, wegen der Grafschaft Mörs, hinten aber im blauen sind 3. goldene Kreutzlein über einem dreyfachen grünen Hügel, wegen der Marggrafschaft Bergen op Zoom. Die untere Hälfte ist dreymal in die Länge getheilt. Im vordersten silbernen Felde ist ein blauer Löwe, mit goldener Krone, wegen der Grafschaft Veldenz. Im mittlern goldenen ein von Silber und roth in vier Reihen geschachter Querbalken, wegen der Grafschaft Mark. Im hintersten silbernen, sind 3. rothe Sparren, wegen der Grafschaft Ravensberg. Der 3. rothe Hauptschild sollte die goldene teutsche Reichskrone, welche Chur-Pfalz so wie Chur-Braunschweig, wegen des Erzschazmeisters Amts führet, enthalten, ist aber hier ledig. Diese 3. Hauptschilde werden von dem Churhute bedeckt, von der Kette des Ritterorden St. Huberti umgeben, und von 2. Löwen mit niederwärts zwischen die Beine gesenkten Schwänzen gehalten.

Das Pfalzgräflich-Zweybrückische Wappen ist die Länge getheilet. Die vordere Hälfte ist quadrirt. Im 1. und 4. schwarzen Felde ist ein goldener rothgekrönter Löwe, mit ausgeschlagener rothen Zunge, wegen der Rhein-Pfalz. Das 2. und 3. ist von Silber und blau schrägrechts geweckt, wegen des Herzogthums Bayern. Die hintere Hälfte ist ebenfalls quadrirt. Im 1. silbernen Felde ist ein blauer gekrönter Löwe, wegen der Grafschaft Veldenz, das 2. ist von roth und Silber geschacht, wegen der Grafschaft Sponheim. Im 3. silbernen sind 3. kleine rothe Schilde, wegen der Grafschaft Rappoltstein. Im 4. silbernen 3. schwarze gekrönte Rabenköpfe, wegen der Herrschaft Hoheneck. Der Schild ist mit einem Fürstenhute bedecket. Schildhalter sind 2. mit Fürstenhüten gekrönte zurücksehende Löwen.

Das Wappen des Fürsten Piccolomini ist quadrirt. Das 1. und 4. Feld ist viermal in die Länge getheilet, und enthält das Arragonische, Ungarische, Neapolitanische und Jerusalemische Wappen, deren Beschreibung unter dem Kaiserl. Wappen zu finden ist. In 2. und 3. silbernen Felde ist ein blaues Kreuz, von 5. kreuzweis gestellten, und die Hörner überwärts kehrenden goldenen halben Monden begleitet, wegen des Hauses Piccolomini. Der Schild ist mit einem Fürstenhute bedeckt.

Das Wappen des Abts zu Pfeffers ist quadrirt mit einem Mittelschilde. Im 1. und 4. rothen Felde ist eine aufffliegende weiße Taube, mit einem rothen Span im Schnabel, als des Stifts Wappen.

pen. Im 2. und 3. blauen Felde sind drey so genannte silberne Halberlein 2. 1. und im weißen Mittelschilde die Mutter GOttes mit dem Kindlein. Auf dem Schilde stehen 3. Helme, wovon der mittlere mit einem rothen Küßen bedeckt ist, auf welchem Inful und Stab stehen, wegen der bischöflichen Würde. Auf dem zur rechten ebenfalls mit einem rothen Küßen bedeckten, stehet die Taube des 1. und 4. Feldes, mit ausgebreiteten Flügeln, der zur linken ist gekrönt mit einem wachsenden weißen Windspiel, mit goldenen Halsbanden und einem silbernen Halberlein im Munde.

Das Wappen des Königs von Polen ist quadrirt, mit einem Mittelschilde. Im 1. und 4. rothen Quartier ist ein silberner gekrönter Adler, wegen des Königreichs Polen, und im 2. und 3. ebenfalls rothen, ein geharnischter silberner Reuter, mit einem blosen Schwerde und blauen Schilde, worauf ein goldenes Patriarchenkreuz ist, auf einem rennenden silbernen Pferde mit goldenen Hufeisen und blauen Reutzeuge sitzend, wegen des Großherzogthums Litthauen. Der Mittelschild ist ein rother Ochs im weißen Felde, als das Poniatovskische Stammwappen. Auf dem Hauptschilde aber ruhet ein mit einer Königl. geschlossenen Krone bedeckter Helm, auf welcher der silberne Adler des 1. und 4. Feldes stehet. Die Helmdecken sind silbern und roth.

Das Poniatovskische Wappen ist ein auf einem grünen Boten rechts gehender rother Ochse im weißen Felde; auf dem Schilde stehet ein offener gekrönter Helm, die Helmdecken sind roth und Silber.

Das Wappen des Fürsten von Portia hat im blauen Felde 6. goldene Lilien, 3. 2. 1. mit einem goldenen Schildes Haupte. Der Schild ist mit einem Fürstenhute bedeckt.

Das Portugiesische Wappen hat im silbernen Felde 5. kreuzweis gesetzte blaue Schildlein, deren jedes 5. in Gestalt eines Andreaskreuzes gelegte silberne Pfennige hat. Um den Schild gehet ein rother Rand, auf welchem 7. goldene Castelle mit blauen Thüren stehen, als oben 3. zu jeder Seite 1. und unten 2. (welche letztere sonst auch gegen den äusersten Rand gekehrt vorgestellet werden). Auf dem gekrönten Helme erscheinet ein wachsender goldener Drache. Um den Schild hängt die Kette des Ritterordens Jesu Christi, und hinter demselben stehen die Spitzen des Avisischen Ordenskreuzes hervor. Den Schild halten 2. Drachen, von denen ein jeder eine Fahne hält. Die zur Rechten ist silbern, und mit den 5. blauen Schildlein, die zur Linken aber roth, und mit den 7. goldenen Castellen, als 2. 3. 2. bezeichnet.

Das Erzbischöflich Pragische Wappen ist quergetheilt, die obere Hälfte ist blau, mit einer goldenen Binde, wegen des Erzbisthums in der untern rothen Hälfte sind drey mit den Hälsen an einander stehende Entenköpfe, welches das Przichowskische Wappen ist, den Schild bedecket ein Fürstenhut, zur rechten das Kreuz, und zur linken der Bischofsstab, und über demselben ein Cardinalshut.

Das Preußische Wappen ist sechsmal in die Länge, und eben so vielmal quergetheilt, mit 4. Mittelschilden und einem Schildesfuße. Der oberste mit dem Churhute bedeckte blaue Mittelschild

hat einen goldenen Scepter, wegen der Churwürde und des Erz-
kammeramtes. Der 2. mit der Königl. Krone bedeckte im silbernen Felde, einen schwarzen Adler mit einer Krone um den Hals
und den Buchstaben F. R. auf der Brust, wegen des Königreichs
Preussen. Der 3. mit einem Fürstenhute bedeckte ist quadrirt,
mit einem Herzschildlein. Im 1. rothen Quartier ist ein goldener
rechter Schrägbalken, wegen der Familie von Chalon. Im 1. und
3. goldenen ein blaues linksgekehrtes Jagdhorn mit rothen Band
und Zierrathen, wegen des Fürstenthums Granien. Im 4. goldenen
ein rother mit 3. silbernen Sparren besetzter Pfal, wegen des Fürstenthums Neuf-Chatel. Das Herzschildlein hat von blau und Gold geschacht, 9. Felder, wegen des Herzogthums Genf. (Dieser Mittelschild
ist im Nassau-Diezischen oder Oranischen Wappen bey der 125.
Tafel deutlicher zu sehen). Der 4. Mittelschild enthält das Ostfries-
ländische Wappen, und ist 2mal in die Länge, und 3mal quer getheilet.
Im 1. schwarzen Felde ist ein goldener gekrönter Adler, mit einem Jungfrauenkopfe, und von 4. goldenen Sternen begleitet, wegen Ostfriesland. Im 2. rothen ist ein goldener, auf dem Haupte und
beeden Flügeln gekrönter Adler, wegen der Grafschaft Rietberg.
Im 3 silbernen ein rother mit 6. silbernen und goldenen Rauten wechselsweis besetzter und von 3. blauen Monden, oben 2. und unten 1.
begleiteter Querbalken, wegen der Herrschaft Manschlacht. Das
4. blaue hat einen silbernen Löwen, mit einer niederwärts gekehrten,
goldenen Krone um den Hals, wegen der Herrschaft Jevern. Das
5. goldene einen aufgerichteten schwarzen Bär, mit einem goldenen
Halsbande, wegen der Herrschaft Esens. Im 6. blauen zwey in
Form eines Andreaskreuzes gestellte goldene Fähnlein, wegen der
Herrschaft Wittmund. Das 1. silberne Feld des Hauptschildes
hat einen schwarzen Adler mit goldenen Kleestengeln auf den Flügeln, in der rechten Klaue den Scepter, und in der linken den
Reichsapfel haltend, wegen des Königreichs Preussen. Im
2. blauen ist ein silberner Greif, wegen des Herzogthums Pommern. Das 3. von roth und Silber quergetheilte, ist wegen
des Herzogthums Magdeburg. Im 4. rothen ist ein silbernes
Schildlein, aus welchem acht goldene Lilienstäbe in Form eines
gemeinen und Andreaskreuzes hervorgehen, wegen des Herzogthums Cleve. Im 5. goldenen ein schwarzer Löwe, wegen des
Herzogthums Jülich. Im 6. silbernen ein rother Löwe mit einer
blauen Krone, wegen des Herzogthums Bergen. Im 1. blauen
ein rother gekrönter Greif, wegen des Herzogthums Stettin. Im
8. silbernen ein rother Greif, wegen Pommern. Im 9. goldenen ein blauer oder schwarzer Greif, wegen des Herzogthums
Wenden. Im 11. goldenen ein vorwärts gekehrter abgerissener
schwarzer Büffelskopf, mit rother Krone, silbernen Hörnern und
Ring in der Nase, wegen des Herzogthums Mecklenburg. Im
12. goldenen ein schwarzer gekrönter Adler, mit einem silbernen
halben Monde auf der Brust, zwischen dessen aufwärts gehenden
Spitzen ein silbernes Kreutzlein ist, wegen des Herzogthums Schlesien. Im 13. silbernen ein rother Adler mit goldenen Kleesten-geln
auf den Flügeln, wegen der Marggrafschaft Brandenburg. Im

14. goldenen ein schwarzer roth gekrönter Löwe, mit einer von roth und Silber gestickten Einfassung, wegen des Burggrafthums Nürnberg. Das 15. ist von Silber und roth in die Länge getheilet, wegen des Fürstenthums Halberstadt. Im 16. rothen sind 2. in Form eines Andreaskreutzes gelegte silberne Schlüssel, wegen des Fürstenthums Minden. Im 17. rothen ist ein silbernes Ankerkreutz, wegen des Fürstenthums Camin. Im 18. blauen ein goldener Greif, wegen des Fürstenthums Wenden. Das 19. ist quergetheilet; oben blau mit einem goldenen Greif, unten aber roth, mit einem silbernen Schildeshaupte, wegen des Fürstenthums Schwerin. Im 20. rothen ist ein schwebendes silbernes Kreutz, wegen des Fürstenthums Razeburg. Im 21. goldenen ein schwarzer Querbalken, wegen des Fürstenthums Mörs. Das 22. ist von Silber und schwarz geviertet, wegen der Grafschaft Hohenzollern. Im 23. rothen ein silberner Adler, wegen der Grafschaft Ruppin. Im 24. goldenen ein von roth und Silber in 3 Reihen geschachter Querbalken, wegen der Grafschaft Marck. Im 25. silbernen 3. rothe Sparren, wegen der Grafschaft Ravensberg. Das 26. ist von roth und Silber in 4. Reihen geschacht, wegen der Grafschaft Hohenstein. Das 27. ist in die Länge getheilet, und hat in der vordern silbernen Hälfte 3. rothe Herzen, wegen der Grafschaft Tecklenburg, in der hintern blauen aber einen goldenen Anker, wegen der Grafschaft Lingen. Im 28. rothen ist ein aus dem linken Schildesrande aus einer natürlichen Wolke hervorgehender in Silber gekleideter Arm, welcher einen goldenen mit einem Edelgesteine versetzten Ring in der Hand hält, wegen der Grafschaft Schwerin. Im 29. silbernen ist ein rothes Hirschhorn, wegen der Grafschaft Regenstein. Im 30. rothen ein silberner Querbalken mit zu beyden Seiten abgewechselten Zinnen, wegen der Grafschaft Büren. Im 31. silbernen 2. rothe Querbalken, mit zu beyden Seiten abgewechselten Zinnen, wegen der Grafschaft Leerdam. Im 32. blauen ein silberner linker Schrägbalken, worauf ein Papagey mit einem silbernen Pfenning im Schnabel zu sehen. Im 33. goldenen ein schwarzer Büffelskopf, mit rother Krone, ausgeschlagener rothen Zunge und silbernen Hörnern, wegen der Herrschaft Rostock. Das 34. ist von roth und Gold quergetheilt, wegen der Herrschaft Stargard. Das 35. silberne hat 2. rothe rechte Schrägbalken. Das 36. rothe enthält 3. silberne Andreaskreutzlein, wegen der Herrschaft Breda. Der Schildesfuß ist ganz roth, wegen der Regalien. Auf dem Schilde ruhet ein offener, mit dem Preußischen Adler gezierter und mit einer Königlichen Krone bedeckter Helm. Um den Schild hängt die Ordenskette des Schwarzen Adlers. Schildhalter sind 2. mit Laub gekrönte, mit dem Gesichte gegeneinander gekehrte wilde Männer, welche den einen Arm auf den Schild lehnen, mit dem andern aber eine silberne Fahne halten, davon die rechte mit dem Königl. Preußischen schwarzen, die linke aber mit dem rothen Brandenburgischen Adler, mit dem auf die Brust gelegten blauen Schildlein des Erzkämmereramtes, bezeichnet ist. Ueber diesem allen siehet ein auswärts purpurfarbes und mit schwarzen Adlern und Königlichen Kronen

D wech-

wechselweise bestreutes, inwendig aber mit Hermelin gefüttertes Wappenzelt. Oben ist es mit einem goldenen Reife, auf welchem viele goldene Adler vorwärts gekehret sitzen, eingefasset. Der mit schwarzen Adlern bestreute Gipfel ist mit einer Königl. Krone bedeckt, und auf derselben wehet die Fahne des Königreichs, welche mit dem Königl. gekrönten und in den Klauen den Scepter und Reichsapfel haltenden Adler bezeichnet ist. An einem jeglichen Ende der Querstange ist eine Königl. Krone und oben darauf stehet noch ein Königl. Preußischer Adler, mit nieder geschlagenen Flügeln. Der Fuß des Wappens ist an der Seite mit Laubwerk und darauf sitzenden Adlern gezieret, worüber der Wahlspruch des Königs Friedrichs I. Gott mit uns, zu lesen.

Das Wappen der Fürstlichen, mit dem Erzstifte Trier vereinigten Abtey Prüm, ist im rothen Felde ein silbernes zurücksehendes Osterlamm, mit einem goldenen Scheine um den Kopf, auf einem grünen Hügel. Siehe im Trierischen Wappen.

Das Quedlinburgische Stiftswappen, hat im rothen Felde 2. in Form eines Andreaskreutzes gelegte silberne Credenzmesser mit goldenen Heften. Der Schild ist mit einem Fürstenhute bedecket, und hinter demselben stehet ein Aebtißinstab.

Das Fürstlich Radzivilische Wappen ist ein blauer Schild mit einem schwarzen Adler, dessen Schnabel und Füße golden sind; auf der Brust des Adlers ist ein quadrirter Schild. Im ersten blauen Felde sind 3. schwarze mit den Mundstücken zusammen stoßende Hörner, deren beyde Enden golden sind. Im 2. rothen Felde ist ein silberner Ringkragen, oder Brustschild. Im 3. rothen, zwey über sich stehende silberne Fische; und im 4. blauen ein mit den Spitzen über sich gekehrter goldener halber Mond in welchem ein sechseckigter goldener Stern stehet. Den Schild bedecken 3. gekrönte Helme, auf dem Mittlern ist ein wachsender schwarzer Adler mit einem gekrönten Jungfernkopfe, auf dem zur Rechten ein wachsender goldener Löwe, und auf dem zur Linken ein wachsender goldener Greif. Den Schild umgeben 3. Ritterorden des weißen Adlers, St. Andred und St. Huberts. Das ganze Wappen umgiebt ein fürstlicher Wappenmantel, welchen ein Fürstenhut bedeckt.

Das Wappen der Republick Ragusa enthält im silbernen Felde 3. blaue rechte Schrägbalken, mit dem Worte LIBERTAS, welches mit goldenen Buchstaben quer darüber geschrieben stehet. Auf dem Schilde ruhet eine offene Krone.

Das Bischöflich-Regenspurgische Wappen ist schon oben bey dem Wappen des Bischofs von Freysingen erkläret worden.

Das Wappen des Abts zu Roggenburg ist quadrirt mit einem Mittelschilde. Im 1. goldenen Felde ist ein aufgerichteter Biber, mit einem Fisch im Maul. Das zweyte ist weiß und schwarz geviertet. Im 3. schräggetheilten, ist in der obern schwarzen Hälfte eine goldene Lilie, und in der untern goldenen 2. schwarze Lilien. Im 4. blauen wächst aus einem breiten Gefäß, eine Blume mit grünen Blättern hervor. Der rothe Mittelschild hat 3. goldene Roggenähren auf grünem Hügel. Der Schild ist mit dem Prälatenhute bedecket, und hinter demselben stehen Prälatenstab und Schwerd.

Das

Das Wappen des Abts zu Roth oder Münchenroth ist ein rother Schild, mit einem von Silber und roth in 2. Reihen geschachten und mit Golde bordirten Querbalken. Auf dem Schilde ruhet die Prälatenmütze, und hinter demselben stehen Prälatenstab und Schwerd in Form eines Andreaskreutzes.

Das Wappen der Aebtißin zu Rothenmünster ist in die Länge getheilt. Auf der rechten Hälfte stehet das Muttergottes Bild auf einem silbernen halben Monde im goldenen Felde. In der linken blauen Hälfte ist ein von Silber und roth geschachter rechter Schrägbalken. In der unten eingepfropften rothen Spitze, wachsen 3. Röhre auf einem grünen Hügel. Hinter dem Schilde steht der Aebtißinstab.

Das Wappen des Fürsten von Rubempre ist ein weißer Schild mit sechs rothen Querbalken. Auf dem rechtsehenden gekrönten Helm ist ein wilder Schweinskopf zwischen einen silbernen Flug. Die Helmdecken sind roth und Silber.

Des Rußischen Kaiserthums Wappen ist im goldenen Felde ein schwarzer zweyköpfigter gekrönter Adler, mit rothen Schnabel und Füssen, in der rechten Klaue einen goldenen Scepter, und in der linken einen dergleichen Reichsapfel haltend, wegen des Griechischen Kaiserthums. Auf des Adlers Brust wie auch auf den Flügeln ruhen 7. Mittelschilde. Im rothen Mittelschilde auf des Adlers Brust ist ein silberner Ritter St. Georg, der den Lindwurm erleget, wegen des Großfürstenthums Moscau. Im 1. blauen Schildlein auf dem rechten Adlerflügel ist eine goldene geschlossene Krone, unter welcher ein querliegender silberner Säbel mit goldenem Grif ist, wegen des Königreichs Astracan. Im 2. goldenen sind 2. schwarze aufgerichtete Bären, welche mit den innern Tazen einen rothen Stul, und mit den äusern 2. goldene Scepter halten, wegen des Großfürstenthums Novogorod. Im 3. blauen ist ein silberner Engel, auf einem grünen Hügel stehend, und mit der rechten ein goldenes Schwerd, mit der linken aber einen dergleichen Schild haltend, wegen des Großfürstenthums Kyovien. Im 1. blauen Schildlein auf dem linken Flügel sind 2. silberne aufgerichtete, und mit den äusern Vorderklauen einen goldenen Bogen, über welchen eine goldene Krone schwebt, mit beyden innern aber ein Paar silberne, in Form eines Andreaskreutzes geschränkte, unter sich gekehrte Pfeile haltende Wölfe, wegen des Königreichs Siberien. Im 2. silbernen ist ein schwarzer gekrönter Lindwurm, wegen des Königreichs Casan. Im 3. rothen ein goldener gekrönter Löwe, der mit beyden Pranken ein hohes silbernes Kreutz hält, wegen des Großfürstenthums Wolodimer. Den Schild bedeckt eine Königl. geschlossene Krone, und um denselben hängt die Kette des St. Andreasordens.

Der Großfürst von Rußland, führt zum Wappen einen doppelten schwarzen mit der Kaiserlichen Krone gezierten Adler. Auf des Adlers Brust liegen 2. neben einander gelehnte und mit der Kaiserl. Krone bedeckte Schilde. In dem rechten goldenen ist der Rußische Reichsadler mit dem St. Georg auf der Brust; im linken aber das Holsteinische Wappen, welches 3mal in die Länge und 2mal quergetheilet ist, und einen Mittelschild hat. Im 1. Quartier ist der Norwegische Löwe, im 2. das Holsteinische

R. ff. l.

Neſſelblat, im 3. der Stormariſche Schwan, im 4. der Dithmari-
ſche Reuter, im 5. die Oldenburgiſche Querbalken, und im 6 das
Delmenhorſtiſche Kreutz. Der Mittelſchild enthält die Schleßwi-
giſchen Löwen. Um die beeden Schilde hängt der St. Andreasorden.
Das Churfürſtl. Sächſiſche Wappen iſt dreymal in die Länge,
und neunmal quergetheilet, auſſer, daß in der letzten Reihe nur 2.
Felder ſind, mit einem Mittelſchilde, welcher von ſchwarz und
Silber quergetheilet iſt, mit 2. rothen in Form eines Andreaskreuzes gelegten Schwerdern, wegen des Erzmarſchallamtes des
H. Röm. Reichs. Im 1. blauen Felde des Hauptſchildes iſt ein
ſilberner goldgekrönter, und mit 4. rothen Querſtreifen bezeichneter Löwe, wegen der Landgraffſchaft Thüringen. Im 2. von
ſchwarz und Gold zehnmal quer geſtreiften, ein ſchrägrechts geleg-
ter grüner Rautenkranz, wegen des Herzogthums Sachſen. Im
3. goldenen ein ſchwarzer Löwe, wegen der Marggrafſchaft Meiſ-
ſen. Im 4. ebenfalls goldenen, ein ſchwarzer Löwe, wegen des
Herzogthums Jülich. Im 5. rothen 8. goldene Lilienſtäbe, welche aus einem ſilbernen Schildlein, in Form eines gemeinen und
Andreaskreutzes hervorgehen, wegen des Herzogthums Cleve.
Im 6. ſilbernen ein rother blaugekrönter Löwe, wegen des Herzogthums Bergen. Im 7. blauen ein goldener gekrönter Adler, wegen des Herzogthums Weſtphalen. Im 8. ſilbernen 3. rothe
Schröterhörner, wegen des Herzogthums Engern. Im 9. blauen
ein goldener gekrönter Adler wegen der Pfalz-Sachſen. Im 10.
ſchwarzen ein goldener Adler, wegen der Pfalz-Thüringen. Im
11. ſilbernen ein rechtsgehender rother Ochſe mit einem weiſen
Bauch, wegen der Nieder-Lauſinitz. Im 12. blauen eine goldene Zinnenmauer, mit ſchwarzen Mauerſtrichen, wegen der Ober-
Laußnitz. Im 13. goldenen 2. blaue Pfäle, wegen der Marggrafſchaft Landsberg. Im 14. blauen ein rechtsgekehrter, in der
vordern Hälſte goldener, und in der hintern ſilberner Löwe, wegen
der Herrſchaft Pleiſſen. Im 15. goldenen, mit rothen Herzen beſtreuten Felde, ein ſchwarzer roth gekrönter Löwe, wegen der Grafſchaft Orlamünde. Im 16. von roth und Silber in die Länge getheilten, vornen ein gekrönter halber goldener Adler, und hinten
4. rothe Querbalken, wegen des Burggrafthums Magdeburg.
Im 17. ſilbernen 3. rothe Schröterhörner, wegen der Grafſchaft
Brene. Im 18. ſilbernen eine rothe mit Gold beſaamte Roſe,
mit 5. unten hervorſcheinenden grünen Blättern, wegen der Grafſchaft Altenburg. Im 19. ſilbernen 3. blaue Querbalken, wegen
der Grafſchaft Eiſenberg. Im 20. ſilbernen drey rothe Sparren, wegen der Grafſchaft Ravensberg. Im 21. goldenen ein
von roth und Silber in 3. Reihen geſchachter Querbalken, wegen
der Grafſchaft Mark. Das 22. ganz rothe iſt wegen der Regalien. Im 23. goldenen eine ſchwarze Henne auf einem grünen Hügel, wegen der Grafſchaft Henneberg. Im 24. blauen 2. goldene gekrümmte, und mit dem Rücken gegeneinander gekehrte Barben, mit 4. goldenen Rößgen begleitet, wegen der Grafſchaft Bar-
by. Auf dem Schilde ruhen 10. Helme. Auf dem 1. gekrönten
iſt ein, wie das 2. Feld bezeichneter hoher Huth, mit einer goldenen

nen Krone, auf welcher ein Pfauenwedel stecket, zwischen 2. von
schwarz und Silber quergetheilten Büffelshörnern, an deren jedem
auf der Seite 6. eben so getheilte Fähnlein hangen, wegen des **Erz-**
Marschallamtes, und des Herzogthums **Sachsen.** Auf dem **2.**
ist ein wachsender Mann ohne Arme, mit grauen Haaren und
Bart, in einer von roth und Silber in die Länge gestreifteu Kleidung, auf dem Haupte eine hohe eben so gestreifte und mit einem
Pfauenwedel gezierte Zipfelmütze habend, wegen der Marggrafschaft **Meissen.** Auf dem 3. gekrönten 2. silberne Büffelshörner,
deren jedes aussen mit 5. dreyblättrichten grünen Zweigen bestecket
ist, wegen **Thüringen.** Auf dem 4. ein wachsender goldener
Greif, ohne Füsse, mit einem rothen Halsbande und schwarzen Flügeln, wegen **Jülich.** Auf dem 5. ein rother Büffelskopf, mit einer goldenen Krone, deren Reif von roth und Silber geschacht ist,
wie auch mit silbernen Hörnern und Ring in der Nase, wegen **Cle-**
ve und **Mark.** Auf dem 6. gekrönten ein Pfauenschwanz, wegen
Bergen. Auf dem 7. gekrönten ein goldener gekrönter Adler,
wegen **Westphalen.** Auf dem 8. ein rother mit Silber ausgeschlagener Hut, auf welchem 2. silberne gekrönte und oben mit
Pfauenschwänzen gezierte Schafte hervor stehen, wegen **Engern.**
Auf dem 9. gekrönten, ein, wie das 12. Feld bezeichneter geschlossener Flug, wegen der **Ober-Lausnitz.** Auf dem 10. mit einem
Fürstenhute bedeckten, ein hervorschauender silberner Adler, wegen
der **Nieder-Lausnitz.**

Das Sächsische Wappen der **Ernestinischen** Linie, ist 3. mal
in die Länge und 7. mal quergetheilt, ausgenommen die letzte Reihe,
die nur 2. Felder hat, mit einem Mittelschilde auf der Ehrenstelle,
welcher von Gold und schwarz 10. mal quergestreift ist, mit einem
schrägrechts darüber gelegten grünen Rautenkranze, wegen des Herzogthums **Sachsen.** Im 1. blauen Felde des Hauptschildes ist ein
linksgekehrter silberner goldgekrönter und mit 4. rothen Querstreifen bezeichneter Löwe, wegen der Landgrafschaft **Thüringen.** Im
2. rothen 8. goldene Lilienstäbe, welche aus einen silbernen
Schildlein, in Form eines gemeinen und Andreaskreuzes hervorgehen, wegen des Herzogthums **Cleve.** Im 3. goldenen
ein schwarzer Löwe, wegen der Marggrafschaft **Meissen.** Im
4 goldenen ein links gekehrter schwarzer gekrönter Löwe, wegen
des Herzogthums **Jülich.** Im 5. silbernen ein rother blaugekrönter Löwe, wegen des Herzogthums **Bergen.** Im 6. blauen ein
linkssehender goldener gekrönter Adler, wegen des Herzogthums
Westphalen. Im 7. goldenen 2. blaue Pfäle, wegen der Marggrafschaft **Landsberg.** Im 8. schwarzen ein goldener gekrönter Adler, wegen der Pfalz **Thüringen.** Im 9. goldenen, mit rothen
Herzen bestreutem Felde, ein linksgekehrter schwarzer, rothgekrönter Löwe, wegen der Grafschaft **Orlamünde.** Im 10. silbernen
3. blaue Querbalken, wegen der Grafschaft **Eisenberg.** Im 11.
blauen ein, vornen goldener und hinten silberner Löwe, wegen der Herrschaft **Pleissen.** Im 12. silbernen eine rothe,
mit Gold besaamte Rose, mit 5. unten hervorscheinenden grünen Blättern, wegen der Grafschaft **Altenburg.** Das 13. ist wegen

der

der Regalien. Im 14. silbernen 3. rothe Schröterhörner, wegen
der Grafschaft Brene. Im 15. goldenen ein von Silber und roth
in drey Reihen geschachter Querbalken, wegen der Grafsch. Mark.
Im 16. rothen eine silberne Säule mit einer goldenen Krone, wegen der Herrschaft Römhild. Im 17. goldenen eine schwarze Henne auf einem dreyfachen grünen Hügel, wegen der Grafsch. Henneberg. Im 18. blauen, ein silberner gekrönter Löwe, wegen der
Herrschaft Tonna. Im 19. silbernen 3. rothe Sparren, wegen
der Grafschaft Ravensberg. Auf dem Schilde ruhen 6. Helme.
Auf dem 1. gekrönten ist ein, wie der Mittelschild bezeichneter hoher Huth, mit einer goldenen Krone, auf welcher ein Pfauenwedel
stecket, wegen des Herzogthums Sachsen. Auf dem 2. ist ein wachsender Mann ohne Arme, mit grauen Haaren und Bart, in einer
von roth und Silber in die Länge gestreiften Kleidung, auf dem Haupte
eine hohe, eben so gestreifte und mit einem Pfauenwedel gezierte
Zipfelmütze habend, wegen der Marggrafschaft Meissen. Auf dem 3.
gekrönten 2. silberne Büffelshörner, deren jedes aussen mit 5. drey-
blätterichten grünen Zweigen bestecket ist, wegen Thüringen. Auf
dem 4. ein wachsender goldener Greif, ohne Füsse, mit einem rothen
Halsbande und schwarzen Flügeln, wegen Jülich. Auf dem 5. ein
rother Büffelskopf, mit einer goldenen Krone, deren Reif von roth
und Silber geschacht ist, wie auch mit silbernen Hörnern und Ring
in der Nase, wegen Cleve und Mark. Auf dem 6. gekrönten ein
Pfauenschwanz, wegen Bergen.

Das Salmische Wappen ist quadrirt mit einem Mittelschilde.
Im 1. und 4. schwarzen Quartier ist ein silberner aufgerichteter Leopard, als das Wappen der Wild-Grafen von Dhaun. Im 2. und
3. goldenen ein rother Löwe, mit blauer Krone, als das Wappen der
Rhein-Grafen. Der eben auch quabrirte Mittelschild hat im 1. rothen Felde 3. goldene Löwen, wegen der Grafschaft Kyrburg: im
2 rothen 2. silberne gekrümte und mit den Rücken gegen einander
gekehrte Salmen von silbernen Kreuzlein auf den 4. Seiten begleitet,
wegen der Grafschaft Salm. Im 3. blauen ist ein silberner Querbalken, wegen der Herschaft Vinstringen. Im 4. rothen ist eine silberne Säule, mit einer goldenen Krone, wegen der Herrschaft Anholt.
Auf dem Schilde ruhen 5. Helme. Auf dem 1. mit einem Fürstenhute
bedeckten, sind 2. rothe niederwärts gekehrte Salmen, wegen Salm.
Auf dem 2. mit einem schwarzen roth aufgeschlagenen Huthe bedeckten 2. Bündlein weisser Federn, wegen der Wild- und Rheingraf-
schaft. Auf dem 3. gekrönten ein blauer mit einem silbernen Querbalken belegter, und hinten mit einigen Pfauenfedern gezierter, hervorschauender Bracke, wegen Vinstringen. Auf dem 4. gekrönten
ein, wie das 1. Feld des Mittelschildes bezeichneter geschlossener
Flug, wegen Kyrburg. Auf dem 5. gekrönten 2. aus- und aufwärts
gekehrte goldene Bärentatzen, deren jede eine rothe Kugel in den
Klauen hält, wegen Anholt.

Das Salm-Kyrburgische Wappen ist fast durchgehends, wie
das erst beschriebene Salmische, auser daß der Mittelschild nur in
die

die Länge getheilet und die Anholtische Säule weggelassen ist, auch unter den Helmen der 5. mit den Anholtischen Bären-Tatzen mangelt.

Das Wappen des Abts zu Salmannsweil ist in 4. Felder geteilt, mit einem Herzschildlein. Im 1. rothen Felde sind 2. als ein Andreaskreuz gelegte runde Schaufeln, in deren Mitte ein Wasserrabe sitzt. Im 2. blauen eine goldene Krone. Im 3. goldenen, ein schwarzes Kreuz. Im 4. rothen ein gehendes Lamm, auf grünen Boden. Im Herzschildlein, ein weißer Schwan, auf grünem Wasen. Auf dem Schilde ruhet die Prälatenmütze, und hinter demselben Prälatenstab und Schwerd.

Das Erzbischöflich-Salzburgische Wappen bestehet jetzt aus einem 3mal in die Länge, und 2mal quergetheilten Schilde, mit einem Mittelschilde, und Schildeshaupte. Das, in die Länge getheilte Schildeshaupt enthält das Wappen des Erzstifts Salzburg, und hat zur rechten im goldenen Felde einen schwarzen Löwen, mit doppeltem Schweif, zur Linken aber im rothen einen silbernen Querbalken. Der Schild nebst dem Mittelschilde macht das Gräfliche Schrattenbachische Familien-Wappen aus. Das 1. in die Länge getheilte Feld hat zur rechten im goldenen Felde die Hälfte eines gedoppelten rothen Adlers, und zur Linken im silbernen 4. rothe linke Schrägbalken. Das 2. rothe, hat 2. neben einander gestellte Hände, (diese werden sonst auch als Handschuhe vorgestellet.) Im 3. goldenen sind 4. schwarze Querbalken, mit einem darüber gehenden silbernen rechten Schrägbalken. Im 4. silbernen ist ein einwärts gekehrtes, und oben und unten in einander eingeschränktes Hirschgeweih. Das 5. silberne hat ein schwarzes, mit Silber eingefaßtes ausgerundetes Kreuz in der Vertiefung. Im 6. rothen ist ein silberner Löwe mit doppeltem Schweif. Der Mittelschild hat im schwarzen Felde einen schrägrechts gehenden silbernen Bach, oben mit einem goldenen Stern, unten aber mit einem, auf einem grünen Hügel stehenden, und an die Mitte des rechten Schildrandes stoßenden silbernen, dünnen Stamme beseitet. Ueber dem ganzen Schilde schwebt der Erzbischöfliche Hut, hinter demselben aber stehet in der Mitte das Erzbischöfliche Kreuz, und auf den Seiten sind ein Bischofsstab und Schwerd, in Form eines Andreaskreuzes gestellet.

Das Wappen des Abts zu St. Blasi bestehet aus drey zusammen gesetzten unter einem Wappenmantel stehenden und mit dem Fürstenhuthe bedeckten Schilden. Im 1. blauen ist ein linksspringender Hirsch, in natürlicher Farbe; im 2. goldenen ein rechtssehender aufgerichteter rother Wolfskopf, mit ausgeschlagener Zunge; und im 3. ein halber aufgerichteter weißer Widder, mit hinunter hangenden Füßen, zwischen welchen ein Zweig mit grünen Blättern und drey Aepfeln in natürlicher Farbe herauf gehet.

Das Wappen des Abts zu St. Gallen ist ein runder quabrirter, mit dem Sardinischen Orden der Empfängnis umgebener, und
mit der Inful bedeckter Schild, neben welcher zu jeder Seite ein
Bischofsstab stehet. Im 1. goldenen Felde ist ein aufgerichtet gehender schwarzer Bär, im 2. blauen ein goldenes Lamm mit einem
silbernen Schein, welches mit dem linken Fuße den Stecken einer
weißen Fahne mit einem rothen Kreuze hält. Das 3. Feld ist einmal quer, und zweymal schräg getheilt. Die obere Abtheilung in
die Quere stellt ein blaues Band mit drey goldenen sechseckigten
Sternen vor, von welchen der mittlere etwas höher steiget: Unten
stehet im weißen Felde ein Palmbaum auf drey grünen Hügeln,
und in den Abschnitten zu beeden Seiten zwey goldene Flügel im
blauen Felde. Im 4. goldenen Felde ist ein Hund oder englische
Togge in natürlicher Farbe, mit einem silbernen Halsbande.

Das Wappen der Republik St. Marino bestehet aus 3. grünen Bergen im silbernen Felde, auf deren jedem ein rauchender
grüner Altar stehet. Den Schild bedecket eine offene Krone.

Das Königlich-Sardinische und Herzoglich-Savoische Wappen, ist quabrirt, mit einem Mittelschilde, und einer unten in den
Schild eingepfropften Spitze. Der silberne Mittelschild hat ein
schmales rothes Kreuz von 4. in den Winkeln gesetzten Mohren-
köpfen mit silbernen Binden begleitet, wegen des Königreichs Sardinien. Auf demselben ruhet ein rothes Herzschildlein, mit einem
schmalen silbernen Kreuze, wegen des Herzogthums Savoyen.
Das 1. Quartier des Hauptschildes ist quabrirt, und hat im 1. silbernen Felde ein goldenes Krückenkreuz, von 4. kleinen dergleichen
Kreuzlein begleitet, wegen des Königreichs Jerusalem: im 2. von
Silber und blau 10mal quergestreiften einen rothen Löwen, wegen
des Königreichs Cypern: im 3. goldenen einen rothen gekrönten
Löwen, wegen des Königreichs Armenien: im 4. silbernen einen rothen gekrönten Löwen, wegen des Herzogthums Luxenburg. Das 2.
Quartier ist in die Länge getheilet, mit einer eingepfropften Spitze, und
hat im vordern rothen Felde ein silbernes gegen die Linke fliegendes
Füllen, wegen des Herzogthums Nieder-Sachsen: im hintern
von schwarz und Gold 10mal quergestreiften einen schrägrechts gelegten grünen Rautenkranz, wegen des Herzogthums Ober-Sach-
sen: und in der silbernen Spitze 3. rothe Schröterhörner, wegen
des Herzogthums Engern. Das 2. Quartier ist in die Länge getheilet, und hat vornen im silbernen mit schwarzen Schindeln bestreuten Felde einen schwarzen Löwen, wegen des Herzogthums
Chablais, hinten aber im schwarzen Felde einen silbernen Löwen,
wegen des Herzogthums Aosta. Das 4. ebenfalls in die Länge
getheilte Quartier, hat vornen von Gold und blau geschacht, 9. Felder, wegen der Herrschaft Genf: und hinten im silbernen Felde
ein rothes Schildeshaupt, wegen des Herzogthums Montferrat. In der unten eingepfropften goldenen Spitze, ist ein schwarzer Adler, wegen der Grafschaft Maurienne. Den Hauptschild
bedecket eine Königliche Krone, und umgiebt ein mit Hermelin gefütterter Wappenmantel.

Das

Das Wappen der gefürsteten Aebtißin des Freystifts Schön=
nis ist quadrirt, mit zweyen gekrönten Helmen, und dem Stabe
in der Mitten. Das 1. und 4. Feld haben im rothen Felde eine
goldene Krone und ein weißes Kreutz auf derselben, als das Stifts=
wappen. Das 2. und 3. Feld sind Golden, mit einem liegenden
schwarzen Adler mit ausgebreiteten Flügeln, als das Freyherrlich
Extingische Familien=Wappen der jezigen Fürstin. Auf dem Helm
zur Rechten stehet ein linkssehender wachsender schwarzer Stein=
bock, und auf dem zur Linken ein Pfauenschwanz, so zum Familien
Wappen gehört.

Das Fürstlich=Schwarzburgische Wappen ist ein in die Län=
ge getheilter Schild, dessen jede Hälfte quadrirt ist, mit einem,
über den ganzen Schild gelegten, von blau, Gold und schwarz
schrägrechts gestückten schmalen Kreutze, wie auch mit einem Haupt=
mittelschild und einem Schildesfuße. Im goldenen Hauptmittel=
schilde auf der Mitte des Kreutzes, ist der Kaiserliche Reichsadler,
mit einem goldenen Schildlein auf der Brust, worinnen ein Für=
stenhut zu sehen, wegen des Fürstenstandes. Die quadrirte rech=
te Hälfte des Hauptschildes hat einen blauen Mittelschild, mit ei=
nem goldenen gekrönten Löwen, wegen der Grafschaft Schwarz=
burg, und im 1. und 4. goldenen Quartier ist ein schwarzer Adler,
wegen der Herrschaft Arnstadt: im 2. und 3. silbernen aber ist
ein abgerissenes rothes Hirschgeweihe, wegen der Herrschaft Son=
dershausen. Die quadrirte Hälfte zur linken hat gleichfalls ei=
nen Mittelschild. Das 1. und 4. Quartier ist von Silber und roth
in 4. Reihen geschacht, wegen der Grafschaft Hohenstein. Das
2. und 3. ist quergetheilt, und hat oben im rothen Felde einen gol=
denen gekrönten Löwen: die untere Hälfte aber ist von Gold und
roth 8mal quergestreift, wegen der Grafschaft Lauterburg. Im
silbernen Mittelschilde ist ein schwarzer gehender Hirsch, wegen der
Graf= oder Herrschaft Klettenberg. Im goldenen Schildesfus=
se des Hauptschildes liegt eine rothe Streugabel über einem rothen
Roßkamme, wegen der Herrschaft Leutenberg. Ueber dem
Hauptschilde stehen 6. gekröne Helme. Auf dem 1. ist ein vor=
wärts gekehrter aufrecht sitzender Löwe, mit einer Krone, auf wel=
cher ein Pfauenwedel zu sehen, wegen Schwarzburg. Auf dem
2. der Kaiserliche Reichsadler, wegen des Fürstenstandes. Auf
dem 3. ein schwarzer Adler, zwischen 2. rothen Hirschhörnern,
wegen Arnstadt und Sondershausen. Auf dem 4. ein rothes
Küssen, mit goldenen Quasten, und einen darauf liegenden Für=
stenhute, als ein besonderes Kaiserliches Gnadenzeichen. Auf
dem 5. ein wachsender geharnischter Mann, welcher eine goldene
Krone auf dem Haupte, und ein Schwerd in den Händen hat,
wegen der großen Comitivæ. Auf dem 6. ein Pfauenwedel zwi=
schen 2. rothen Hirschhörnern, wegen der Grafschaft Hohenstein.
Schildhalter sind zur Rechten ein wilder Mann, und zur Linken
ein wildes Weib, welche mit der einen Hand den Schild, mit der
andern aber eine, von roth und Silber quergetheilte Fahne halten.
Das Laubwerk des Wappens ist den Schildhaltern um den Leib
geschlungen.

Das

Das Schwarzenbergische Wappen ist quadrirt mit einem Mittelschilde. Der Mittelschild ist in die Länge getheilt, und vornen im rothen Felde ein silberner Thurm auf einem dreyfachen schwarzen Hügel, wegen Schwarzenberg, und hinten im blauen 3. Korngarben, wegen Postelberg. Das 1. Quartier des Hauptschildes ist von Silber und blau 8mal in die Länge getheilet, wegen Seinsheim. Das 2. von Silber und roth quergetheilet, mit 3. aus dem rothen aufsteigenden mittelmäsigen Spitzen, wegen Sulz und Kletgau. Im 3. silbernen ein schwarzer knorrichter und schrägrechts liegender Ast, oben mit einer rothen Flamme, wegen Brandis. Im 4. goldenen ein Türkenkopf, daraus ein schwarzer Rabe mit goldenem Halsbande die Augen aushacket, zum Andenken der von Graf Adolph zu Schwarzenberg glücklich eroberten Vestung Raab. Der Schild ist mit 5. Helmen gezieret. Auf dem 1. mit einem Fürstenhute bedeckten ist der Türkenkopf und Rabe des 4. Feldes zu sehen, hinter welchen 6. gegen die beeden Seiten gekehrte, von Gold und schwarz quergetheilte Fähnlein hervorgehen. Der 2. gekrönte hat einen wachsenden Mann, dessen Kleidung und Mütze, wie das 1. Feld bezeichnet sind, mit einem silbernen Halskragen, und 3. Pfauenfedern auf der weis aufgeschlagenen Mütze. Auf dem 3. gekrönten sind 2. von blau und Silber etlichemal quergestreifte und aussen mit Pfauenfedern gezierte Büffelshörner. Auf dem 4. gekrönten eine, wie das 2. Feld bezeichnete Bischofsmütze. Auf dem 5. ist der schwarze brennende Ast des 3. Feldes aufrecht gestellet. Um den Schild hängt die Ordenskette vom goldenen Bliesse. Schildhalter sind 2. goldene Löwen, derer Köpfe in die zu äuserst auf dem Schilde stehende Helme gestecket sind.

Das Königlich-Schwedische Wappen ist quadrirt mit einem Mittelschilde und Herzschildlein. Im 1. und 4. blauen Felde sind 3. goldene Kronen, wegen des Königreichs Schweden. Im 2. und 3. goldenen drey blaue wellenweise gezogene linke Schrägbalken, über welchen ein rother gekrönter Löwe zu sehen, wegen des Gothischen Königreichs. Der Mittelschild ist das schon oben unter Holstein und Dänemark beschriebene Stammwappen des jetzigen Königs aus dem Herzoglichen Holsteinischen Hause. Der Schild ist mit der Königlichen Krone bedeckt. Schildhalter sind 2. goldene Löwen.

Das Wappen der Schweizerischen Eidgenossenschaft bestehet aus 13. neben einander gestellten Schilden, in 3. Reihen, oben 5. in der Mitte 5. und unten 3. Schilde. Der 1. Schild ist von Silber und blau schräglinks getheilet, wegen Zürch. Im 2. rothen ist ein goldener rechter Schrägbalken, der mit einem schwarzen Bären besetzt ist, wegen Bern. Der 3. ist von Silber und blau in die Länge getheilet, wegen Lucern. Im 4. goldenen ein schwarzer Auerochsenkopf mit rothen Hörnern und Ring in der Nase, wegen Uri. Im 5. rothen ein silbernes in dem linken Oberwinkel gestelltes Kreutlein wegen Schwitz. Der 6. ist von roth und Silber quergetheilet, mit einem Schlüssel von abgewechselten

Linetmren, deſſen doppeltes Schließblat aufwärts gekehrt iſt, we-
gem Unterwalden. Im 7. ſilbernen ein blauer Querbalken, wegen Zug. Im 8. rothen ein ſilberner Pilgrim mit einem goldenen Hauptſcheine in der Rechten einen goldenen Pilgrimsſtab,
und in der Linken ein goldenes Buch haltend, wegen Glarus. Im
9. ſilbernen ein ſchwarzes Futteral zu einem Biſchofsſtabe, wegen
Baſel. Der 10. iſt von ſchwarz und Silber quergetheilet, wegen
Friburg. Der 11. iſt von roth und Silber quergetheilet, wegen
Solothurn. Im 12. ſilbernen iſt ein ſpringender ſchwarzer Widder, mit goldenen Hörnern und Krone, wegen Schafhauſen.
Im 13. ſilbernen iſt ein aufgerichteter ſchwarzer Bär, wegen Ap-
penzell. Dieſe Schilde bedecket oben ein groſſer Huth.

Das Biſchöflich Seccauiſche Wappen, iſt ein quergetheilter
Schild, in deſſen rothen obern Hälfte ein ſilberner Arm wegen des
Bißthums, die untere Hälfte iſt von Silber, in welcher ein blauer
aufgerichteter Löwe mit ausgeſchlagener Zunge und und doppeltem
Schwanze, welcher einen goldenen Becher in den Pranken hält,
zum Zeichen der dem gräflich Spauriſchen Hauſe erblichen Erzſchen-
ken Würde der Grafſchaft Tyrol. Den Schild bedeckt eine Krone, neben welcher Biſchofsſtab und Schwerd, über derſelben aber
ein Biſchofshuth das ganze Wappen bedecken.

Das Wappen des fürſtlichen Hauſes Sforza Ceſarini iſt ein
gekrönter und quadrirter Schild, mit einem Mittelſchilde. Im 1.
goldenen Felde iſt ein gekrönter ſchwarzer Adler. Im 2. goldenen
ein ſchwarzes Kreutz. Das 3. iſt viermal in die Länge getheilt,
wovon deſſen erſtes Quartier aus drey rothen Pfählen im goldenen, das zweyte aus drey ſilbernen Balken im rothen, das dritte
aus 3. goldenen Lilien im blauen, und das vierte aus einem rothen
Kreutze im ſilbernen Felde beſtehet. Im 4. rothen Felde iſt ein
aufgerichteter und gekrönter goldener Löwe, einen ſilbernen Mohn-
kopf in der Pranke haltend. Im ſilbernen Mittelſchilde iſt eine aufgerichtete gekrönte blaue Schlange, welche ein rothes Kind im Rachen hält.

Das Wappen des Königs von beyden Sicilien iſt dreymal in
die Länge getheilt, mit einem Mittelſchilde. Der mittlere Pfal iſt
quergetheilet, und enthält in der obern die Länge herabgetheil-
ten Hälfte das Wappen von Caſtilien und Leon. (Siehe
Spaniſches Wappen:) und in der untern ein blaues mit goldenen Lilien beſtreutes Feld, mit einem rothen Turnierkragen
von 5. Läzen, als das Wappen von Neapel. Der 2. Pfal zur
Rechten iſt quergetheilet, und enthält im obern goldenen Felde 6.
blaue Lilien, als 3. 2. 1. wegen des Hauſes Farneſe, und in
der untern das Wappen von Portugall, welches die Herzoge
von Parma angenommen; und alſo iſt dieſer Pfal, wegen des
Herzogthums Parma: gleichwie der 3. Pfal zur Linken mit dem
Mediceiſchen Wappen, wegen des Großherzogthums Toscana
iſt, deſſen Beſchreibung ſiehe unter dem Kaiſerl. Wappen. Der
blaue

blaue Mittelschild mit 3. goldenen Lilien und einer rothen Einfaſſung iſt das Wappen von Anjou. Der Schild iſt mit einer Königl.
Krone bedeckt.

Des Bischofs zu Sitten Wappen iſt quadrirt. Im 1. und 4.
blauen Felde iſt eine goldene Lilie, im 2. und 3. ſilbernen ein umgekehrtes V deſſen Spitzen auf drey purpurfarbenen Hügeln ſtehen; neben deſſen obern Spitze ſtehen zu jeder Seite ein fünfeckigter goldener Stern. Den Schild bedeckt eine Krone, hinter
denſelben ſtehet das Biſchöfliche Kreutz, worauf der Bischofshut
ruhet. Schwerd und Stab ſtehen zu beyden Seiten der Krone.

Das Wappen des Fürſten zu Solms-Braunfels iſt dreymal
in die Länge, und eben ſo vielmal quergetheilet. Das 1. Feld iſt
von roth und Gold quergetheilet, wegen der Herrſchaft Münzenberg. Im 2. ſilbernen ſind 3. rothe Herzen, wegen der Grafſchaft Tecklenburg. Im 3. blauen iſt ein goldener Anker, wegen
der vormals zu Tecklenburg gehörigen Grafſchaft Lingen. Im
4. goldenen eine ſchwarze Roſe, wegen der Herrſchaft Wildenfels.
Im 5. goldenen ein blauer Löwe, wegen der Grafſchaft Solms.
Im 6. ſchwarzen ein ſilberner Löwe, wegen der Herrſchaft Son-
nenwalde. Im 7. ſilbernen ein rother Querbalken, wegen Büdingen. Im 8. ſilbernen ein rother Löwe, wegen der Grafſchaft
Criechingen. Im 9. rothen ein goldenes Ankerkreutz, wegen der
Herrſchaft Beaufort. Den Schild bedeckt ein Fürſtenhut.

Das Königl. Spaniſche Wappen iſt quadrirt, mit einem Mittelſchilde. Im 1. und 4. rothen Quartier iſt ein goldenes Schloß
oder Caſtell, mit 3. Zinnen, blauen Fenſtern und Thür, wegen
Caſtilien. Im 2. und 3. ſilbernen ein rother goldgekrönter Löwe,
wegen Leon. Im blauen Mittelſchilde ſind 3. goldene Lilien, mit
einer rothen Einfaſſung, als das Stammwappen der Herzoge von
Anjou. Der Schild iſt mit der Königlichen Krone bedeckt, und
um denſelben hängt die Ordenskette vom goldenen Bließ.

Das Wappen des Cardinal-Biſchofs von Speyer iſt quadrirt,
mit einem Mittelſchilde. Im 1. und 4. blauen Felde des Hauptſchildes iſt ein ſilbernes quadrirtes Kreutz, wegen des Hochſtifts
Speyer, und im 2. und 3. rothen ein ſilbernes Caſtell mit 2. Thürmen, durch welches ein Prälatenſtab ſchrägrechts geſtecket iſt, und
über welchem eine goldene Krone ſchwebt, wegen der incorporirten Abtey Weiſſenburg. Im rothen Mittelſchilde ſind 2. goldene
rechte Schrägbalken, als das Familienwappen der Freyherren von
Hutten. Der Hauptſchild iſt mit einem Fürſtenhute bedeckt. Ein
Biſchofsſtab und Schwerd ſtehen hinter demſelben in Geſtalt eines
Andreaskreutzes. Das oben in der Mitte hervorragende Kreutz
und der darüber ſchwebende Cardinalshut zielen auf die Cardi-
nalswürde. Das ganze Wappen umgibt ein fürſtlicher Wappenmantel.

Das

Das Wappen der Abteyen Stablo und Malmedy ist in die Länge getheilt. Im vordern goldenen Felde ist ein grüner Baum auf einer grünen Aue (sonst grünem Hügel, vor welchem ein silbernes, und in dem linken (sonst rechten) Vorderfusse einen rothen Prälatenstab haltendes Lamm gegen die linke (sonst rechte) Seite gehet, wegen der Abtey Stablo. In dem hintern silbernen Felde stehet ein Drache in natürlich schwarzer Farbe, auf einer grünen Aue (sonst grünem Hügel) wegen der Abtey Malmedy. Auf dem Schilde ruhet die Prälatenmütze, und hinter demselben stehen Bischofsstab und Schwerd in Form eines Andreaskreutzes.

Das Fürstlich-Stahrembergische Wappen ist quadrirt, mit einem Mittelschilde. Im 1. silbernen Felde sind 4. rothe Balken mit einem darüber liegenden rothen Sparren, das 2. ist von roth und Silber gespalten, das 3. hat im goldenen Felde eine blaue gekrönte Schlange, das 4. rothe einen umgekehrten goldenen Anker, mit daran hangendem Tau. Die obere Hälfte des Mittelschildes ist Silber, mit einem wachsenden und gekrönten blauen Greif; die untere Hälfte ist roth. Den Schild bedecken 3. gekrönte Helme, auf dem mittlern ist der blaue gekrönte Greif des Mittelschildes, welcher einen Palmzweig im Schnabel hält, hinter dem ein silberner Zweig mit Blättern empor wächst, auf dem zur Rechten ist ein silberner Flug mit den Balken und Sparren des ersten Feldes, und auf dem zur Linken zwey roth und silberne Büffelshörner, um welche ein silbernes Band geschlungen ist.

Das Wappen des Fürsten zu Stollberg-Geudern ist fünfmal in die Länge getheilet. Der 1. Pfal hat ein goldenes Haupt, mit einem schwarzen gehenden Hirschen, wegen der Grafschaft Stollberg. Darunter sind im silbernen Felde 2. rothe mit Maul und Schwanz gegen einander gekehrte Forellen, wegen der Grafschaft Wernigerode. Der 2. Pfal ist quergetheilt. In der obern gleichfalls quergetheilten Hälfte, ist im 1. goldenen Felde ein schwarzer Löwe, wegen der Grafschaft Königstein: im 2. silbernen sind 3. rothe Sparren, wegen der Herrschaft Eppstein. Die untere Hälfte ist von roth und Gold quergetheilt, wegen der Herrschaft Münzenberg. Der 3. Pfal ist gleichfalls quergetheilt, dessen obere, eben auch quergetheilte Hälfte enthält im 1. goldenen Felde einen rothen Adler, wegen der Grafschaft Rochefort, und das 2. goldene, einen von roth und Silber in 3. Reihen geschachten Querbalken, wegen der Herrschaft Mark. Die untere Hälfte ist von Gold und roth 10. mal quergetheilt, wegen der Herrschaft Aiguemont. Die 2. letztern Pfäle machen ein quadrirtes Feld, mit einem Mittelschilde aus. Das 1. und 4. Feld, ist von Silber und roth in 4. Reihen geschacht, wegen der Grafschaft Hohenstein. Das 2. und 3. Feld ist quergetheilt, und hat oben im rothen Felde einen goldnen Löwen, unten aber ist es von Gold und roth, 8. mal quergetheilet, wegen der Grafschaft Lauterburg. Im silbernen Mittelschilde ist ein schwarzer gehender Hirsch, wegen der Graf- oder Herrschaft Klettenberg. Den Schild bedeckt ein Fürstenhut.

Das Wappen des Cardinal-Bischofs von Straßburg ist quabrirt, mit einem Mittelschilde und Herzschildlein. Im 1. und 4.
rothen Hauptquartier ist ein silberner rechter Schrägbalken, wegen
des Bistums Straßburg: und im 2. und 3. rothen ein silberner,
auf beeden Seiten mit goldenen Zacken auf Art der Kleeblätter eingefaßter rechter Schrägbalken, wegen der Landgrafschaft Elsas.
Der aufliegende Mittelschild, als das Wappen des Hauses Rohan
Montbazon, ist gleichfalls quabrirt. Im 1. und 4. Quartier ist
das Wappen von Navarra, und im 2. und 3. das von Frankreich. Siehe die Beschreibung des Französischen Wappens.
Das in die Länge getheilte Herzschildlein hat in der rechten rothen
Hälfte 9. goldene Rauten in 3. Reihen, wegen Rohan, und in
der linken silbernen ist Hermelin, wegen Bretagne. Der Haupt-
Schild ist mit dem H. Geist Orden umgeben, und mit einem Fürstenhute bedeckt. Hinter demselben sind Schwerd und Bischofsstab
in Form eines Andreaskreuzes gestellet. Das in der Mitte oben
hervorstehende Kreuz, wie auch der Cardinalshut, womit der, um
den Schild gehängte Wappenmantel bedecket ist, zielet auf die Car-
dinalswürde des jezigen Bischofs.

Das Fürstlich-Sulkowskische Wappen ist quabrirt mit einem
Mittelschilde. Im 1. und 4. schwarzen Felde des Hauptschildes
ist ein gedoppelter silberner Adler. Das 2. ist von Silber und
roth in die Länge getheilt, mit einem doppeltgeschwänzten Löwen
von abgewechselten Tincturen. Das 3. ist wie das 2. nur daß die
Tincturen verwechselt sind. Der Mittelschild ist quergetheilt, und
hat in der obern goldenen Hälfte einen wachsenden schwarzen Adler, auf dessen Brust ein, mit einem Fürstenhute bedecktes, von
schwarz und Gold sechsmal quergestreiftes Schildlein, mit einem
schrägrechts darüber gezogenen grünen Rautenkranze liegt. In
der untern rothen Hälfte sind 3. silberne Kreuzlein. Der Hauptschild ist mit einem gekrönten Helme bedeckt, auf welchem ein gedoppelter silberner Adler stehet. Unter dem Schilde gehen die Ordenszeichen vom weißen Adler, St. Heinrich- und Andreasorden
hervor. Schildhalter sind 2. gekrönte Löwen mit doppelten Schwänzen, auf einem Zierathe stehend. Das ganze Wappen steht unter
einem Fürstenmantel.

Das Wappen des Hochmeisters des Teutschen Ordens bestehet aus einem viermal in die Länge und zweymal quergetheilten
Schilde, als dem Lothringischen, unter dem Röm. Kaiserl.
erklärten Stammwappen, mit dem darüber gelegten schwarzen, mit
einem silbernen Rande eingefaßten, und mit einem goldenen Lilien-
kreuze belegten Teutschen Ordenskreuze, wegen des Hochmeisterthums des ritterlichen Teutschen Marianischen Ordens,
wie auch mit einem, auf diesem Kreuze ruhenden goldenen Mittelschilde, worinnen ein schwarzer Adler, gleichfals wegen
des Teutschen Hochmeisterthums. Das auf des Adlers
Brust gesetzte Herzschildlein enthält vornen noch ein Stück des
Lotharingischen Wappens und ist auch unter dem Kaiserlichen Wappen beschrieben worden. Auf dem Hauptschilde stehet
ein Helm, von welchem ein, oben rund ausgespannter, mit

Hermelin gefütterter Wappenmantel herabhängt. Auf dem Helme ruhet ein, von Gold und roth gewundener Wulst mit fliegenden
Zindelbinden, und über dem Wulste ist eine Krone zu sehen, auf
welcher ein silberner Adler mit vorwärts sehenden und gekrönten
Haupte stehet. Schildhalter sind 2. gekrönte silberne Adler mit
geschlossenen Flügeln, und einem um den Hals geschlungenen Pa-
ternoster, an welchem ein goldenes Patriarchenkreuz hängt.

Das Wappen des Fürsten von Thurn und Tassis ist quadrirt
mit einem Mittelschilde. Im 1. und 4. silbernen Felde ist ein hoher rother und gezinnter Thurn, mit einer blauen Thür, hinter
welchem 2. blaue schwebende Lilienscepter in Form eines Andreaskreutzes gesetzt sind, als das Stammwappen des Hauses Thurn.
Im 2. und 3. goldenen ist ein rother Löwe, mit einer blauen Krone, wegen der Grafschaft Valsaßina. Im blauen Mittelschilde
ist ein silberner Dachs, als das Stammwappen des Hauses Tassis. Der Schild ist mit einem Fürstenhute bedeckt und mit dem
Orden des goldenen Vliesses umgeben, und unter einen mit Hermelin gefütterten Wappenmantel gestellet. Schildhalter sind 2.
goldene Löwen.

Das Toscanische Wappen. Siehe Kaiserl. Wappen.

Das Trautsonische Wappen ist quadrirt mit einem Mittelschilde. Im 1. goldenen Felde ist der zweyköpfigte gekrönte Kaiserliche
Reichsadler mit einem goldenen R. auf der Brust, als ein Gnadenzeichen von Kaiser Rudolphen 11. Im 2. rothen stehet ein
Falke in natürlicher Farbe, auf einem dreyspitzigen silbernen Felsen, von einem durch den ganzen Schild unter des Falkens Leib gezogenen silbernen Querbalken begleitet, wegen der Grafschaft Salfenstein. Im 3. silbernen gehet ein schwarzer Hahn, mit rothen
Kamme Schnabel und Füssen, auf einem dreyfachen schwarzen Felsen, wegen der Herrschaft Sprechenstein. Im 4. goldenen ist
ein von der linken Seite des Schildesfusses aus rothen Feuerflam-
men aufsteigender schwarzer Steinbock, wegen der Herrschaft
Schrofenstein. Im blauen Mittelschilde ist ein silbernes Hufeisen als das Trautsonische Stammwappen. Auf dem Schilde stehen 5. Helme. Der erste gekrönte wegen des obgedachten Kaiserl.
Gnadenzeichen, ist, wie das 1. Quartier, der 2. gekrönte, wegen
Sprechenstein, wie das 3. Quartier, der 3. ebenfalls gekrönte,
wegen Salfenstein, wie das 2. Quartier bezeichnet. Auf dem 4.
welcher für den Trautsonischen Helm gehalten wird, sind schwarze Strausenfedern mit einem silbernen Stengel, auf einem schwarzen Küssen. Aus dem 5. gehet ein schwarzer Steinbock hervor wegen Schrofenstein.

Das Wappen des Bischofs zu Trient ist ein schwarzer mit rothen Flämmlein (Tropfen) bestreuter Adler, mit goldenen Kleestengeln in den Flügeln, und goldenen Waffen, auch mit einem goldenen Bande um den Schwanz, im silbernen Felde. Auf dem Schilde
ruhet ein bischöflicher Hut und hinter demselben Schwerd und Bischofsstab in Form eines Andreaskreuzes.

Das Wappen des jetzigen Churfürsten zu Trier ist quadrirt mit einem Mittelschilde. Im 1. und 4. silbernen Felde des Haupt-schildes ist ein rothes Kreuz, wegen des Erzstifts Trier. Im 2. rothen ist ein silbernes zurücksehendes Osterlamm mit einem g lde-nen Schein um den Kopf, auf einen grünen Hügel, wegen der mit dem Erzstifte Trier vereinigten Abtey Prüm; und im 3. sil-bernen sind 2. blaueborditte Querbalken, wegen der Herkunft aus dem Freyherrlichen Hause von Walderdorf. Der rothe und ge-krönte Mittelschild enthält die andere Hälfte des Walderdorfi-schen Stammwappens, nemlich einen silbernen Löwen mit golde-ner Krone. Den Hauptschild bedeckt der Churhut, und hinter demselben sind Schwerd und Bischofsstab in Gestalt eines Andreas-kreutzes gesetzt. Schildhalter sind 2. gekrönte Löwen.|

Das Wappen des jetzigen Bischofs zu Triest, Grafen von Her-berstein ist zweymahl in die Länge und dreymal quergetheilt, mit ei-nem Mittelschilde. Das 1. und 6. rothe Feld ist abermals in die Länge getheilt und hat über die vordere Hälfte eine weisse Binde, in der hintern aber einen goldenen Thurn. Im 2. und 3. blauen Felde ist ein links gehender silberner Fuchs, und im 4. und 5. ro-then, ein rothes, mit der Spitze zur Rechten gekehrtes goldenes Herz. Im rothen Mittelschilde ist ein weisser Sparren. Den Schild bedecken 5. gekrönte Helme. Auf dem 1. stehet ein Mann im kaiser-lichen Ornat, auf dem 2. ein geharnischter Mann mit der Krone auf dem Haupte, einem Schwerde in der rechten und drey unter sich gekehrten Pfeilen in der linken Hand. Auf dem 3. ist ein Mann in ungarischer Kleidung, drey über sich gekehrte Pfeile in der Rech-ten und einen Bogen in der Linken haltend. Auf den 4. stehet eine goldene Mütze mit silbernen Ueberschlag und rothen Federn geziert. Der Fünfte hat den weißen Fuchs des 2. und 3. Feldes und hin-ter denselben einen blauen Flug.

Des Türkischen Kaisers Wappen ist ein silberner mit den Hör-nern aufwärts gekehrter halber Mond im grünen Felde. Den Schild umgiebt eine Löwenhaut, auf welcher ein Turban mit einer Reiger-Federn liegt. Hinter demselben sind 2. Roßschweife in Form eines Andreaskreutzes gestellet.

Das Wappen der Republick Venedig ist viermal in die Länge und eben so vielmal quergetheilet, mit 5. in Form eines Kreutzes gestellten Mittelschilden. Im mittlern, mit der Benetianische Do-gemütze bedeckten Mittelschilde ist im blauen Felde ein liegender gol-dener geflügelter Löwe mit vorwärts sehenden Haupte, um welches ein goldener Schein gehet, mit der vordern Pranke ein offenes Buch haltend, worinnen die Worte: Pax tibi Marce Evangelista meus, zu lesen, wegen der Republick Venedig. Der obere Mittelschild ist quadrirt und mit einer offenen Krone bedeckt. Im 1. silbernen Felde ist ein rothes schwebendes Kreuß von 4. kleinen rothen Kreutzlein begleitet, im 2. von Silber und blau 10mal quer-gestreiften ein rother gekrönter Löwe, im 3. goldenen ein rother ge-frönter Löwe, und im 4. silbernen ein rother gekrönter Löwe, wegen des Königreichs Cypern. Der Mittelschild zur Rechten ist mit einer offenen
Krone

Krone bedeckt und quergetheilet, in deſſen obern ſilbernen Hälfte
ein aufliegender ſchwarzer Adler iſt, welcher goldene Donnerkeile
in den Klauen trägt, in der untern rothen aber iſt ein laufender
ſilberner Hippocentaur, wegen des Königreichs Candia. Der
Mittelſchild zur Linken, der gleichfalls mit einer offenen Krone bedecket iſt, iſt quadrirt. Im 1. rothen Felde ſind 3. goldene Leopardenköpfe, wegen des Königreichs Dalmatien, das 2. iſt von
roth und Silber geſchacht in 5. Reihen, wegen des Königreichs
Croatien, im 3. goldenen ſind drey ſchwarze Hufeiſen, wegen des
Königreichs Raſcien, und im 4 goldenen iſt ein rother Löwe, wegen des Königreichs Albanien. Im untern, gleichfalls gekrönten
Mittelſchilde iſt eine goldene Ziege mit rothen Hörnern im blauen
Felde, wegen der Marggrafſchaft Iſtrien. Im 1. blauen Felde
des Hauptſchildes iſt ein goldener gekrönter Adler, wegen des Her-
zogthums Friaul. Im 2. ſilbernen ein rothes Kreuz, wegen der
Herrſchaft Padua. Im 3. ſilbernen ein rothes, oben von zween
rothen Sternen mit 8. Strahlen beſeitetes Kreuz, wegen der Tarvi-
ſer Mark. Im 4. blauen ein goldenes, oben von zween goldenen
wachſenden Vögeln beſeitetes Kreuz, wegen der Herrſchaft Belluno.
Im 5. blauen ein goldenes Kreuz, wegen der Herrſchaft Verona.
Im 6. ſilbernen ein blauer Löwe, wegen der Herrſchaft Breſcia.
Im 7. rothen ein ſilbernes Kreuz, wegen der Herrſchaft Vicenza.
Im 8. rothen ein ſilbernes, zweythürmichtes Caſtell, mit ſchwarzen
Mauerſtrichen, Thor und Fenſtern, wegen der Herrſchaft Feltre.
Das 9. iſt von roth und Gold in die Länge getheilet, wegen der Herr-
ſchaft Bergamo. Das 10. iſt von roth und Silber quergetheilet,
wegen der Herrſchaft Crema. Im 11. blauen eine aus dem linken
Schildesrande hervorgehende halbe Galeere, wegen der Inſel Corfu.
Im 12. blauen ein ſilberner Hyacinth, wegen der Inſel Zande. Im
13. blauen ein ſilbernes dreythürmiges Caſtell, deſſen mittelſter
Thurn höher iſt, als die andern, mit ſchwarzen Thor, Mauerſtrichen und Fenſtern, auf einen grünen Boden, wegen der Herrſchaft
Adria. Im 14. grünen ein zweythürmigtes ſilbernes Caſtell, mit
ſchwarzen Thor und Mauerſtrichen, und einem auf den beeden Thürmen ſtehenden goldenen geflügelten, vorwärtsſehenden und mit einem
goldenen Schein gezierten Löwen, wegen der Herrſchaft Poleſine
di Rovigo. Im 15 ſilbernen ein rothes Kreuz, wegen der Inſel
Cefalonia. Im 16. grünen ein ſpringendes ſilbernes Pferd, wegen der Inſeln Cherſo und Oſero. Der Schild ſtehet unter einem purpurfarbenen, mit goldenen Franzen gezierten, und mit Her-
mellin gefütterten, auch oben mit der venetianiſchen Dogenmüze bedeckten Wappenzelte.

Das Wappen der Vereinigten Niederlande beſtehet aus 7. im
Kreis geſtellten und zuſammen gebundenen Schilden. Der oberſte
Schild iſt quer getheilet, Die obere Hälfte iſt in die Länge gethei-
let, und hat zur Rechten im blauen Felde einen goldenen gekrönten
Löwen, und zur Linken einen ſchwarzen gekrönten Löwen im goldenen

Felde,

Felde, beydes wegen des Herzogthums Geldern. In der untern
goldenen Hälfte ist ein blauer Löwe, wegen der Grafschaft Zütphen.
Im 2. goldenen Schilde ist ein rother Löwe, wegen der Grafschaft
Zolland. Der 3. ist wellenweise quergetheilet, in dessen obern golbenen Hälfte ein wachsender rother Löwe ist, die untere Hälfte aber
ist von Silber und blau sechsfach wellenweise quergetheilt, wegen
der Grafschaft Seeland. Der 4. ist von Silber und roth schrägrechts getheilet, wegen der Herrschaft Utrecht. Im 5. blauen,
mit silbernen schrägrechts liegenden Schindeln bestreueten Schilde,
sind zween übereinander gehende goldene Löwen, wegen der Herrschaft Frießland. Im 6 goldenen ein rother Löwe, über welchen
ein schmaler Querbalken wellenweise gezogen ist, wegen der Herrschaft Ober-Issel. Im 7. goldenen ein zweyköpfiger schwarzer
Adler, der auf der Brust ein rothes Schildlein mit einem silbernen
Querbalken hat, wegen der Herrschaft Gröningen und Omme-
land. Mitten im Kreise zwischen den Schilden ist ein goldener gekrönter Löwe, der 7. zusammen gebundene goldene Pfeile mit der
rechten Vörder-Pranke hält, wegen der gesammten Vereinigten
Niederlande. Zur rechten der Schilde stehet ein geharnischter
Mann, der mit der rechten Hand 7. goldene Pfeile, und mit der
linken den Schild von Utrecht hält.

Das Königlich Ungarische und Böheimische Wappen, siehe
Kaiserin Königin.

Das Wappen des Herzogs von Ursel ist ein gekrönter silberner
Schild, mit einem rothen eckig gezogenen Querbalken.

Das Waldeckische Wappen ist 3mal in die Länge und quere getheilet, mit einem goldenen Mittelschilde, worinnen ein 8eckigter
schwarzer Stern ist, wegen der Grafschaft Waldeck. Im 1. und
8. silbernen Felde ist ein rothes Ankerkreuz, wegen der Grafschaft
Pyrmont. Im 2. und 7 silbernen 3. rothe Schildlein, wegen der
Grafschaft Rappoltstein. Im 3. und 6. silbernen 3. schwarze gekrönte Rabenköpfe, wegen der Herrschaft Hoheneck. Im 4. und
5. silbernen mit blauen querliegenden Schindeln bestreuten, ein rother gekrönter Löwe, wegen der Herrschaft Geroldseck. Ueber
dem Schilde stehen 5 Helme. Auf dem ersten gekrönten ist ein,
wie der Mittelschild bezeichneter Flug, wegen der Grafschaft Waldeck. Auf dem 2. gekrönten eine goldene mit einer Krone, und eben
darüber mit einem Pfauenschwanze gezierte Säule, durch welche in
der Mitte ein rother, oben in Form eines Ankers, unten aber spitz
zu gebender schmaler Balken schrägrechts gestecket ist, wegen der
Grafschaft Pyrmont. Auf dem 3 ein wachsender Mann ohne Arme, in silberner Kleidung, auf welcher 3. rothe Schildlein gesetzt
sind, mit einer silbernen, roth aufgeschlagenen und vornen mit einer schwarzen Feder gezierten Zipfelmüze, wegen Rappoltstein.
Auf dem 4. gekrönten ein schwarzer geschlossener Flug, auf welchem

3. sil-

3. silberne Pilgrimsstäbe neben einander gesetzt sind, wegen der Herrschaft Hoheneck. Auf dem 5. ist ein rother mit Silber aufgeschlagener Hut, worauf ein viertheilichter Pfauenschwanz stehet, wegen der Herrschaft Geroldseck.

Das Wappen des Abts zu Weingarten ist im blauen, mit silbernen Herzen bestreuten Felde ein goldener Löwe. Der Schild ist mit einem Prälatenhute bedeckt, und hinter demselben stehen Prälatenstab und Schwerd in Form eines Andreaskreuzes.

Das Wappen des Abts zu Werden und Helmstädt ist 3mal in die Länge und 2mal quergetheilt, mit einem Mittelschilde. Im 1. und 6. blauen Felde des Hauptschildes ist ein quadrirtes silbernes Kreuz; im 2. und 5. gleichfalls blauen ein gedoppelter silberner Adler; und im 3. und 4. rothen, zween in Form eines Andreaskreuzes gestellte Prälatenstäbe. Im silbernen Mittelschilde ist das Bild der Sonne. Auf dem Schilde ruhen 3. Helme. Der 1. hat eine Bischofsmüze über einem rothen Küssen mit Quasten; auf den 2. gekrönten ist ein gedoppelter silberner Adler, und auf dem 3. gleichfalls gekrönten ist ein silberner Flug, und zwischen demselben das Bild der Sonne. Hinter dem Schilde stehen Prälatenstab und Schwerd in Gestalt eines Andreaskreuzes.

Das Erzbischöfliche Wienische Wappen ist in die Länge getheilt. Die vordere Hälfte ist roth, mit einer silbernen Binde und darüber stehendem Kreuze, wegen des Erzbißthums; die hintere Hälfte, welche das gräflich Migazzische Wappen enthält, ist quadrirt, und mit einem schrägrechts liegenden blauen Bande, und darauf liegenden 3. goldenen Lilien, wieder schräggetheilt. Im 1. und 4. schwarzen Felde ist das Bild der Sonne, im 2. und 3 silbernen aber ein schwarzer Thurn, mit 3. Zinnen. Den Schild bedeckt ein Fürstenhut, und hinter demselben stehet ein goldenes Patriarchenkreuz, auf welchem der Cardinalshut ruhet.

Das Bischöflich-Wormsische Wappen. Siehe das Churmaynzische Wappen.

Das Würtemberg-Stuttgardische Wappen ist quadrirt, mit einem goldenen Mittelschilde, worinn 3. übereinander gelegte schwarze Hirschhörner sind, wegen des Herzogthums Würtemberg. Das 1. Feld ist von Gold und schwarz, schräglinks geweckt, wegen des Herzogthums Teck. Im 2. blauen ist eine goldene, mit einem schwarzen Adler bezeichnete, schrägrechts gelegte Fahne, wegen des Reichs-Pannier-Amts. Im 3. rothen sind 2. goldene auswärts gekrümmte und aufwärts stehende Fische, wegen der Grafschaft

Müm-

Mümpelgard. Im 4. goldenen ist ein Brustbild eines bärtigen Mannes, mit einer rothen von Silber aufgeschlagenen Mütze, und rothgekleideter Brust, wegen Heidenheim. Auf dem Schilde sind 5. Helme. Auf dem 1. gekrönten ist eine wachsende gekrönte Jungfrau in rother Kleidung, die an statt der Arme 2. niederwärts gekehrte goldene Fische hat, wegen Mümpelgard. Auf dem 2. gekrönten ein rothes Jagdhorn mit goldenem Beschläge, aus dessen Mundstücke eine rothe, silberne und blaue Felder hervorgehet, wegen der Grafschaft Aurach. Auf dem 3. ist ein, wie das 1. Feld bezeichneter hervorschauender Bracke, wegen Teck. Auf dem 4. gekrönten ein wachsender schwarzer Adler, wegen des Reichs-Panniers. Auf dem 5. ist das Brustbild des 4 Feldes, wegen Heidenheim.

Die Würtembergische-Julianische-oder Oelsische Linie, führet ebenfalls ein quadrirtes Wappen mit einem goldenen Mittelschilde, worinne der Schlesische schwarze Adler mit dem silbernen halben Monde ist. Im 1. Quartier sind die 3. Hirschhörner, die im Stuttgardischen Wappen der Mittelschild führet. Die übrigen Felder folgen sodann, wie im Stuttgardischen, ausser daß das Heidenheimische fehlet. Auf dem Schilde sind 4. Helme, von denen die 3. vördersten unter dem nächst vorhergehenden Wappen erklärt sind. Auf dem 4. gekrönten ist der Schlesische Adler, hinter welchem ein Pfauenwedel zu sehen.

Das Bischöflich-Würzburgische Wappen. Siehe unter dem Bambergischen Wappen.

Regi-

Register.

E 3   Bro-

Register.

Er-

Register.

Hor.

Mila-

Register.

E 5   Pfalz.

Schuſ

Register.

Weis-